Glosar român – portughez – englez de termeni esențiali de conștientologie

Glossário *Romeno-Português-Inglês* de Termos Essenciais da Conscienciologia

The *Romanian-Portuguese-English* Glossary of Essential Conscientiology Terms

Organizatori:
Adina Oprea
Daniela Mareș

EDITARES

Glosar român – portughez – englez de termeni esențiali de conștientologie

Glossário *Romeno-Português-Inglês* de Termos Essenciais da Conscienciologia

The *Romanian-Portuguese-English* Glossary of Essential Conscientiology Terms

Organizatori:
Adina Oprea
Daniela Mareș

EDITARES®

FOZ DO IGUAÇU, PR – Brazil

2023

Copyright © 2023 – Asociația Internațională Editares

Prima ediție – Print on demand (PoD)

Drepturile de autor asupra acestei ediții au fost cedate de către autori *Asociației Internaționale Editares*.

Opiniile prezente în această carte sunt responsabilitatea autorilor și nu reprezintă în mod necesar poziția editurii Editares.

Părerile, conținutul, revizuirea gramaticală și grafica acestei lucrări au fost realizate exclusiv de voluntari din domeniul Conștientologiei.

Revizia secțiunii române:	Mihaela Neguriță
Revizia secțiunii portugheze:	Augusto Freire și Daniel Ronque
Revizia secțiunii engleze:	Djalma Fonseca
Coperta:	Débora Klippel
Editarea:	Daniela Mareș și Marian Baciu
Responsabil pentru această ediție:	Roberta Bouchardet

Date de catalogare internațională la publicare (CIP)

G563 Glosar român – portughez – englez de termeni esențiali de conștientologie/ Glossário Romeno-Português-Inglês de Termos Essenciais da Conscienciologia/ The Romanian-Portuguese-English Glossary of Essential Conscientiology Terms/organizat de Adina Oprea și Daniela Mareș. – Foz de Iguaçu, PR-Brasil: Editares, 2023.

384 p.; PoD.

Include text trilingv
Include referințe bibliografice

ISBN 978-65-86544-89-3

1. Conștientologie. 2. Lexicologie. 3. Dicționare. I. Oprea, Adina II. Mareș, Daniela. III. Titlu

CDU: 130.122(59=690=20)(03)

Beatriz Helena P. de S. Cestari – CRB-10/1708

ASSOCIAÇÃO INTERNACIONAL EDITARES
Av. Felipe Wandscheer, nº 6.200, sala 100D, Cognópolis
Foz do Iguaçu, PR – Brasil – CEP: 85856-850
Tel/Fax: +55 45 2102 1407
Email: editares@editares.org – *Website:* www.editares.org.br

Coordonator General:

Cristina Ellwanger

Consiliul editorial:

Ana Claudia Prado
Carlos Moreno
Carolina Ellwanger
Cristina Bornia
Cristina Ellwanger
Ercília Monção
José Ricardo Gomes
Joseane Vezaro
Liege Trentin
Magda Stapf
Meracilde Daroit
Nora Derrosso
Roberta Bouchardet

Echipa tehnică:

Alex Ferreira
Alex Sarmento
Beatriz Helena Cestari
Blandina Monteiro
Cecilia Roma
Daniel Ronque
Fabiane Cattai
Flavio Camargo
Henrique Manoel Abreu
Lane Galdino
Leonardo Ribeiro
Liliana Roriz
Liliane Sakakima
Luciano Melo
Luís Ignacio Lopez
Lurdes Sousa
Marcus Dung
Maria Angela Cestari
Raquel Vasconcelos
Rui Fernando Sousa
Sónia Luginger

Toate drepturile asupra acestei ediții sunt rezervate
Asociației Internaționale EDITARES.

Reproducerea integral sau parțială a acestei lucrări, prin orice mijloace și sub orice formă, fără permisiunea expresă a autorilor și a Asociației Internaționale EDITARES, este strict interzisă.

Încălcarea drepturilor de autor este o infracțiune prevăzută de legislația curentă și se pedepsește civil, în conformitate cu legile în vigoare.

Cuvântul care nu conține o idee este un corp mort, în același mod în care o idee care nu se întrupează în cuvinte nu este nimic mai mult decât o umbră.

Lev Vygotsky (1896-1934)

Trebuie adăugat că limbajul științific este în continuă reînnoire și expansiune, pe măsură ce cunoștințele pozitive se schimbă și se lărgesc în fiecare zi. Mai mult, domeniul este uriaș și, putem spune, chiar nelimitat.

Émile Littré (1801-1881)

Amplificarea lexicografiei personale ajută la definirea nivelului de tridotare, intelectualitatea, parapsihismul și comunicabilitatea depind de auto-neurolexicalitatea teopractică.

Pedro Fernandes (1974-)

Crearea unor neo-adevăruri relative de vârf (neoaderev) în viața intrafizică este menită să îmbunătățească resomarea persoanei. Cercetarea este mega-evoluție. Curba: viața indirectă

Waldo Vieira (1932 - 2015)

Tuturor conştiinţelor interesate să se îndrepte spre universalism. Fie ca aceste adevăruri relative de vârf să ne permită să facem un pas înainte spre universalism şi să ne accelerăm ritmul evoluţiei cosmoetice. Fie să se întâmple ceea ce este cel mai bine pentru fiecare.

.

CUPRINS

MULȚUMIRI..	10
INTRODUCERE LA EDIȚIA ÎN LIMBA ROMÂNĂ.......................	12
CUVÂNT ÎNAINTE...	16
LISTĂ DE TERMENI..	20
GLOSARUL ROMÂN-PORTUGHEZ.................................	50

SUMÁRIO

AGRADECIMENTOS...	11
INTRODUCÃO Á EDIÇÃO ROMENA................................	14
PREFÁCIO..	18
LISTA DOS TERMOS...	35
GLOSSÁRIO ROMENO-PORTUGUÊS...........................	50

SUMMARY OF CONTENTS

ACKNOWLEDGEMENTS...	230
INTRODUCTION TO THE ROMANIAN EDITION.............	231
FORWARD..	233
SUMMARY OF TERMS..	235
ENGLISH GLOSSARY..	250

ANEXE (ANEXOS; ATTACHMENTS)

REFERINȚE BIBLIOGRAFICE REFERÊNCIAS BIBLIOGRÁFICAS BIBLIOGRAPHIC REFERENCES........................	362
MINIBIOGRAFII ALE ORGANIZATORILOR MINIBIOGRAFIAS DOS ORGANIZADORES ORGANIZER'S MINIBIOGRAPHIES.......................	372
INSTITUȚII CONȘTIENTOCENTRICE INSTITUIÇÕES CONSCIENCIOCÊNTRICAS – IC CONSCIENTIOCENTRIC INSTITUTIONS – CI.............	374
TITLURI PUBLICATE DE EDITARES. TÍTULOS PUBLICADOS PELA EDITARES BOOKS PUBLISHED BY EDITARES......................	377

MULȚUMIRI

Mulțumirile și recunoștința noastră, ale tuturor celor care vor folosi acest glosar pentru a se apropia mai mult de conștientologie și a-i înțelege mai bine conceptele, se îndreaptă către:

În primul rând către *Doctorul Waldo Vieira* (1932-2015), acum Zephyrus, cel care a propus cele două neo-științe – proiectologia și conștientologia – și a găsit cele mai potrivite cuvinte care să desemneze adevărurile relative de vârf cu care cele două științe lucrează, creând și structurând aceste neologisme specifice în limba portugheză.

Echipa *Consiliului Internațional de Neologistică și Terminologie de Conștientologie (CINEO)*, organism permanent al *UNICIN*[1] care urmărește promovarea standardizării termenilor conștientologici și diseminarea lor internațională.

Echipa de traducători și revizori care au realizat primul Glosar oficial al CINEO, care conținea 300 de termeni de bază – *Jaclyn Cowen, Jeffrey Lloyd și Magali Ornellas*.

Profesoara *Eliane Wojslaw* pentru sfaturile inestimabile și efortul acordat apariției acestui Glosar, pentru îndrumarea permanentă și pentru faptul că a intuit utilitatea acestuia pentru promovarea științei conștientologiei în România.

Profesoara *Liliana Alexandre* pentru sprijinul necondiționat pe care îl acordă României și pentru implicarea ei neobosită în toate proiectele și evenimentele care vizează propagarea conștientologiei în România.

Editura *Editares*, atât de primitoare cu lucrările în limba română, pentru faptul că a înțeles că informația conștientologică se adresează tuturor oamenilor, indiferent de numărul de vorbitori ai limbii în care aceștia trăiesc.

Și nu în ultimul rând, către *helperii extrafizici* care ne inspiră permanent în acțiunile pe care programul nostru existențial grupal le implică și pentru că ne-au ajutat să înțelegem că munca noastră se adresează nu numai conștiințelor intrafizice care în viața curentă sunt vorbitoare ale limbii române, dar și tuturor conștiințelor care la un moment dat în serialitatea existențială se vor resoma în spațiul românesc și în limba română.

Și vă mulțumim vouă, tuturor cititorilor, cercetători ai Conștientologiei, care veți deschide acest glosar și îl veți utiliza în activitățile voastre de cunoaștere și autocunoaștere, cu invitația de a contribui prin cercetările voastre la amplificarea domeniilor de cercetare conștientologică și implicit la dezvoltarea bagajului lingvistic.

Adina Oprea
Daniela Mareș

---

[1] UNICIN – Uniunea Instituțiilor Conștientocentrice Internaționale

AGRADECIMENTOS

O agradecimento de todos nós, que iremos utilizar este glossário para nos aproximar da Conscienciologia e entender melhor seus conceitos, vai para:

Primeiramente, o *Doutor Waldo Vieira* (1932-2015), agora *Zéfiro*, que propôs as duas neociências – a Projeciologia e a Conscienciologia e criou os termos adequados para designar as verdades relativas de ponta (verpons) propostas pelo Paradigma Consciencial, possibilitando diálogo entre as duas Ciências - a convencional e a Conscienciologia.

À equipe *do Conselho Internacional de Neologística e Terminologia da Conscienciologia (CINEO)*, corpo permanente da *UNICIN*, que visa promover a normalização dos termos conscienciológicos e sua divulgação internacional.

À equipe de tradutores e revisores que criou o primeiro Glossário, que continha 300 termos básicos da Conscienciologia – *Jeffrey Lloyd, Jaclyn Cowen e Magali Ornellas*.

À equipe de autores, tradutores e revisores do primeiro Glossário oficial do CINEO – *The English-Portuguese Glossary of Essential Conscientiology Terms – Eliane Wojslaw, Jaclyn Cowen, Jeffrey Lloyd, e Liliana Alexandre*.

À Professora *Eliane Wojslaw* pelos conselhos inestimáveis e esforço dispensado na organização deste Glossário, pela orientação permanente e por ter intuído a sua utilidade para a promoção da ciência da Conscienciologia na Romênia.

À Professora *Liliana Alexandre* pelo apoio incondicional que dá à Romênia e pelo seu envolvimento incansável em todos os projetos e eventos destinados a propagar a Conscienciologia na Romênia.

À editora *Editares*, tão receptiva às obras em romeno, pois entendeu que a informação conscienciológica é dirigida a todas as pessoas, independentemente do número de falantes que usam uma língua específica.

Por fim, e não menos importante, aos *amparadores extrafísicos* que constantemente nos inspiram nas ações que envolvem a nossa proéxis grupal e porque nos ajudaram a compreender que nosso trabalho se dirige não só às conscins que na vida atual são falantes da língua romena, mas também a todas as consciências que em algum momento na sua serialidade existencial ressomarão no espaço romeno e da língua romena.

E agradecemos a todos os leitores, pesquisadores da Conscienciologia, que abrirão este glossário e o utilizarão em suas atividades de conhecimento e autoconhecimento, com o convite de contribuir por meio de suas pesquisas para a ampliação dos campos de pesquisa da Conscienciologia e implicitamente para o desenvolvimento da bagagem lingüística.

Adina Oprea
Daniela Mareş

INTRODUCERE LA EDIȚIA ÎN LIMBA ROMÂNĂ

Conștientologie. Conștientologia, știința propusă de Waldo Vieira, medic și cercetător brazilian (1932-2015), „studiază conștiința într-o abordare integrală, holosomatică, multidimensională, bioenergetică, proiectivă, autoconștientă și cosmoetică"[2]. Conștientologia depășește abordarea materialistă și electronotică a științelor tradiționale, studiind cele două principii fundamentale din Univers – conștiința și energia. Este incontestabil o știință, deoarece înglobează un set de cunoștințe obținut grație observării, raționamentului și experimentării metodologice a faptelor, generând întrebări care apoi construiesc noi ipoteze de cercetare, toate informațiile reprezentând adevăruri relative de vârf, care pot fi ulterior combătute și înlocuite.

Neologisme. Pentru a-și putea face cunoscute cercetările și descoperirile, fiecare știință a avut nevoie să își construiască propriul ei limbaj. Conștientologia a avut și ea nevoie de cuvinte care să ofere un suport neoideilor și neoconceptelor studiate de ea, astfel formându-se neologismele conștientologice. Profesorul Vieira spune că „vocabularul este o codificare lingvistică" și că el trebuie îmbogățit[3]; vocabularul conștientologic este într-un permanent proces de amplificare, pe măsură ce cercetătorii conștientologi experimentează și supun atenției colegilor lor intermisiviști – și tuturor conștiințelor intrafizice (conștin) dornice să se cunoască pe ele însele – noi adevăruri relative de vârf (neoaderev).

Glosar. Glosarul pe care acum îl țineți în mână conține cele mai importante concepte care stau la baza paradigmei conștiențiale, transpuse lingvistic utilizând neologismele conștientologice. Glosarul reprezintă însă mai mult decât un jargon științific, deoarece el poate genera oricând o clarificare și o reciclare celui care îl consultă.

Glosar portughez – englez. Ediția română a glosarului are la bază glosarul englez – portughez, organizat de echipa de limbă engleză a CINEO[4] – Eliane Wojslaw, Jaclyn Cowen, Jeffrey Lloyd și Liliana Alexandre, care au sesizat că acest instrument de lucru este indispensabil diseminării și internaționalizării conștientologiei.

Glosar român – portughez – englez. Ideea realizării acestui glosar a venit tot din dorința de a contribui la internaționalizarea conștientologiei și de a le oferi sprijin în munca de autocercetare persoanelor interesate de conștientologie din România. Această lucrare se adresează, așadar, în egală măsură intermisiviștilor și preintermisiviștilor, traducătorilor, profesorilor de conștientologie și studenților din România, cât și tuturor cititorilor de lucrări de conștientologie.

Provocare. Traducerea textelor de conștientologie este o provocare pentru orice

---

[2] Vieira, Waldo; O que é a Conscienciologia, pag 11; Foz do Iguaçu, PR – Brasil, Associação Internacional Editares, 2012
[3] Vieira, Waldo; Manual dos Megapensenes Trivocabulares, pag 348, Cognópolis, Foz do Iguaçu, Paraná, Brasil, Associação Internacional Editares, 2009.
[4] CINEO – Consiliul Internațional de Neologistică și Terminologie de Conștientologie.

traducător, deoarece având în vedere potențialul lor reciclator, esența mesajului trebuie întotdeauna să respecte foarte fidel originalul și intenția autorului. Organizarea acestui glosar a fost cu atât mai provocatoare cu cât el reprezintă un suport la care cititorii pot apela pentru a înțelege alte lucrări de conștientologie.

Avantaje. Cele două organizatoare ale glosarului în limba romăne au avut avantajul de a fi putut consulta originalul portughez, dar și traducerea în limba engleză. De asemenea, ele au beneficiat de faptul că româna și portugheza fac parte din aceeași familie lingvistică, mare parte a vocabularului celor două limbi având etimologie comună și structuri semantice similare, ceea ce ușurat considerabil munca de traducere.

Trilingv. Acest glosar este unul trilingv, deoarece organizatoarele au dorit ca el să conțină termenii atât în limba engleză, cât și în limba portugheză. În limba engleză, deoarece este bine-știută de români și în limba portugheză pentru că este limba conștientologiei, dar și pentru a sublinia asemănările lingvistice dintre limba română și limba portugheză și a provoca cititorul să sesizeze similitudinile dintre hologânsenele lingvistice ale celor două limbi, care permit cu generozitate crearea neologismelor conștientologice.

Structură. Acest glosar este structurat în două părți, prima parte în limbile română și portugheză și cea de a doua în limba engleză. Glosarul cuprinde 600 dintre cei mai utilizați termeni de conștientologie, care se regăsesc în lucrări de specialitate, în tratate și în *Enciclopedia de conștientologie*, majoritatea avându-l ca autor pe Waldo Vieira. Termenii sunt organizați în ordine alfabetică, atât în limba română, cât și în limba engleză.

Adina Oprea și Daniela Mareș (traducerea și organizarea textului)

INTRODUÇÃO À EDIÇÃO ROMENA

Conscienciologia. A Conscienciologia, ciência proposta por Waldo Vieira, médico e pesquisador brasileiro (1932-2015), "estuda a consciência de forma integral, holossomática, multidimensional, bioenergética, projetiva, autoconsciente e cosmoética[5]". A Conscienciologia vai além da abordagem materialista e eletronótica das ciências tradicionais, estudando os dois princípios fundamentais do Universo – consciência e energia. É incontestável enquanto ciência porque abrange um corpo de conhecimentos adquiridos através da observação, raciocínio e experimentação metódica dos fatos, gerando questões que subsequentemente constroem novas hipóteses de pesquisa, todas as informações representando verdades relativas de ponto passíveis de serem refutadas ulteriormente.

Neologismo. Para fazer suas pesquisas e descobertas conhecidas, cada ciência precisou construir sua própria linguagem. A Conscienciologia também precisava de palavras para sustentar as neoideias e neoconceitos estudados por ela, formando assim os neologismos conscienciológicos. Professor Vieira diz que "vocabulário é uma codificação linguística" e que "precisa ser enriquecido"[6]; o vocabulário conscienciológico está em constante processo de ampliação, à medida que os pesquisadores consciencólogos experimentam e submetem à atenção de seus colegas intermissivistas e de todas as consciências intrafísicas (conscin) ávidas por se autoconhecerem a partir das verdades relativas de ponta (neoverpons).

Glossário. O glossário que você tem agora em mãos contém os conceitos mais importantes que fundamentam o paradigma da consciencial, transpostos linguisticamente por meio de neologismos da Conscienciologia. Porém, o glossário é mais do que um jargão científico, pois sempre pode gerar um esclarecimento e reciclagens pessoais a quem o consulta.

Glossário inglês – português. A edição romena do glossário está fundamentada no glossário inglês - português, organizado pela equipa de língua inglesa do CINEO[7] – Eliane Wojslaw, Jaclyn Cowen, Jeffrey Lloyd e Liliana Alexandre, que perceberam que esta ferramenta de trabalho é indispensável para a disseminação e internacionalização da Conscienciologia.

Glossário romeno – português – inglês. A ideia de criar este glossário surgiu também da vontade de contribuir para a internacionalização da Conscienciologia e de oferecer um apoio no trabalho de autoinvestigação às pessoas interessadas em Conscienciologia na Romênia. Este trabalho é, portanto, igualmente dirigido aos intermissivistas e pré-intermissivistas, tradutores, professores de Conscienciologia e estudantes na Romênia, mas também a todos os leitores de obras de Conscienciologia.

---

[5]Vieira, Valdo; O que é a Conscienciologia, p. 11; Foz do Iguaçu, PR – Brasil, Associação Internacional Edites, 2012

[6]Vieira, Valdo; Manual dos Megapensenes Trivocabulares, p. 348, Cognópolis, Foz do Iguaçu, Paraná, Brasil, Associação Internacional Edites, 2009.

[7]CINEO – Conselho Internacional de Neologia e Terminologia da Conscientologia.

Desafio. Traduzir a terminologia da Conscienciologia é um desafio para qualquer tradutor, devido ao seu potencial de reciclagem, pois a essência da mensagem deve ser sempre muito fiel ao original e à intenção do autor. A organização deste glossário foi tanto mais desafiadora quanto representa um suporte ao qual os leitores podem recorrer para compreender outras obras sobre a consciência.

Benefícios. As duas organizadoras do glossário tiveram a vantagem de poder consultar o original português e também a tradução inglesa. Beneficiaram-se também do fato de o romeno e o português fazerem parte da mesma família linguística, grande parte do vocabulário das duas línguas tendo uma etimologia comum e estruturas semânticas semelhantes, o que facilitou consideravelmente o trabalho de tradução.

Trilíngue. Este glossário é trilíngue, pois as organizadoras queriam que ele contivesse também termos em inglês e português. Em inglês porque é bem conhecido pelos romenos e em português, porque é a língua da Conscienciologia, mas também para enfatizar as semelhanças linguísticas entre o romeno e o português e desafiar o leitor a perceber as semelhanças entre os holopensenes linguísticos das duas línguas, que permitem com generosidade a criação de neologismos e cognatos diversos.

Estrutura. Este glossário está estruturado em duas partes, a primeira em romeno e português e a segunda em inglês. O glossário contém 600 dos mais utilizados termos conscienciológicos, encontrados em obras e tratados de especialidade e na Enciclopédia da Conscienciologia, a maioria tendo como autor o professor Waldo Vieira. Os termos estão organizados em ordem alfabética, tanto em romeno quanto em inglês.

Adina Oprea e Daniela Mareș (tradução e organização do texto)

CUVÂNT ÎNAINTE

Mulțumiri. Prezentăm cu deosebită gratitudine *Glosarul trilingv de termeni esențiali de conștientologie în română, portugheză și engleză*, organizat de cele două traducătoare și revizoare – Adina Oprea și Daniela Mareș. Având în mână această carte tradusă în 3 limbi, putem reflecta la impactul universal pe care îl au ideile produse de conștientologie și de paradigma conștiențială.

Știință. Acest sistem de referință fundamentează conștientologia pe baza a 7 premise definitorii și îl invităm pe cititor să analizeze logica și pertinența acestor idei: multidimensionalitate, holosomaticitate, bioenergie, multiexistențialitate, cosmoetică, universalism și autocercetare.

Piloni. Premisa multidimensionalității postulează faptul că trăim și interacționăm în diferite dimensiuni. *Holosomatica* afirmă că avem 4 corpuri sau vehicule de manifestare conștiențială care ne permit să experimentăm diferite dimensiuni și stări conștiențiale. *Bioenergetica* pleacă de la premisa că noi interacționăm permanent cu bioenergiile omniprezente în jurul nostru, în natură și în cosmos. *Multiexistențialitatea* se referă la existențele noastre anterioare, în diferite contexte și culturi, iar *cosmoetica* la existența unei etici cosmice ample căreia îi suntem toți supuși. Potrivit *universalismului,* noi, conștiințele, suntem universali în esență, ne putem naște într-o viață într-o anumită cultură sau familie și cu un anumit gen, iar în altă viață într-o altă realitate complet diferită. Ultima premisă este *autocercetarea,* conform căreia cu cât devenim mai conștienți de noi înșine, cu atât mai optimizată va fi propria noastră evoluție, deoarece putem să investim în controlul eforturilor noastre astfel încât să devenim conștiințe mai bune prin cunoștințe mai multe și mai bune.

Neîncredologie. Este important să reafirmăm caracterul științific și autoexperiențial al conștientologiei, plecând de la **Principiul Neîncrederii** – „Nu credeți nimic, nici ceea ce citiți în această carte. Experimentați. Aveți propriile voastre experiențe!" Cititorul – cercetător este invitat ca pe baza acestui principiu să mențină o atitudine critică față de aceste cunoștințe și să nu accepte adevăruri dogmatice impuse.

Terminologie. Pentru a reflecta realitățile avansate propuse de conștientologie, a fost necesar să fie creați termeni noi care să le exprime. Profesorul Waldo Vieira, promotorul acestei științe, a creat acest vast repertoriu de termeni tehnici capabili să descrie, să definească și să comunice un uriaș și important volum de cunoaștere. Acest glosar conține 600 de termeni și definiții aparținând unor subdomenii diferite ale conștientologiei.

Traducere. Acești termeni devin accesibili tuturor intermisiviștilor și cercetătorilor interesați de conștientologie și de studiul conștiinței din România, datorită traducerilor clare realizate de către organizatoarele acestui glosar, care au tradus atât de potrivit din originalul în limba portugheză, și au folosit și limba engleză pentru a da o mai mare acuratețe acestei cărți.

Intermisiune. Această carte este dovada faptului că intermisiviștii se nasc peste tot în lume și că distanța fizică nu îi separă pe colegii și partenerii de evoluție. Cu toții suntem angajați în sarcina de clarificare și de diseminare a ideilor propuse de conștientologie și este foarte probabil ca acest grup, atât de dedicat traducerilor, să fi frecventat aceeași disciplină ca și noi la Cursul Intermisiv, ceea ce, în cazul nostru, ar putea explica afinitățile culturale și personale dintre vorbitorii de portugheză și de română.

Bucurie. Așadar, suntem foarte mulțumiți și satisfăcuți de munca realizată și suntem convinși că acest glosar va fi util și va promova reciclări intraconștiențiale profunde și renovatoare în comunitatea română. Vă mulțumim foarte mult și vă dorim un studiu optim!

Eliane B. Wojslaw

PREFÁCIO

Agradecimento. É com enorme gratidão que apresentamos o *Glossário Trilíngue de Termos Essenciais da Conscienciologia em Romeno, Português e Inglês*, organizado pelas tradutoras e revisoras Adina Oprea e Daniela Mares. Em nossas mãos temos agora um livro em 3 idiomas e isso nos faz refletir no impacto da força universal das ideias propostas pela Conscienciologia e seu Paradigma Consciencial.

Ciência. Este sistema de referência oferece suporte à Conscienciologia a partir de suas 7 premissas básicas, e convidamos o utilizador a analisar a lógica e a pertinência dessas ideias: multidimensionalidade; holossomaticidade; bioenergética; multiexistencialidade; cosmoética; universalismo e autopesquisa.

Pilares. A premissa da *multidimensionalidade* postula que vivemos e interagimos em múltiplas dimensões; a da *holossomaticidade* afirma que temos 4 corpos ou veículos de manifestação consciencial que nos permitem experienciar diferentes dimensões e estados conscienciais; a da *bioenergética* propõe que constantemente interagimos com as bioenergias onipresentes, à nossa volta, na natureza e no cosmos; a da *multiexistencialidade*, se refere a nossas existências pregressas em outros contextos e culturas; a *cosmoética* defende a existência de uma ética cósmica mais ampla à qual todos estamos sujeitos; o *universalismo* defende que somos essencialmente consciências universais, podendo em uma vida nascer em determinada cultura, família e gênero, e em outra vida nascer em realidade totalmente diferente. A última premissa, a da *autopesquisa*, propõe que à medida que nos autoconhecemos, mais otimizada se torna a nossa evolução, pois podemos investir em controlar nossos esforços para evoluir, nos tornando consciências melhores por sermos mais conhecedoras.

Descrenciologia. É importante ainda ressaltar o caráter científico e autoexperimental da Conscienciologia, de acordo com o **Princípio da Descrença** – "Não acredite em nada, nem mesmo o que ler nesta obra. Experimente. Tenha suas próprias experiências pessoais." Este princípio convida o pesquisador-leitor a manter uma postura crítica quanto ao conhecimento, ao invés de aceitar verdades dogmáticas impostas.

Terminologia. Para espelhar as novas realidades mais avançadas propostas pela Conscienciologia, fez-se necessário criar novos termos para expressá-las. O propositor desta ciência, Prof. Waldo Vieira, cunhou um rico repertório de termos técnicos capazes de descrever, definir e comunicar este vasto e importante corpo de conhecimento. Este glossário contém 600 termos e definições pertencentes às subespecialidades da Conscienciologia.

Tradução. Estes termos se tornam agora acessíveis a todos os intermissivistas e pesquisadores interessados na Conscienciologia e nos estudos da consciência na Romênia, graças às traduções acuradas da organizadoras deste glossário, que tão aptamente traduziram do português original para a língua romena, acrescentando ainda o inglês para maior alcance deste livro.

Intermissão. Este trabalho é evidência de que os intermissivistas nascem por todo o mundo e de que a distância física na realidade não separa colegas e companheiros de evolução. Estamos todos empenhados na tarefa do esclarecimento e disseminação das ideias propostas pela Conscienciologia e pode muito bem ser que este grupo em particular tão dedicado à tradução, frequentou a mesma disciplina em nosso Curso Intermissivo. Isto poderia explicar, no nosso caso, as afinidades culturais e pessoais entre os falantes do Português e do Romêno.

Jubilantes. Estamos muito felizes pelo trabalho aqui apresentado e temos a certeza de que ele será útil e promovedor de reciclagens intraconscienciais profundas e renovadoras à comunidade romena. Agradecemos imensamente e desejamos a todos ótimos estudos.

Eliane B. Wojslaw

LISTĂ DE TERMENI

A

Abordare conștienţială atotcuprinzătoare (Atacadismo consciencial; Consciential wholesaling)
Abordare conștienţială limitată (Varejismo consciencial; Consciential retailing)
Abordare extrafizică (Abordagem extrafísica; Extraphysical approach)
Accident parapsihic (Acidente parapsíquico; Parapsychic accident)
Aderev (Verpon; Verpon)
Aderevologie (Verponologia; Verponology)
Agenda extrafizică (Agenda extrafísica; Extraphysical agenda)
Agendex (Agendex; Agendex)
Agent retrocognitiv înnăscut (Agente retrocognitivo inato; Innate retrocognitive agent)
Agent retrocognitor (Agente retrocognitor; Retrocognitor agent)
Amenţie conștienţială (Amência consciencial; Consciential amentia)
Androchakra (Androchacra; Androchakra)
Androgânsenă (Andropensene; Androthosene)
Androsoma (Androssoma; Androsoma)
Androsomatică (Androssomatica; Androsomatics)
Androsomatologie (Androssomatologia; Androsomatology)
Animism (Animismo; Animism)
Anticosmoetică (Anticosmoética; Anticosmoethics)
Antigânsenă (Antipensene; Antithosene)
Apariţie inter vivos (Aparição intervivos; Inter vivos apparition)
Arc voltaic (Arco voltaico; Voltaic arc)
Artefacte ale cunoașterii (Artefatos do saber; Artifacts of knowledge)
Asim (Assim; Symas)
Asimilare simpatică (Assimilação simpática; Sympathetic assimilation)
Asistent intrafizic (Auxiliar em terra; Intraphysical assistant)
Asistentologie (Assistenciologia; Assistantiology)
Asistenţial (Assistencial; Assistantial)
Aură orgastică (Aura orgástica; Orgastic aura)
Autoapărare energetică (Autodefesa energética; Energetic self-defence)
Autobilocaţie conștienţială (Autobilocação consciencial; Consciential self-bilocation)
Autoconștientizare multidimensională (Autoconscientização multidimensional - AM; Multidimensional self-awareness - MSA)
Autoconștienţialitate (Autoconsciencialidade; Self-conscientiality)
Autocriticitate paraterapeutică (Autocriticidade paraterapêutica; Paratherapeutic self-criticism)
Autocriticofilie (Autocriticofilia; Self-criticophilia)
Autogânsenă (Autopensene; Self-thosene)
Autogânsenitate (Autopensenidade; Self-thosenity)
Autointruziune (Autoassédio; Self-intrusion)
Autoluciditate parapsihică (Autolucidez parapsíquica; Parapsychic self-lucidity)
Automimeticitate (Automimeticidade; Self-mimiticity)
Automimetism existenţial (Automimese existencial; Existential self-mimicry)
Automitridatism (Automitridatismo; Self-mithridatism)
Auto-moștenire parapsihică (Auto-herança parapsíquica; Parapsychic self-inheritance)

Autoneiertător (Autoimperdoador; Self-unforgiver)
Auto-organizare conștiențială (Autorganização consciencial; Consciential self-organization)
Autopensatologie (Autopensatologia; Self-pensatology)
Autoproiecție (Autoprojeção; Self-projection)
Autoreleu (Autorrevezamento; Self-relay)
Autoreleu conștiențial (Autorevezamento consciencial; Consciential self-relay)
Autosuficiență evolutivă (Autossuficiência evolutiva; Evolutionary self-sufficiency)
Autotransafectivitate (Autotransafetividade; Self-transaffectivity)

B

Baratrosferă (Baratrosfera; Baratrosphere)
Bază fizică (Base física; Physical base)
Binomul admirație-dezacord (Binômio admiração-discordância; Admiration-disagreement binomial)
Binomul luciditate-amintire (Binômio lucidez-rememoração; Lucidity-recollection binomial)
Bioenergie (Bioenergia; Bioenergy)
Biogânsenă (Biopensene; Biothosene)
Biografologie (Biografologia; Biographology)
Bitanatoză (Bitanatose; Bithanatosis)
Blindajul energetic al mediului înconjurător (Blindagem energética de ambientes; Energetic shielding of environment)
Bradigânsenă (Bradipensene; Bradythosene)

C

Cardiochakră (Cardiochacra; Cardiochakra)
Catatonie extrafizică (Catatonia extrafísica; Extraphysical catatonia)
Cârje conștiențiale (Andaimes conscienciais; Consciential scaffolds)
Centrul Extrafizic al Adevărului – CEA (Central Extrafísica da Verdade - CEV; Extraphysical Centre of Veracity – ECV)
Centrul Extrafizic al Energiei - CEE (Central Extrafísica de Energia - CEE; Extraphysical Centre of Energy - ECE)
Centrul Extrafizic al Fraternității - CEF (Central Extrafísica da Fraternidade - CEF; Extraphysical Centre of Fraternity - ECF)
Chakră (Chacra; Chakra)
Ciclu mentalsomatic (Ciclo mentalsomático; Mentalsomatic cycle)
Ciclu multiexistențial (Ciclo multiexistencial; Multiexistential cycle)
Chirosoma (Quirossoma; Chirosoma)
Climat interconștiențial (Clima interconsciencial; Interconsciential climate)
Clinică extrafizică (Oficina extrafísica; Extraphysical clinic)
Cod de cosmoetică al duo-ului – CCD (Código duplista de Cosmoética – CDC; Code of a Duo's Cosmoethics – CDC)
Cod Grupal de Cosmoetică – CGC (Código Grupal de Cosmoética – CGC; Code of Group Cosmoethics – CGC)
Cod Personal de Cosmoetică – CPC (Código Pessoal de Cosmoética – CPC; Code of Personal Cosmoethics – CPC)
Coexistentologie (Coexistenciologia; Coexistentiology)

Cognopolis (Cognópolis; Cognopolis)
Coincidență holosomatică (Coincidência holossomática; Holosomatic coincidence)
Colegiile Invizibile de Conștientologie (Colégios Invisíveis da Conscienciologia; Invisible Colleges of Conscientiology)
Compensare intraconștiențială (Compensação intraconsciencial; Intraconsciential compensation)
Completism existențial (Completismo existencial; Existential completism)
Completist existențial (Completista existencial; Existential completist)
Complexis (Compléxis; Complexis)
Comunex (Comunex; Communex)
Comunicologie (Comunicologia; Communicology)
Comunitatea Conștientologică Cosmoetică Internațională CCCI (Comunidade Conscienciológica Cosmoética Internacional – CCCI; International Cosmoethical Conscientiological Community – ICCC)
Comunitate extrafizică (Comunidade extrafísica; Extraphysical community)
Con (Con; Con)
Concentrare conștiențială (Concentração consciencial; Consciential concentration)
Confor (Confor; Confor)
Consbel (Consbel; Consbel)
Consener (Consener; Consener)
Consreu (Consréu; Consreu)
Conștiensula (Consciençula; Consciensula)
Conștientesa (Conscienciês; Scientese)
Conștientocentrism (Conscienciocentrismo; Conscientiocentrism)
Conștientocentrologie (Conscienciocentrologia; Conscientiocentrology)
Conștientocrație (Conscienciocracia; Conscientiocracy)
Conștientogramă (Conscienciograma; Conscientiogram)
Conștientolog(ă) (Conscienciólogo(a); Conscientiologist)
Conștientologie (Conscienciologia; Conscientiology)
Conștientometrie (Conscienciometria; Conscientiometry)
Conștientometrologie (Conscienciometrologia; Conscientiometrology)
Conștientoterapeut (Conscienciterapeuta; Conscientiotherapist)
Conștientoterapeuticologie (Conscienciterapêuticologia; Conscientiotherapeuticology)
Conștientoterapie (Conscienciterapia; Conscientiotherapy)
Conștiex (Consciex; Consciex)
Conștiex liberă - CL (Consciex livre - CL; Free consciex - FC)
Conștiința (Consciência, a; Consciousness, the)
Conștiință belicistă (Consciência belicista; Warmongering consciousness)
Conștiință energovoră (Consciência energívora; Energivorous consciousness)
Conștiință extrafizică (Consciência extrafísica; Extraphysical consciousness)
Conștiință intrafizică (Consciência intrafísica; Intraphysical consciousness)
Conștiință liberă (Consciência livre; Free consciousness)
Conștiință reurbanizată (Consciência reurbanizada; Reurbanized consciousness)
Conștin (Conscin; Conscin)
Continuism conștiențial (Continuísmo consciencial; Consciential continuism)
Contragânsenă (Contrapensene; Counterthosene)

Co-proiector (Co-projetor; Co-projector)
Cordon de argint (Cordão de prata; Silver cord)
Cordon de aur (Cordão de ouro; Golden cord)
Coronochakră (Coronochacra; Coronochakra)
Cosmo-analiză (Cosmo-análise; Cosmo-analysis)
Cosmoanaliticologie (Cosmoanaliticologia; Cosmo-analiticology)
Cosmoconștientologie (Cosmoconscienciologia; Cosmoconscientiology)
Cosmoconștiență (Cosmoconsciência; Cosmoconsciousness)
Cosmoetică (Cosmoética; Cosmoethics)
Cosmoeticitate (Cosmoeticidade; Cosmoethicity)
Cosmoeticologie (Cosmoeticologia; Cosmoethicology)
Cosmogânsenă (Cosmopensene; Cosmothosene)
Cosmogramă (Cosmograma; Cosmogram)
Cosmoviziologie (Cosmovisiologia; Cosmovisiology)
Cosmoviziune (Cosmovisão; Cosmovision)
Coterapeut (Coterapeuta; Cotherapist)
Cuplare aurică (Acoplamento áurico; Auric coupling)
Cuplare energetică (Acoplamento energético; Energetic coupling)
Cuplu incomplet (Casal incompleto; Incomplete couple)
Cursul grupokarmic (Curso grupocármico; Groupkarmic course)
Curs intermisiv (Curso intermissivo; Intermissive course)

D

Dermatologiile conștiinței (Dermatologias da consciência; Dermatologies of the consciousness)
Deschidere conștiențială (Abertismo consciencial; Consciential openness)
Desomare (Dessoma; Desoma)
Desomatică (Dessomática; Desomatics)
Desomatologie (Dessomatologia; Desomatology)
Despert (Desperto; Deperto)
Desperticitate (Desperticidade; Deperticity)
Despertologie (Despertologia; Depertology)
Dezasim (Desassim; Symdeas)
Dezasimilare simpatică (Desassimilação simpática; Sympathetic deassimilation)
Dezintruziune (Desassédio; Deintrusion)
Dezintruziune interconștiențială (Desassédio interconsciencial; Interconsciential deintrusion)
Dimener (Dimener; Dimener)
Dimensiune energetică (Dimensão energética; Energetic dimension)
Dimensiune extrafizică (Dimensão extrafísica; Dimex)
Dimensiune intrafizică (Dimensão intrafísica; Dimin)
Dinamică parapsihică (Dinâmica parapsíquica; Parapsychic dynamics)
Discoincidența vehiculelor de manifestare (Descoincidência dos veículos de manifestação; Discoincidence of the vehicles of manifestation)
Discoincidență trează (Descoincidência vígil; Waking discoincidence)
Dormitor blindat (Alcova blindada; Shielded chamber)
Dormitor blindat energetic (Alcova energeticamente blindada; Energetic shielded chamber)

Duo evolutiv (Dupla evolutiva; Evolutionary duo)
Duologie (Duplismologia; Duology)

E

Ectopie conştienţială (Ectopia consciencial; Consciential ectopia)
Ectoplasmă (Ectoplasma; Ectoplasm)
Ectoplast (Ectoplasta; Ectoplast)
Egokarmă (Egocarma; Egokarma)
Egokarmalitate (Egocarmalidade; Egokarmality)
Egokarmologie (Egocarmologia; Egokarmology)
Egogânsenă (Egopensene; Egothosene)
Energie conştienţială – CE (Energia consciencial – EC; Consciential energy – CE)
Energie imanentă – EI (Energia imanente – EI; Immanent energy – IE)
Energosferă personală (Energosfera pessoal; Personal energosphere)
Energosomă (Energossoma; Energosoma)
Energosomaticitate (Energossomaticidade; Energosomaticity)
Energosomatologie (Energossomatologia; Energosomatology)
Enumerologie (Enumerologia; Enumerology)
Epicentrism mentalsomatic (Epicentrismo mentalsomático; Mentalsomatic epicentrism)
Epicon (Epicon; Epicon)
Eră conştienţială (Era consciencial; Consciential era)
Euforex (Euforex; Euforex)
Euforie extrafizică (Euforia extrafísica; Extraphysical euphoria)
Euforie intrafizică (Euforia intrafísica; Intraphysical euphoria)
Euforin (Euforin; Euforin)
Eunuc conştienţial (Eunuco de bases conscienciais; Consciential eunuch)
Evolucient (Evoluciente; Evolutient)
Evoluţiolog (Evoluciólogo; Evolutiologist)
Evoluţiologie (Evoluciologia; Evolutiology)
Existenţă blocată (Existência trancada; Locked existence)
Existenţă energosomatică (Existência energossomática; Energosomatic existence)
Existenţă holochakrală (Existência holochacral; Holochakral existence)
Experienţă în apropierea morţii (Experiência da Quase Morte – EQM; Near death experience – NDE)
Experienţă personală - EP (Vivência pessoal – VP; Personal experience – PE)
Experimentologie (Experimentologia; Experimentology)
Extracorporal (Extracorpóreo; Extracorporeal)
Extrafizic (Extrafísico; Extraphysical)
Extrafizicologie (Extrafisicologia; Extraphysicology)

F

Facilitator de conştientologie (Facilitador da Conscienciologia; Conscientiology facilitator)
Familie conştienţială (Família consciencial; Consciential family)
Fenomen concomitent cu PL (Fenômeno concomitante à PC; Phenomena concomitant to LP)
Fenomen proiectiv (Fenômeno projetivo; Projective phenomenon)
Fişa evolutivă personală – FEP (Ficha evolutiva pessoal – FEP; Personal evolutionary record – PER)

Fitoenergie (Fitoenergia; Phytoenergy)
Fitogânsenă (Fitopensene; Phytothosene)
Forțe conștiențiale (Poderes conscienciais; Consciential powers)
Frontochakră (Frontochacra; Frontochakra)

G
Gânsenator (Pensenedor; Thosenator)
Gânsenă (Pensene; Thosene)
Gânsenitate (Pensenidade; Thosenity)
Gânseniza (a) (Pensenizar; Thosenate)
Gânsenizare (Pensenização; Thosenation)
Gânsenologie (Pensenologia; Thosenology)
Geoenergie (Geoenergia; Geoenergy)
Gestație conștiențială (Gestação consciencial; Consciential gestation)
Ginochakră (Ginochacra; Gynochakra)
Ginogânsenă (Ginopensene; Gynothosene)
Ginosomatică (Ginossomática; Gynosomatics)
Ginosomatologie (Ginossomatologia; Gynosomatology)
Ginosomă (Ginossoma; Gynosoma)
Ghid orb (Guia cego; Blind guide)
Grafogânsenă (Grafopensene; Graphothosene)
Grecex (Grecex; Grecex)
Grinvex (Grinvex; Grinvex)
Grupalitate (Grupalidade; Groupality)
Grupokarmă (Grupocarma; Groupkarma)
Grupokarmalitate (Grupocarmalidade; Groupkarmality)
Grupokarmologie (Grupocarmologia; Groupkarmology)
Grupogânsenă (Grupopensene; Groupthosene)
Grupul invertorilor existențiali (Grupo de inversores existenciais; Group of existential inverters)
Grupul reciclatorilor existențiali (Grupo de reciclantes existenciais; Group of existential recyclers)
Gunoi autogânsenic (Bagulho autopensênico; Self-thosenic rubbish)
Gunoi energetic (Bagulho energético; Energetic rubbish)

H
Halucinație (Alucinação; Hallucination)
Helper (Amparador; Helper)
Helper extrafizic (Amparador extrafísico; Extraphysical helper)
Helper de funcție (Amparador específico de função; Function-specific helper)
Heterogânsenă (Heteropensene; Heterothosene)
Hiperacuitate (Hiperacuidade; Hyperacuity)
Hipergânsenă (Hiperpensene; Hyperthosene)
Hiperspații conștiențiale (Hiperespaços conscienciais; Consciential hyperspaces)
Hipnagogie (Hipnagogia; Hypnagogy)
Hipnopompie (Hipnopompia; Hypnopompy)
Hipogânsenă (Hipopensene; Hypothosene)

Holobiografie (Holobiografia; Holobiography)
Holochakră (Holochacra; Holochakra)
Holochakralitate (Holochacralidade; Holochakrality)
Holochakrologie (Holochacralogia; Holochakralogy)
Holofilosofie (Holofilosofia; Holophilosophy)
Hologânsenă (Holopensene; Holothosene)
Hologânsenă de domiciliu (Holopensene domiciliar; Domicile holothosene)
Holokarmă (Holocarma; Holokarma)
Holokarmologie (Holocarmologia; Holokarmology)
Holomaturitate (Holomaturidade; Holomaturity)
Holomaturologie (Holomaturologia; Holomaturology)
Holomemorie (Holomemória; Holomemory)
Holomnemonică (Holomnemônica; Holomnemonics)
Holomnemonicologie (Holomnemonicologia; Holomnemonicology)
Holo-orgasm (Holorgasmo; Holorgasm)
Holoresomatică (Holoressomática; Holoresomatics)
Holoresomatologie (Holoressomatologia; Holoresomatology)
Holosferă (Holosfera; Holosphere)
Holosomatică (Holossomática; Holosomatics)
Holosomatologie (Holossomatologia; Holosomatology)
Holosomă (Holossoma; Holosoma)
Holotecă (Holoteca; Holotheca)
Holotecologie (Holotecologia; Holothecology)
Homeostatică (Homeostática; Homeostatics)
Homeostaticologie (Homeostaticologia; Homeostaticology)
Homeostază holosomatică (Homeostase holossomática; Holosomatic homeostasis)
Homogânsenă (Homopensene; Homothosene)
Homo sapiens serenissimus (Homo sapiens serenissimus; Homo sapiens serenissimus)

I

Igienă conștiențială (Higiene consciencial; Consciential hygiene)
Igienologie conștiențială (Higienologia consciencial; Consciential hygienology)
Impactoterapie (Impactoterapia; Impactotherapy)
Incompletism existențial (Incompletismo existencial; Existential incompletism)
Incompletist existențial (Incompletista existencial; Existential incompletist)
Incomplexis (Incompléxis; Incomplexis)
Instituție conștientocentrică – IC (Instituição conscienciocêntrica – IC; Conscientiocentric institution – CI)
Inteligență evolutivă (Inteligência evolutiva; Evolutionary intelligence)
Intenție (Intenção; Intention)
Intenționalitate (Intencionalidade; Intentionality)
Interasistentologie (Interassistenciologia; Interassistantiology)
Interasistențialitate (Interassistencialidade; Interassistantiality)
Interdimensionalitate (Interdimensionalidade; Interdimensionality)
Interfuziune holosomatică (Interfusão holossomática; Holosomatic interfusion)
Intermisibilitate (Intermissibilidade; Intermissibility)
Intermisiologie (Intermissiologia; Intermissiology)
Intermisiune (Intermissão; Intermission)

Intermisiune post-somatică (Intermissão pós-somática; Postsomatic intermission)
Intermisiune pre-somatică (Intermissão pré-somática; Pre-somatic intermission)
Interprizonierat grupokarmic (Interprisão grupocármica; Groupkarmic interprison)
Intraconştienţialitate (Intraconsciencialidade; Intraconscientiality)
Intrafizicalitate (Intrafisicalidade; Intraphysicality)
Intrafizicologie (Intrafisicologia; Intraphysicology)
Intragânsenă (Intrapensene; Intrathosene)
Intrudabilitate (Assedialidade; Intrusiveness)
Intruder (Assediador; Intruder)
Intruder interconştienţial (Assediador interconsciencial; Interconsciential intruder)
Intruziune energosomatică (Intrusão energossomática; Energosomatic intrusion)
Intruziune gânsenică (Intrusão pensênica; Thosenic intrusion)
Intruziune holochakrală (Intrusão holochacral; Holochakral intrusion)
Intruziune holosomatică (Intrusão holossomática; Holosomatic intrusion)
Intruziune interconştienţială (Assédio interconsciencial; Interconsciential intrusion)
Intruziune mnemonică (Intrusão mnemônica; Mnemonic intrusion)
Intruziune psihosomatică (Intrusão psicossomática; Psychosomatic intrusion)
Intruziune volitivă (Intrusão volitiva; Volitive intrusion)
Inversiune existenţială (Inversão existencial; Existential inversion)
Invertologie existenţială (Invertologia existencial; Existential invertology)
Invertor existenţial (Inversor existencial; Existential inverter)
Invexibilitate (Invexibilidade; Invexibility)
Invexis (Invéxis; Invexis)
Invexologie (Invexologia; Invexology)

Î

Încapsulare parasanitară (Encapsulamento parassanitário; Parasanitary encapsulation)

L

Laringochakră (Laringochacra; Laryngochakra)
Lecţie de conştientologie (Aula de Conscienciologia; Conscientiology class)
Legătură conştienţială (Vínculo consciencial; Consciential bond)
Libertate energosomatică (Soltura do energossoma; Energosomatic looseness)
Libertate holochakrală (Soltura do holochacra; Looseness of the holochakra)

M

Macro-PK distructiv (Macro-PK destrutiva; Destructive macro-PK)
Macrocosmos (Macrocosmos; Macrocosmos)
Macrosomatică (Macrossomática; Macrosomatics)
Macrosomatologie (Macrossomatologia; Macrosomatology)
Macrosomă (Macrossoma; Macrosoma)
Mandat pre-intrafizic (Mandato pre-intrafísico; Pre-intraphysical mandate)
Matergânsenă (Materpensene; Materthosene)
Maturitate integrată (Maturidade integrada; Integrated maturity)
Maxifraternitate (Maxifraternidade; Maxifraternity)
Maxigânsenă (Maxipensen; Maxithosene)
Maximecanism (Maximecanismo; Maximechanism)

Maximoratoriu existenţial (Maximoratória existencial; Existential maximoratorium)
Maximorexis (Maximoréxis; Maximorexis)
Maxiprimăvară energetică (Maxiprimavera energética; Energetic maxispringtime)
Maxiprimener (Maxiprimener; Maxienerspring)
Maxiproexis (Maxiproéxis; Maxiproexis)
Maxiprogram existenţial (Programação existencial máxima; Existential maxiprogram)
Mega-atribute propulsoare ale evoluţiei (Mega-atributos propulsores da evolução; Mega-attribute propellers of evolution)
Megaeuforizare (Megaeuforização; Megaeuphorization)
Megagânsenă (Megapensene; Megathosene)
Megagânsenă trivocabular (Megapensen trivocabular; Trivocabular megathosene)
Megagescon (Megagescon; Megagescon)
Megaputere (Megapoder; Megapower)
Megascop (Megameta; Megagoal)
Megatrafor (Megatrafor; Megastrongtrait)
Megatrasla (Megatrafar; Megaweaktrait)
Melancolie extrafizică (Melancolia extrafísica; Extraphysical melancholy)
Melancolie intrafizică (Melancolia intrafísica; Intraphysical melancholy)
Melex (Melex; Melex)
Melin (Melin; Melin)
Mentalsomă (Mentalsoma; Mentalsoma)
Mentalsomatică (Mentalsomática; Mentalsomatics)
Mentalsomatologie (Mentalsomatologia; Mentalsomatology)
Microcosmos (Microcosmos; Microcosmos)
Microunivers conştienţial (Microuniverso consciencial; Consciential microuniverse)
Mimetism cosmoetic (Mimese cosmoética; Cosmoethical mimicry)
Minigânsenă (Minipensene; Minithosene)
Minimorexis (Minimoréxis; Minimorexis)
Minipiesă (Minipeça; Minipiece)
Miniprimăvară energetică (Mini primavera energética; Energetic minispringtime)
Miniprimener (Miniprimener; Minienerspring)
Miniproexis (Miniproéxis; Miniproexis)
Mnemosomatică (Mnemossomática; Mnemosomatics)
Mnemosomatologie (Mnemossomatologia; Mnemosomatology)
Mnemosomă (Mnemossoma; Mnemosoma)
Monitorizare extrafizică (Monitoria extrafísica; Extraphysical monitoring)
Monodotare conştienţială (Monodotação consciencial; Consciential monoendowment)
Monogânsenă (Monopensene; Monothosene)
Monotanatoză (Monotanatose; Monothanatosis)
Morexis (Moréxis; Morexis)
Morfogânsenă (Morfopensene; Morphothosene)
Multicomplexis (Multicompléxis; Multicomplexis)
Multiexistenţialitate (Multiexistencialidade; Multiexistentiality)

N

Neîncredologie (Descrenciologia; Disbeliefology)
Neoconstruct (Neoconstruto; Neoconstruct)
Neofilie (Neofilia; Neophilia)

Neogânsenă (Neopensene; Neothosene)
Neoidee (Neoideia; Neoidea)
Nosografie (Nosografia; Nosography)
Nucochakră (Nucochacra; Nuchochakra)

O
Ofiex (Ofiex; Offiex)
Ombilicochakră (Umbilicochacra; Umbilicochakra)
Omisiune deficitară (Omissão deficitária; Deficitary omission)
Omisiune excedentară (Omissão superavitária; Superavitary omission)
Omiex (Omissuper; Omisuper)
Omnichestionare (Omniquestionamento; Omniquestioning)
Oraș natal extrafizic (Paraprocedência; Extraphysical hometown)
Orientor evolutiv (Orientador evolutivo; Evolutionary orientor)
Ortogânsenă (Ortopensene; Orthothosene)
Ortogânsenitate (Ortopensenidade; Orthothosenity)
Ortopensata (Ortopensata; Orthopensata)

P
Palmochakre (Palmochacras; Palmochakras)
Pangrafie (Pangrafia; Pangraphy)
Para (Para; Para)
Para-anatomie (Paranatomia; Para-anatomy)
Para-anatomologie (Paranatomologia; Para-anatomology)
Para-anestezie (Paranestesia; Para-anesthesia)
Para-anesteziologie (Paranestesiologia; Para-anesthesiology)
Para-asepsie (Parassepsia; Parasepsis)
Para-asepsiologie (Parassepsiologia; Parasepsiology)
Para-bărbat (Para-homem; Paraman)
Parabiologie (Parabiologia; Parabiology)
Parabotanică (Parabotânica; Parabotany)
Para-botanicologie (Parabotanicologia; Parabotanicology)
Paracetățean (Paracidadão; Paracitizen)
Parachirurgie (Paracirurgia; Parasurgery)
Parachirurgiologie (Paracirurgiologia; Parasurgeriology)
Paracicatrizare (Paracicatrização; Paracicatrization)
Paracicatrizatologie (Paracicatrizaciologia; Paracicatrizationology)
Paraclinică (Paraclínica; Paraclinic)
Paraclinicologie (Paraclinicologia; Paraclinicology)
Paracomatoză conștiențială (Paracomatose consciencial; Consciential paracomatose)
Paraconstruct (Paraconstructo; Paraconstruct)
Paracorp (Paracorpo; Parabody)
Paracreier (Paracerebro; Parabrain)
Paracronologie (Paracronologia; Parachronology)
Parademografologie (Parademografologia; Parademographology)
Paradigma conștiențială (Paradigma consciencial; Consciential paradigm)
Paradiplomație (Paradiplomacia; Paradiplomacy)

Paradreptologie (Paradireitologia; Paralawology)
Paraepistemologie (Parepistemologia; Paraepistemology)
Parafapt (Parafato; Parafact)
Parafemeie (Paramulher; Parawoman)
Parafenomenologie (Parafenomenologia; Paraphenomenology)
Parafiziologie (Parafisiologia; Paraphysiology)
Paragânsenă (Parapensene; Parathosene)
Paragenetică (Paragenética; Paragenetics)
Parageneticologie (Parageneticology; Parageneticologia)
Parageografie (Parageografia; Parageography)
Parageografologia (Parageografologia; Parageographology)
Parahemostazie (Para-hemostasia; Parahemostasis)
Parahemostaziologie (Para-hemostasiologia; Parahemostasiology)
Paraistorie (Parahistory; Para-história)
Paraistoriologie (Para-historiologia; Parahistoriology)
Para-microcip (Paramicrochip; Paramicrochip)
Paraneurologie (Paraneurologia; Paraneurology)
Parapatologie (Parapatologia; Parapathology)
Parapedagogie (Parapedagogia; Parapedagogy)
Parapedagogiologie (Parapedagogiologia; Parapedagogiology)
Paraperceptologie (Parapercepciologia; Paraperceptiology)
Parapoliticologie (Parapoliticologia; Parapoliticology)
Parapopulație (Parapopulação; Parapopulation)
Paraprofilaxie (Paraprofilaxia; Paraprophylaxis)
Paraprofilaxiologie (Paraprofilaxiologia; Paraprophylaxiology)
Paraproveniență (Paraprocedência; Paraprovenance)
Parapsihism (Parapsiquismo; Parapsychism)
Pararealitate (Pararrealidade; Parareality)
Pararegeneratologie (Pararegeneraciologia; Pararegeneratiology)
Parareurbanologie (Parareubanologia; Parareurbanology)
Parasemiologie (Parasemiologia; Parasemiology)
Parasociologie (Parasociologia; Parasociology)
Paratehnologie (Paratecnologia; Paratechnology)
Parateraputică (Paraterapêutica; Paratherapeutics)
Parateraputicologie (Paraterapeuticologia; Paratherapeuticology)
Paratransfigurare (Paratransfiguração; Paratransfiguration)
Parazoologie (Parazoologia; Parazoology)
Paremiologie (Paremiologia; Paroemiology)
Parimie (Parêmia; Paroemia)
Patogânsenă (Patopensene; Pathothosene)
Pauză proiectivă (Receso projetivo; Projective recess)
Pensata (Pensata; Pensata)
Penta (Tenepes; Penta)
Pentologie (Tenepessologia; Pentology)
Periconștiențial (Periconsciencial; Periconsciential)
Plantochakre (Plantochacras; Plantochakras)
Podosomă (Podossoma; Podosoma)
Polikarmalitate (Policarmalidade; Polykarmality)

Polikarmă (Policarma; Polykarma)
Polikarmologie (Policarmologia; Polykarmology)
Precognitarium (Precognitarium; Precognitarium)
Precogniție extrafizică (Precognição extrafísica; Extraphysical precognition)
Pre-cuplu (Pré-casal; Pre-couple)
Pre-kundalini (Pre-kundalini; Pre-kundalini)
Pre-serenisimus (Pre-serenão; Pre-serenissimus)
Pre-serenisimus intrafizic alternant (Pré-serenão intrafísico alternante; Alternating intraphysical pre-serenissimus)
Prietenie rarisimă (Amizade raríssima; Rare friendship)
Primener (Primener; Enerspring)
Primener în duo (Primener a dois; Enerspring by 2)
Primogânsenă (Primopensene; Primothosene)
Principii personale (Princípios pessoais; Personal principles)
Principiul neîncrederii (Princípio da descrença; Principle of Disbelief)
Proexis (Proéxis; Proexis)
Proexis avansat (Proéxis avançada; Advanced proexis)
Proexologie (Proexologia; Proexology)
Program existențial (Programação existencial; Existential program)
Proiectabilitate lucidă – PBL (Projetabilidade lúcida – PL; Lucid projectability – LPB)
Proiectarium (Projetarium; Projectarium)
Proiectocritică (Projeciocrítica; Projectiocritique)
Proiectocriticologie (Projeciocriticologia; Projectiocriticology)
Proiectografie (Projeciografia; Projectiography)
Proiectografologie (Projeciografologia; Projectiographology)
Proiectologie (Projeciologia; Projectiology)
Proiectoterapeuticologie (Projecioterapeuticologia; Projectiotherapeuticology)
Proiectoterapie (Projecioterapia; Projectiotherapy)
Proiecție conștiențială asistată (Projeção consciente assistida; Assisted consciential projection)
Proiecție lucidă (Projeção consciente – PC; Lucid projection – LP)
Proiecție lucidă comună (Projeção consciente conjunta – PCC; Joint lucid projection – JLP)
Proiecție semiconștientă (Projeção semiconsciente – PSC; Semi-lucid projection – SLP)
Protogânsenă (Protopensene; Protothosene)
Psihosomă (Psicossoma; Psychosoma)
Psihosomatică (Psicossomática; Psychosomatics)
Psihosomatologie (Psicossomatologia/ Psychosomatology)

R
Raid extrafizic (Arrastex; Extraphysical raid)
Recexibilitate (Recexibilidade; Recexability)
Recexis (Recéxis; Recexis)
Recexologie (Recexologia; Recexiology)
Reciclabilitate existențială (Reciclabilidade existencial; Existential recyclability)
Reciclare intraconștiențială (Reciclagem intraconsciencial; Intraconsciential recycling)
Reciclator existențial (Reciclante existencial; Existential recycler)
Recin (Recin; Recin)

Recinologie (Recinologia; Recinology)
Recoltă intermisivă (Colheita intermissiva; Intermissive harvest)
Regânsenă (Repensene; Rethosene)
Repercusiuni para-psihofizice (Repercussões parapsicofísicas; Parapsychophysical repercussions)
Resomare (Ressoma; Resoma)
Resomatică (Ressomática; Resomatics)
Resomatologie (Ressomatologia; Resomatology)
Restrângere intrafizică (Restringimento intrafísico; Intraphysical restriction)
Retrocognitarium (Retrocognitarium; Retrocognitarium)
Retrocognitologie (Retrocogniciologia; Retrocognitiology)
Retrocogniție (Retrocognição; Retrocognition)
Retrogânsenă (Retropensene; Retrothosene)
Reurbanizare extrafizică (Reurbanização extrafísica; Extraphysical reurbanization)
Reurbanizare intrafizică (Reurbanização intrafísica; Intraphysical reurbanisation)
Reurbex (Reurbex; Reurbex)
Reurbin (Reurbin; Reurbin)
Robexis (Robéxis; Robexis)
Romantism extrafizic (Romance extrafísico; Extraphysical romance)

S

Sarcină de clarificare (Tarefa do esclarecimento; Clarification task)
Sarclar (Tares; Claritask)
Sarclarist (Tarístico; Claritaskal)
Sarclaristicologie (Taristicologia; Claritaskology)
Sarcină de consolare (Tarefa da consolação; Consolation task)
Sarcon (Tacon; Consoltask)
Sarconist (Taconístico; Consoltaskal)
Sarconologie (Taconologia; Consoltaskology)
Scala evolutivă a conștiinței (Escala evolutiva da consciência; Evolutionary scale of the consciousness)
Scop mental proiectiv (Alvo mental projetivo; Projective mental target)
Seducție energosomatică (Sedução energossomática; Energosomatic seduction)
Seducție holochakrală (Sedução holochacral; Holochakral seduction)
Semnătură gânsenică (Assinatura pensênica; Thosenic signature)
Semper studiosus (Semperaprendente; Everlearner)
Sens universalist (Senso universalista; Sense of universalism)
Seren (Serenão; Serenissimus)
Serenism (Serenismo; Serenism)
Serenologie (Serenologia; Serenology)
Serialitate (Serialidade; Seriality)
Serialitate existențială (Seriação existencial; Existential seriation)
Seriexis (Seriéxis; Seriexis)
Seriexologie(Seriexologia; Seriexology)
Sexochakră (Sexochacra; Sexochakra)
Sexogânsenă (Sexopensene; Sexothosene)
Sexosomă (Sexossoma; Sexosoma)

Sexosoma afrodisiacă feminină (Sexossoma feminino afrodisíaco; Aphrodisiac feminine sexosoma)
Sexosomatică (Sexossomática; Sexosomatics)
Sexosomatologie (Sexosomatologia; Sexosomatology)
Sinalectică parapsihică (Sinalética parapsíquica; Parapsychic signal)
Sindromul străinului (Síndrome do Estrangeiro; Foreigner syndrome)
Societate extrafizică (Sociedade extrafísica; Extraphysical society)
Societate intrafizică (Sociedade intrafísica; Intraphysical society)
Sociex (Sociex; Sociex)
Socin (Socin; Socin)
Soma (Soma; Soma)
Somatică (Somática; Somatics)
Somatologie (Somatologia; Somatology)
Somn (Sono; Sleep)
Splenicochakră (Esplenicochacra; Splenicochakra)
Stare de animare suspendată (Estado de animação suspensa; State of suspended animation)
Stare de conştienţă modificată (Estado alterado de consciência; Altered state of consciousness)
Stare vibraţională – SV (Estado vibracional – EV; Vibrational state – VS)
Stigmat intruziv (Estigma assediador; Intrusive stigma)
Subcreier abdominal (Subcérebro abdominal; Abdominal sub-brain)
Subgânsenă (Subpensene; Subthosene)
Subsol conştienţial (Porão consciencial; Consciential basement)

T
Tărie parapsihică (Tara parapsíquica; Parapsychic tare)
Tehnica ciclului enumerativ (Técnica do ciclo enumerativă; Enumerative cycle technique)
Telegânsenă (Telepensene; Telethosene)
Temă homeostatică (Tema homeostático; Homeostatic theme)
Temă neutră (Tema neutro; Neutral theme)
Temă nosografică (Tema nosográfico; Nosographic theme)
Teopractică (Teática; Theorice)
Tertulia conştientologică (Tertúlia conscienciológica; Conscientiological tertulia)
Trafor (Trafor; Strongtrait)
Tralip (Trafal; Absentrait)
Transmigraţie interplanetară (Transmigração interplanetária; Interplanetary transmigration)
Trasla (Trafar; Weaktrait)
Tridotare conştienţială (Tridotação consciencial; Consciential triendowment)
Tritanatoză (Tritanatose; Trithanatosis)

U
Universalism (Universalismo; Universalism)

V

Vehicul al conștiinței (Veículo da consciência; Vehicle of the consciousness)
Verbacțiologie (Verbaciologia; Verbatiology)
Verbacțiune (Verbação; Verbaction)
Verbet (Verbete; Verbet)
Verbetografie conștientologică (Verbetografia conscienciológica; Conscientiological verbetography)
Virus al societății intrafizice (Vírus da sociedade intrafísica; Virus of intraphysical society)
Virus al socin (Vírus da socin; Virus of socin)
Vis (Sonho; Dream)
Vis diurn (Devaneio; Daydream)
Voință (Vontade; Will)
Volitolină (Voliciolina; Volitioline)
Volitologie (Voliciologia; Volitiology)
Volitopatie (Voliciopatia; Volitiopathy)

X

Xenogânsenă (Xenopensene; Xenothosene)
Xenofrenie (Xenofrenia; Xenophrenia)

Z

Zoogânsenă (Zoopensene; Zoothosene)

LISTA DOS TERMOS

A

Abertismo consciencial (Deschidere conştienţială; Consciential openness)
Abordagem extrafísica (Abordare extrafizică; Extraphysical approach)
Acidente parapsíquico (Accident parapsihic; Parapsychic accident)
Acoplamento áurico (Cuplare aurică; Auric coupling)
Acoplamento energético (Cuplare energetică; Energetic coupling)
Agenda extrafísica (Agenda extrafizică; Extraphysical agenda)
Agendex (Agendex; Agendex)
Agente retrocognitivo inato (Agent retrocognitiv înnăscut; Innate retrocognitive agent)
Agente retrocognitor (Agent retrocognitor; Retrocognitor agent)
Alcova blindada (Dormitor blindat; Shielded chamber)
Alcova energeticamente blindada (Dormitor blindat energetic; Energetic shielded chamber)
Alucinação (Halucinaţie; Hallucination)
Alvo mental projetivo (Scop mental proiectiv; Projective mental target)
Amência consciencial (Amenţie conştienţială; Consciential amentia)
Amizade raríssima (Prietenie rarisimă; Rare friendship)
Amparador (Helper; Helper)
Amparador específico de função (Helper de funcţie; Function-specific helper)
Amparador extrafísico (Helper extrafizic; Extraphysical helper)
Andaimes conscienciais (Cârje conştienţiale; Consciential scaffolds)
Androchacra (Androchakra; Androchakra)
Andropensene (Androgânsenă; Androthosene)
Androssoma (Androsoma; Androsoma)
Androssomatica (Androsomatică; Androsomatics)
Androssomatologia (Androsomatologie; Androsomatology)
Animismo (Animism; Animism)
Anticosmoética (Anticosmoetică; Anticosmoethics)
Antipensene (Antigânsenă; Antithosene)
Aparição intervivos (Apariţie inter vivos; Inter vivos apparition)
Arco voltaico (Arc voltaic; Voltaic arc)
Arrastex (Raid extrafizic; Extraphysical raid)
Artefatos do saber (Artefacte ale cunoaşterii; Artifacts of knowledge)
Assediador (Intruder; Intruder)
Assediador interconsciencial (Intruder interconştienţial; Interconsciential intruder)
Assedialidade (Intrudabilitate; Intrusiveness)
Assédio interconsciencial (Intruziune interconştienţială; Interconsciential intrusion)
Assim (Asim; Symas)
Assimilação simpática (Asimilare simpatică; Sympathetic assimilation)
Assinatura pensênica (Semnătură gânsenică; Thosenic signature)
Assistencial (Asistenţial; Assistantial)
Assistenciologia (Asistentologie; Assistantiology)
Atacadismo consciencial (Abordare conştienţială atotcuprinzătoare; Consciential wholesaling)
Aula de Conscienciologia (Lecţie de conştientologie; Conscientiology class)

Aura orgástica (Aură orgastică; Orgastic aura)
Auto-herança parapsíquica (Auto-moștenire parapsihică; Parapsychic self-inheritance)
Autoassédio (Autointruziune; Self-intrusion)
Autobilocação consciencial (Autobilocație conștiențială; Consciential self-bilocation)
Autoconsciencialidade (Autoconștiențialitate; Self-conscientiality)
Autoconscientização multidimensional - AM (Autoconștientizare multidimensională; Multidimensional self-awareness - MSA)
Autocriticidade paraterapêutica (Autocriticitate paraterapeutică; Paratherapeutic self-criticism)
Autocriticofilia (Autocriticofilie; Self-criticophilia)
Autodefesa energética (Autoapărare energetică; Energetic self-defence)
Autoimperdoador (Autoneiertător; Self-unforgiver)
Autolucidez parapsíquica (Autoluciditate parapsihică; Parapsychic self-lucidity)
Automimese existencial (Automimetism existențial; Existential self-mimicry)
Automimeticidade (Automimeticitate; Self-mimiticity)
Automitridatismo (Automitridatism; Self-mithridatism)
Autopensatologia (Autopensatologie; Self-pensatology)
Autopensene (Autogânsenă; Self-thosene)
Autopensenidade (Autogânsenitate; Self-thosenity)
Autoprojeção (Autoproiecție; Self-projection)
Autorganização consciencial (Auto-organizare conștiențială; Consciential self-organization)
Autorrevezamento (Autoreleu; Self-relay)
Autorevezamento consciencial (Autoreleu conștiențial; Consciential self-relay)
Autossuficiência evolutiva (Autosuficiență evolutivă; Evolutionary self-sufficiency)
Autotransafetividade (Autotransafectivitate; Self-transaffectivity)
Auxiliar em terra (Asistent intrafizic; Intraphysical assistant)

B
Bagulho autopensênico (Gunoi autogânsenic; Self-thosenic rubbish)
Bagulho energético (Gunoi energetic; Energetic rubbish)
Baratrosfera (Baratrosferă; Baratrosphere)
Base física (Bază fizică; Physical base)
Binômio admiração-discordância (Binomul admirație-dezacord; Admiration-disagreement binomial)
Binômio lucidez-rememoração (Binomul luciditate-amintire; Lucidity-recollection binomial)
Bioenergia (Bioenergie; Bioenergy)
Biografologia (Biografologie; Biographology)
Biopensene (Biogânsenă; Biothosene)
Bitanatose (Bitanatoză; Bithanatosis)
Blindagem energética de ambientes (Blindajul energetic al mediului înconjurător; Energetic shielding of environment)
Bradipensene (Bradigânsenă; Bradythosene)

C
Cardiochacra (Cardiochakră; Cardiochakra)
Casal incompleto (Cuplu incomplet; Incomplete couple)
Catatonia extrafísica (Catatonie extrafizică; Extraphysical catatonia)

Central Extrafísica da Energia - CEE (Centrul Extrafizic al Energiei - CEE; Extraphysical Centre of Energy - ECE)
Central Extrafísica da Fraternidade - CEF (Centrul Extrafizic al Fraternității - CEF; Extraphysical Centre of Fraternity - ECF)
Central Extrafísica da Verdade - CEV (Centrul Extrafizic al Adevărului – CEA; Extraphysical Centre of Veracity – ECV)
Chacra (Chakră; Chakra)
Ciclo mentalsomático (Ciclu mentalsomatic; Mentalsomatic cycle)
Ciclo multiexistencial (Ciclu multiexistențial; Multiexistential cycle)
Clima interconsciencial (Climat interconștiențial; Interconsciential climate)
Co-projetor (Co-proiector; Co-projector)
Código Duplista de Cosmoética – CDC (Cod de cosmoetică al duo-ului – CCD; Code of a Duo's Cosmoethics – CDC)
Código Grupal de Cosmoética – CGC (Cod Grupal de Cosmoetică – CGC; Code of Group Cosmoethics – CGC)
Código Pessoal de Cosmoética – CPC (Cod Personal de Cosmoetică – CPC; Code of Personal Cosmoethics – CPC)
Coexistenciologia (Coexistentologie; Coexistentiology)
Cognópolis (Cognopolis; Cognopolis)
Coincidência holossomática (Coincidență holosomatică; Holosomatic coincidence)
Colégios Invisíveis da Conscienciologia (Colegiile Invizibile de Conștientologie; Invisible Colleges of Conscientiology)
Colheita intermissiva (Recoltă intermisivă; Intermissive harvest)
Compensação intraconsciencial (Compensare intraconștiențială; Intraconsciential compensation)
Completismo existencial (Completism existențial; Existential completism)
Completista existencial (Completist existențial; Existential completist)
Compléxis (Complexis; Complexis)
Comunex (Comunex; Communex)
Comunicologia (Comunicologie; Communicology)
Comunidade Consciencológica Cosmoética Internacional – CCCI (Comunitatea Conștientologică Cosmoetică Internațională; International Cosmoethical Conscientiological Community – ICCC)
Comunidade extrafísica (Comunitate extrafizică; Extraphysical community)
Con (Con; Con)
Concentração consciencial (Concentrare conștiențială; Consciential concentration)
Confor (Confor; Confor)
Consbel (Consbel; Consbel)
Consciência belicista (Conștiință belicistă; Warmongering consciousness)
Consciência energívora (Conștiință energovoră; Energivorous consciousness)
Consciência extrafísica (Conștiință extrafizică; Extraphysical consciousness)
Consciência intrafísica (Conștiință intrafizică; Intraphysical consciousness)
Consciência livre (Conștiință liberă; Free consciousness)
Consciência reurbanizada (Conștiință reurbanizată; Reurbanized consciousness)
Consciência, a (Conștiința; Consciousness, the)
Consciênciês (Conștientesa; Conscientese)
Conscienciocentrismo (Conștientocentrism; Conscientiocentrism)
Conscienciocentrologia (Conștientocentrologie; Conscientiocentrology)

Conscienciocracia (Conștientocrație; Conscientiocracy)
Conscienciograma (Conștientogramă; Conscientiogram)
Conscienciologia (Conștientologie; Conscientiology)
Conscienciólogo(a) (Conștientolog(ă); Conscientiologist)
Conscienciometria (Conștientometrie; Conscientiometry)
Conscienciometrologia (Conștientometrologie; Conscientiometrology)
Consciencioterapeuta (Conștientoterapeut; Conscientiotherapist)
Consciencioterapeuticologia (Conștientoterapeuticologie; Conscientiotherapeuticology)
Consciencioterapia (Conștientoterapie; Conscientiotherapy)
Consciençula (Conștiensula; Consciensula)
Consciex (Conștiex; Consciex)
Consciex livre - CL (Conștiex liberă - CL; Free consciex - FC)
Conscin (Conștin; Conscin)
Consener (Consener; Consener)
Consréu (Consreu; Consreu)
Continuísmo consciencial (Continuism conștiențial; Consciential continuism)
Contrapensene (Contragânsenă; Counterthosene)
Cordão de ouro (Cordon de aur; Golden cord)
Cordão de prata (Cordon de argint; Silver cord)
Coronochacra (Coronochakră; Coronochakra)
Cosmoanaliticologia (Cosmoanaliticologie; Cosmo-analiticology)
Cosmo-análise (Cosmo-analiză; Cosmo-analysis)
Cosmoconsciência (Cosmoconștiență; Cosmoconsciousness)
Cosmoconscienciologia (Cosmoconștientologie; Cosmoconscientiology)
Cosmoética (Cosmoetică; Cosmoethics)
Cosmoeticidade (Cosmoeticitate; Cosmoethicity)
Cosmoeticologia (Cosmoeticologie; Cosmoethicology)
Cosmograma (Cosmogramă; Cosmogram)
Cosmopensene (Cosmogânsenă; Cosmothosene)
Cosmovisão (Cosmoviziune; Cosmovision)
Cosmovisiologia (Cosmoviziologie; Cosmovisiology)
Coterapeuta (Coterapeut; Cotherapist)
Curso grupocármico (Cursul grupokarmic; Groupkarmic course)
Curso intermissivo (Curs intermisiv; Intermissive course)

D

Dermatologias da consciência (Dermatologiile conștiinței; Dermatologies of the consciousness)
Desassédio (Dezintruziune; Deintrusion)
Desassédio interconsciencial (Dezintruziune interconștiențială; Interconsciential deintrusion)
Desassim (Dezasim; Symdeas)
Desassimilação simpática (Dezasimilare simpatică; Sympathetic deassimilation)
Descoincidência dos veículos de manifestação (Discoincidența vehiculelor de manifestare; Discoincidence of the vehicles of manifestation)
Descoincidência vígil (Discoincidență trează; Waking discoincidence)
Descrenciologia (Neîncredologie; Disbeliefology)

Desperticidade (Desperticitate; Deperticity)
Desperto (Despert; Deperto)
Despertologia (Despertologie; Depertology)
Dessoma (Desomare; Desoma)
Dessomática (Desomatică; Desomatics)
Dessomatologia (Desomatologie; Desomatology)
Devaneio (Vis diurn; Daydream)
Dimener (Dimener; Dimener)
Dimensão energética (Dimensiune energetică; Energetic dimension)
Dimensão extrafísica (Dimensiune extrafizică; Dimex)
Dimensão intrafísica (Dimensiune intrafizică; Dimin)
Dinâmica parapsíquica (Dinamică parapsihică; Parapsychic dynamics)
Dupla evolutiva (Duo evolutiv; Evolutionary duo)
Duplismologia (Duologie; Duology)

E

Ectopia consciencial (Ectopie conştienţială; Consciential ectopia)
Ectoplasma (Ectoplasmă; Ectoplasm)
Ectoplasta (Ectoplast; Ectoplast)
Egocarma (Egokarmă; Egokarma)
Egocarmalidade (Egokarmalitate; Egokarmality)
Egocarmologia (Egokarmologie; Egokarmology)
Egopensene (Egogânsenă; Egothosene)
Encapsulamento parassanitário (Încapsulare parasanitară; Parasanitary encapsulation)
Energia consciencial – EC (Energie conştienţială – CE; Consciential energy – CE)
Energia imanente – EI (Energie imanentă – EI; Immanent energy – IE)
Energosfera pessoal (Energosferă personală; Personal energosphere)
Energossoma (Energosomă; Energosoma)
Energossomaticidade (Energosomaticitate; Energosomaticity)
Energossomatologia (Energosomatologie; Energosomatology)
Enumerologia (Enumerologie; Enumerology)
Epicentrismo mentalsomático (Epicentrism mentalsomatic; Mentalsomatic epicentrism)
Epicon (Epicon; Epicon)
Era consciencial (Eră conştienţială; Consciential era)
Escala evolutiva da consciência (Scala evolutivă a conştiinţei; Evolutionary scale of the consciousness)
Esplenicochacra (Splenicochakră; Splenicochakra)
Estado alterado de consciência (Stare de conştienţă modificată; Altered state of consciousness)
Estado de animação suspensa (Stare de animare suspendată; State of suspended animation)
Estado vibracional – EV (Stare vibraţională – SV; Vibrational state – VS)
Estigma assediador (Stigmat intruziv; Intrusive stigma)
Euforex (Euforex; Euforex)
Euforia extrafísica (Euforie extrafizică; Extraphysical euphoria)
Euforia intrafísica (Euforie intrafizică; Intraphysical euphoria)
Euforin (Euforin; Euforin)
Eunuco de bases conscienciais (Eunuc conştienţial; Consciential eunuch)

Evoluciente (Evolucient; Evolutient)
Evoluciologia (Evoluțiologie; Evolutiology)
Evoluciólogo (Evoluțiolog; Evolutiologist)
Existência energossomática (Existență energosomatică; Energosomatic existence)
Existência holochacral (Existență holochakrală; Holochakral existence)
Existência trancada (Existență blocată; Locked existence)
Experiência da Quase Morte – EQM (Experiență în apropierea morții; Near death experience – NDE)
Experimentologia (Experimentologie; Experimentology)
Extracorpóreo (Extracorporal; Extracorporeal)
Extrafísico (Extrafizic; Extraphysical)
Extrafisicologia (Extrafizicologie; Extraphysicology)

F

Facilitador da Conscienciologia (Facilitator de conștientologie; Conscientiology facilitator)
Família consciencial (Familie conștiențială; Consciential family)
Fenômeno concomitante à PC (Fenomen concomitent cu PL; Phenomena concomitant to LP)
Fenômeno projetivo (Fenomen proiectiv; Projective phenomenon)
Ficha evolutiva pessoal – FEP (Fișa evolutivă personală – FEP; Personal evolutionary record – PER)
Fitoenergia (Fitoenergie; Phytoenergy)
Fitopensene (Fitogânsenă; Phytothosene)
Frontochacra (Frontochakră; Frontochakra)

G

Geoenergia (Geoenergie; Geoenergy)
Gestação consciencial (Gestație conștiențială; Consciential gestation)
Ginochacra (Ginochakră; Gynochakra)
Ginopensene (Ginogânsenă; Gynothosene)
Ginossoma (Ginosomă; Gynosoma)
Ginossomática (Ginosomatică; Gynosomatics)
Ginossomatologia (Ginosomatologie; Gynosomatology)
Grafopensene (Grafogânsenă; Graphothosene)
Grecex (Grecex; Grecex)
Grinvex (Grinvex; Grinvex)
Grupalidade (Grupalitate; Groupality)
Grupo de inversores existenciais (Grupul invertorilor existențiali; Group of existential inverters)
Grupo de reciclantes existenciais (Grupul reciclatorilor existențiali; Group of existential recyclers)
Grupocarma (Grupokarmă; Groupkarma)
Grupocarmalidade (Grupokarmalitate; Groupkarmality)
Grupocarmologia (Grupokarmologie; Groupkarmology)
Grupopensene (Grupogânsenă; Groupthosene)
Guia cego (Ghid orb; Blind guide)

H
Heteropensene (Heterogânsenă; Heterothosene)
Higiene consciencial (Igienă conștiențială; Consciential hygiene)
Higienologia consciencial (Igienologie conștiențială; Consciential hygienology)
Hiperacuidade (Hiperacuitate; Hyperacuity)
Hiperespaços conscienciais (Hiperspațll conștiențiale; Consciential hyperspaces)
Hiperpensene (Hipergânsenă; Hyperthosene)
Hipnagogia (Hipnagogie; Hypnagogy)
Hipnopompia (Hipnopompie; Hypnopompy)
Hipopensene (Hipogânsenă; Hypothosene)
Holobiografia (Holobiografie; Holobiography)
Holocarma (Holokarmă; Holokarma)
Holocarmologia (Holokarmologie; Holokarmology)
Holochacra (Holochakră; Holochakra)
Holochacralidade (Holochakralitate; Holochakrality)
Holochacralogia (Holochakrologie; Holochakralogy)
Holofilosofia (Holofilosofie; Holophilosophy)
Holomaturidade (Holomaturitate; Holomaturity)
Holomaturologia (Holomaturologie; Holomaturology)
Holomemória (Holomemorie; Holomemory)
Holomnemônica (Holomnemonică; Holomnemonics)
Holomnemonicologia (Holomnemonicologie; Holomnemonicology)
Holopensene (Hologânsenă; Holothosene)
Holopensene domiciliar (Hologânsenă de domiciliu; Domicile holothosene)
Holoressomática (Holoresomatică; Holoresomatics)
Holoressomatologia (Holoresomatologie; Holoresomatology)
Holorgasmo (Holo-orgasm; Holorgasm)
Holosfera (Holosferă; Holosphere)
Holossoma (Holosomă; Holosoma)
Holossomática (Holosomatică; Holosomatics)
Holossomatologia (Holosomatologie; Holosomatology)
Holoteca (Holotecă; Holotheca)
Holotecologia (Holotecologie; Holothecology)
Homeostase holossomática (Homeostază holosomatică; Holosomatic homeostasis)
Homeostática (Homeostatică; Homeostatics)
Homeostaticologia (Homeostaticologie; Homeostaticology)
Homo sapiens serenissimus (*Homo sapiens serenissimus*; *Homo sapiens serenissimus*)
Homopensene (Homogânsenă; Homothosene)

I
Impactoterapia (Impactoterapie; Impactotherapy)
Incompletismo existencial (Incompletism existențial; Existential incompletism)
Incompletista existencial (Incompletist existențial; Existential incompletist)
Incompléxis (Incomplexis; Incomplexis)
Instituição conscienciocêntrica – IC (Instituție conștientocentrică – IC; Conscientiocentric institution – CI)
Inteligência evolutiva (Inteligență evolutivă; Evolutionary intelligence)

Intenção (Intenție; Intention)
Intencionalidade (Intenționalitate; Intentionality)
Interassistencialidade (Interasistențialitate; Interassistantiality)
Interassistenciologia (Interasistentologie; Interassistantiology)
Interdimensionalidade (Interdimensionalitate; Interdimensionality)
Interfusão holossomática (Interfuziune holosomatică; Holosomatic interfusion)
Intermissão (Intermisiune; Intermission)
Intermissão pós-somática (Intermisiune post-somatică; Postsomatic intermission)
Intermissão pré-somática (Intermisiune pre-somatică; Pre-somatic intermission)
Intermissibilidade (Intermisibilitate; Intermissibility)
Intermissiologia (Intermisiologie; Intermissiology)
Interprisão grupocármica (Interprizonierat grupokarmic; Groupkarmic interprison)
Intraconsciencialidade (Intraconștiențialitate; Intraconscientiality)
Intrafisicalidade (Intrafizicalitate; Intraphysicality)
Intrafisicologia (Intrafizicologie; Intraphysicology)
Intrapensene (Intragânsenă; Intrathosene)
Intrusão energossomática (Intruziune energosomatică; Energosomatic intrusion)
Intrusão holochacral (Intruziune holochakrală; Holochakral intrusion)
Intrusão holossomática (Intruziune holosomatică; Holosomatic intrusion)
Intrusão mnemônica (Intruziune mnemonică; Mnemonic intrusion)
Intrusão pensênica (Intruziune gânsenică; Thosenic intrusion)
Intrusão psicossomática (Intruziune psihosomatică; Psychosomatic intrusion)
Intrusão volitiva (Intruziune volitivă; Volitive intrusion)
Inversão existencial (Inversiune existențială; Existential inversion)
Inversor existencial (Invertor existențial; Existential inverter)
Invertologia existencial (Invertologie existențială; Existential invertology)
Invexibilidade (Invexibilitate; Invexibility)
Invéxis (Invexis; Invexis)
Invexologia (Invexologie; Invexology)

L
Laringochacra (Laringochakră; Laryngochakra)

M
Macro-PK destrutiva (Macro-PK distructiv; Destructive macro-PK)
Macrocosmos (Macrocosmos; Macrocosmos)
Macrossoma (Macrosomă; Macrosoma)
Macrossomática (Macrosomatică; Macrosomatics)
Macrosomatologia (Macrossomatologie; Macrosomatology)
Mandato pre-intrafísico (Mandat pre-intrafizic; Pre-intraphysical mandate)
Materpensene (Matergânsenă; Materthosene)
Maturidade integrada (Maturitate integrată; Integrated maturity)
Maxifraternidade (Maxifraternitate; Maxifraternity)
Maximecanismo (Maximecanism; Maximechanism)
Maximoratória existencial (Maximoratoriu existențial; Existential maximoratorium)
Maximoréxis (Maximorexis; Maximorexis)
Maxipensen (Maxigânsenă; Maxithosene)
Maxiprimavera energética (Maxiprimăvară energetică; Energetic maxispringtime)

Maxiprimener (Maxiprimener; Maxienerspring)
Maxiproéxis (Maxiproexis; Maxiproexis)
Mega-atributos propulsores da evolução (Mega-atribute propulsoare ale evoluției; Mega-attribute propellers of evolution)
Megaeuforização (Megaeuforizare; Megaeuphorization)
Megagescon (Megagescon; Megagescon)
Megameta (Megascop; Megagoal)
Megapensene (Megagânsenă; Megathosene)
Megapensen trivocabular (Megagânsenă trivocabular; Trivocabular megathosene)
Megapoder (Megaputere; Megapower)
Megatrafor (Megatrafor; Megastrongtrait)
Megatrafar (Megatrasla; Megaweaktrait)
Melancolia extrafísica (Melancolie extrafizică; Extraphysical melancholy)
Melancolia intrafísica (Melancolie intrafizică; Intraphysical melancholy)
Melex (Melex; Melex)
Melin (Melin; Melin)
Mentalsoma (Mentalsom; Mentalsoma)
Mentalsomática (Mentalsomatică; Mentalsomatics)
Mentalsomatologia (Mentalsomatologie; Mentalsomatology)
Microcosmos (Microcosmos; Microcosmos)
Microuniverso consciencial (Microunivers conștiențial; Consciential microuniverse)
Mimese cosmoética (Mimetism cosmoetic; Cosmoethical mimicry)
Mini primavera energética (Miniprimăvară energetică; Energetic minispringtime)
Minimoréxis (Minimorexis; Minimorexis)
Minipeça (Minipiesă; Minipiece)
Minipensene (Minigânsenă; Minithosene)
Miniprimener (Miniprimener; Minienerspring)
Miniproéxis (Miniproexis; Miniproexis)
Mnemossoma (Mnemosomă; Mnemosoma)
Mnemossomática (Mnemosomatică; Mnemosomatics)
Mnemossomatologia (Mnemosomatologie; Mnemosomatology)
Monitoria extrafísica (Monitorizare extrafizică; Extraphysical monitoring)
Monodotação consciencial (Monodotare conștiențială; Consciential monoendowment)
Monopensene (Monogânsenă; Monothosene)
Monotanatose (Monotanatoză; Monothanatosis)
Moréxis (Morexis; Morexis)
Morfopensene (Morfogânsenă; Morphothosene)
Multicompléxis (Multicomplexis; Multicomplexis)
Multiexistencialidade (Multiexistențialitate; Multiexistentiality)

N

Neoconstruto (Neoconstruct; Neoconstruct)
Neofilia (Neofilie; Neophilia)
Neoideia (Neoidee; Neoidea)
Neopensene (Neogânsenă; Neothosene)
Nosografia (Nosografie; Nosography)
Nucochacră (Nucochakră; Nuchochakra)

O

Oficina extrafísica (Clinică extrafizică; Extraphysical clinic)
Ofiex (Ofiex; Offiex)
Omissão deficitária (Omisiune deficitară; Deficitary omission)
Omissão superavitária (Omisiune excedentară; Superavitary omission)
Omissuper (Omiex; Omisuper)
Omniquestionamento (Omnichestionare; Omniquestioning)
Orientador evolutivo (Orientor evolutiv; Evolutionary orientor)
Ortopensata (Ortopensata; Orthopensata)
Ortopensene (Ortogânsenă; Orthothosene)
Ortopensenidade (;Ortogânsenitate; Orthothosenity)

P

Palmochacras (Palmochakre; Palmochakras)
Pangrafia (Pangrafie; Pangraphy)
Para (Para; Para)
Para-hemostasia (Parahemostazie; Parahemostasis)
Para-hemostasiologia (Parahemostaziologie; Parahemostasiology)
Para-história (Paraistorie; Parahistory)
Para-historiologia (Paraistoriologie; Parahistoriology)
Para-homem (Para-bărbat; Paraman)
Parabiologia (Parabiologie; Parabiology)
Parabotânica (Parabotanică; Parabotany)
Parabotanicologia (Para-botanicologie; Parabotanicology)
Paracerebro (Paracreier; Parabrain)
Paracicatrização (Paracicatrizare; Paracicatrization)
Paracicatrizaciologia (Paracicatrizatologie; Paracicatrizationology)
Paracidadão (Paracetățean; Paracitizen)
Paracirurgia (Parachirurgie; Parasurgery)
Paracirurgiologia (Parachirurgiologie; Parasurgeriology)
Paraclínica (Paraclinică; Paraclinic)
Paraclinicologia (Paraclinicologie; Paraclinicology)
Paracomatose consciencial (Paracomatoză conștiențială; Consciential paracomatose)
Paraconstructo (Paraconstruct; Paraconstruct)
Paracorpo (Paracorp; Parabody)
Paracronologia (Paracronologie; Parachronology)
Parademografologia (Parademografologie; Parademographology)
Paradigma consciencial (Paradigma conștiențială; Consciential paradigm)
Paradiplomacia (Paradiplomație; Paradiplomacy)
Paradireitologia (Paradreptologie; Paralawology)
Parafato (Parafapt; Parafact)
Parafenomenologia (Parafenomenologie; Paraphenomenology)
Parafisiologia (Parafiziologie; Paraphysiology)
Paragenética (Paragenetică; Paragenetics)
Parageneticology (Parageneticologie; Parageneticologia)
Parageografia (Parageografie; Parageography)
Parageografologia (Parageografologie; Parageographology)

Paramicrocip (Para-microchip; Paramicrochip)
Paramulher (Parafemeie; Parawoman)
Paranatomia (Para-anatomie; Para-anatomy)
Paranatomologia (Para-anatomologie; Para-anatomology)
Paranestesia (Para-anestezie; Para-anesthesia)
Paranestesiologia (Para-anesteziologie; Para-anesthesiology)
Paraneurologia (Paraneurologie; Paraneurology)
Parapatologia (Parapatologie; Parapathology)
Parapedagogia (Parapedagogie; Parapedagogy)
Parapedagogiologia (Parapedagogiologie; Parapedagogiology)
Parapensene (Paragânsenă; Parathosene)
Parapercepciologia (Paraperceptologie; Paraperceptiology)
Parapoliticologia (Parapoliticologie; Parapoliticology)
Parapopulação (Parapopulație; Parapopulation)
Paraprocedência (Paraproveniență; Paraprovenance)
Paraprofilaxia (Paraprofilaxie; Paraprophylaxis)
Paraprofilaxiologia (Paraprofilaxiologie; Paraprophylaxiology)
Parapsiquismo (Parapsihism; Parapsychism)
Pararrealidade (Pararealitate; Parareality)
Pararregeneraciologia (Pararegeneratologie; Pararegeneratiology)
Pararreurbanologia (Parareubanologie; Parareurbanology)
Parassemiologia (Parasemiologie; Parasemiology)
Parassepsia (Para-asepsie; Parasepsis)
Parassepsiologia (Para-asepsiologie; Parasepsiology)
Parassociologia (Parasociologie; Parasociology)
Paratecnologia (Paratehnologie; Paratechnology)
Paraterapêutica (Paraterapeutică; Paratherapeutics)
Paraterapeuticologia (Paraterapeuticologie; Paratherapeuticology)
Paratransfiguração (Paratransfigurare; Paratransfiguration)
Parazoologia (Parazoologie; Parazoology)
Parêmia (Parimie; Paroemia)
Paremiologia (Paremiologie; Paroemiology)
Paraepistemologia (Parepistemologie; Paraepistemology)
Patopensene (Patogânsenă; Pathothosene)
Pensata (Pensata; Pensata)
Pensene (Gânsenă; Thosene)
Pensenedor (Gânsenator; Thosenator)
Pensenidade (Gânsenitate; Thosenity)
Pensenização (Gânsenizare; Thosenation)
Pensenizar (Gânseniza (a); Thosenate)
Pensenologia (Gânsenologie; Thosenology)
Periconsciencial (Periconștiențial; Periconsciential)
Plantochacras (Plantochakre; Plantochakras)
Poderes conscienciais (Forțe conștiențiale; Consciential powers)
Podossoma (Podosomă; Podosoma)
Policarma (Polikarmă; Polykarma)
Policarmalidade (Polikarmalitate; Polykarmality)
Policarmologia (Polikarmologie; Polykarmology)

Porão consciencial (Subsol conștiențial; Consciential basement)
Pré-casal (Pre-cuplu; Pre-couple)
Pre-kundalini (Pre-kundalini; Pre-kundalini)
Pre-serenão (Pre-serenisimus; Pre-serenissimus)
Pré-serenão intrafísico alternante (Pre-serenisimus intrafizic alternant; Alternating intraphysical pre-serenissimus)
Precognição extrafísica (Precogniție extrafizică; Extraphysical precognition)
Precognitarium (Precognitarium; Precognitarium)
Primener (Primener; Enerspring)
Primener a dois (Primener în duo; Enerspring by 2)
Primopensene (Primogânsenă; Primothosene)
Princípio da descrença (Principiul neîncrederii; Principle of Disbelief)
Princípios pessoais (Principii personale; Personal principles)
Proéxis (Proexis; Proexis)
Proéxis avançada (Proexis avansat; Advanced proexis)
Proexologia (Proexologie; Proexology)
Programação existencial (Program existențial; Existential program)
Programação existencial máxima (Maxiprogram existențial; Existential maxiprogram)
Projeção consciente (Proiecție lucidă– PC; Lucid projection – LP)
Projeção consciente assistida (Proiecție conștiențială asistată; Assisted consciential projection)
Projeção consciente conjunta – PCC (Proiecție lucidă comună; Joint lucid projection – JLP)
Projeção semiconsciente – PSC (Proiecție semiconștientă; Semi-lucid projection – SLP)
Projeciocriticologia (Proiectocriticologie; Projectiocriticology)
Projeciocrítica (Proiectocritică; Projectiocritique)
Projeciografia (Proiectografie; Projectiography)
Projeciografologia (Proiectografologie; Projectiographology)
Projeciologia (Proiectologie; Projectiology)
Projecioterapeuticologia (Proiectoterapeuticologie; Projectiotherapeuticology)
Projecioterapia (Proiectoterapie; Projectiotherapy)
Projetabilidade lúcida – PL (Proiectabilitate lucidă – PBL; Lucid projectability – LPB)
Projetarium (Proiectarium; Projectarium)
Protopensene (Protogânsenă; Protothosene)
Psicossoma (Psihosomă; Psychosoma)
Psicossomática (Psihosomatică; Psychosomatics)
Psicossomatologia (Psihosomatologie / Psychosomatology)

Q
Quirossoma (Chirosoma; Chirosoma)

R
Receso projetivo (Pauză proiectivă; Projective recess)
Recexibilidade (Recexibilitate; Recexability)
Recéxis (Recexis; Recexis)
Recexologia (Recexologie; Recexiology)
Reciclabilidade existencial (Reciclabilitate existențială; Existential recyclability)
Reciclagem intraconsciencial (Reciclare intraconștiențială; Intraconsciential recycling)
Reciclante existencial (Reciclator existențial; Existential recycler)

Recin (Recin; Recin)
Recinologia (Recinologie; Recinology)
Repensene (Regânsenă; Rethosene)
Repercussões parapsicofísicas (Repercusiuni para-psihofizice; Parapsychophysical repercussions)
Ressoma (Resomare; Resoma)
Ressomática (Resomatică; Resomatics)
Ressomatologia (Resomatologie; Resomatology)
Restringimento intrafísico (Restrângere intrafizică; Intraphysical restriction)
Retrocognição (Retrocogniție; Retrocognition)
Retrocogniciologia (Retrocognitologie; Retrocognitiology)
Retrocognitarium (Retrocognitarium; Retrocognitarium)
Retropensene (Retrogânsenă; Retrothosene)
Reurbanização extrafísica (Reurbanizare extrafizică; Extraphysical reurbanization)
Reurbanização intrafísica (Reurbanizare intrafizică; Intraphysical reurbanisation)
Reurbex (Reurbex; Reurbex)
Reurbin (Reurbin; Reurbin)
Robéxis (Robexis; Robexis)
Romance extrafísico (Romantism extrafizic; Extraphysical romance)

S
Sedução energossomática (Seducție energosomatică; Energosomatic seduction)
Sedução holochacral (Seducție holochakrală; Holochakral seduction)
Semperaprendente (Semper studiosus; Everlearner)
Senso universalista (Sens universalist; Sense of universalism)
Serenão (Seren; Serenissimus)
Serenismo (Serenism; Serenism)
Serenologia (Serenologie; Serenology)
Seriação existencial (Serialitate existențială; Existential seriation)
Seriéxis (Seriexis; Seriexis)
Seriexologia (Seriexologie; Seriexology)
Sexochacra (Sexochakră; Sexochakra)
Sexopensene (Sexogânsenă; Sexothosene)
Sexossoma (Sexosomă; Sexosoma)
Sexossoma feminino afrodisíaco (Sexosoma afrodisiacă feminină; Aphrodisiac feminine sexosoma)
Sexossomática (Sexosomatică; Sexosomatics)
Sexosomatologia (Sexosomatologie; Sexosomatology)
Sinalética parapsíquica (Sinalectică parapsihică; Parapsychic signal)
Síndrome do Estrangeiro (Sindromul străinului; Foreigner syndrome)
Sociedade extrafísica (Societate extrafizică; Extraphysical society)
Sociedade intrafísica (Societate intrafizică; Intraphysical society)
Sociex (Sociex; Sociex)
Socin (Socin; Socin)
Soltura do energossoma (Libertate energosomatică; Energosomatic looseness)
Soltura do holochacra (Libertate holochakrală; Looseness of the holochakra)
Soma (Soma; Soma)
Somática (Somatică; Somatics)

Somatologia (Somatologie; Somatology)
Sonho (Vis; Dream)
Sono (Somn; Sleep)
Subcérebro abdominal (Subcreier abdominal; Abdominal sub-brain)
Subpensene (Subgânsenă; Subthosene)

T
Tacon (Sarcon; Consoltask)
Taconístico (Sarconist; Consoltaskal)
Taconologia (Sarconologie; Consoltaskology)
Tara parapsíquica (Tărie parapsihică; Parapsychic tare)
Tarefa da consolação (Sarcină de consolare; Consolation task)
Tarefa do esclarecimento (Sarcină de clarificare; Clarification task)
Tares (Sarclar; Claritask)
Tarístico (Sarclarist; Claritaskal)
Taristicologia (Sarclaristicologie; Claritaskology)
Teática (Teopractică; Theorice)
Técnica do ciclo enumerativa (Tehnica ciclului enumerativ; Enumerative cycle technique)
Telepensene (Telegânsenă; Telethosene)
Tema homeostático (Temă homeostatică; Homeostatic theme)
Tema neutro (Temă neutră; Neutral theme)
Tema nosográfico (Temă nosografică; Nosographic theme)
Tenepes (Penta; Penta)
Tenepessologia (Pentologie; Pentology)
Tertúlia conscienciológica (Tertulia conștientologică; Conscientiological tertulia)
Trafal (Tralip; Absentrait)
Trafar (Trasla; Weaktrait)
Trafor (Trafor; Strongtrait)
Transmigração interplanetária (Transmigrație interplanetară; Interplanetary transmigration)
Tridotação consciencial (Tridotare conștienţială; Consciential triendowment)
Tritanatose (Tritanatoză; Trithanatosis)

U
Umbilicochacra (Ombilicochakră; Umbilicochakra)
Universalismo (Universalism; Universalism)

V
Varejismo consciencial (Abordare conștienţială limitată; Consciential retailing)
Veículo da consciência (Vehicul al conștiinţei; Vehicle of the consciousness)
Verbação (Verbacțiune; Verbaction)
Verbaciologia (Verbacțiologie; Verbatiology)
Verbete (Verbet; Verbet)
Verbetografia conscienciológica (Verbetografie conștientologică; Conscientiological verbetography)
Verpon (Aderev; Verpon)
Verponologia (Aderevologie; Verponology)

Vínculo consciencial (Legătură conștiențială; Consciential bond)
Vírus da sociedade intrafísica (Virus al societății intrafizice; Virus of intraphysical society)
Vírus da socin (Virus al socin; Virus of socin)
Vivência pessoal – VP (Experiență personală - EP; Personal experience – PE)
Voliciolina (Volitolină; Volitioline)
Voliciologia (Volitologie; Volitiology)
Voliciopatia (Volitopatie; Volitiopathy)
Vontade (Voință; Will)

X
Xenopensene (Xenogânsenă; Xenothosene)
Xenofrenia (Xenofrenie; Xenophrenia)

Z
Zoopensene (Zoogânsenă; Zoothosene)

A

Abordare conștiențială atotcuprinzătoare
Atacadismo consciencial (Pt.); Consciential wholesaling (En.)

Sistem de comportament individual caracterizat de tendința de a aborda acțiunile conștiențiale în mod conjugat, fără a lăsa urme sau lacune evolutive negative. (Vieira, Waldo; *Proiectologia;* ed.5; 2002, p.1098).

Pt. Sistema de comportamento individual caracterizado pela diretriz de se levar em conjunto, ou de eito, os atos conscienciais, sem deixar rastros ou gaps evolutivos, negativos, para trás. (Vieira, Waldo; Projeciologia; *5 ed.; 2002, p.1098).*

Abordare conștiențială limitată
Varejismo consciencial (Pt.); Consciential retailing (En.)

Sistem rudimentar de comportament individual caracterizat prin acțiuni conștiențiale minore, izolate, cu rezultate productive minime și cu puține efecte evolutive importante. (Vieira, Waldo; *Proiectologia*; ed.5; 2002, p.1111).

Pt. Sistema primário de comportamento individual caracterizado pela ação através dos atos conscienciais menores, isolados e de mínimo resultado produtivo ou efeito evolutivo magno. (Vieira, Waldo; Projeciologia; *5 ed.; 2002, p.1111).*

Abordare extrafizică
Abordagem extrafísica (Pt.); Extraphysical approach (En.)

Contactul unei conștiințe cu alta în dimensiunile extrafizice. (Vieira, Waldo; *Proiectologia*; ed.5; 2002, p.1098).

Pt. Contato de uma consciência com outra nas dimensões extrafísicas. (Vieira, Waldo; Projeciologia; *5 ed.; 2002, p.1098).*

Accident parapsihic
Acidente parapsíquico (Pt.); Parapsychic accident (En.)

Tulburare fizică sau psihologică generată de influențe energetice interconștiențiale bolnave, în general de origine extrafizică sau multidimensională. (Vieira, Waldo; *Proiectologia*; ed.5; 2002, p.1098).

Pt. Distúrbio físico ou psicológico gerado por influências energéticas, interconscienciais, doentias, em geral de origem extrafísica, ou multidimensional. (Vieira, Waldo; Projeciologia; 5 ed.; 2002, p.1098).

Aderev
Verpon (Pt.); Verpon (En.)

Adevăr relativ de vârf. Potrivit conştientologiei, este o nouă gânsenă (neogânsenă), o nouă realitate (fapt) sau pararealitate (parafapt) a unei conştine (autoconvingere), obţinută prin cercetări conştientologice şi filtrată folosind principiul neîncrederii. (Vieira, Waldo; *Homo sapiens pacificus; p.54*).

Pt. Verdade relativa de ponta. Segundo a Conscienciologia é o novo pensene (neopensene), nova realidade (fato) ou pararealidade (parafato) existente para a conscin (autoconvicção), obtida por intermédio das pesquisas da Conscienciologia, depois de devidamente filtrada pelo princípio da descrença. (Vieira, Waldo; Homo sapiens pacificus; p.54).

Aderevologie
Verponologia (Pt.); Verponology (En.)

Specialitate a conştientologiei care se ocupă cu studiul şi experimentarea aderevurilor sau adevărurilor relative de vârf, care sunt cele mai noi descoperiri ale cercetării privind realitatea şi pararealitatea, încă nepublicate şi supuse investigaţiilor, actualizărilor ulterioare şi principiului neîncrederii.

Pt. Especialidade da Conscienciologia aplicada aos estudos e vivências das verpons ou verdades relativas de ponta, que são os achados pesquisísticos da realidade e da pararealidade, ainda inéditos, sujeitos a averiguações e atualizações e ao princípio da descrença.

Agenda extrafizică
Agenda extrafísica (Pt.); Extraphysical agenda (En.)

Vezi agendex.

Pt. **Ver** *agendex.*

Agendex (agend+ex)
Agendex (Pt.); Agendex (En.)

Agenda extrafizică, sau lista scrisă a ţintelor conştienţiale extrafizice prioritare ale proiectorului - fiinţe, locuri sau idei - pe care încearcă treptat să le atingă, în ordine cronologică, atunci când se proiectează lucid, stabilind astfel scheme inteligente pentru auto-dezvoltare. (Adaptat după Vieira, Waldo; *Enciclopedia de Conștientologie*; ed.8; p.330).

Pt. Agenda extrafísica ou a anotação por escrito da relação de tarefas assistenciais e alvos conscienciais extrafísicos, prioritários – seres a serem atendidos e a aplicação dos constructos renovadores – os quais o projetor lúcido, quando projetado, com lucidez, fora do corpo humano, procura cumprir gradativamente, de maneira racional, crono e paracronologicamente, estabelecendo esquemas inteligentes no autodesenvolvimento. (Adaptado de Vieira, Waldo; Enciclopédia da Conscienciologia; *8 ed.; 2013, p.339).*

Agent retrocognitiv înnăscut
Agente retrocognitivo inato (Pt.); Innate retrocognitive agent (En.)

Tânărul fost student al unui recent curs intermisiv preresomatic, care pune în practică tehnica de inversiune existențială (invexis) și aplică în viața intrafizică de zi cu zi toate învățăturile obținute, fiind în același timp capabil să declanșeze, prin forța lui prezențială și prin hologânsena personală, în alte persoane din grupul său evolutiv, aduceri aminte privind propriile lor studii intermisive. (Vieira, Waldo; *Enciclopedia de Conștientologie*; ed.8; 2013, p.370).

Pt. A jovem, ou o rapaz, ex-aluno de Curso Intermissivo pré-ressomático, recente, vivenciando a técnica da inversão existencial (invéxis), aplicando todo o cabedal do aprendizado haurido no dia a dia intrafísico, diuturno, sendo, ao mesmo tempo, capaz de desencadear, tão somente com a própria força presencial e o holopensene pessoal, as recordações dos mesmos estudos intermissivos em outras conscins do grupo evolutivo. (Vieira, Waldo; Enciclopédia da Conscienciologia; *8 ed.; 2013, p.370).*

Agent retrocognitor
Agente retrocognitor (Pt.); Retrocognitor agent (En.)

Agentul retrocognitor este conștiința educatoare capabilă să reînvie, fără hipnoză, prin auto și heterocritică, holomemoria mentalsomelor absolvenților cursurilor intermisive pre-resomatice, făcând să înflorească în prezent știința pre-curriculară - ideile înnăscute generate în perioada intermisivă și menținute în pofida restrângerii biologice și genetice a resomării, prin parageneticologie, prin intermediul informațiilor libertariene oferite prin acte, comportamente și atitudini personale exemplificatoare. (Vieira, Waldo; *Enciclopedia de Conștientologie*; ed.8; 2013, p.374).

Pt. O agente retrocognitor, homem ou mulher, é a conscin educadora capaz de reavivar sem hipnose, com auto e heterocríticas, a holomemória dos mentaissomas dos educandos egressos de Cursos Intermissivos, pré-ressomáticos, fazendo aflorar, no presente, a Ciência Pré-curricular, ideias inatas geradas no período da intermissão e mantidas contra o restringimento biológico e genético da ressoma, pela Parageneticologia, por intermédio das informações libertárias oferecidas pelos atos, condutas, comportamentos e posturas pessoais exemplificativas. (*Vieira, Waldo;* Enciclopédia da Conscienciologia; *8 ed.; 2013, p.374).*

Amenție conștiențială

Amência consciencial (Pt.); Consciential amentia (En.)

Condiția conștiinței incapabile să gândească cu un echilibru mental rezonabil; obnubilare mentalsomatică intensă. (Adaptat după Vieira, Waldo; *Manual de redactare conștientologică;* ed.2; 2002, p.17). (AMENȚÍE s. f. stare amentivă; tulburare mintală. (< germ. Amentia); n.tr.)

Pt. Condição da consciência incapaz de pensar com equilíbrio mental razoável; intensa obnubilação mentalsomática. (Adaptado de Vieira, Waldo; Manual de Redação da Conscienciologia; 2 ed.; 2002, p.17).

Androchakra (andro+chakra)

Androchacra (Pt.); Androchakra (En.)

Sexochakra bărbatului. (Vieira, Waldo; *Proiectologia;* ed.5; 2002, p.1098).

Pt. Sexochacra do homem. (*Vieira, Waldo*; Projeciologia; *5 ed.; 2002, p.1098*).

Androgânsenă (andro+gân+sen+ene)

Andropensene (Pt.); Androthosene (En.)

Gânsenă specifică unei conscin masculine primitive sau macho. (Vieira, Waldo; *Proiectologia*; ed.5; 2002, p.1098).

Pt. Pensene específico da conscin masculina primitiva ou do machão. (*Vieira, Waldo;* Projeciologia; *5 ed.; 2002, p.1098*).

Androsoma (andro+soma)

Androssoma (Pt.); Androsoma (En.)

Corpul uman masculin, specific unui bărbat. (Vieira, Waldo; Proiectologia; ed.5; 2002, p.1098).

Pt. Corpo humano masculino ou específico do homem. (Vieira, Waldo; Proiectologia; 5 ed.; 2002, p.1098).

Androsomatică (andro+somatică)

Androssomatica (Pt.); Androsomatics (En.)

Vezi *androsomatologie.*

Pt. **Ver** *androssomatologia.*

Androsomatologie (andro+somatologie)
Androssomatologia (Pt.); Androsomatology (En.)

Specialitate a conştientologiei care studiază soma, în mod special soma masculină sau androsoma şi relaţiile sale cu conştiinţa umană (conştin). Este un subdomeniu ştiinţific al sexosomatologiei. (Vieira, Waldo; *Proiectologia*; ed.4; 1999, p.37). **Variantă învechită pentru această specialitate:** *androsomatică.*

Pt. Especialidade da Conscienciologia aplicada aos estudos do soma, especificamente quanto ao sexo masculino, ou ao androssoma, e suas relações com a consciência humana (conscin). É um subcampo científico da Sexossomatologia. (Vieira, Waldo; Projeciologia; 4 ed.; 1999, p.37). **Variante em desuso para esta especialidade:** *Androssomática.*

Animism
Animismo (Pt.); Animism (En.)

Din latină, animus, suflet. Set de fenomene intra şi extracorporale produse de conştin fără interferenţe externe, cum ar fi, de exemplu, fenomenul de proiecţie conştientă indusă prin propria voinţă. (Vieira, Waldo; *Proiectologia*; ed.5; 2002, p.1098).

Pt. Do Latim, animus, alma. Conjunto dos fenômenos intra e extracorpóreos produzidos pela conscin, sem interferências externas, como, por exemplo, o fenômeno da projeção consciente induzida pela própria vontade. (Vieira, Waldo; Projeciologia; 5 ed.; 2002, p.1098).

Anticosmoetică
Anticosmoética (Pt.); Anticosmoethics (En.)

Procedeu imatur prin care conştiinţa nu respectă, conştient sau inconştient, principiile universale corecte, evolutive şi multidimensionale ale cosmoeticii, acţionând în mod nedemn, antifratern, marginal sau criminal, cu efecte patologice sau dureroase. (Vieira, Waldo; *Homo sapiens pacificus*; 2007, p.888).

Procedimento imaturo no qual a consciência infringe consciente ou inconscientemente os princípios universais, corretos e evolutivos, da Cosmoética, multidimensional, agindo de modo indigno, antifraterno, marginal ou criminoso com efeitos patológicos ou dolosos. (Vieira, Waldo; Homo sapiens pacificus; *2007, p.888).*

Antigânsenă (anti+gân+sen+ene)
Antipensene (Pt.); Antithosene (En.)

Gânsenă antagonistă, frecventă în argumentări, omnichestionări şi dezbateri productive. (Adaptat după Vieira, Waldo; *Proiectologia*; ed.5; 2002, p.1098).

Pt. Pensene antagônico, comum nas refutações, omni questionamentos e debates produtivos. (*Adaptado de Vieira, Waldo*; Projeciologia; *5 ed.; 2002, p.1098*).

Apariție inter vivos
Aparição intervivos (Pt.); Inter vivos apparition (En.)

Acțiune prin care conștiința unui proiector uman proiectat apare în fața conștinelor. (Vieira, Waldo; *Proiectologia*; ed.5; 2002, p.1098).

Pt. *Ação do aparecimento da consciência do projetor humano, projetado, às conscins.* (*Vieira, Waldo*; Projeciologia; *5 ed.; 2002, p.1098*).

Arc voltaic
Arco voltaico (Pt.); Voltaic arc (En.)

Tehnică de transmitere și asimilare intensă a energiei conștiențiale (EC), în care asistentul pune mâna stângă (palmochakra) pe zona nucală a persoanei asistate și palma dreaptă (palmochakra) pe frontochakră, fără a-i atinge soma, încercând să elimine blocajele energiilor gravitante prin asim și dezasim. Reprezintă o manifestare energetică viguroasă (tensiune ridicată a EC) a celor 2 palmochakre, 2 chakre encefalice și 2 emisfere cerebrale ale asistentului; și a celor 2 chakre encefalice și 2 emisfere cerebrale ale asistatului. (*Vieira, Waldo;* Enciclopedia de Conștientologie; *ed.8; 2013, p.906*). **Variantă**: arc voltaic craniochakral.

Pt. *Técnica de transmissão e assimilação intensa de energia consciencial (EC) com a palma da mão esquerda (palmochacra) do assistente, homem ou mulher, na área nucal e a outra palma da mão direita (palmochacra) junto ao frontochacra da pessoa assistida, sem tocar o soma, buscando eliminar os bloqueios de energias gravitantes por meio da assim e da desassim, ou das manifestações energéticas vigorosas (alta voltagem das ECs) dos 2 palmochacras do assistente, dos 2 chacras encefálicos do assistente, dos 2 hemisférios cerebrais do assistente, dos 2 chacras encefálicos do assistido e dos 2 hemisférios cerebrais do assistido.* (*Vieira, Waldo*; Enciclopédia da Conscienciologia; *8 ed.; 2013, p.906*).

Artefacte ale cunoașterii
Artefatos do saber (Pt.); Artifacts of knowledge (En.)

Instrumentele sau resursele considerate utile pentru extinderea atributelor conștiențiale ca, de exemplu, intelectul, asocierea de idei, discernământul și memoria etc. Exemple de artefacte ale cunoașterii: fișiere, bibliotecă personală, scaune, caiete, pixuri de diferite culori, CD-ROM-uri, dispozitive personale de comunicare, dicționare, afișaje, enciclopedii, birouri, rafturi, pliante, fișe, ghiduri practice, cărți în general, cărți de specialitate, calculatoare personale, notițe, hârtie albă, foldere, pen drive-uri, decupaje, reviste, software, tratate, fotocopii și alte. (Adaptat după Buononato, Flávio; *Fatos e Parafatos (Fapte și parafapte)*; 2011, p.122).

Pt. Instrumentos ou recursos para a expansão dos atributos conscienciais, tais como, a intelecção, a associação de ideias, o discernimento, a memória, entre outros, por exemplo: arquivos, biblioteca pessoal; cadeiras; cadernos de notas, canetas com tintas de cores diversas, CD-ROMs, comunicações pessoais, dicionários, displays, enciclopédias, escrivaninhas; estantes; ficharios, fichas, guias práticos, livros em geral, livros de campo, microcomputador pessoal, notas, papéis em branco, pastas, pen drives, recortes, revistas, softwares, tratados, xerocópias e outros itens. (*Adaptado de Buononato, Flávio*; Fatos e Parafatos, *2011, p.122*).

Asim

Assim (Pt.); Symas (En.)

Asimilarea simpatică a EC-urilor sau a energiilor conștiențiale, prin puterea voinței, de obicei cu decodificarea setului de gânsene ale altei/altor conștiințe. (Vieira, Waldo; *Proiectologia*; ed.5; 2002, p.1098).

Pt. Assimilação simpática de ECs, ou energias conscienciais, pela vontade, não raro com a decodificação de 1 conjunto de pensenes de outra(s) consciência(s). (*Vieira, Waldo*; Projeciologia; *5 ed.; 2002, p.1098*).

Asimilare simpatică

Assimilação simpática (Pt.); Sympathetic assimilation (En.)

Vezi asim.

Pt. **Ver** assim.

Asistent intrafizic

Auxiliar em terra (Pt.); Intraphysical assistant (En.)

Gardianul intrafizic al corpului uman inactiv și lipsit de conștiință al proiectorului, în timpul proiecției lucide. (Vieira, Waldo; *Proiectologia*; ed.5; 2002, p.413).

Pt. Auxiliar intrafísico do corpo humano incapacitado e vazio da consciência do projetor, durante a sua projeção consciente. (*Vieira, Waldo*; Projeciologia; *5 ed.; 2002, p.413*).

Asistentologie

Assistenciologia (Pt.); Assistantiology (En.)

Specialitate a conștientologiei care studiază tehnicile de sprijin și ajutor interconștiențial, care vizează holomaturitatea, mai ales când este aplicată conştiinţei considerate „ca întreg", holosomatic şi multimilenar. Este o lucrare de solidaritate lucidă între conştiinţe în drumul lor către megafraternitate. (Vieira, Waldo; *Proiectologia*; ed.4; 1999, p.37).

Pt. Especialidade da Conscienciologia aplicada aos estudos das técnicas de amparo e auxílio interconsciencial, notadamente para a consciência considerada "inteira", holossomática e multimilenar com vistas à holomaturidade. O trabalho de solidariedade lúcida entre as consciências no caminho para a megafraternidade.
(Vieira, Waldo; Projeciologia*; 4 ed.; 1999, p.37).*

Asistenţial
Assistencial (Pt.); Assistantial (En.)

Calitatea, starea sau caracteristica proprie unei conştiinţe, unui grup de conştiinţe, unei intervenţii, metode, hologânsene, loc sau instituţii, care ajută sau asistă alte conştiinţe, promovând asistenţa intra şi extrafizică. **Exemple:** *momeală asistenţială; sarcină asistenţială; convieţuire asistenţială; abordare asistenţială; mecanism asistenţial; muncă asistenţială; echipă asistenţială; proexis asistenţial.*

Pt. Qualidade, condição ou característica própria da consciência, grupo de consciências, intervenção, método, holopensene, local ou instituição que auxilia, ampara ou assiste outras consciências, promovendo assistência intra e extrafísica. ***Exemplos****: isca assistencial; tarefa assistencial; convívio assistencial; abordagem assistencial; mecanismo assistencial; trabalho assistencial; equipe assistencial; proéxis assistencial.*

Aură orgastică
Aura orgástica (Pt.); Orgastic aura (En.)

Din latină: *aura*, suflare de aer. Energia energosomatică a *facies sexualis* a bărbatului sau femeii în momentul exact al orgasmului sau al punctului culminant al actului sexual. *(Adaptat după Vieira, Waldo; Proiectologia; ed.5; 2002, p.1099).* **Variantă**: aură orgasmică.

Pt. Do Latim, aura, sopro de ar. Energia energossomática do facies sexualis do homem ou da mulher no momento exato do orgasmo ou do clímax do ato sexual. (Adaptado de Vieira, Waldo; Projeciologia*; 5 ed.; 2002, p.1099).*

Autoapărare energetică
Autodefesa energética (Pt.); Energetic self-defence (En.)

Capacitatea conştiinţei de a-şi asigura, în mod cosmoetic, protecţia faţă de energiile şi gânsenizările negative, intruzive sau patologice, din afara microuniversului ei conştienţial. (Vieira, Waldo; *Enciclopedia de Conştientologie*; ed.8; 2013, p.1521).

Pt. Capacidade de a consciência se colocar em condição protetora, cosmoética, perante as energias e pensenizações negativas, intrusivas ou patológicas, externas ao microuniverso consciencial. (Vieira, Waldo; Enciclopédia da Conscienciologia; *8 ed.; 2013, p.1521).*

Autobilocaţie conştienţială
Autobilocação consciencial (Pt.); Consciential self-bilocation (En.)

Din limba greacă, de la *autos*, auto, propriu şi din limba latină, de la *bis*, doi, şi *locus*, loc. Acţiunea prin care un proiector intrafizic contemplă, faţă în faţă, propriul corp uman (soma), în timp ce conştiinţa sa este în afara corpului, ocupând un alt vehicul de manifestare conştienţială. (Vieira, Waldo; *Proiectologia*; ed.5; 2002, p.1099).

Pt. Do Grego, autos, próprio; do Latim, bis, dois; e locus, lugar. O ato de o projetor humano projetado contemplar o próprio corpo humano (soma) diante de si, enquanto a sua consciência se encontra fora do corpo, ocupando outro veículo de manifestação. (Vieira, Waldo; Projeciologia; *5 ed.; 2002, p.1099).*

Autoconştientizare multidimensională
Autoconscientização multidimensional (AM) (Pt.); Multidimensional self-awareness (MSA) (En.)

Starea de luciditate matură a conştinei cu privire la viaţa conştienţială, în stadiul evoluat de multidimensionalitate, obţinut prin PL sau proiectabilitate lucidă. (Vieira, Waldo; *Proiectologia*; ed.5; 2002, p.1099). **Variantă**: *autoconştienţă multidimensională*.

Pt. Condição da lucidez madura da conscin quanto à vida consciencial no estado evoluído de multidimensionalidade, alcançado através da PL, ou projetabilidade lúcida. (Vieira, Waldo; Projeciologia; *5 ed.; 2002, p.1099).* **Variante**: *autoconsciência multidimensional.*

Autoconştienţialitate
Autoconsciencialidade (Pt.); Self-conscientiality (En.)

Calitate a nivelului de autocunoaştere pe care o are conştiinţa; megacunoaştere; autocogniţie. (Adaptat după Vieira, Waldo; *200 Teáticas da Conscienciologia (200 de Teopractici de Conştientologie)*; 1997, p.38).

Pt. Qualidade do nível de autoconhecimento por parte da própria consciência; megaconhecimento; autocognição. (Adaptado de Vieira, Waldo; 200 Teáticas da Conscienciologia; *1997, p.38).*

Autocriticitate paraterapeutică
Autocriticidade paraterapêutica (Pt.); Paratherapeutic self-criticism (En.)

Calitatea, proprietatea și talentul conștiinței de a-și autoevalua și autoanaliza detaliat, cosmoetic, autentic și cosmoviziologic propria realitate conștiențială; condiție indispensabilă pentru planificarea acțiunilor de autoconfruntare ce vizează homeostazia funcțională. (Chalita, Adriana; *Enciclopedia de Conștientologie*; ed.9, 2013, p.2856; disponibil pe: <*http:// encyclossapiens.space/buscaverbete/*>; accesat pe: 17/11/2019).

Pt. A qualidade, a propriedade, o talento da conscin, homem ou mulher, com autavaliação e autanálise detalhistas, cosmoéticas, autênticas e cosmovisiológicas da própria realidade consciencial, condição imprescindível ao planejamento de ações de autenfrentamento, visando à homeostasia funcional. (Chalita, Adriana; Enciclopédia da Conscienciologia; *9 ed., 2013, p.2856; disponível em:* <http:// encyclossapiens. space/buscaverbete/>; *acesso em: 17/11/2019).*

Autocriticofilie
Autocriticofilia (Pt.); Self-criticophilia (En.)

Autocriticofilia este atitudinea conștiinței lucide predispuse la autoconfruntarea sănătoasă, constructivă, realizată cu autodiscernământ, deschidere homeostatică și valoare cosmoetică, prin autocercetare continuă și heterocritică utilă. (Monteiro, Claudio; *Enciclopedia de Conștientologie*; ed.9, 2013, p.2862; disponibil pe: <*http://encyclossapiens.space/buscaverbete/*>; accesat pe: 17/11/2019).

Pt. A autocriticofilia é o posicionamento da consciência lúcida predisposta ao autenfrentamento sadio, construtivo, a partir do autodiscernimento, do abertismo homeostático e do valor cosmoético, quanto às autopesquisas contínuas e heterocríticas úteis. (Monteiro, Claudio; Enciclopédia da Conscienciologia; *9 ed., 2013, p.2862; disponível em:* <http://encyclossapiens.space/buscaverbete/>; *acesso em: 17/11/2019).*

Autogânsenă (auto+gân+sen+ene)
Autopensene (auto+pen+sen+e) (Pt.); Self-thosene (self+tho+sen+e) (En.)

Gânsena proprie conștiinței, specifică și diferită de toate celelalte și de toate gânsenele altor conștiințe. (Vieira, Waldo; *200 de Teopractici de Conștientologie*; 1997, p.42).

Pt. Pensene da própria consciência, específico, diferente de todos os outros e de todos os pensenes das outras consciências. (Vieira, Waldo; 200 Teáticas da Conscienciologia; *1997, p.42).*

Autogânsenitate
Autopensenidade (Pt.); Self-thosenity (En.)

Mecanismul de exprimare permanentă a unei conștiințe, în toate manifestările sale și în orice dimensiune conștiențială. (Adaptat după Vieira, Waldo; *Proiectologia*; ed.5; 2002, p.42).

Pt. Mecanismo da expressão incessante da consciência em todas as suas manifestações, em qualquer dimensão consciencial. (Adaptado de Vieira, Waldo; Projeciologia; 5 ed.; 2002, p.42).

Autointruziune
Autoassédio (Pt.); Self-intrusion (En.)

Condiția sau starea unei conștin predispuse emoțional, intelectual și energetic să se molesteze autogânsenic, cu insistență inoportună și patologică, fără igienă conștiențială sau autodisciplină ideativă, care constituie baza tuturor tipurilor de heterointruziune. (Adaptat după Vieira, Waldo; *Enciclopedia de Conștientologie*; ed.8, 2013, p.1229). **Variantă ieșită din uz**: *auto-intruziune*.

Pt. Condição ou estado da conscin emocional, intelectual e energeticamente predisposta a se molestar autopensenicamente, com insistência importuna e patológica sobre si mesma, sem qualquer Higiene Consciencial nem autodisciplina ideativa, constituindo o embasamento para todo tipo de heteroassédio. (Adaptado de Vieira, Waldo; Enciclopédia da Conscienciologia; *8 ed., 2013, p.1229).* **Variante**: *autassédio*. **Variante em desuso**: *auto-assédio*.

Autoluciditate parapsihică
Autolucidez parapsíquica (Pt.); Parapsychic self-lucidity (En.)

Condiție, calitate sau stare lucidă de înțelegere, aprofundare și/sau penetrare ingenioasă personală clară, obiectivă și pătrunzătoare a conștiinței de sine, sau a inteligenței evolutive, în ceea ce privește utilizarea conținutului multiplelor modalități de parapercepție necesare pentru identificarea rațională și teopractică a parafaptelor sau parafenomenelor din universul multidimensionalității conștiențiale. (Vieira, Waldo; *Enciclopedia de Conștientologie*; ed.8; 2013, p.1754).

Pt. Condição, qualidade, estado lúcido de abrangência, aprofundamento e; ou penetração da engenhosidade pessoal, clara, objetiva e aguda da autoconsciencialidade, ou inteligência evolutiva quanto ao emprego dos conteúdos das múltiplas modalidades de parapercepções com identificação racional, teática, dos parafatos, ou parafenômenos, no universo da multidimensionalidade consciencial. (Vieira, Waldo; Enciclopédia da Conscienciologia; *8 ed.; 2013, p.1754).*

Automimeticitate
Automimeticidade (Pt.); Self-mimiticity (En.)

Calitatea conștiențială de automimetism existențial. (Vieira, Waldo; *Proiectologia*; ed.5; 2002, p.1099).

Pt. Qualidade consciencial da automimese existencial. (Vieira, Waldo; Projeciologia*; 5 ed.; 2002, p.1099).*

Automimetism existenţial
Automimese existencial (Pt.); Existential self-mimicry (En.)

Imitarea de către o conştin a propriilor experienţe trecute, indiferent că ele aparţin renaşterii intrafizice actuale sau existenţelor anterioare. (Vieira, Waldo; *Proiectologia*; ed.5; 2002, p.1099).

Pt. Imitação, por parte da conscin, das próprias vivências ou experiências passadas, sejam do renascimento intrafísico atual ou de existências anteriores. (Vieira, Waldo; Projeciologia*; ed.5; 2002, p.1099).*

Automitridatism
Automitridatismo (Pt.); Self-mithridatism (En.)

Auto-paravaccinare holosomatică progresivă obţinută prin intermediul energosomei, experimentată în mod lucid de o conştin parapsihică veterană, în special când este ectoplastă, pe baza implicării zilnice în neocerinţele interasistenţiale fraterne de dezintruziune, atingând auto-paraimunitatea cosmoetică despertologică, care decurge din autoimperturbabilitatea crescândă faţă de energiile conştienţiale (EC) toxice şi/sau hologânsenele patologice. (Balona, Málu; *Enciclopedia de Conştientologie;* ed.9, 2014, p.342; Disponibil pe*: <http://encyclossapiens.space/buscaverbete/>*; accesat pe: 17/11/2019).

Pt. Autoparavacinação holossomática progressiva, através do energossoma, vivenciada de modo lúcido pela conscin parapsíquica veterana, notadamente quando ectoplasta, a partir do atendimento diuturno às neorrequisições interassistenciais fraternas da desassedialidade, alcançando a autoparaimunidade cosmoética despertológica, decorrente da autoimperturbabilidade crescente perante energias conscienciais (ECs) tóxicas e; ou holopensenes patológicos. (Balona, Málu; Enciclopédia da Conscienciologia*; 9 ed., 2014, p.34; Disponível em: <http://encyclossapiens.space/buscaverbete/>; acesso em: 17/11/2019).*

Auto-moştenire parapsihică
Auto-herança parapsíquica (Pt.); Parapsychic self-inheritance (En.)

Acţiunea conştiinţei de a moşteni sau de a dobândi prin succesiune de la sine însăşi, de la o anumită viaţă umană la alta, întregul patrimoniu conştienţial de atribute parapreceptive, inclusiv pe cele mai evoluate obţinute în existenţa actuală. (Vieira, Waldo; *Enciclopedia de Conştientologie*; ed.8; 2013, p.1693).

Pt. Ação de herdar, ou adquirir por sucessão de si mesmo, de determinada vida humana para outra, a totalidade do patrimônio consciencial quanto aos atributos parapreceptivos, incluindo os mais evoluídos adquiridos nesta atual existência. (Vieira, Waldo; Enciclopédia da Conscienciologia*; 8 ed.; 2013, p.1693).*

Autoneiertător
Autoimperdoador (Pt.); Self-unforgiver (En.)

Conştiinţa care prin autodisciplina sa nu îşi iartă propriile erori şi omisiuni, cu scopul de a elimina auto-corupţia conştientă. Această condiţie sănătoasă ar trebui să aibă prioritate faţă de condiţia, de asemenea sănătoasă, de heteroiertător, etern iertător sincer şi universal al tuturor fiinţelor. Acesta este un principiu de bază al maxifraternităţii. (Vieira, Waldo; *Proiectologia*; ed.5; 2002, p.1099).

Pt. Conscin – homem ou mulher – que não se perdoa, em suas autodisciplinas, quanto aos próprios erros e omissões, a fim de eliminar as autocorrupções conscientes. Esta condição sadia se antepõe à condição, também sadia, do heteroperdoador (ou heteroperdoadora), perdoador universal, sincero, em relação a todos os seres, para sempre, um princípio básico da maxifraternidade. (Vieira, Waldo; Projeciologia; 5 ed.; 2002, p.1099).

Auto-organizare conştienţială
Autorganização consciencial (Pt.); Consciential self-organization (En.)

Stare de continuitate ortogânsenică necesară menţinerii echilibrului dinamic şi evolutiv al microuniversului personal şi, în consecinţă, a unei mai mari productivităţi conştienţiale. Auto-organizarea conştienţială este calea prin care conştin îşi disciplinează sistemul propriei evoluţii; este a treia putere conştienţială, după voinţă şi intenţionalitate. (Adaptat după de Alegre, Pilar; *Enciclopedia de Conştientologie*; ed.9; 2011, p.3877; Disponibil pe: <http:// encyclossapiens.space/buscaverbete/>; accesat pe: 18/11/2019).

Pt. Condição de continuísmo ortopensênico para manutenção do equilíbrio dinâmico e evolutivo do microuniverso pessoal e consequente melhor produtividade consciencial. A autorganização consciencial é o modo pelo qual a conscin disciplina o sistema de sua própria evolução; é o terceiro poder da consciência, depois da vontade e da intencionalidade. (Adaptado de de Alegre, Pilar; Enciclopédia da Conscienciologia; 9 ed., 2011, p.3877; Disponível em: <http:// encyclossapiens.space/buscaverbete/>; acesso em: 18/11/2019).

Autopensatologie
Autopensatologia (Pt.); Self-pensatology (En.)

Ştiinţa dedicată studiilor specifice, sistematice şi teopractice sau cercetărilor, experienţelor şi creării de pensate (propoziţii, fraze, citate, axiome, maxime, zicători şi aforisme) ale conştin lucide, gânditoare, scriitoare şi literată. Valoarea sau nivelul de clarificare diferă de la pensată la pensată. Simplul cuvânt sau o pensată minimă din punctul de vedere al conţinutului poate influenţa major o viaţă sau un destin grupal. (Vieira, Waldo; *Dicţionar de Argumente de Conştientologie;* 2014, p.390).

Pt. Ciência aplicada aos estudos específicos, sistemáticos, teáticos ou pesquisas, vivências e criações das pensatas (sentenças, frases, ditados, axiomas, máximas, anexins e brocardos), por parte da conscin lúcida, no caso, pensadora, escritora e frasista. O valor ou o nível de esclarecimento varia de pensata para pensata. Simples palavra de ordem ou mínima pensata de conteúdo maior podem determinar uma vida e um destino grupal. (Vieira, Waldo; Dicionário de Argumentos da Conscienciologia; 2014, p.390).

Autoproiecție
Autoprojeção (Pt.); Self-projection (En.)

Ieșirea intenționată, prin propria voință, a conștinei într-o altă dimensiune conștiențială, folosind mentalsoma sau psihosoma. (Vieira, Waldo; *Proiectologia*; ed.5; 2002, p.1099).

Pt. Saída da conscin para outra dimensão consciencial, através do mentalsoma, ou do psicossoma, intencional ou provocada pela vontade. (Vieira, Waldo; Projeciologia; 5 ed.; 2002, p.1099).

Autoreleu
Autorrevezamento (Pt.); Self-relay (En.)

Vezi autoreleu conștiențial.

Pt. Ver autorrevezamento consciencial.

Autoreleu conștiențial
Autorevezamento consciencial (Pt.); Consciential self-relay (En.)

Stare avansată în care conștiința evoluează, împletind consecutiv o existență intrafizică cu alta (proexis conectate), precum niște verigi într-un lanț (seriexis), în cadrul ciclului său multiexistențial (holobiografie). (Vieira, Waldo; *Proiectologia*; ed.5; 2002, p.1099).

Pt. Condição avançada em que a consciência evolui entrosando uma existência intrafísica com outra, consecutivamente (proéxis vinculadas), ao modo dos elos de uma cadeia (seriéxis), dentro do seu ciclo multiexistencial (holobiografia) (Vieira, Waldo; Projeciologia; 5 ed.; 2002, p.1099).

Autosuficiență evolutivă
Autossuficiência evolutiva (Pt.); Evolutionary self-sufficiency (En.)

Autoîncrederea teopractică experimentată de conștin atunci când dobândește un set de cunoștințe și calități specifice pentru evoluția sa și deține un nivel avansat de autodiscernământ și inteligență evolutivă (IE) polikarmică, care derivă din starea de desperticitate. (Vieira, Waldo; Enciclopedia de Conștientologie; ed.8; 2013, p.2064).

Pt. Autoconfiança teática vivenciada pela conscin quando alcança o conjunto de conhecimentos e qualidades específicas para a própria evolução, com o nível de autodiscernimento mais avançado e inteligência evolutiva (IE) policármica, a partir da condição da desperticidade. (Vieira, Waldo; Enciclopédia da Conscienciologia; 8 ed.; 2013, p.2064).

Autotransafectivitate
Autotransafetividade (Pt.); Self-transaffectivity (En.)

Stare evoluată a conștiinței capabile să exprime iubire lucidă și megafraternitate față de toți membrii Umanității și Paraumanității, indiferent de genul lor somatic și dincolo de instinctele sexuale, ca urmare a dominației paracorpului discernământului, a mentalsomei, asupra subcorpului tumultului emoțional, a psihosomei. (Teles, Mabel; *Zephyrus: Paraidentitatea Intermisivă a lui Waldo Vieira*; 2014, ed. rom. p.192).

Pt. Condição evoluída da consciência capaz de expressar amor lúcido e megafraternidade perante os integrantes da Humanidade e Parahumanidade, independente dos gêneros somáticos e acima dos instintos sexuais, em função do domínio do paracorpo do discernimento, o mentalsoma, sobre o subcorpo do comocionalismo, o psicossoma. (Teles, Mabel; Zéfiro: a paraidentidade intermissiva de Waldo Vieira; *2014, p.175).*

B

Baratrosferă
Baratrosfera (Pt.); Baratrosphere (En.)

Dimensiune extrafizică patologică a paratroposferei terestre, utilizată ca domiciliu colectiv al conştiinţelor extrafizice (conştiex) anticosmoetice, bolnave, parapsihotice şi paracomatoase. (*Enciclopedia de Conştientologie*; ed.8; 2013, p.2255). **Variantă**: *dimensiunea paratroposferică patologică.*

*Pt. Dimensão extrafísica patológica da paratroposfera terrestre, usada como domicílio coletivo de consciexes anticosmoéticas, doentias, parapsicóticas e paracomatosas. (*Enciclopédia da Conscienciologia; 8 ed.; 2013, p.2255). **Variante**: dimensão paratroposférica patológica.*

Bază fizică
Base física (Pt.); Physical base (En.)

Loc sigur ales de conştin pentru a-şi părăsi soma neînsufleţită sau adormită, în timp ce se proiectează lucid în alte dimensiuni conştienţiale; duodrom; hologânsenă proiectogenă domiciliară. Prezintă o relaţie directă cu: dormitorul blindat energetic, cu penta, epiconul, ofiexul, *proiectarium, precognitarium,* şi *retrocognitarium.* (Vieira, Waldo; *Proiectologia*; ed.5; 2002, p.1099).

Pt. Local seguro, escolhido pela conscin para deixar o seu soma, inanimado ou repousando, enquanto se projeta conscientemente para outras dimensões conscienciais fora dele; duplódromo. Um holopensene projeciogênico domiciliar. Apresenta relação direta com: a alcova energeticamente blindada; a tenepes; o epicon; a ofiex; o projetarium; o precognitarium; e o retrocognitarium. (Vieira, Waldo; Projeciologia; 5 ed.; 2002, p.1099).

Binomul admiraţie-dezacord
Binômio admiração-discordância (Pt.); Admiration-disagreement binomial (En.)

Atitudinea unei conştine mature din punct de vedere evolutiv, care deja ştie să trăiască în coexistenţă paşnică cu o altă conştin pe care o iubeşte şi o admiră, dar cu ale cărei puncte de vedere, opinii şi moduri de acţiune nu este întotdeauna 100% de acord. (Vieira, Waldo; *Proiectologia*; ed.5; 2002, p.1099).

Pt. Postura da conscin, madura quanto à evolução consciencial, que já sabe viverem coexistência pacífica com uma outra conscin, a quem ama e admira, e, ao mesmo tempo, não concorda sempre ou 100% com ela quanto aos seus pontos de vista, opiniões ou posicionamentos. (Vieira, Waldo; Projeciologia*; 5 ed.; 2002, p.1099).*

Binomul luciditate-amintire
Binômio lucidez-rememoração (Pt.); Lucidity-recollection binomial (En.)

Set de două condiții indispensabile unei conștine pentru a obține o proiecție lucidă complet satisfăcătoare în afara corpului. (Vieira, Waldo; *Proiectologia*; ed.5; 2002, p.1103). **Variantă**: *binomul luciditate-rememorare.*

Pt. Conjunto das duas condições indispensáveis à conscin para que a mesma obtenha uma projeção lúcida (fora do soma) plenamente satisfatória. (Vieira, Waldo; Projeciologia*; 5 ed.; 2002, p.1103).*

Bioenergie
Bioenergia (Pt.); Bioenergy (En.)

Emanația energetică sau forța subtilă specifică organismelor vii, capabilă de a genera transformări, care constituie elementul sau materia primă esențială care structurează dimensiunea intrafizică, prezentă în natură într-o formă primară și în ființele umane și în mediile umane în formă modificată, a cărei calitate depinde de gânsenitatea conștiențială. **Variante utilizate în afara contextului conștientologic**: *energia cosmică, energia primară, energia subtilă, energia organică, prana, chi etc.*

Pt. Emanação energética ou força sutil própria dos organismos vivos, capaz de gerar transformações, a qual constitui elemento ou matéria-prima essencial estruturante da dimensão intrafísica, presente na natureza em forma primária e nos seres e ambientes humanos de forma modificada ou qualificada pela pensenidade consciencial. **Variantes utilizadas fora do contexto conscienciológico:** *energia cósmica, energia primária, energia sutil, energia orgânica, prana, shi, entre outros.*

Biogânsenă (bio+gân+sen+ene)
Biopensene (Pt.); Biothosene (En.)

Gânsena specifică conștiinței umane sau intrafizice. (Adaptat după Nonato, Alexandre; *Enciclopedia de Conștientologie;* ed.8, 2013, p.2492).

Pt. Pensene específico da consciência humana ou intrafísica. (Adaptado de Nonato, Alexandre; Enciclopédia da Conscienciologia*; 8 ed., 2013, p.2492).*

Biografologie
Biografologia (Pt.); Biographology (En.)

Specialitate multidisciplinară a conștientologiei care studiază auto și heterobiografiile conștiințelor, pe baza principiilor tehnice ale cosmoeticologiei, evoluțiologiei, proexologiei și conștientometrologiei. (Adaptat după *Enciclopedia de Conștientologie*; ed.8; 2013, p.2492).

Pt. Especialidade multidisciplinar da Conscienciologia aplicada ao estudo das auto e heterobiografias das consciências, considerando principalmente os princípios técnicos da Cosmoeticologia, da Evoluciologia, da Proexologia e da Conscienciometrologia. (Adaptado de Enciclopédia da Conscienciologia*; 8 ed.; 2013, p.2492).*

Bitanatoză (bi+tanatoza)
Bitanatose (Pt.); Bithanatosis (En.)

Dezactivarea și înlăturarea energosomei după desomare (moartea fizică), precum și îndepărtarea din psihosoma a conexiunilor energetice reziduale ale energosomei. (Adaptat după Vieira, Waldo; *Proiectologia*; ed.5; 2002, p.1099). **Variante**: *a doua moarte, a doua desomare.*

Pt. Desativação e descarte do energossoma, depois da dessoma, incluindo a retirada dos resquícios das conexões energéticas do energossoma no psicossoma. (Adaptado de Vieira, Waldo; Projeciologia*; 5 ed.; 2002, p.1099).* **Variantes**: *segunda morte, segunda dessoma.*

Blindajul energetic al mediului înconjurător
Blindagem energética de ambientes (Pt.); Energetic shielding of environment (En.)

Acțiunea și efectul acțiunii de a trata defensiv, în mod conștient, folosind propriile energii conștiențiale (EC), locuri intra sau extrafizice în care conștinele trăiesc, dorm și conviețuiesc. (Steiner, Alexander; *Enciclopedia de Conștientologie*; ed.9; 2014, p.5088; disponibil pe: <http://encyclossapiens.space/ buscaverbete/>; accesat pe: 18/11/2019).

Pt. Ato ou efeito de tratar consciente e defensivamente os locais intrafísico- extrafísicos com as próprias energias conscienciais (ECs) onde as conscins vivem, trabalham, dormem e convivem. (Steiner, Alexander; Enciclopédia da Conscienciologia*; 9 ed.; 2014, p.5088; disponível em: <http://encyclossapiens.space/ buscaverbete/>; acesso em: 18/11/2019).*

Bradigânsenă (bradi+gân+sen+ene)
Bradipensene (Pt.); Bradythosene (En.)

Gânsena cu flux lent, tipică unei conștin bradipsihice. (Vieira, Waldo; *Proiectologia*; ed.5; 2002, p.1099).

Pt. Pensene de fluxo vagaroso, lento, próprio da conscin bradipsíquica. (Vieira, Waldo; Projeciologia*; 5 ed.; 2002, p.1099).*

C

Cardiochakră (cardio+chakra)
Cardiochacra (Pt.); Cardiochakra (En.)

A patra chakră de bază; agentul care influenţează emoţiile conştin şi vitalizează inima şi plămânii. (Vieira, Waldo; *Proiectologia*; ed 5.; 2002, p.1099). **Variantă**: *chakra inimii.*

Pt. O quarto chacra básico, agente influente na emotividade da conscin, vitalizador do coração e dos pulmões. (Vieira, Waldo; Projeciologia; *5 ed.; 2002, p.1099).*

Catatonie extrafizică
Catatonia extrafísica (Pt.); Extraphysical catatonia (En.)

Stare de imobilitate a conştin proiectate, care realizează acte extrafizice stereotipe, repetate şi, în general, inutile sau dispensabile din perspectiva propriei evoluţii. (Vieira, Waldo; *Proiectologia*; ed.5; 2002, p.1099).

Pt. Condição fixa da conscin, quando projetada, que mantém atos extrafísicos estereotipados, repetidos e, em geral, inúteis ou dispensáveis quanto à sua evolução. (Vieira, Waldo; Projeciologia; *5 ed.; 2002, p.1099).*

Cârje conştienţiale
Andaimes conscienciais (Pt.); Consciential scaffolds (En.)

Cârje psihologice sau fiziologice dispensabile. (Vieira, Waldo; *Proiectologia*; ed.5; 2002, p.1098). **Variantă**: *schele conştienţiale.*

Pt. Muletas psicológicas ou fisiológicas quando dispensáveis (Vieira, Waldo; Projeciologia; *5 ed.; 2002, p.1098).*

Centrul Extrafizic al Adevărului (CEA)
Central Extrafísica da Verdade (CEV) (Pt.); Extraphysical Centre of Veracity (ECV) (En.)

Parainstituţie sau comunex specializată, planificată şi organizată pentru a iradia, în mod terapeutic şi homeostatic, manifestări sau paraconstrucţii referitoare la adevărul de bază al Cosmosului, cu scopul de a oferi asistenţă eficientă tuturorconştiinţelor. (Vieira, Waldo; *Enciclopedia de Conştientologie*; ed.8; 2013, p.1797). **Variantă:***Centrala extrafizică a Veridicităţii.*

Pt. Parainstituição ou comunex especializada, planejada e instalada para irradiar as manifestações ou paraconstructos da verdade básica do Cosmos, terapêutica e homeostática, na assistência efetiva às consciências, em geral.
(Vieira, Waldo; Enciclopédia da Conscienciologia; 8 ed.; 2013, p.1797).

Centrul Extrafizic al Energiei (CEE)
Central Extrafísica de Energia (CEE) (Pt.); Extraphysical Centre of Energy (ECE) (En.)

Parainstituție specializată, planificată și organizată pentru stocarea și monitorizarea energiei conștiențiale (EC), echivalentă unei centrale extrafizice a energiilor conștiențiale, care vizează furnizarea și distribuirea energiilor terapeutice homeostatice necesare pentru asistența efectivă a altor conștiințe - conștiex și conștin - sub supravegherea directă a Colegiului Invizibil de Serenissimi. (Vieira, Waldo; *Enciclopedia de Conștientologie*; ed.8; 2013, p.1799). **Variantă:** *Centrală extrafizică a energiei.*

Pt. Parainstituição especializada, planejada e montada para estocar, manter e monitorar a energia consciencial (EC), ao modo de estação extrafísica de energias conscienciais, objetivando o abastecimento e a distribuição de energias terapêuticas, homeostatizantes, na assistência efetiva a outras consciências – consciexes e conscins – sob a supervisão direta do Colégio Invisível dos Serenões.
(Vieira, Waldo; Enciclopédia da Conscienciologia; 8 ed.; 2013, p.1799).

Centrul Extrafizic al Fraternității (CEF)
Central Extrafísica da Fraternidade (CEF) (Pt.); Extraphysical Centre of Fraternity (ECF) (En.)

Parainstituție sau comunex specializată, planificată și organizată pentru a iradia în Cosmos, în mod terapeutic și homeostatic, manifestări sau cosmogânsenizări fraterne, cu scopul de a oferi asistență tăcută, anonimă și eficientă tuturor conștiințelor. *(Enciclopedia de Conștientologie;* ed.8; 2013, p.1794). **Variante:** *Centrală Extrafizică a Fraternității; Centrală extrafizică a megafraternității.*

Pt. Parainstituição ou comunex especializada, planejada e instalada para irradiar manifestações ou cosmopensenizações da fraternidade permeando o Cosmos de modo terapêutico e homeostático, na assistência silenciosa, anônima e efetiva às consciências, em geral. (Enciclopédia da Conscienciologia; 8 ed.; 2013, p.1794).
Variante: *Central Extrafísica da Megafraternidade.*

Chakră
Chacra (Pt.); Chakra (En.)

Nucleul sau câmpul care delimitează energia conștiențială. Ansamblul de chakre constituie în esență energosoma sau holochakra, paracorpul energetic din interiorul somei, care face joncțiunea cu psihosoma și acționează ca un punct de legătură prin care energia conștiențială (EC) curge de la un vehicul conștiențial la altul. Se pot identifica zece chakre principale: coronochakra, frontochakra, chakra nucală (nucochakra), laringochakra, cardiochakra, splenochakra, ombilicochakra, sexochakra, palmochakrele și plantochakrele. *Vezi variantele din figura 1.Ro, de mai jos.* (Adaptat după Vieira, Waldo; *Proiectologia*; ed.5; 2002, p.1100).

Pt. *Núcleo ou campo limitador de energia consciencial, cujo conjunto constitui basicamente o energossoma, paracorpo energético dentro do soma, fazendo a junção com o psicossoma, atuando como ponto de conexão pelo qual a EC (energia consciencial) flui de um veículo consciencial para outro. São identificados 10 chacras principais: coronochacra, frontochacra, nucochacra, laringochacra, cardiochacra, esplenicochacra, umbilicochacra, sexochacra, palmochacras e plantochacras. Ver variantes na Figura 1.Pt, a seguir.* (Adaptado de Vieira, Waldo; Projeciologia; 5 ed.; 2002, p.1100).

FIGURA 1.Ro. – DENUMIRILE CHAKRELOR

Termeni conștientologici	Variante ieșite din uz
01. coronochakra	chakra coroană
02. frontochakra	chakra celui de al treilea ochi
03. laringochakra	chakra gâtului
04. cardiochakra	chakra inimii
05. splenochakra	chakra splinei
06. ombilicochakra	chakra plexului solar (zona stomacului)
07. sexochakra	chakra rădăcină, chakra de bază
08. palmochakre	palmochakre, sau chakrele mâinilor
09. nucochakra	chakra nucală
10. plantochakre	chakrele tălpilor

Sursă – Adaptat după *Psychic Library* (2018).

FIGURA 1.Pt. – NOMENCLATURA DOS CHAKRAS

Termos conscienciológicos	Variantes em desuso
01. coronochacra	chakra coronário
02. frontochacra	chakra frontal ou terceiro olho
03. laringochacra	chakra laríngeo
04. cardiochacra	chakra cardíaco
05. esplenicochacra	chakra esplênico ou chakra sacro

06.	umbilicochacra	chakra plexo-solar
07.	sexochacra	chakra raiz, chakra sexual ou chakra básico
08.	palmochacras	chakras palmares ou chakras das mãos
09.	nucochacra	chakra nucal
10.	plantochacras	chakras dos pés

Fonte – Adaptado de Psychic Library *(2018).*

Ciclu mentalsomatic
Ciclo mentalsomático (Pt.); Mentalsomatic cycle (En.)

Ciclul sau cursul evolutiv al conștiinței care începe cu starea de conștiință liberă (CL), în care psihosoma este definitiv dezactivată (a treia desomare) și conștiința trăiește exclusiv în mentalsoma. (Vieira, Waldo; *Proiectologia*; ed.5; 2002, p.1100).

Pt. O ciclo ou curso evolutivo da consciência que se inicia na sua condição de CL, ou Consciex Livre, no qual desativa definitivamente o próprio psicossoma (terceira dessoma) e vive tão-só com o mentalsoma. (Vieira, Waldo; Projeciologia; *5 ed.; 2002, p.1100).*

Ciclu multiexistențial
Ciclo multiexistencial (Pt); Multiexistential cycle (En.)

Sistemul sau starea de alternanță continuă, la nivelul nostru evolutiv mediu, format dintr-o perioadă de renaștere intrafizică (seriexis) și o perioadă de post dezactivare somatică, extrafizică sau intermisivă. (Vieira, Waldo; *Proiectologia*; ed.5; 2002, p.1100).

Pt. Sistema ou condição de alternância contínua, em nosso nível evolutivo médio, de 1 período de renascimento intrafísico (seriéxis) com outro período pósdesativação somática, extrafísico, ou a intermissão. (Vieira, Waldo; Projeciologia; *5 ed.; 2002, p.1100).*

Chirosoma (chiro+soma)
Quirossoma (Pt.); Chirosoma (En.)

Soma considerată în mod specific în ceea ce privește utilizarea mâinilor sau munca manuală. (Vieira, Waldo; *Proiectologia*; ed.5; 2002, p.1109).

Pt. O soma considerado especificamente quanto à aplicação das mãos ou o trabalho manual. (Vieira, Waldo; Projeciologia; *5 ed.; 2002, p.1109).*

Climat interconștiențial
Clima interconsciencial (Pt.); Interconsciential climate (En.)

Starea de multiplă înțelegere din timpul unei întâlniri interconștiențiale, stabilită prin afinitatea gânsenelor, în special a celor încărcate cu energii conştienţiale (EC). Există diferite niveluri de climate interconştienţiale. Există atmosfere, mini atmosfere şi atmosfere interconştienţiale extrem de largi. (Vieira, Waldo; *Proiectologia*; ed.5; 2002, p.1100).

Pt. Condição do multientendimento em um encontro interconsciencial, estabelecida através de pensenes afinizados, especialmente carregados nas ECs, ou energias conscienciais. Há climas, climinhas e climões interconscienciais. (Vieira, Waldo; Projeciologia; 5 ed.; 2002, p.1100).

Clinică extrafizică
Oficina extrafísica (Pt.); Extraphysical clinic (En.)

Vezi *ofiex*.

Pt. **Ver** *ofiex.*

Cod de cosmoetică al duo-ului (CCD)
Código duplista de Cosmoética (CDC) (Pt.); Code of a Duo's Cosmoethics (CDC) (En.)

Compilaţie sistematică sau set de norme de comportament corect, ortogânsenitate şi comportament polikarmic de cel mai înalt nivel moral, creat şi respectat de partenerii unui duo evolutiv. (Haymann, Maximiliano; *Prescrições para o Autodesassédio (Prescripţii pentru autodezintruziune*); 2016, p.118).

Pt. Compilação sistemática ou o conjunto de normas de retidão, ortopensenidade e autocomportamento policármico do mais alto grau moral, criado e seguido pelos integrantes da dupla evolutiva. (Haymann, Maximiliano; Prescrições para o Autodesassédio; 2016, p.118).

Cod Grupal de Cosmoetică (CGC)
Código Grupal de Cosmoética (CGC) (Pt.); Code of Group Cosmoethics (CGC) (En.)

Compilaţie sistematică sau set de norme de integritate, ortogânsenitate şi autocomportament polikarmic de cel mai înalt nivel moral, creat şi urmat de un grup de conştiinţe mai lucide, în orice dimensiune existenţială. (Haymann, Maximiliano; *Prescripţii pentru autodezintruziune*; 2016, p.118).

Pt. Compilação sistemática ou o conjunto de normas de retidão, ortopensenidade e autocomportamento policármico do mais alto grau moral, criado e seguido pelo grupo de consciências mais lúcidas, em qualquer dimensão existencial. (Haymann, Maximiliano; Prescrições para o Autodesassédio; 2016, p.118).

Cod Personal de Cosmoetică (CPC)
Código Pessoal de Cosmoética (CPC) (Pt.); Code of Personal Cosmoethics (CPC) (En.)

Compilație sistematică sau set de norme integre, ortogânsenitate și autocomportament polikarmic de cel mai înalt nivel moral, creat și urmat de o conștiință mai lucidă, în orice dimensiune existențială. (Vieira, Waldo; *Enciclopedia de Conștientologie*; ed.8; 2013, p.2840).

Pt. Compilação sistemática ou o conjunto de normas de retidão, ortopensenidade e autocomportamento policármico do mais alto grau moral, criado e seguido pela consciência mais lúcida, em qualquer dimensão existencial. (Vieira, Waldo; Enciclopédia da Conscienciologia; 8 ed.; 2013, p.2840).

Coexistentologie
Coexistenciologia (Pt.); Coexistentiology (En.)

Specialitate a conștientologiei care studiază calitatea, condiția sau starea de coexistență multidimensională și pluriexistențială dintre conștiințe și principiile conștiențiale, dintre conștine și conștiexe, helperi și asistați, aflați în starea de copasageri evolutivi, care printr-o serie de experiențe milenare formează legături sau afinități interconștiențiale ce constituie baza funcțională a maximecanismului interasistențial.

Pt. Especialidade da Conscienciologia aplicada aos estudos da qualidade, condição ou estado de coexistência multidimensional e pluriexistencial entre as consciências e os princípios conscienciais, conscins e consciexes, amparadoras e amparandas, na condição de compassageiras evolutivas, as quais através das disparidades de experiências milenares formam links ou afinidades interconscienciais constituintes do embasamento funcional do maximecanismo interassistencial.

Cognopolis
Cognópolis (Pt.); Cognopolis (En.)

Din latinescul, *cognitio*, a ști, și din grecescul, *polis*, oraș al cunoașterii. Un cartier din orașul Foz do Iguaçu, statul Parana, Brazilia, construit în jurul Centrului pentru Înalte Studii de Conștientologie (CEAEC), dedicat încă din 1995 auto-cercetării conștiinței. Astăzi (anul de bază: 2017), reunește deja 24 de instituții conștientocentrice (IC), 75 de companii conștientocentrice (CC) și aproximativ 800 de rezidenți pe termen lung sau intermisiviști veniți din multe orașe, chiar din străinătate, conectați de cursurile intermisive (CI) presomatice (intermisiologie), de principiul neîncrederii (neîncrederologie), de îndeplinirea programelor lor existențiale de grup (maxiproexis, proexologie) și de autocercetarea evolutivă. (Adaptat după Vieira, Waldo; *Enciclopedia de Conștientologie*; ed.8; 2013, p.2891).

Pt. Do Latim, cognitio, *conhecer, e do Grego,* pólis, *Cidade do Conhecimento. Bairro instalado na cidade de Foz do Iguaçu, no Estado do Paraná, Brasil, a partir do Centro de Altos Estudos da Conscienciologia (CEAEC), dedicada às autopesquisas da consciência, desde 1995, e, hoje (Ano-base: 2017), já reunindo 24 Instituições Conscienciocêntricas (ICs), 75 Empresas Conscienciocêntricas (ECs) e cerca de 800 residentes fixos ou intermissivistas vindos das cidades mais diversas, inclusive do Exterior, entrosados pelos Cursos Intermissivos (CIs) pré-ressomáticos (Intermissiologia), o princípio da descrença (Descrenciologia), a consecução das programações existenciais em grupo (maxiproéxis, Proexologia) e as autopesquisas evolutivas.* (Adaptado de Vieira, Waldo; Enciclopédia da Conscienciologia; 8 ed; 2013, p.2891).

Coincidență holosomatică
Coincidência holossomática (Pt.); Holosomatic coincidence (En.)

Stare de coexistență armonioasă, interpenetrare, juxtapunere, aliniere, interdependență și inter-relaționare dintre ego, sau conștiință, mentalsoma, psihosoma, energosoma și corpul uman. În această complexitate de structuri sunt incluse și cordonul de aur – legătura dintre mentalsoma și psihosoma, și cordonul de argint - legătura dintre psihosoma și corpul uman (Adaptat după Vieira, Waldo; Proiectologia; ed.5; 2002, p.255).

Pt. Condição de coexistência harmoniosa, interpenetração, justaposição, alinhamento, interdependência e interrelação entre o ego, ou consciência, o mentalsoma, o psicossoma, o energossoma e o corpo humano, incluindo ainda neste complexo de estruturas, o cordão de ouro, ou a ligação entre o mentalsoma e o psicossoma, e a ligação deste com o corpo humano, ou o cordão de prata. (Adaptado de Vieira, Waldo; Projeciologia; 5 ed.; 2002, p.255).

Colegiile Invizibile de Conștientologie
Colégios Invisíveis da Conscienciologia (Pt.); Invisible Colleges of Conscientiology (En.)

Grup de cercetători care lucrează într-o anumită linie de cunoștere sau specialitate a conștientologiei, care vizează cercetarea și obținerea unor cunoștințe de vârf. Aceasta este o comunitate științifică multidimensională, informală, în care legătura conștiențială cu ideea cercetată și implementată în practică se realizează prin comunicarea efectivă (eficientă și eficace), concretizată în timpul întâlnirilor asidue ale membrilor săi. (Almeida, Roberto; disponibil pe: <*http://colegios-invisiveis-da-conscienciologia.org/*>; accesat pe: 06/05/2018).

Pt. Grupo de pesquisadores trabalhando numa linha de conhecimento ou Especialidade da Conscienciologia visando pesquisar e produzir conhecimentos de ponta. É uma comunidade científica multidimensional, informal com vínculo consciencial pela ideia a ser pesquisada e implementada na prática pela coordenação da comunicação efetiva (eficiente e eficaz) por meio de encontros assíduos entre seus membros. (Almeida, Roberto; disponível em: <http://colegios-invisiveis-da-conscienciologia.org/>; acesso em: 06/05/2018).

Compensare intraconștiențială
Compensação intraconsciencial (Pt.); Intrasciential compensation (En.)

Tehnică conștientometrică bazată pe utilizarea amplă a atributului conștiențial cel mai dezvoltat (trafor) pentru a depăși unul sau mai multe atribute conștiențiale mai puțin dezvoltate (trasla) din microuniversul conștinei. (Vieira, Waldo; *Proiectologia*; ed.5; 2002, p.1100).

Pt. Técnica conscienciométrica fundamentada no emprego maior de um atributo consciencial, mais desenvolvido (trafor), sobre outro, ou outros atributos conscienciais menos desenvolvidos (trafares) no microuniverso da conscin. (Vieira, Waldo; Projeciologia; 5 ed.; 2002, p.1100).

Completism existențial
Completismo existencial (Pt.); Existential completism (En.)

Vezi complexis.

*Pt. **Ver** compléxis.*

Completist existențial
Completista existencial (Pt.); Existential completist (En.)

Conștin care și-a îndeplinit mai mult sau mai puțin proexisul, aflându-se pe un drum clar și direct, într-un sector și pe un nivel care i-au fost atribuite. (Adaptat după Vieira, Waldo; *200 de Teopractici de Conștientologie*, p.57).

Pt. Conscin que cumpriu a sua proéxis, seja a menor ou a maior, dentro do caminho certo, diretriz, setor e nível que lhe foram atribuídos. (Adaptado de Vieira, Waldo; 200 Teáticas da Conscienciologia, p.57).

Complexis (comple+exis)
Compléxis (Pt.); Complexis (En.)

Completism existențial. Condiție rară, *excepțională* în care se află o conștiință *pre-serenissimă*, care a reușit să își îndeplinească rezonabil atribuțiile care i-au fost conferite pentru viața sa pe Pământ (proexis), profitând de potențialul evolutiv oferit de soma sa. (Vieira, Waldo; *700 Experimentos da Conscienciologia (700 de Experimente de Conștientologie)*; ed.3; 2013, p.610).

Pt. Completismo existencial. Rara condição na qual a consciência pré-serenona, mas de exceção, consegue realizar, razoavelmente, as atribuições que lhe foram conferidas em sua vida na Terra (proéxis), aproveitando as potencialidades evolutivas que o soma lhe ofereceu. (Vieira, Waldo; 700 Experimentos da Conscienciologia; 3 ed.; 2013, p.610).

Comunex (comun+ex)
Comunex (Pt.); Communex (En.)

Comunitate extrafizică. Câmp de energii conștiențiale grupale, format din conglomeratul de morfogânsene și hologânsene emise de grupuri de conștiințe care manifestă afinitate și coeziune între ele, prin legăturile realizate de interesele personale reciproce, permanente, profunde și complexe. (Adaptat după Vieira, Waldo; *Proiectologia*; ed.5; 2002, p.548).

Pt. Comunidade extrafísica. Campo de energias conscienciais, grupais, formado pelo conglomerado dos morfopensenes e holopensenes de grupos de consciexes, afins e coesas, através dos vínculos de profundos, complexos e permanentes interesses pessoais mútuos. (Adaptado de Vieira, Waldo; Projeciologia; ed.5; 2002, p.548).

Comunicologie
Comunicologia (Pt.); Communicology (En.)

Specialitate a conștientologiei care studiază comunicabilitatea conștiinței, de toate formele și tipurile, inclusiv comunicarea interconștiențială dintre dimensiunile conștiențiale, având în vedere proiectabilitatea lucidă și abordarea conștiinței integrale, multidimensionale, holosomatice, holobiografice și holomnemonice. (Adaptat după Vieira, Waldo; *Proiectologia*; ed.5; 2002, p.1100).

Pt. Especialidade da Conscienciologia aplicada aos estudos da comunicabilidade da consciência de todas as naturezas e formas, inclusive a comunicação interconsciencial entre as dimensões conscienciais, considerando a projetabilidade lúcida e as abordagens da consciência "inteira", holossomática, multidimensional, holobiográfica e holomnemônica. (Adaptado de Vieira, Waldo; Projeciologia; 5 ed.; 2002, p.1100).

Comunitatea Conștientologică Cosmoetică Internațională (CCCI)
Comunidade Conscienciológica Cosmoética Internacional (CCCI) (Pt.);
International Cosmoethical Conscientiological Community (ICCC) (En.)

Grupul de locuitori, adunarea sau gruparea și viața intrafizică în comun a societății conștiințelor intrafizice conectate prin legături conștiențiale oferite de conștientologie, în viața de zi cu zi, în această dimensiune umană, materială sau terestră. (Vieira, Waldo în *Colegiado da Conscienciologia*; disponibil pe: <http://colegiadodaconscienciologia.org/conscienciologia/ccci/>; accesat pe 06/08/2018)

Pt. Conjunto de habitantes, reunião ou agrupamento e a vida intrafísica em comum, da sociedade de conscins conectadas pelos vínculos conscienciais da Consciencilogia, na cotidianidade diuturna, nesta dimensão humana, material ou terrestre. (Vieira, Waldo in Colegiado da Conscienciologia*; disponível em:* <http://colegiadodaconscienciologia.org/conscienciologia/ccci/>*; acesso em 06/08/2018)*

Comunitate extrafizică
Comunidade extrafísica (Pt.); Extraphysical community (En.)

Vezi communex.

Pt. **Ver** comunex.

Con
Con (Pt.); Con (En.)

Unitate ipotetică de luciditate a conştin sau conştiex, destinată să măsoare nivelul de hiperacuitate personală sau nivelul de conştienţialitate, într-un moment evolutiv dat. (Vieira, Waldo; *700 de Experimente de Conştientologie*; ed.3; 2013, p.514).

Pt. Unidade hipotética de lucidez da conscin ou consciex, destinado a medir o grau de hiperacuidade pessoal – ou o nível da consciencialidade – em determinado momento evolutivo. (Vieira, Waldo; 700 Experimentos da Conscienciologia*; 3 ed.; 2013, p.514).*

Concentrare conştienţială
Concentração consciencial (Pt.); Consciential concentration (En.)

Stare de focalizare directă, fără abatere, a simţurilor, atributelor conştienţiale, a voinţei şi intenţiei conştiinţei asupra unui singur obiect. (Vieira, Waldo; *Proiectologia*; ed.5; 2002, p.1100).

Pt. Estado da focalização direta, sem desvios, dos sentidos, atributos conscienciais, vontade e intenção da consciência sobre 1 só objeto. (Vieira, Waldo; Projeciologia*; 5 ed.; 2002, p.1100).*

Confor (con+for)
Confor (Pt.); Confor (En.)

Interacţiunea dintre conţinut (idee, esenţă) şi formă (aparenţă, limbaj) în procesele de comunicare interconştienţială. (Vieira, Waldo; *Proiectologia*; ed.5; 2002, p.1100).

Pt. Interação do conteúdo (ideia, essência) com a forma (apresentação, linguagem) nos processos da comunicação interconsciencial. (Vieira, Waldo; Projeciologia*; 5 ed.; 2002, p.1100).*

Consbel
Consbel (Pt.); Consbel (En.)

Conștiință intrafizică belicistă. (Vieira, Waldo; *Homo sapiens pacificus*; ed.3; 2007, p.241).

Pt. Consciência intrafísica belicista. (Vieira, Waldo; Homo sapiens pacificus; *3 ed.; 2007, p.241).*

Consener (cons+ener)
Consener (Pt.); Consener (En.)

Conștiință energovoră. Conștiință cu multiple carențe, cu o dorință insațiabilă pentru energiile conștiențiale ale ființelor umane (conștine) și subumane; *vampir energetic sau conștiință vampirizatoare.* (Adaptat după Vieira, Waldo; *Homo sapiens reurbanisatus*; 2003, p.645). **Variantă**: *vampir energetic.*

Pt. Consciência energívora. Consciência carente e insaciável quanto às energias conscienciais de seres humanos (concins) e sub-humanos; vampiro energético ou consciência vampirizadora. (Adaptado de Vieira, Waldo; Homo sapiens reurbanisatus; *2003, p.645).* **Variante**: *vampiro energético.*

Consreu
Consréu (Pt.); Consreu (En.)

Conștiex reurbanizată. Conștiința extrafizică cu paragenetică patologică, dislocată forțat - prin acțiunea reurbanizărilor extrafizice - din comunitatea extrafizică patologică în care s-a aflat timp de secole, într-o altă comunitate extrafizică de tranziție, pentru a se pregăti de resomare pe Pământ sau chiar pentru a fi supusă unei transmigrații impuse pe o planetă aflată la un nivel evolutiv inferior Pământului. (Vieira, Waldo; *Homo sapiens reurbanisatus*; 2003, p.242).

Pt. Consciex reurbanizada. Consciência extrafísica de paragenética patológica compulsoriamente deslocada – por atuação das reurbanizações extrafísicas – da comunidade extrafísica patológica onde estava há séculos, para outra comunidade extrafísica de transição, a fim de se preparar para ressomar na Terra, ou ainda sofrer a transmigração imposta para outro planeta de evolução intrafísica inferior a este. (Vieira, Waldo; Homo sapiens reurbanisatus; *2003, p.242).*

Conștiensula
Consciençula (Pt.); Consciensula (En.)

Conștiința umană în stare imatură, la scurt timp după părăsirea nivelului evolutiv de maimuță sau primată subumană, care se confruntă cu primele rezultate privind utilizarea rațiunii și auto-discernământului proprii maturității umane. (Viera, Waldo; *Enciclopedia de Conștientologie*; ed.8; 2013, p.3298).

Pt. Consciência humana na condição imatura, logo após deixar o nível evolutivo dos símios ou primatas subumanos e enfrentar as primícias da racionalidade e do autodiscernimento, próprios da Humanidade adulta, propriamente dita. (Viera, Waldo; Enciclopédia da Conscienciologia; 8 ed.; 2013, p.3298).

Conștientesa
Conscienciês (Pt.); Conscientese (En.)

Limbaj telepatic non-simbolic, originar din dimensiunea conștiențială a societăților extrafizice foarte evoluate. (Adaptat după Vieira, Waldo; *Proiectologia*; ed.5; 2002, p.1100).

Pt. Linguagem telepática não-simbólica, nativa da dimensão consciencial de sociedades extrafísicas muito evoluídas. (Adaptado de Vieira, Waldo; Projeciologia; 5 ed.; 2002, p.1100).

Conștientocentrism
Conscienciocentrismo (Pt.); Conscientiocentrism (En.)

Filozofia socială care își concentrează obiectivele pe conștiință în sine și pe evoluția ei. A se vedea, de asemenea, termenul care desemnează domeniul conștientologiei cunoscut drept conștientocentrologie. (Adaptat după Vieira, Waldo; *Proiectologia*; ed.5; 2002, p.1100).

Pt. Filosofia social que centraliza os seus objetivos na consciência em si, e em sua evolução. Ver também a Especialidade da Conscienciologia, sob o nome de Conscienciocentrologia. (Adaptado de Vieira, Waldo; Projeciologia; 5 ed.; 2002, p.1100).

Conștientocentrologie
Conscienciocentrologia (Pt.); Conscientiocentrology (En.)

Specialitate a conștientologiei care studiază și cercetează filozofia socială concentrată pe obiectivele conștiinței în sine și pe evoluția conștiențială, prin crearea și menținerea unei instituții conștientocentrice (CI) sub forma unei cooperative conștiențiale sau a unui grup colegial conștiențial, în cadrul societății conștiențiale, pe baza legăturii conștiențiale, a celei de muncă și a dublei legături. (Vieira, Waldo; *Homo sapiens pacificus*; 2007, p.174).

Pt. Especialidade da Conscienciologia aplicada aos estudos e pesquisas da filosofia social centralizadora dos objetivos na consciência, em si, e na evolução consciencial, através da criação e manutenção da Instituição Conscienciocêntrica (IC) ao modo de cooperativa ou colegiado consciencial, dentro da Socin Conscienciológica, com bases no vínculo consciencial, vínculo empregatício e duplo vínculo. (Vieira, Waldo; Homo sapiens pacificus; 2007, p.174).

Conștientocrație
Conscienciocracia (Pt.); Conscientiocracy (En.)

Sistem de putere capabil să organizeze procesul evolutiv al conștiințelor, pe baza nivelului lor de conștiențialitate. *(Conscienciopedia, disponibil pe: http://pt.conscienciopedia.org/index.php/Conscienciocracia, accesat pe: 06/05/2018).*

Pt. Sistema de poder organizador do processo evolutivo das consciências e fundamentado no nível de consciencialidade. (Conscienciopedia; disponível em: <http://pt.conscienciopedia.org/index.php/Conscienciocracia>; acesso em: 06/05/2018).

Conștientogramă
Conscienciograma (Pt.); Conscientiogram (En.)

Fișă tehnică de evaluare a nivelului evolutiv al unei conștiințe; megatest conștiențial care îl are ca model pe Homo sapiens serenissimus, deținător al unui cont curent egokarmic pozitiv exemplar. Instrument de bază utilizat în testele conștientometrice. (Adaptat după Vieira, Waldo; *Proiectologia*; ed.5; 2002, p.1101).

Pt. Planilha técnica das medidas avaliativas do nível de evolução da consciência, megateste consciencial tendo por modelo o Homo sapiens serenissimus, responsável pela conta corrente egocármica, positiva, exemplar. Instrumento básico empregado nos testes conscienciométricos. (Adaptado de Vieira, Waldo; Projeciologia*; 5 ed.; 2002, p.1101).*

Conștientolog(ă)
Conscienciólogo(a) (Pt.); Conscientiologist (En.)

Conștin dedicată studiului permanent și experimentării obiective în domeniile de cercetare ale conștientologiei, în calitate de agent al renovărilor evolutive (agent retrocognitiv), prin activitatea sa libertariană oferită tuturor conștiințelor, în general. (Vieira, Waldo; *Proiectologia*; ed.5; 2002, p.1101).

Pt. Conscin empenhada no estudo permanente e na experimentação objetiva, dentro do campo de pesquisas da Conscienciologia, na qualidade de agente de renovações evolutivas (agente retrocognitor), no trabalho libertário das consciências em geral. (Vieira, Waldo; Projeciologia; 5 ed.; 2002, p.1101).

Conștientologie
Conscienciologia (Pt.); Conscientiology (En.)

Știință care studiază conștiința în formă integrală, holosomatică, multidimensională, multimilenară și multiexistențială, cu prioritate în funcție de reacțiile pe care ea le are, în multiplele ei stări, față de EI (energiile imanente) și EC (energiile conștiențiale). (Adaptat după Vieira, Waldo; *Proiectologia*; ed.5; 2002, p.1101).

Pt. Ciência que estuda a consciência de forma integral, holossomática, multidimensional, multimilenar, multiexistencial e, sobretudo, conforme as suas reações perante as EIs (energias imanentes) e as ECs (energias conscienciais), bem como em seus múltiplos estados. (Adaptado de Vieira, Waldo; Projeciologia; 5 ed.; 2002, p.1101).

Conștientometrie
Conscienciometria (Pt.); Conscientiometry (En.)

Vezi *conștientometrologie.*

Pt. **Ver** *Conscienciometrologia.*

Conștientometrologie
Conscienciometrologia (Pt.); Conscientiometrology (En.)

Specialitate a conștientologiei care studiază măsurătorile conștientologice sau conștiința, prin resursele și metodele oferite de conștientologie, capabile să stabilească posibile baze pentru matematizarea conștiinței. Instrument principal: cartea Conștientograma. (Adaptat după Vieira, Waldo; *700 de Experimente de Conștientologie*; ed.3; 2013, p.46). **Variantă ieșită din uz pentru această specialitate:** *conștientometrie.*

Pt. Especialidade da Conscienciologia aplicada aos estudos das medidas conscienciológicas, ou da consciência, através dos recursos e métodos oferecidos pela Conscienciologia, capazes de assentar as bases possíveis da matematização da consciência. Instrumento principal: o livro Conscienciograma. (Adaptado de Vieira, Waldo; 700 Experimentos da Conscienciologia; *3 ed.; 2013, p.46*). **Variantes em desuso para nomear esta especialidade:** *Conscienciometria.*

Conștientoterapeut
Conscienccioterapeuta (Pt.); Conscientiotherapist (En.)

Conștiință intrafizică, medic, psiholog, practicant penta, dedicată tehnic interasistențialității, capabilă să acționeze pentru a trata, ameliora și a stopa evoluția patologiilor și parapatologiilor conștiințelor, prin utilizarea resurselor și tehnicilor derivate din conștientologie și, în mod special, din conștientoterapie. (Vieira, Waldo; *Enciclopedia de Conștientologie*; ed.8; 2013, p.3290).

Pt. Conscin, homem ou mulher, médico(a) ou psicólogo(a), praticante da tenepes, técnico da interassistencialidade, capaz de acionar o tratamento, alívio ou remissão das patologias e parapatologias das consciências, por intermédio dos recursos e das técnicas derivadas da Conscienciologia ou, mais especificamente, da Conscienccioterapia (Vieira, Waldo; Enciclopédia da Conscienciologia; *8 ed.; 2013, p.3290*).

Conştientoterapeuticologie
Consciencioterapeuticologia (Pt.); Conscientiotherapeuticology (En.)

Specialitate a conştientologiei dedicată studiilor specifice, sistematice şi teopractice, sau cercetărilor şi experienţelor, privind tratamentul, ameliorarea şi remisia tulburărilor conştiinţei, realizate prin utilizarea resurselor şi tehnicilor derivate din abordarea integrală a conştiinţei, cu patologiile şi parapatologiile ei, precum şi profilaxia şi paraprofilaxia acestora. (Vieira, Waldo; *Proiectologia*; 1999, p.38). **Variantă ieşită din uz**: *conştientoterapie.*

Pt. Especialidade da Conscienciologia aplicada aos estudos específicos, sistemáticos, teáticos ou pesquisas e vivências do tratamento, alívio e remissão dos distúrbios da consciência, executados por meio dos recursos e técnicas derivados da abordagem da consciência inteira, em suas patologias e parapatologias, profilaxias e paraprofilaxias. (Vieira, Waldo; Projeciologia; *1999, p.38).*
Variante em desuso para esta especialidade*: Consciencioterapia.*

Conştientoterapie
Consciencioterapia (Pt.); Conscientiotherapy (En.)

Set de tehnici, proceduri şi metode conştientoterapeuticologice, auto şi heteroaplicate cu scopul de a trata, ameliora şi stopa evoluţia tulburărilor şi dereglărilor conştienţiale, prin abordarea integrală a conştiinţei, cu patologiile şi parapatologiile ei, precum şi profilaxia şi paraprofilaxia acestora. (Vieira, Waldo; *Proiectologia*; 1999, p.39).

Pt. Conjunto de técnicas, procedimentos e métodos da Conscienciaterapeuticologia auto e heteroaplicados ao tratamento, alívio e remissão de distúrbios e perturbações conscienciais realizados através da abordagem da consciência inteira, em suas patologias e parapatologias, profilaxias e paraprofilaxias. (Vieira, Waldo; Projeciologia; *1999, p.39).*

Conştiex (conşti+ex)
Consciex (consci+ex) (Pt.); Consciex (En.)

Conştiinţă extrafizică; paracetăţean al unei societăţi extrafizice (sociex). (Vieira, Waldo; *Proiectologia*; ed.5; 2002, p.1101). **Plural**: *conştiexe.* **Variante învechite**: *spirit, fantomă, descarnat.*

Pt. Consciência extrafísica; o paracidadão ou paracidadã da Sociedade Extrafísica (Sociex). Plural: consciexes. (Vieira, Waldo; Projeciologia; *5 ed.; 2002, p.1101).* ***Variantes envelecidas:*** *espírito, fantasma, desencarnado.*

Conștiex liberă (CL)
Consciex livre (CL) (Pt.); Free consciex (FC) (En.)

Din latină, *con+scientia*, cu știință/cunoaștere. Conștiex care s-a eliberat definitiv de psihosoma, sau paracorpul emoțional, și de legăturile seriexisurilor, aflată în ierarhia evolutivă deasupra lui Homo sapiens serenissimus. (Adaptat după Vieira, Waldo; Proiectologia; ed.5; 2002, p.1100). **Variante**: *conștiință extrafizică liberă, conștiință liberă.*

Pt. Do Latim, con+scientia, com conhecimento. Consciex que se libertou definitivamente do psicossoma, ou paracorpo emocional, e das fieiras da seriéxis, situada na hierarquia evolutiva depois do Homo sapiens serenissimus. (Adaptado de Vieira, Waldo; Projeciologia; 5 ed.; 2002, p.1100). **Variante**: *consciência livre.*

Conștiința
Consciência, a (Pt.); Consciousness, the (En.)

Suntem tu și eu, cunoscuți de asemenea ca indivizi, suflete, spirite, sine, egouri, principii inteligente în continuă evoluție, care utilizează vehicule specifice pentru a se manifesta în diferite dimensiuni, utilizând autoconștiența și raționalitatea pentru a procesa idei și acțiuni autogânsenice. Este una dintre cele două componente cosmice de bază, cealaltă fiind energia. (Adaptat după Vieira, Waldo; *Homo sapiens reurbanisatus*; 2003, p.77).

Pt. É você e eu, também conhecido como individualidade, alma, espírito, self, ego, princípio inteligente em constante evolução, utilizando veículos específicos para poder se manifestar em diversas dimensões, através da autoconsciência e racionalidade com que processa ideias e ações autopensênicas. É um dos dois componentes cósmicos - sendo o outro, a energia. (Adaptado de Vieira, Waldo; Homo sapiens reurbanisatus; 2003, p.77).

Conștiință belicistă
Consciência belicista (Pt.); Warmongering consciousness (En.)

Vezi consbel.

*Pt. **Ver** consbel.*

Conștiință energovoră
Consciência energívora (Pt.); Energivorous consciousness (En.)

Vezi consener.

*Pt. **Ver** consener.*

Conştiinţă extrafizică
Consciência extrafísica (Pt.); Extraphysical consciousness (En.)
Vezi *conştiex.*
Pt. **Ver** *consciex.*

Conştiinţă intrafizică
Consciência intrafísica (Pt.); Intraphysical consciousness (En.)
Vezi *conştin.*
Pt. **Ver** *conscin.*

Conştiinţă liberă
Consciência livre (Pt.); Free consciousness (En.)
Vezi *conştiex liberă.*
Pt. **Ver** *conscin livre.*

Conştiinţă reurbanizată
Consciência reurbanizada (Pt.); Reurbanized consciousness (En.)
Vezi *consreu.*
Pt. **Ver** *consréu.*

Conştin (conşt+in)
Conscin (cons+in) (Pt.); Conscin (En.)

Conştiinţă intrafizică; personalitate umană; cetăţean al societăţii intrafizice. (Vieira, Waldo; *Proiectologia*; ed.5; 2002, p.1101). **Plural:** *conştine.* **Variantă învechită**: *întrupat.*

Pt. Consciência intrafísica; a personalidade humana; o cidadão ou cidadã da Socin. (Vieira, Waldo; Projeciologia*; 5 ed.; 2002, p.1101).* **Plural:** *conscins.* **Variante envilecida**: *encarnado.*

Continuism conştienţial
Continuísmo consciencial (Pt.); Consciential continuism (En.)

Condiţie de integritate, fără întreruperi, a continuităţii vieţii conştienţiale, prin previziune providenţială şi auto-releu evolutiv sau, cu alte cuvinte: conexiunea permanentă dintre experienţa actuală cu experienţele imediat anterioare şi ulterioare, într-un tot coeziv şi unificat, fără discontinuitate sau întrerupere a experiențelor conștiinței. (Vieira, Waldo; *Proiectologia*; ed.5; 2002, p.1101).

Pt. Condição da inteireza, sem brechas, na continuidade da vida consciencial através da previsão providencial e do autorrevezamento evolutivo, ou seja: a emenda desta vivência do momento, às vivências imediatamente anterior e posterior, incessantemente, em um todo coeso e único, sem solução de continuidade nem experiências conscienciais estanques. (Vieira, Waldo; Projeciologia*; 5 ed.; 2002, p.1101).*

Contragânsenă (contra+gân+sen+ene)
Contrapensene (contra+pen+sen+e) (Pt.); Counterthosene (counter+tho+sen+e) (En.)

Gânsenă intraconștiențială a unei conștin; respingere mentală mută; cuvânt mental, gânsenă mută; tip de intragânsenă. (Vieira, Waldo; *Proiectologia*; ed.5; 2002, p.1101).

Pt. Pensene intraconsciencial da conscin; refutação mental muda; palavra mental; o pensene mudo; tipo específico de intrapensene. (Vieira, Waldo; Projeciologia*; 5 ed.; 2002, p.1101).*

Co-proiector
Co-projetor (Pt.); Co-projector (En.)

Helper care lucrează împreună cu o conștin pentru dezvoltarea proiecțiilor ei conștiențiale lucide, asistate. (Vieira, Waldo; *Proiectologia*; ed.5; 2002, p.1101).

Pt. Amparador que trabalha conjuntamente com a conscin no desenvolvimento das suas projeções conscienciais, lúcidas, assistidas. (Vieira, Waldo; Projeciologia*; 5 ed.; 2002, p.1101).*

Cordon de argint
Cordão de prata (Pt.); Silver cord (En.)

Legătură semi-materială sau conexiune energetică ce menține psihosoma conectată la corpul uman, cu o conectare inițială în psihosoma și cu cealaltă în soma. (Adaptat după Vieira, Waldo; *Proiectologia;* ed.5; 2002, p.267).

Pt. Laço semimaterial ou liame energético que mantém o psicossoma ligado ao corpo humano com uma conexão inicial no psicossoma e outra, logo depois, no soma. (Adaptado de Vieira, Waldo; Projeciologia*; 5 ed.; 2002, p.267).*

Cordon de aur
Cordão de ouro (Pt.); Golden cord (En.)

Presupus element energetic, similar unei telecomenzi, care menține mentalsoma conectată la paracreierul psihosomei. (Vieira, Waldo; *Proiectologia*; ed.5; 2002, p.1101).

Pt. Suposto elemento energético, à semelhança de um controle remoto, que mantém o mentalsoma ligado ao paracérebro do psicossoma. (Vieira, Waldo; Projeciologia; 5 ed.; 2002, p.1101).

Coronochakră (corono+chakra)
Coronochacra (Pt.); Coronochakra (En.)

Chakra situată în creștetul capului; este legată de manifestările de expansiune a conștiinței, de elaborarea gândirii și luciditatea mentalsomatică; este chakra cu cea mai avansată acțiune din energosoma. (*Conscienciopedia*; disponibil pe: <http://pt.conscienciopedia.org/index.php/Coronochacra>; accesat pe: 06/05/2018). **Variantă:** *chakra coroană; chakra coronară.*

Pt. Chacra situado na área do sincipúcio no topo da cabeça, relacionado às manifestações de expansão da consciência, elaboração do pensamento e lucidez mentalsomática, sendo o chacra com atuação mais avançada no energossoma. (Conscienciopedia; *disponível em:* <http://pt.conscienciopedia.org/index.php/Coronochacra>; *acesso em: 06/05/2018).*

Cosmo-analiză
Cosmo-análise (Pt.); Cosmo-analysis (En.)

Vezi *cosmoanaliticologie.*

Pt. **Ver** *Cosmoanaliticologia.*

Cosmoanaliticologie
Cosmoanaliticologia (Pt.); Cosmo-analiticology (En.)

Specialitate a conștientologiei care studiază utilizarea practică a cosmogramei, sau a fișei tehnice de lucru, pentru evaluarea valorică a realităților universului, filtrate de principiile multidimensionale ale conștientologiei, efectuată printr-o asociere maximă de idei (prezentare de ansamblu) și fapte (fenomenologie) care aparțin și implică hologânsena personalității umane, auto și heterocritice. Este un subdomeniu științific al comunicologiei. (Adaptat după Vieira, Waldo; *Proiectologia*; ed.5; 2002, p.38). **Variantă ieșită din uz:** *cosmo-analiză.*

Pt. Especialidade da Conscienciologia que estuda a aplicação prática do cosmograma ou a planilha técnica para a determinação valorativa das realidades do Universo, filtradas pelos princípios multidimensionais da Conscienciologia, através da associação máxima de ideias (visão de conjunto), a partir dos fatos (Fenomenologia) que alcançam e envolvem o holopensene da personalidade humana auto e heterocrítica. É um subcampo científico da Comunicologia. (Adaptado de Vieira, Waldo; Projeciologia; 5 ed.; 2002, p.38). **Variantes em desuso** *para nomear esta especialidade: cosmo-análise; cosmanálise.*

Cosmoconștientologie
Cosmoconscienciologia (Pt.); Cosmoconscientiology (En.)

Specialitate a conștientologiei care studiază expandarea conștiinței prin mentalsoma sau fenomenul de cosmoconștiență. Este un subdomeniu științific al paraperceptologiei. (Vieira, Waldo; *Proiectologia*; ed.5; 2002, p.39).

Pt. Especialidade da Consciencologia aplicada aos estudos da expansão da consciência, ou o fenômeno da cosmoconsciência, através do mentalsoma. É um subcampo científico da Parapercepciologia. (Vieira, Waldo; Projeciologia;5 ed.; 2002, p.39).

Cosmoconștiență
Cosmoconsciência (Pt.); Cosmoconsciousness (En.)

Condiția sau percepția interioară a conștiinței privind Cosmosul, viața și ordinea Universului, într-o exaltare intelectuală și cosmoetică imposibil de descris, atunci când conștiința simte prezența vie a Universului și devine una cu el, într-o unitate indivizibilă. În această stare unică există comunicarea interconștiențială. (Vieira, Waldo; *700 de Experimente de Conștientologie*; ed.3; 2013, p.47). **Variantă**: *conștiință cosmică*. **Variante învechite:** *nirvana, samadhi, satori, zen.*

Pt. Condição ou percepção interior da consciência do Cosmos, da vida e da ordem do Universo, em uma exaltação intelectual e cosmoética impossível de se descrever, quando a consciência sente a presença viva do Universo e se torna una com ele, em uma unidade indivisível. Há comunicação interconsciencial nesta condição peculiar. (Vieira, Waldo; 700 Experimentos da Conscienciologia; 3 ed.; 2013, p.47). **Variantes**: *consciência cósmica*. **Variantes envelecidas**: *nirvana, samadhi, satori; zen.*

Cosmoetică (cosmo+etică)
Cosmoética (Pt.); Cosmoethics (En.)

Reflecție critică, bazată pe pilonii paradigmei conștiențiale, despre principiile morale, normele și valorile etice cosmice, care orientează comportamentul evolutiv avansat și multidimensional asistențial. Ea depășește toate principiile moralei sociale, umane sau intrafizice. Cosmoetica este unitatea de măsură a autoincoruptibilității și este cea mai inteligentă normă de discernământ pe care o conștiință o poate aplica în comportamentul său, cu scopul de a-și dinamiza propria evoluție. (Adaptat după Vieira, Waldo; în *Cosmoethos*; disponibil pe: <http://www.cosmoethos.org.br/pesquisa>; accesat pe: 06/05/2017).

Pt. Reflexão crítica com base nos pilares do paradigma consciencial sobre os princípios morais, normas e valores éticos cósmicos, norteadores de comportamento evolutivo, avançado e multidimensionalmente assistencial. Situando-se além dos princípios da moral social, humana ou intrafísica, a cosmoética é unidade de medida da autoincorrupção e a mais inteligente norma de discernimento para a consciência aplicar em sua conduta, visando dinamizar a própria evolução. (Adaptado de Vieira, Waldo; in Cosmoethos; *disponívelem:* <http://www.cosmoethos.org.br/pesquisa>; *acesso em: 06/05/2017).*

Cosmoeticitate
Cosmoeticidade (Pt.); Cosmoethicity (En.)

Calitatea cosmoetică a conștiinței. (Vieira, Waldo; *Proiectologia*; ed.5; 2002, p.1101).
Variantă: *cosmoeticalitate*.

Pt. Qualidade cosmoética da consciência. (Vieira, Waldo; Projeciologia; *5 ed.; 2002, p.1101).*

Cosmoeticologie
Cosmoeticologia (Pt.); Cosmoethicology (En.)

Specialitate a conștientologiei care studiază etica sau reflecția asupra moralei cosmice multidimensionale, caracteristică holomaturității, care se situează dincolo de morala socială intrafizică sau de orice etichetă sau stereotip uman. (Adaptat după Vieira, Waldo; *Proiectologia*; ed.5; 2002, p.1101). **Variantă ieșită din uz pentru această specialitate**: *cosmoetica*.

Pt. Especialidade da Conscienciologia aplicada ao estudos da ética ou reflexão sobre a moral cósmica, multidimensional, que define a holomaturidade, situada além da moral social, intrafísica, ou que se apresenta sob qualquer rótulo ou estereótipo humano. (Adaptado de Vieira, Waldo; Projeciologia; *5 ed.; 2002, p.1101).* **Variante em desuso para esta especialidade**: *cosmoética.*

Cosmogânsenă (cosmo+gân+sen+ene)
Cosmopensene (cosmo+pen+sen+ene) (Pt.); Cosmothosene (cosmo+tho+sen+e) (En.)

Gânsena specifică conștientesei sau stării de cosmoconștiență; unitate de măsură a limbajului non-simbolic, paratelepatic, utilizat în comunitățile extrafizice foarte evoluate; gânsenă fundamentală sau matergânsenă caracteristică profilului evolutiv al Conștiinței Libere (CL). (Adaptat după Vieira, Waldo; *700 de Experimente de Conștientologie;* ed.3; 2013, p.47; *Enciclopedia de Conștientologie;* ed.7; 2012, p.2659 și 2717).

Pt. Pensene específico do conscienciês ou do estado da cosmoconsciência; unidade de medida do idioma paratelepático, não-simbólico, empregado em comunexes muito evoluídas; pensene fundamental ou materpensene característico do perfil evolutivo da Consciência Livre, CL. (Adaptado de Vieira, Waldo; 700 Experimentos da Conscienciologia; *3 ed.; 2013, p.47;* Enciclopédia da Conscienciologia; *7 ed.; 2012, p.2659 e 2717).*

Cosmogramă
Cosmograma (Pt.); Cosmogram (En.)

Tehnică de studiere a realităților Universului (cosmoanaliză), filtrată prin principiile multidimensionale ale conștientologiei, realizată prin asocierea majoră de idei sau viziuni de ansamblu asupra faptelor implicate. Aceasta constă în completarea fișelor de documentare, clasificarea și arhivarea informațiilor obținute dintr-o gamă largă de surse, în principal din publicații periodice, cum ar fi articole din ziare (geopolitice), articole științifice sau lucrări (din diferite zone ale cunoașterii) și multe alte articole atent selectate din surse de încredere de pe internet. (Adaptat după Vieira, Waldo; *Homo sapiens reurbanisatus*; 2003, p.317).

Pt. Técnica para estudar as realidades do Universo (cosmanálise), filtradas pelos princípios multidimensionais da Conscienciologia, através da associação máxima de ideias ou visão de conjunto a partir dos fatos envolvidos. A técnica consiste no preenchimento de fichas documentais, classificação e arquivamento de uma vasta gama de fontes, principalmente publicações periódicas, a exemplo de artigos de jornais (geopolíticos), artigos científicos ou papers (de diversas áreas do saber) e outros artigos cuidadosamente selecionados de fontes confiáveis da internet. (Adaptado de Vieira, Waldo; Homo sapiens reurbanisatus; *2003, p.317*).

Cosmoviziologie
Cosmovisiologia (Pt.); Cosmovisiology (En.)

Specialitate a conștientologiei dedicată studiului teopractic al înțelegerii evolutive a cosmoviziunii conștientologice exhaustive, multidimensionale și holosomatice. (Vieira, Waldo; *Enciclopedia de Conștientologie*; ed.7; 2012, p.2955). **Varianta învechită pentru această specialitate: cosmoviziune.**

Pt. Especialidade da Conscienciologia aplicada ao estudo teático do entendimento evolutivo da cosmovisão conscienciológica, exaustiva, multidimensional e holossomática (Vieira, Waldo; Enciclopédia da Conscienciologia; *7 ed.; 2012, p.2955*).

Cosmoviziune
Cosmovisão (Pt.); Cosmovision (En.)

Stare a conștinei care poate întrezări dincolo de manifestările sau interesele banale din viața de fiecare zi, după ce a atins o anumită viziune intrafizică sau terestră, putând servi drept privitor și observator de la distanță, dincolo de impulsurile mediocrității - pe care le poate depăși, pierzându-și interesul pentru multitudinea de stimuli proveniți din trivialitățile și idiotismele culturale ale zeitgeistului. (Vieira, Waldo; *Enciclopedia de Conștientologie*; ed.7; 2012, p.2952).

Pt. Condição da conscin quando capaz de enxergar além das ocorrências ou interesses banais da cotidianidade diuturna, depois de ter alcançado alguma conquista intrafísica, ou terrestre, para servir de mirante e observar a distância, por cima, sobrepairando os impulsos da mediocridade e perdendo o interesse pelas miríades de estímulos das trivialidades e idiotismos culturais do Zeitgeist (Vieira, Waldo; Enciclopédia da Conscienciologia; 7 ed.; 2012, p.2952).

Coterapeut
Coterapeuta (Pt.); Cotherapist (En.)

Helper care lucrează împreună cu o conştin conştientoterapeut pentru a dezvolta procedurile tehnice asistenţiale ale conştientoterapiei şi a le oferi evolucienţilor săi. (Vieira, Waldo; *Proiectologia;* ed.5; 2002, p.1101). (OIC).

Pt. Amparador que trabalha conjuntamente com a conscin consciencioterapeuta no desenvolvimento dos procedimentos técnicos assistenciais da conscioterapia aos seus pacientes. (Vieira, Waldo; Projeciologia; 5 ed.; 2002, p.1101).

Cuplare aurică
Acoplamento áurico (Pt.); Auric coupling (En.)

Dezvoltarea empatiei, fuziunii şi reunirii temporare a aurelor energetice ale vehiculelor de manifestare a două sau mai multe conştiinţe. (Vieira, Waldo; *Proiectologia;* ed.5; 2002, p.681).

Pt. Desenvolvimento de empatia, interfusão e junção temporária das auras energéticas dos veículos de manifestação de duas ou mais consciências. (Vieira, Waldo; Projeciologia; 5 ed.; 2002, p.681).

Cuplare energetică
Acoplamento energético (Pt.); Energetic coupling (En.)

Interfuziunea de energii energosomatice între două sau mai multe conştiinţe (conştin), sau între o conştiinţă şi un loc sau un obiect. (Adaptat după Vieira, Waldo; *Homo sapiens reurbanisatus;* 2003, p.813).

Pt. Interfusão das energias energossomáticas entre duas ou mais consciências humanas (conscins), ou entre uma consciência e um local ou objeto. (Adaptado de Vieira, Waldo; Homo sapiens reurbanisatus; 2003, p.813).

Cuplu incomplet
Casal incompleto (Pt.); Incomplete couple (En.)

Pereche compusă dintr-un bărbat şi o femeie care nu formează un cuplu intim (acel cuplu care practică actul sexual complet), dar totuşi menţin legături afective puternice. (Vieira, Waldo; *Proiectologia;* ed.5; 2002, p.1099).

Pt. Par de homem e mulher que não chega a formar o casal íntimo (aquele casal que pratica o ato sexual completo), contudo, mantém forte laço afetivo. (Vieira, Waldo; Projeciologia; *5 ed.; 2002, p.1099).*

Cursul grupokarmic
Curso grupocármico (Pt.); Groupkarmic course (En.)

Ansamblu de stadii ale conștiinței în cadrul grupului conștiențial evolutiv. (Adaptat după Vieira, Waldo; *Proiectologia*; ed.5; 2002, p.1101).

Pt. Conjunto dos estágios da consciência dentro do grupo consciencial evolutivo (Adaptado de Vieira, Waldo; Projeciologia; *5 ed.; 2002, p.1101).*

Curs intermisiv
Curso intermissivo (Pt.); Intermissive course (En.)

Set de discipline și experiențe teopractice administrate, în perioada de intermisiune conștiențială, conștiinței extrafizice care a atins un anumit nivel evolutiv în ciclul existențelor personale. Cursul intermisiv are ca obiectiv completismul conștiențial în următoarea viață umană. (Vieira, Waldo; *200 de Teopractici de Conștientologie*; 1997, p.75).

Pt. Conjunto de disciplinas e experiências teáticas administradas à consciex, depois de determinado nível evolutivo, durante o período da intermissão consciencial, dentro do seu ciclo de existências pessoais, objetivando o completismo consciencial (compléxis) da próxima vida intrafísica. (Vieira, Waldo; 200 Teáticas da Conscienciologia; *1997, p.75).*

D

Dermatologiile conştiinţei
Dermatologias da consciência (Pt.); Dermatologies of the consciousness (En.)

Expresie compusă atribuită ştiinţelor convenţionale supuse paradigmei newtonian-carteziene, mecaniciste, care îşi concentrează cercetările exclusiv pe soma, deoarece nu dispun de instrumentele necesare pentru investigaţii tehnice, directe ale conştiinţei în sine; ştiinţe periconştienţiale. (Vieira, Waldo; *Proiectologia*; ed.5; 2002, p.1102).

Pt. Expressão composta atribuída às ciências convencionais, subordinadas ao paradigma newtoniano-cartesiano, mecanicista, que centram as suas pesquisas tão-somente no soma, pois não dispõem de instrumentalidade necessária para as investigações técnicas, diretas, da consciência em si; ciências periconscienciais. (Vieira, Waldo; Projeciologia; 5 ed.; 2002, p.1102).

Deschidere conştienţială
Abertismo consciencial (Pt.); Consciential openness (En.)

Stare avansată a conştin neofile, cu deschidere omnilaterală a autogânsenităţii către cunoaşterea evoluţiei conştiinţei, capabilă să implementeze intenţionat în propria viaţă tehnicile evolutive avansate propuse de conştientologie, cum ar fi: cosmoeticologia, invexisul, penta şi desperticitatea. (Vieira, Waldo; *Enciclopedia de Conştientologie*; ed.8; 2013, p.115).

Pt. Condição avançada da conscin neofílica com abertura omnilateral da autopensenidade ao conhecimento quanto à evolução da consciência, capaz de executar intencionalmente, com a própria vida, as técnicas evolutivas avançadas da Conscienciologia, por exemplo, a Cosmoeticologia, a invéxis, a tenepes e a desperticidade. (Vieira, Waldo; Enciclopédia da Consciencologia; 8 ed.; 2013, p.115).

Desomare
Dessoma (Pt.); Desoma (En.)

Dezactivarea somatică viitoare, inevitabilă pentru toate conştinele; proiecţia finală; prima moarte; moartea biologică; monotanatoza. Desomarea (pe scurt), sau prima desomare, este dezactivarea corpului uman sau a somei. Cea de a doua desomare este dezactivarea energosomei. Cea de a treia desomare este dezactivarea psihosomei. (Adaptat după Vieira, Waldo; *Proiectologia*; ed.5; 2002, p.1102).

Pt. Desativação somática, próxima e inevitável para todas as conscins; projeção final; primeira morte; morte biológica; monotanatose. A dessoma (simplesmente) ou primeira dessoma é a desativação do corpo humano ou soma. A segunda dessoma é a desativação do energossoma. A terceira dessoma é a desativação do psicossoma. (Adaptado de Vieira, Waldo; Projeciologia; *5 ed.; 2002, p.1102).*

Desomatică

Dessomática (Pt.); Desomatics (En.)

Vezi *desomatologie.*

Pt. **Ver** *Dessomatologia.*

Desomatologie

Dessomatologia (Pt.); Desomatology (En.)

Specialitate a conștientologiei dedicată studiului și cercetării contextului fizic al desomării (moartea biologică) și contextelor conștiențiale, psihologice, sociale, medico-legale și multidimensionale legate de dezactivarea somei (corpul uman), precum și de cea de a doua și a treia desomare și de consecințele lor. Este un subdomeniu științific al intrafizicologiei. (Adaptat după Vieira, Waldo; *Proiectologia*; ed.5; 2002, p.39). **Variantă ieșită din uz**: *desomatică.*

Pt. Especialidade da Conscienciologia aplicada aos estudos e pesquisas dos contextos físicos da dessoma (morte biológica) e os contextos consciênciais, psicológicos, sociais, médico-legais e multidimensionais relacionados com a desativação do soma (corpo humano), bem como a segunda e a terceira dessomas e suas consequências. É um subcampo científico da Intrafisicologia. (Adaptado de Vieira, Waldo; Projeciologia; *5 ed.; 2002, p.39).* **Variante em desuso** *para esta especialidade: Dessomática.*

Despert

Desperto (des+per+to) (Pt.); Deperto (de+per+to) (En.)

Persoana despertă este coștin eliberată total și permanent de intruziuni, capabilă să acționeze ca momeală intra și extrafizică, asistențială, lucidă, în starea de epicon, care întreține un ofiex, prin practica zilnică penta sau prin sarcina energetică personală și asistențială. (Vieira, Waldo; *700 de Experimente de Conștientologie;* ed.3; 2013, p.742).

Pt. O ser desperto é a conscin desassediada permanente total, capaz de servir de isca intra e extrafísica, assistencial, lúcida, na condição de epicon, mantendo uma ofiex, através da prática diária da tenepes ou a tarefa energética, pessoal e assistencial. (Vieira, Waldo; 700 Experimentos da Conscienciologia; *3 ed.; 2013, p.742).*

Desperticitate
Desperticidade (Pt.); Deperticity (En.)

Desperticitatea este calitatea conştienţială, evolutivă, a fiinţei treze, dezintruzate permanent şi total, plenar autoconştiente de calitatea sa de a fi lucidă privind sarcinile sale asistenţiale faţă de alte conştiinţe. (Vieira, Waldo; *Manual de Proexis*, ed.1.rom.; 2021, p.125). **Variantă ieşită din uz**: *eliberare totală şi permanentă de intruziuni).*

Pt. Qualidade consciencial, evolutiva, do ser desperto, desassediado, permanente, total, plenamente autoconsciente da sua qualidade de desperticidade dentro das tarefas assistenciais às consciências. (Vieira, Waldo; Manual da Proéxis, 5 ed.; 2011, p.140).

Despertologie
Despertologia (Pt.); Depertology (En.)

Specialitate a conştientologiei care studiază desperticitatea sau calitatea conştienţială, evolutivă, a fiinţei umane desperte, care nu mai suferă din cauza intruziunilor interconştienţiale patologice şi a prejudiciilor evolutive determinate de această stare incomodă. Este un subdomeniu ştiinţific al conştientometrologiei (holomaturologia). (Vieira, Waldo; *Proiectologia*; ed.5; 2002, p.39).

Pt. Especialidade da Conscienciologia aplicada ao estudo da desperticidade ou a qualidade consciencial, evolutiva, do ser humano desperto, que não mais padece com os assédios interconscienciais patológicos e todas as consequências evolutivas prejudiciais dessa condição incômoda. É um subcampo científico da Conscienciometrologia (Holomaturologia). (Vieira, Waldo; Projeciologia; 5 ed.; 2002, p.39).

Dezasim (dez+asim)
Desassim (Pt.); Symdeas (En.)

Dezasimilarea simpatică a energiilor conştienţiale realizată prin impulsul voinţei, în mod normal prin SV (stare vibraţională). (Vieira, Waldo; *Proiectologia*; ed.5; 2002, p.1102).

Pt. Desassimilação simpática de ECs exercida através da impulsão da vontade, normalmente através do EV. (Vieira, Waldo; Projeciologia; 5 ed.; 2002, p.1102).

Dezasimilare simpatică
Desassimilação simpática (Pt.); Sympathetic deassimilation (En.)

Vezi dezasim.

*Pt. **Ver** desassim.*

Dezintruziune

Desassédio (Pt.); Deintrusion (En.)

Vezi *dezintruziune conștiențială.*

Pt. **Ver** *desassédio interconsciencial.*

Dezintruziune interconștiențială

Desassédio interconsciencial (Pt.); Interconsciential deintrusion (En.)

Acțiunea de eliminare a intruziunii exercitată de o anumită conștiință asupra alteia. (Adaptat după Vieira, Waldo; *Homo sapiens reurbanisatus*; 2013, p.430). **Variantă**: *heterodezintruziune.*

Pt. *Ação de eliminação do assédio de determinada consciência sobre outra.* (Adaptado de Vieira, Waldo; Homo sapiens reurbanisatus; 2013, p.430). **Variante**: *heterodesassédio.*

Dimener (dim+ener)

Dimener (Pt.); Dimener (En.)

Dimensiunea energetică a conștiințelor sau dimensiunea naturală a energosomei. (Adaptat după Vieira, Waldo; *Proiectologia*; ed.5; 2002, p.1102). **Variante**: *dimensiune energosomatică; dimensiunea trei și jumătate.*

Pt. *Dimensão energética das consciências ou dimensão natural do energossoma* (Adaptado de Vieira, Waldo; Projeciologia; 5 ed.; 2002, p.1102). **Variantes**: *dimensão energossomática, dimensão três e meia.*

Dimensiune energetică

Dimensão energética (Pt.); Energetic dimension (En.)

Vezi *dimener.*

Pt. **Ver** *dimener.*

Dimensiune extrafizică (dimex)

Dimensão extrafísica (Pt.); Dimex (En.)

Dimensiune, sferă sau mediu de manifestare conștiențială dincolo de viața intrafizică, materială sau umană și de starea de veghe obișnuită, în care conștin se manifestă când este proiectată în psihosoma sau mentalsoma sau, după desomare, în starea de conștiex. Aceasta cuprinde: *dimensiunea energetică* (dimener) intermediară între dimensiunile fizice și extrafizice, *dimensiunea extrafizică paratroposferică patologică*, apropiată de scoarța terestră, și *dimensiunea extrafizică* - mai evoluată și

subtilă, la distanță mai mare de scoarța planetei. ***Variantă****: extrafizicalitate, mediex.*
Variantă învechită: *plan astral.*

Pt. Dimensão, esfera ou ambiente de manifestação consciencial além da vida intrafísica, material ou humana da vigília física ordinária, na qual as conscins se manifestam projetadas pelo psicossoma ou mentalsoma, ou na condição de consciexes, após a dessoma. É composta pela dimensão energética ou dimener, intermediária entre as dimensões física e extrafísica, pela dimensão extrafísica paratroposférica, patológica ou junto à crosta terrestre e pela dimensão extrafísica mais distante da crosta do planeta, mais rarefeita e evoluída.
Variantes*: extrafisicalidade; ambientex.* ***Variante envilecida****: plano astral.*

Dimensiune intrafizică (dimin)
Dimensão intrafísica (Pt.); Dimin (En.)

Dimensiunea fizică densă în care se manifestă soma, care permite viața umană (resomarea) a conștiințelor, a subumanilor și a altor principii conștiențiale. Această dimensiune permite conviețuirea eterogenă a diferitelor niveluri evolutive, ceea ce este imposibil în dimensiunile extrafizice. (Adaptat după Daou, Dulce; *Autoconsciência e Multidimensionalidade (Autoconștiență și multidimensionalitate)*; 2005, p.217).

Pt. Dimensão física, mais densa na qual o soma se manifesta, possibilitando a vida humana (ressoma) das consciências, sub-humanos e principios conscienciais. Esta dimensão permite a convivência heterogênea de níveis evolutivos distintos, impossível em dimensões extrafísicas. (Adaptado de Daou, Dulce; Autoconsciência e Multidimensionalidade; *2005, p.217).*

Dinamică parapsihică
Dinâmica parapsíquica (Pt.); Parapsychic dynamics (En.)

Activitate de grup desfășurată la un moment și într-un loc prestabilite, în general săptămânal, care vizează dezvoltarea parapsihismului lucid, a epicentrismului conștiențial, auto și hetero-dezintruziunii, hiperacuității conștiențiale și interasistențialității multidimensionale teopractice, prin aplicarea tehnicilor bioenegetice, sub responsabilitatea unui epicon. (*Gonçalves, Moacir*; Enciclopedia de Conștientologie; ed.8; 2013, p.4096).

Pt. Atividade grupal realizada em horário e local fixos, semanalmente, objetivando o desenvolvimento do parapsiquismo lúcido, do epicentrismo consciencial, do auto e heterodesassédio, da hiperacuidade consciencial e da interassistencialidade multidimensional teática, mediante aplicação de técnicas bioenergéticas, sob a responsabilidade do epicon. (*Gonçalves, Moacir;* Enciclopédia da Conscienciologia; *8 ed.; 2013, p.4096).*

Discoincidenţa vehiculelor de manifestare

Descoincidência dos veículos de manifestação (Pt.); Discoincidence of the vehicles of manifestation (En.)

Acţiunea prin care orice vehicul de manifestare poate ieşi din starea de coincidenţă sau de joncţiune a corpurilor conştienţiale. (Vieira, Waldo; *Proiectologia*; ed.5; 2002, p.256).

Pt. Ato da saída de qualquer veículo de manifestação da condição de coincidência ou da junção dos corpos conscienciais. (Vieira, Waldo; Projeciologia; 5 ed.; 2002, p.256).

Discoincidenţă trează

Descoincidência vígil (Pt.); Waking discoincidence (En.)

Starea parapsihică a conştin proiectoare care, în timp ce se află în stare de trezire fizică obişnuită, se percepe pe sine cu psihosoma în afara stării de coincidenţă şi nu se simte complet integrată în soma, ceea ce generează o intensificare a parapercepţiilor şi fenomenelor energetice şi parapsihice. *(Vieira, Waldo;* Proiectologia; *ed.5; 2002, p.1102).*

Pt. Condição parapsíquica da conscin – projetor ou projetora – em que a mesma se percebe com o psicossoma fora do estado da coincidência, em plena vigília física ordinária, sem se sentir completamente integrada ao soma, gerando a intensificação de parapercepções e fenômenos energéticos e parapsíquicos. (Vieira, Waldo; Projeciologia; 5 ed.; 2002, p.1102).

Dormitor blindat

Alcova blindada (Pt.); Shielded chamber (En.)

Vezi dormitor blindat energetic.

Pt. **Ver** alcova energeticamente blindada.

Dormitor blindat energetic

Alcova energeticamente blindada (Pt.); Energetic shielded chamber (En.)

Loc intrafizic privat, blindat energetic şi extrafizic aseptic, aflat în propria locuinţă, în care persoana sau duo-ul evolutiv doarme, se proiectează şi îşi desfăşoară viaţa sexuală; cameră rezistentă la intruziuni.

Pt. Local intrafísico privado, energicamente blindado e extrafisicamente "asséptico" na própria moradia onde a pessoa ou dupla evolutiva dorme, projeta-se e tem sua vida sexual; quarto à prova de intrusão.

Duo evolutiv
Dupla evolutiva (Pt.); Evolutionary duo (En.)

Două conştiinţe care interacţionează pozitiv în evoluţia comună; condiţie existenţială de intercooperare evolutivă în doi. (Vieira, Waldo; *Proiectologia*; ed.5; 2002, p.1102).

Pt. Duas consciências que interagem positivamente em evolução conjunta; condição existencial de evolutividade intercooperativa a dois. (Vieira, Waldo; Projeciologia*; 5 ed.; 2002, p.1102).*

Duologie
Duplismologia (Pt.); Duology (En.)

Specialitatea conştientologiei care studiază în mod specific, sistematic şi teopractic tehnica de duo evolutiv. Această tehnică implică eforturile conjugate ale ambilor parteneri evolutivi, aflaţi în starea de mini-piese asistenţiale în maximecanismul multidimensional, care vizează interasistenţialitatea cosmoetică, catalizarea evoluţiei conştienţiale şi realizarea de megagestaţii conştienţiale proexologice. (Adaptat după Vieira, Waldo; *Enciclopedia de Conştientologie*; ed.7; 2012, p.3447).

Pt. Especialidade da Conscienciologia aplicada aos estudos específicos, sistemáticos e teáticos da técnica da dupla evolutiva, com base na interassistencialidade cosmoética, capazes de unir os esforços de ambos os duplistas, na condição de minipeças assistenciais do maximecanismo multidimensional, visando catalisar a evolução consciencial e a produção de megagescons proexológicas. (Adaptado de Vieira, Waldo; Enciclopédia da Conscienciologia*; 7 ed.; 2012, p.3447).* **Variante**: *Duplologia.*

E

Ectopie conștiențială
Ectopia consciencial (Pt.); Consciential ectopia (En.)

Executarea nesatisfăcătoare a programului existențial, într-o manieră excentrică, dislocată, în afara itinerariului programat ales pentru propria viața intrafizică. (Vieira, Waldo; *Proiectologia*; ed.5; 2002, p.1102).

Pt. Execução insatisfatória da proéxis, de maneira excêntrica, deslocada, fora do roteiro programático escolhido para a própria vida intrafísica. (Vieira, Waldo; Projeciologia; 5 ed.; 2002, p.1102).

Ectoplasmă
Ectoplasma (Pt.); Ectoplasm (En.)

Din greacă, *ektós*, afară; *plasma*, mucegai, substanță. Substanță protoplasmatică, multimodală, care curge din corpul uman al persoanei parasensibile din punct de vedere ectoplasmatic, prin a cărei manipulare, fie de către subconștient, fie prin acțiunea conștiexelor, sunt provocate fenomene de ordin superfizic, inclusiv materializarea parțială sau completă sau ectoplasmia. Compoziția ectoplasmei se presupune că diferă în funcție de tipul de celule din corpul ectoplastului parasensibil, putând fi osoasă, musculară, neurologică sau dermică. (Adaptat după Vieira, Waldo; *Proiectologia*; p.278)

Pt. Do Grego, ektós, por fora; plasma, molde, substância. Substância protoplásmica, onímoda, que flui do corpo humano do sensitivo ectoplasta através de cuja manipulação, seja pelo seu subconsciente ou através da atuação de consciexes, faz ocorrer fenômenos de ordem superfísica, incluindo a materialização ou ectoplasmia de objetos e/ou figuras que podem ter manifestação parcial ou completa. Supõe-se que a composição do ectoplasma varie de acordo com os tipos de células do corpo do sensitivo ectoplasta, assim o ectoplasma pode ser, por exemplo, ósseo, muscular, neurológico, ou dérmico. (Adaptado de Vieira, Waldo; Projeciologia; *p.278).*

Ectoplast
Ectoplasta (Pt.); Ectoplast (En.)

Conștiința intrafizică parapsihică, predispusă fenomenului de ectoplasmie, care presupune donarea intensă de energii și apariții de natură superfizică cum ar fi, printre altele, materializări, parachirurgie şi ciocănituri proiective. Pentru că are un mare potenţial energetic conştiinţa poate promova o exteriorizare intensă a energiilor terapeutice, dar dacă energiile sunt dezorganizate ea poate fi susceptibilă la accidente de parcurs cunoscute ca macro-PK distructiv.

Pt. Conscin sensitiva predisposta ao fenômeno da ectoplasmia, com intensa doação de energias e ocorrências de ordem superfísica, a exemplo de materialização, paracirugia, raps projetivos, entre outros. O ectoplasta, por ter grande potencial energético, pode promover tanto exteriorização intensa de energias terapêuticas como também estar sujeitos a acidentes de percurso, denominados de macro-PK destrutiva, se tiver as energias desorganizadas.

Egokarmă (ego+karma)
Egocarma (Pt.); Egokarma (En.)

Principiul cauzei şi efectului care acţionează asupra evoluţiei unei conştiinţe concentrate exclusiv pe ego. Starea de liber arbitru este blocată în egocentrismul infantil. (Vieira, Waldo; *Proiectologia*; ed.5; 2002, p.1102).

Pt. Princípio de causa e efeito atuantes na evolução da consciência, quando centrado exclusivamente no ego em si. Estado do livre arbítrio preso ao egocentrismo infantil. (Vieira, Waldo; Projeciologia; *5 ed.; 2002, p.1102).*

Egokarmalitate
Egocarmalidade (Pt.); Egokarmality (En.)

Stare mai puţin evoluată a holokarmologiei, necesară evoluţiei conştienţiale, în care conştiinţa se concentrează cu prioritate pe manifestările egotice şi pe rezolvarea conflictelor intime şi a disputelor cu sine însăşi, cu scopul reducerii patologiilor egoului exacerbat.

Pt. Condição menos evoluída da Holocarmologia, necessária à evolução consciencial, na qual a consciência concentra-se prioritariamente nas automanifestações egoicas e na resolução de conflitos íntimos e pendências consigo mesma, com vistas à remissão das patologias do egão.

Egokarmologie
Egocarmologia (Pt.); Egokarmology (En.)

Specialitate a conştientologiei care studiază relaţiile sau principiile privind cauza şi efectul, care acţionează asupra evoluţiei unei conştiinţe concentrate exclusiv pe ego în sine. Este o subdisciplină a holokarmologiei. (Adaptat după Vieira, Waldo; *Homo sapiens reurbanisatus;* 2003, p.1102). **Variantă:** *egokarmalogie.*

Pt. Especialidade da Conscienciologia aplicada aos estudos das relações ou princípios de causa e efeito atuantes na evolução da consciência quando centrados exclusivamente no ego em si. É um subcampo da Holocarmologia. (Adaptado de Vieira, Waldo; Homo sapiens reurbanisatus; 2003, p.1102). **Variante em desuso**: *Egocarmalogia*.

Egogânsenă (ego+gân+sen+ene)
Egopensene (ego+pen+sen+e) (Pt.); Egothosene (ego+tho+sen+e) (En.)

Sinonimă cu autogânsena; conform conştientologiei sau, mai specific, conştientometrologiei, unitate de măsură a egoismului conştienţial. (Vieira, Waldo; *Proiectologia*; ed.5; 2002, p.1102).

Pt. O mesmo que autopensene; a unidade de medida do egoísmo consciencial, segundo a Conscienciologia, ou, mais apropriadamente, a Conscienciometrologia. (Vieira, Waldo; Projeciologia; 5 ed.; 2002, p.1102).

Energie conştienţială (CE)
Energia consciencial (EC) (Pt.); Consciential energy (CE) (En.)

Energiile proprii conştiinţei, calificate de propria gânsenitate (calitatea gândurilor, sentimentelor şi energiilor), cosmoetică şi intenţionalitate; pot fi mişcate, absorbite şi exteriorizate prin voinţă.

Pt. Energias próprias da consciência, qualificadas pela sua pensenidade (a qualidade de seus pensamentos, sentimentos e energias), cosmoética e intencionalidade; podendo ser movimentadas, absorvidas e exteriorizadas a partir de sua vontade.

Energie imanentă (EI)
Energia imanente (EI) (Pt.); Immanent energy (IE) (En.)

Energia primară, vibratorie, esenţială, multiformă, impersonală, difuzată şi dispersată în toate obiectele sau realităţile universului, în mod omnipotent, încă neinfluenţată de conştiinţa umană şi foarte subtilă pentru a fi descoperită şi detectată de instrumente tehnologice. (Vieira, Waldo; *Proiectologia*; ed.5; 2002, p.1103).

Pt. Energia primária, vibratória, essencial, multiforme, impessoal, difusa e dispersa em todos os objetos ou realidades do Universo, de modo onipotente, ainda indomada pela consciência humana, e demasiadamente sutil para ser descoberta e detectada pelos atuais instrumentos tecnológicos. (Vieira, Waldo; Projeciologia; 5 ed.; 2002, p.1103).

Energosferă personală
Energosfera pessoal (Pt.); Personal energosphere (En.)

Aura, din latină, *aura*, boare de aer; un câmp de natură necunoscută, cu unele caracteristici magnetice și un aspect luminos, vizibil în anumite împrejurări conștiințelor parasensibile, extrafizice și intrafizice proiectate, ale cărei culori sunt probabil legate de energia câmpului și de activitățile și gândurile realităților implicate, ca de exemplu: ființe vii, bărbați, femei, copii, fetuși, animale, plante, minerale, obiecte fizice și chiar conștiințe extrafizice (autoluminozitate). (Vieira, Waldo; *Enciclopedia de Conștientologie*; ed.8; 2013, p.4497).

Pt. Aura, do Latim, aura, sopro de ar. Campo de natureza desconhecida, com algumas características magnéticas, de aparência luminosa para sensitivos, consciexes e conscins projetadas, em certas oportunidades, cujas cores provavelmente estão ligadas à energia do campo e às atividades e pensamentos das realidades envolvidas, por exemplo, seres vivos, homens, mulheres, crianças, fetos, animais, plantas, minerais, objetos físicos e até consciexes (autoluminosidade). (Vieira, Waldo; Enciclopédia da Conscienciologia; 8 ed.; 2013, p.4497).

Energosomă
Energossoma (Pt.); Energosoma (En.)

Paracorpul energetic sau ansamblul de energii conștiențiale care structurează conexiunile temporare dintre psihosoma și soma conștiinței intrafizice, care se dezactivează odată cu cea de-a doua desomare, putând totuși rămâne ca vehicul remanent al conștiex paratroposferice. (Adaptat după Vieira, Waldo; *700 de Experimente de Conștientologie*; ed.3; 2013, p.68). **Variante**: *holochakră, contracorp.* **Variante învechite**: *corp vital, corp eteric.*

Pt. Paracorpo energético ou o conjunto de energias conscienciais estruturadoras das conexões temporárias entre o psicossoma e o soma da consciência intrafísica, o qual é desativado por ocasião da segunda dessoma, podendo também permanecer como veículo remanescente da consciex paratroposférica. (Adaptado de Vieira, Waldo; 700 Experimentos da Conscienciologia; 3 ed.; 2013, p.68). **Variantes**: *holochacra, contracorpo.* **Variantes envilecidas**: *corpo vital, corpo etérico.*

Energosomaticitate
Energossomaticidade (Pt.); Energosomaticity (En.)

Calitatea iradierii energiilor conștiențiale personale, singulare sau individuale, determină calitatea relațiilor conștiinței intrafizice cu alte conștiințe intra și extrafizice. (Adaptat după Vieira, Waldo; *700 de Experimente de Conștientologie*; ed.3; 2013, p.215). **Variantă**: *holochakralitate.*

Pt. Grau da qualidade da irradiação das energias conscienciais pessoais, singulares ou individualíssimas - determinante do grau da qualidade do relacionamento da consciência intrafísica com outras consciências intra e extrafísicas. (Adaptado de Vieira, Waldo; 700 Experimentos da Conscienciologia; 3 ed.; 2013, p.215). **Variante:** *holochacralidade.*

Energosomatologie
Energossomatologia (Pt.); Energosomatology (En.)

Specialitate a conștientologiei care studiază calitatea manifestărilor conștiinței umane (conștin), derivate din energosoma sau din paracorpul energetic al acesteia. Este un subdomeniu științific al holosomatologiei. (Adaptat după Vieira, Waldo; Proiectologia; ed.5; 2002, p.40). **Variantă ieșită din uz:** *holochakrologia.*

Pt.Especialidade da Conscienciologia que estuda a qualidade das manifestações da consciência humana (conscin) derivadas do energossoma ou o paracorpo energético. É um subcampo científico da Holossomatologia. (Adaptado de Vieira, Waldo; Projeciologia; 5 ed.; 2002, p.40). **Variante em desuso para esta especialidade:** *Holochacralogia.*

Enumerologie
Enumerologia (Pt.); Enumerology (En.)

Știință dedicată studiilor, cercetărilor și experiențelor sistematice și teopractice legate de enumerare, relații metodice sau liste de idei, care folosește tehnica didactică de realizare și prelucrare a textelor, folosind limbajul faptelor sau variabilelor, concentrându-se pe autocritica informativă. (Vieira, Waldo; Dicționar de Argumente de Conștientologie; 2014, p.622).

Pt. Ciência aplicada aos estudos específicos, sistemáticos, teáticos ou pesquisas e vivências das enumerações, relações metódicas ou listagens de ideias, empregando a técnica didática da feitura e processamento de textos, através da linguagem dos fatos ou variáveis, centrada na autocrítica informativa. (Vieira, Waldo; Dicionário de Argumentos da Conscienciologia; 2014, p.622).

Epicentrism mentalsomatic
Epicentrismo mentalsomático (Pt.); Mentalsomatic epicentrism (En.)

Acțiunea sau efectul acțiunii conștiinței intrafizice intermisiviste de a exercita conducerea parapsihică paracerebrală, cu scopul interasistențial sarclarist (Benignogânsenologie), dezintruziv (Neogânsenologie) și neoaderevogenic (Hipergânsenologie). (Fernandes, Pedro; *Enciclopedia de Conștientologie*; ed.9; 2014, p.9758; disponibil pe: <http://encyclossapiens.space/buscaverbete/>; accesat pe: 27/11/2019).

Pt. Ato ou efeito de a conscin intermissivista exercitar teaticamente a liderança parapsíquica paracerebral com finalidade interassistencial tarística

(Benignopensenologia), desassediadora (Neopensenologia) e neoverponogênica (Hiperpensenologia). *(Fernandes, Pedro;* Enciclopédia da Conscienciologia; *9 ed.; 2014, p.9758; disponível em:* <http://encyclossapiens.space/buscaverbete/>; *acesso em: 27/11/2019).*

Epicon (epi+con)
Epicon (Pt.); Epicon (En.)

Epicentru conştienţial. Conştin cheie a epicentrismului operaţional, care devine centru al lucidităţii, asistenţialităţii şi constructivismului interdimensional, prin ofiex (clinică extrafizică). Se află în relaţie directă cu penta (sarcină energetică personală). (Adaptat după Vieira, Waldo; *Proiectologia*; ed.5; 2002, p.1103).

Pt. Epicentro consciencial; conscin-chave do epicentrismo operacional, que se torna fulcro de lucidez, assistencialidade e construtividade interdimensional, através da ofiex (oficina extrafísica). Tem relação direta com a tenepes (tarefa energética pessoal). (Adaptado de Vieira, Waldo; Projeciologia; *5 ed.; 2002, p.1103).*

Eră conştienţială
Era consciencial (Pt.); Consciential era (En.)

Era în care conştiinţele intrafizice de nivel mediu vor fi suficient de evoluate astfel încât, urmare impactului, redefinirilor şi revoluţiilor obţinute prin proiecţia lucidă, să poată avea loc implantarea primatului autoconştienţialităţi. (Vieira, Waldo; *Proiectologia*; ed.5; 2002, p.1103).

Pt. Aquela na qual a média das conscins se encontrará suficientemente evoluída, através dos impactos, redefinições e revoluções criadas pela vivência da projetabilidade lúcida (PL), implantando-se o primado da autoconsciencialidade. (Vieira, Waldo; Projeciologia; *5 ed.; 2002, p.1103).*

Euforex (eufor+ex)
Euforex (Pt.); Euforex (En.)

Starea de euforie extrafizică de după dezactivarea somatică, generată de îndeplinirea rezonabilă a proexisului. Starea de euforex poate fi resimţită şi de conştin proiectată lucid. (Adaptat după Vieira, Waldo; *700 de Experimente de Conştientologie*, 1994; p.49). **Variante**: *euforie post-mortem; paraeuforie; euforie post-desomatică.*

Pt. Condição de euforia extrafísica, após a desativação somática, gerada pelo cumprimento razoável da proéxis. A euforex pode acometer o projetor, homem ou mulher, lúcido, projetado. (Adaptado de Vieira, Waldo; 700 Experimentos da Conscienciologia, 1994; p.49). **Variantes**: *euforia post-mortem; paraeuforia; euforia pós-dessomática.*

Euforie extrafizică
Euforia extrafisica (Pt.) Extraphysical euphoria (En.)

Vezi *euforex.*

Pt. **Ver** *euforex.*

Euforie intrafizică
Euforia intrafisica (Pt.); Intraphysical euphoria (En.)

Vezi *euforin.*

Pt. **Ver** *euforin.*

Euforin (*eufor+in*)
Euforin (Pt.); Euforin (En.)

Starea de euforie intrafizică, anterioară dezactivării somatice, generată de îndeplinirea rezonabilă a proexisului. Stare ideală care predispune la morexis (moratoriu existenţial) pozitiv. (Adaptat după Vieira, Waldo; *Proiectologia*; ed.5; 2002, p.1103). **Variantă**: *euforie pre-mortem*.

Pt. Condição da euforia intrafísica, antes da desativação somática gerada pelo cumprimento razoável da proéxis. Condição predisponente ideal à moréxis (moratória existencial) positiva. (Adaptado de Vieira, Waldo; Projeciologia; *5 ed.; 2002, p.1103).* **Variante**: *euforia pré-mortem.*

Eunuc conştienţial
Eunuco de bases conscienciais (Pt.); Consciential eunuch (En.)

Conştin castrată şi manipulată din punct de vedere conştienţial de către sectarieni şi îmblânzitorii de roboţi satisfăcuţi; sclavi moderni aparţinând maselor ignorante. (Vieira, Waldo; *Proiectologia*; ed.5; 2002, p.1103).

Pt. Conscin castrada e manipulada consciencialmente pelos sectários, domesticadores dos robôs satisfeitos, os escravos modernos da massa impensante. (Vieira, Waldo; Projeciologia; *5 ed.; 2002, p.1103).*

Evolucient (*evolu*ţie+pa*cient*)
Evoluciente (Pt.); Evolutient (En.)

Conştiinţa asistată proactiv care caută dezvoltarea personală şi reciclarea intraconştienţială, printr-un proces progresiv şi continuu de transformare intimă, care vizează amplificarea nivelului evolutiv şi acţionează pentru dezvoltarea potenţialului ei şi, în consecinţă, pentru îmbunătăţirea sănătăţii conştienţiale, prin autodepășirea parapatologiilor personale. (Adaptat după Vieira, Waldo; *Proiectologia*; 2002, p.742, 1230).

Pt. Consciência assistida proativa, em busca do autodesenvolvimento e reciclagem intraconsciencial, através de um processo progressivo e contínuo de transformações íntimas, visando ampliar seu nível evolutivo de modo ativo e atuante, pela autossuperação das parapatologias pessoais, desenvolvimento das potencialidades e consequente melhoria da saúde consciencial. (Adaptado de Vieira, Waldo; Projeciologia; 2002, p.742, 1230).

Evoluțiolog
Evoluciólogo (Pt.); Evolutiologist (En.)

Conștiință care contribuie prin ajutorul oferit la coordonarea inteligentă a programului existențial (proexis), la evoluția conștiențială individuală sau de grup a conștiințelor care compun propriul megagrup karmic. Condiție evolutivă aflată între ființa despertă și seren (*Homo sapiens serenissimus*). (Adaptat după *Enciclopedia de Conștientologie*; ed.8; 2013, p.4890). **Variantă**: Orientator evolutiv.

Pt. Consciência coadjutora da coordenação inteligente da programação existencial (proéxis), evolução consciencial individual ou de todo o grupo de consciências componentes do próprio megagrupocarma. Condição evolutiva entre o ser desperto e o Serenão (Homo sapiens serenissimus). (Adaptado de Enciclopédia da Conscienciologia; 8 ed.; 2013, p.4890). **Variante**: orientador evolutivo.

Evoluțiologie
Evoluciologia (Pt.); Evolutiology (En.)

Specialitate a conștientologiei care studiază evoluția conștiinței, abordate în mod integral, holosomatic, multiexistențial și multidimensional, la cel mai înalt nivel. Domeniu specific al orientatorului evolutiv sau evoluțiologului. Este un subdomeniu științific al *gânsenologiei*. (Adaptat după Vieira, Waldo; *Proiectologia*; ed.5; 2002, p.39).

Pt. Especialidade da Conscienciologia aplicada aos estudos da evolução da consciência abordada de modo integral, holossomático, multiexistencial, multidimensional, em alto nível. Matéria específica do orientador evolutivo ou evoluciólogo. É um subcampo científico da **Pensenologia**. *(Adaptado de Vieira, Waldo; Projeciologia; 5 ed.; 2002, p.39).*

Existență blocată
Existência trancada (Pt.); Locked existence (En.)

Existența umană, sau cea a seriexisului, lipsită de proiecții conștiente (PC);

viață umană troposferică limitată la proiecții inconștiente, vegetative, caracteristice stării de paracomă evolutivă; seriexis blocat. (Vieira, Waldo; *Proiectologia;* ed.5; 2002, p.1103).

Pt. Vivência humana ou da seriéxis sem a produção de PCs; vida humana troposférica somente com projeções inconscientes, vegetativas, características do estado do paracoma evolutivo; seriéxis trancada. (Vieira, Waldo; Projeciologia; 5 ed.; 2002, p.1103).

Existență energosomatică
Existência energossomática (Pt.); Energosomatic existence (En.)

Viața intrafizică sau umană a conștin. (Vieira, Waldo; *700 de Experiențe de Conștientologie*; ed.3; 2013, p.49). **Variantă:** *existență holochakrală.*

Pt. Vida humana ou intrafísica da conscin (Vieira, Waldo; 700 Experimentos da Conscienciologia; 3 ed.; 2013, p.49). **Variante:** *existência holochacral.*

Existență holochakrală
Existência holochacral (Pt.); Holochakral existence (En.)

Vezi *existență energosomatică.*

Pt. **Ver** *existência energossomática.*

Experiență în apropierea morții
Experiência da Quase Morte (EQM) (Pt.); Near death experience (NDE) (En.)

Experiența proiectivă, involuntară sau forțată de circumstanțe umane critice în care se află conștiința umană, întâlnită de obicei în cazul bolilor în fază terminală, a pacienților muribunzi și a supraviețuitorilor morții clinice. (Vieira, Waldo; *Proiectologia;* ed.5; 2002, p.1103).

Pt. Ocorrência projetiva, involuntária ou forçada por circunstâncias humanas, críticas, da consciência humana, comum a doentes terminais, pacientes morituros e sobreviventes da morte clínica. (Vieira, Waldo; Projeciologia; 5 ed.; 2002, p.1103).

Experiență personală (EP)
Vivência pessoal (VP) (Pt.); Personal experience (PE) (En.)

Experimentarea practică personală, directă și netransferabilă a conștin, pe parcursul drumului ei evolutiv. (Vieira, Waldo; *Proiectologia*; ed.5; 2002, p.1111).

Pt. Experimentação prática, pessoal, direta, intransferível, da conscin em seu caminho evolutivo. (Vieira, Waldo; Projeciologia; 5 ed.; 2002, p.1111).

Experimentologie

Experimentologia (Pt.); Experimentology (En.)

Specialitate a conștientologiei care studiază toate formele și categoriile de experimente evolutive ale conștiinței. Este un subdomeniu științific al evoluțiologiei. (Adaptat după Vieira, Waldo; *Proiectologia*; ed.5; 2002, p.39).

Pt. Especialidade da Conscienciologia aplicada aos experimentos evolutivos da consciência em todas as suas formas e categorias. É um subcampo científico da Evoluciologia. (Adaptado de Vieira, Waldo; Projeciologia; *5 ed.; 2002, p.39).*

Extracorporal

Extracorpóreo (Pt.); Extracorporeal (En.)

Legat de tot ceea ce este dincolo de corpul fizic. Exemplu: experiență extracorporală, zbor extracorporal, fenomen extracorporal.

Pt. Relativo a tudo que está além do corpo físico. Exemplo: experiência extracorpórea, volitação (vôo) extracorpórea, fenômeno extracorpóreo.

Extrafizic

Extrafísico (Pt.); Extraphysical (En.)

Legat de ceea ce se află în afara sau dincolo de starea intrafizică sau umană; o stare conștiențială, alta decât cea fizică a somei. (Vieira, Waldo; *Proiectologia*; ed.5; 2002, p.1103).

Pt. Relativo àquilo que esteja fora, ou além, do estado intrafísico ou humano; estado consciencial menos físico do que o soma. (Vieira, Waldo; Projeciologia; *5 ed.; 2002, p.1103).*

Extrafizicologie

Extrafisicologia (Pt.); Extraphysicology (En.)

Specialitate a conștientologiei care se ocupă cu studiul relațiilor și experiențelor conștiinței intrafizice (conștin) în alte dimensiuni, dincolo de intrafizicalitate. Este un subdomeniu științific al holoresomatologiei. (Adaptat după Vieira, Waldo; *Proiectologia*; ed.5; 2002, p.39).

Pt. Especialidade da Conscienciologia aplicada ao estudo das relações e vivências da consciência intrafísica (conscin) nas outras dimensões, além da intrafisicalidade. É um subcampo científico da Holorressomatologia. (Adaptado de Vieira, Waldo; Proiectologia; *5 ed.; 2002, p.39).*

F

Facilitator de conștientologie
Facilitador da Conscienciologia (Pt.); Conscientiology facilitator (En.)

Conștin dispusă să se expună, utilizând exemplul cosmoetic al propriei vieți (autoexemplarism), pe principiile definitorii ale corpului de idei ale științei științelor, fără a căuta să convingă, să influențeze, să ademenească sau să manipuleze creierul altor oameni, ci să deschidă și să consolideze calea spre reeducare *urbi et orbi* (parapedagogie), prin informarea (comunicologia) teoretică (teoricologie) și verbacțională (verbacționologie), potrivit propriei experiențe privind sarcinile evolutive de clarificare (sarclar; interasistentologie). *(Enciclopedia de Conștientologie;* ed.8; 2013, p.5043).

Pt. Conscin, homem ou mulher, dedicada a expor, com o exemplo cosmoético (Autexemplarismo) da própria vida, os princípios estruturadores do corpus da Ciência das Ciências, sem buscar convencer, persuadir, aliciar ou fazer a cabeça dos outros, mas abrindo o caminho desimpedido da reeducação urbi et orbi (Parapedagogia), tão somente informando (Comunicologia), de modo teático (Teaticologia) e verbacional (Verbaciologia), conforme a autovivência das tarefas evolutivas do esclarecimento (tares; Interassistenciologia). (Enciclopédia da Conscienciologia; 8 ed.; 2013, p.5043).

Familie conștiențială
Família consciencial (Pt.); Consciential family (En.)

Grup de conștiințe intrafizice și extrafizice cu afinități, conectate prin legături de prietenie și obiective evolutive comune, dincolo de legăturile parentale sau consangvine. (Haymann, Maximiliano; *Prescripții pentru autodezintruziune*; 2015, p.120).

Pt. Grupo afim de consciências intrafísicas e extrafísicas vinculadas por ligações de amizade e por objetivos evolutivos em comum, sem qualquer necessidade de laços parentais ou consanguíneos. (Haymann, Maximiliano; Prescrições para o Autodesassédio; *2015, p.120).*

Fenomen concomitent cu PL
Fenômeno concomitante à PC (Pt.); Phenomena concomitant to LP (En.)

Fenomenul care se întâmplă sau nu în continuumul spațiu-timp, dar în același timp cu desfășurarea experienței de proiecție lucidă, în mod spontan și neașteptat.

(Vieira, Waldo; *Proiectologia*; ed.5; 2002, p.1103).

Pt. O que ocorre no continuum espaço-tempo ou não, mas simultaneamente com o desenvolvimento da experiência da projeção consciente, de modo espontâneo e inesperado. (Vieira, Waldo; Projeciologia; 5 ed.; 2002, p.1103).

Fenomen proiectiv
Fenômeno projetivo (Pt.); Projective phenomenon (En.)

Manifestare parapsihică specifică domeniului de cercetare al conştientologiei. (Vieira, Waldo; *Proiectologia*; ed.5; 2002, p.1103).

Pt. Ocorrência parapsíquica específica do âmbito de pesquisa da Projeciologia. (Vieira, Waldo; Projeciologia; 5 ed.; 2002, p.1103).

Fişa evolutivă personală (FEP)
Ficha evolutiva pessoal (FEP) (Pt.); Personal evolutionary record (PER) (En.)

Registru extrafizic, ansamblu ordonat de informaţii şi caracteristici foarte intime şi detaliate privind manifestările gânsenice esenţiale, legate de autoexperienţele sau de microuniversul întregului principiu conştienţial, permanent actualizat şi completat paratehnologic de către evoluţiolog sau orientatorul evolutiv extrafizic al grupului karmic. (*Enciclopedia de Conştientologie*; ed.8; 2013, p.3330).

Pt. Registro extrafísico, conjunto ordenado das informações e caracteres mais íntimos e detalhistas das manifestações pensênicas essenciais, relativo às autovivências ou ao microuniverso de todo princípio consciencial, sempre atualizada ou preenchida paratecnologicamente sob a responsabilidade do evoluciólogo, ou orientador evolutivo extrafísico, do grupocarma. (Enciclopédia da Conscienciologia; 8 ed.; 2013, p.3330).

Fitoenergie
Fitoenergia (Pt.); Phytoenergy (En.)

Energia imanentă (EI) provenită de la plante şi vegetaţie, în general. (*Conscienciopédia*; disponibil pe: *http://pt.conscienciopedia.org/index.php/Fitoenergia*; accesat pe: 27/11/2019).

Pt. Energia imanente (EI) proveniente das plantas e vegetais. (Conscienciopédia; disponível em: http://pt.conscienciopedia.org/index.php/Fitoenergia; acesso em: 27/11/2019).

Fitogânsenă (fito+gân+sen+ene)
Fitopensene (Pt.); Phytothosene (En.)

Gânsena rudimentară a plantei; conform conştientologiei, unitatea lexicală a plantei. (Vieira, Waldo; *700 de Experimente de Conştientologie*; 1994).

Pt. O pensene rudimentar da planta; a unidade léxica da planta, segundo a Conscienciologia. (Vieira, Waldo; 700 Experimentos da Conscienciologia*; 1994).*

Forțe conștiențiale
Poderes conscienciais (Pt.); Consciential powers (En.)

Puterea sau capacitatea determinării lucide a conștiinței de a-și îmbunătăți atributele evolutive, de exemplu următoarele cinci: voință, intenționalitate, auto-organizare, penta și ofiex. *(Adaptat după Vieira, Waldo;* Manual de Penta*; ed.1. rom.; 2021, p.77).*

Pt. Força ou faculdade da determinação lúcida de a consciência aprimorar atributos evolutivos, a exemplo destes cinco: vontade, intencionalidade, autorganização, tenepes e ofiex. (Adaptado de Vieira, Waldo; Manual da Tenepes*; 3 ed.; 2011, p.81).*

Frontochakră
Frontochacra (Pt.); Frontochakra (En.)

Chakra encefalică situată în frunte, între ochi, cunoscută ca cel de al treilea ochi parapsihic; când este activată promovează clarvederea. *(*Adaptat după *Conscienciopédia; disponibil pe: http://pt.conscienciopedia.org/index.php/Frontochacra; accesat pe 27/11/2019).* **Variantă:** chakra frontală. **Varianta învechită:** al treilea ochi, a treia vedere.

Pt. Chacra encefálico localizado na região da testa, entre os dois olhos, conhecido como o terceiro olho parapsíquico; quando ativado promove a clarividência. (Adaptado de Conscienciopédia*; disponível em:* http://pt.conscienciopedia.org/index.php/Frontochacra*; acesso em 27/11/2019).* **Variantes envilecidas:** *terceiro olho, terceira visão.*

G

Gânsenator

Pensenedor (Pt.); Thosenator (En.)

Instrument prin care conştiinţa îşi manifestă gândurile şi acţiunile. În cazul conştiinţei intrafizice, gânsenatorul fundamental este soma. (Vieira, Waldo; *Proiectologia*; ed.5; 2002, p.1108).

Pt. Instrumento pelo qual a consciência manifesta seus pensamentos e atos. No caso específico da conscin, o pensenedor fundamental é o soma. (Vieira, Waldo; Projeciologia; 5 ed.; 2002, p.1108).

Gânsenă (gân+sen+ene)

Pensene (Pt.); Thosene (En.)

Unitate de manifestare practică a conştiinţei care, potrivit conştientologiei, se referă la ansamblul indisociabil format din gând sau idee (concept), sentiment sau emoţie şi energie conştienţială (EC). (Vieira, Waldo; *Proiectologia*; ed.5; 2002, p.1108).

Pt. Unidade de manifestação prática da consciência, segundo a Conscienciologia, que considera o pensamento ou ideia (concepção), o sentimento ou a emoção e EC (energia consciencial) em conjunto, de modo indissociável. (Vieira, Waldo; Projeciologia; 5 ed.; 2002, p.1108).

Gânsenitate

Pensenidade (Pt.); Thosenity (En.)

Calitatea conştienţei gânsenice a unei individualităţi. (Vieira, Waldo; *Proiectologia*; ed.5; 2002, p.1108).

Pt. Qualidade da consciência pensênica de alguém. (Vieira, Waldo; Proiectologia; 5 ed.; 2002, p.1108).

Gânseniza (a)

Pensenizar (Pt.); Thosenate (En.)

Actul sau acţiunea de a produce sau genera gânsene.

Pt. Ato ou ação de produzir ou gerar pensenes.

Gânsenizare
Pensenização (Pt.); Thosenation (En.)

Rezultatul sau efectul acțiunii de a gânseniza realizată de conștiință.

Pt. Resultado ou efeito de a consciência pensenizar.

Gânsenologie
Pensenologia (Pt.); Thosenology (En.)

Specialitate a conștientologiei care se ocupă cu studiul gânsenelor (gânduri, sentimente, energii), gânsenității și gânsenatorilor conștiinței, precum și parafiziologiei și parapatologiei acestora. Gânsenologia reprezintă conceptul (teoria) și substratul (practica) fundamentului științei conștientologiei. (Adaptat după Vieira, Waldo; *Proiectologia*; ed.5; 2002, p.42).

Pt. Especialidade da Conscienciologia aplicada ao estudo dos pensenes (pensamentos, sentimentos, energias), da pensenidade e dos pensenedores da consciência, sua parafisiologia e sua parapatologia. A pensenologia refere-se ao conceito (teoria) e o substrato (prática) de fundamentação da ciência Conscienciologia. (Adaptado de Vieira, Waldo; Projeciologia; *5 ed.; 2002, p.42).*

Geoenergie (geo+energie)
Geoenergia (Pt); Geoenergy (En.)

Energia imanentă (EI) care provine din sol sau din pământ și este absorbită de conștin prin pre-kundalini (plantochakre sau chakrele tălpilor). *(*Vieira, Waldo; *Proiectologia*; ed.5; 2002, p.1103). **Varianta învechită**: energie telurică.

Pt. Energia imanente (EI) proveniente do solo ou da terra e absorvida pela conscin através da pré-kundalini. (Vieira, Waldo; Projeciologia; *5 ed.; 2002, p.1103).* **Variante envilecida**: *energia telúrica.*

Gestație conștiențială
Gestação consciencial (Pt.); Consciential gestation (En.)

Productivitate evolutivă, utilă a conștin, din perspectiva faptelor personale privind proexisul. (Adaptat după Vieira, Waldo; *Proiectologia*; ed.5; 2002, p.1104).

Pt. Produtividade evolutiva, útil, da conscin, dentro do quadro de obras pessoais de sua proéxis. (Adaptado de Vieira, Waldo; Projeciologia; *5 ed.; 2002, p.1104).*

Ginochakră
Ginochacra (Pt.); Gynochakra (En.)

Sexochakra femeii.

Pt. O sexochacra da mulher.

Ginogânsenă (gino+gân+sen+ene)
Ginopensene (Pt.); Gynothosene (En.)

Gânsenă specifică limbajului şi comunicabilităţii feminine. (Vieira, Waldo; *700 de Experimente de Conştientologie*; 1994).

Pt. Pensene específico da linguagem e comunicabilidade feminina. (Vieira, Waldo; 700 Experimentos da Conscienciologia; 1994).

Ginosomatică
Ginossomática (Pt.); Gynosomatics (En.)

Vezi ginosomatologie.

Pt. Ver Ginossomatologia.

Ginosomatologie
Ginossomatologia (Pt.); Gynosomatology (En.)

Specialitate a conştientologiei care studiază, în mod specific, soma de sex feminin sau ginosoma şi relaţiile sale cu conştiinţa umană (conştin). Este un subdomeniu ştiinţific al sexosomatologiei. (Adaptat după Vieira, Waldo; *Proiectologia*; ed.5; 2002, p.39).
Variantă ieşită din uz pentru această specialitate: ginosomatică.

Pt. Especialidade da Conscienciologia aplicada ao estudo do soma, especificamente quanto ao sexo feminino, ou ao ginossoma, e suas relações com a consciência humana (cosncin). É um subcampo científico da Sexossomatologia. (Adaptado de Vieira, Waldo; Projeciologia*; 5 ed.; 2002, p.39).* **Variante em desuso para esta especialidade**: *Ginossomática.*

Ginosomă (gino+somă)
Ginossoma (Pt.); Gynosoma (En.)

Corpul uman feminin sau specific femeii, specializat în reproducerea animală a vieţii intrafizice a conştin; corp afrodisiac. (Vieira, Waldo; *Proiectologia*; ed.5; 2002, p.1104).

Pt. O corpo humano feminino ou específico da mulher, especializado na reprodução animal da vida intrafísica da conscin; o corpo afrodisíaco. (Vieira, Waldo; Projeciologia*; 5 ed.; 2002, p.1104).*

Ghid orb
Guia cego (Pt.); Blind guide (En.)

Conştiinţa amorală sau fără experienţă care ajută altă conştiinţă acţionând într-un mod anticosmoetic, potrivit intereselor sale egoiste de moment, această atitudine a sa fiind total lipsită de scrupule. (Adaptat după Vieira, Waldo; *Proiectologia*;

ed.4; 1999; p.1104). *Varianta*: *ghid amaurotic.*

Pt. Consciência amoral ou inexperiente que ajuda outra consciência, de modo anticosmoético, segundo os seus interesses egóicos do momento, sem demonstrar qualquer escrúpulo com essa atitude. (Adaptado de Vieira, Waldo; Projeciologia; 4 ed.; 1999; p.1104). *Variante*: *guia cego amaurótico.*

Grafogânsenă
Grafopensene (Pt.); Graphothosene (En.)

Semnătura gânsenică a conștiinței umane sau intrafizice. Scrierea este un mod obișnuit de exprimare a grafogânsenelor, chiar dacă nu este singura. (Adaptat după Vieira, Waldo; *Proiectologia*; ed.5; 2002, p.1104).

Pt. A assinatura pensênica da consciência humana ou intrafísica. A escrita é um modo comum de expressão dos grafopensenes, porém não é o único (Adaptado de Vieira, Waldo; Projeciologia; 5 ed.; 2002, p.1104).

Grecex (g+rec+ex)
Grecex (Pt); Grecex (En.)

Grupul reciclatorilor existențiali; reuniunea și experiența intrafizică în comun a unui grup care are ca scop să experimenteze reciclările existențiale (recexis) planificate. *Plural: grecexuri.* (Vieira, Waldo; *Proiectologia*; ed.5; 2002, p.1104). *Variantă*: *grup de reciclatori existențiali.*

Pt. Grupo de reciclantes existenciais; reunião e vivência intrafísica, conjunta, em grupo, objetivando a experiência das recéxis planificadas. **Plural**: *grecexes.* (Vieira, Waldo; Projeciologia; 5 ed.; 2002, p.1104).

Grinvex (gr+inve+ex)
Grinvex (Pt.); Grinvex (En.)

Grup de invertori existențiali; reuniunea și experiența intrafizică în comun a unui grup care are ca scop să experimenteze inversiuni existențiale (invexis) planificate. *Plural: invexisuri.* (Vieira, Waldo; *Proiectologia*; ed.5; 2002, p.1104). *Variantă*: *grup de invertori existențiali.*

Pt. Grupo de inversores existenciais; reunião e vivência intrafísica, conjunta, em grupo, objetivando a experiência das invéxis planificadas. Plural: grinvexes. (Vieira, Waldo; Projeciologia; 5 ed.; 2002, p.1104).

Grupalitate
Grupalidade (Pt.); Groupality (En.)

Calitate a grupului evolutiv al conștiinței; condiție de evolutivitate în grup. (Vieira,

Waldo; *Proiectologia*; ed.5; 2002, p.1104).

Pt. Qualidade do grupo evolutivo da consciência; condição da evolutividade em grupo. (Vieira, Waldo; Projeciologia; *5 ed.; 2002, p.1104).*

Grupokarmă (grup+karma)
Grupocarma (Pt.); Groupkarma (En.)

Principiul cauzei şi efectului care acţionează asupra evoluţiei conştiinţei, atunci când acesta este centrat pe grupul evolutiv. Starea de liber arbitru individual în contextul grupului evolutiv. (Vieira, Waldo; *Proiectologia*; ed.5; 2002, p.1104).

Pt. Princípio de causa e efeito, atuante na evolução da consciência, quando centrado no grupo evolutivo. Estado do livre arbítrio individual quando ligado ao grupo evolutivo. (Vieira, Waldo; Projeciologia; *5 ed.; 2002, p.1104).*

Grupokarmalitate
Grupocarmalidade (Pt.); Groupkarmality (En.)

Calitatea relaţiilor care acţionează asupra eforturilor pro evolutive ale conştiinţelor intrafizice şi extrafizice, concentrate pe grupul evolutiv. (Vieira, Waldo; *Homo sapiens reurbanisatus*; 2003, p.186).

Pt. Qualidade das relações atuantes nos esforços pela evolução das conscins e consciexes quando centradas no grupo evolutivo (Vieira, Waldo; Homo sapiens reurbanisatus; *2003, p.186).*

Grupokarmologie
Grupocarmologia (Pt.); Groupkarmology (En.)

Specialitate a conştientologiei care studiază relaţiile sau principiile cauzei şi efectului, active în evoluţia conştiinţei, când acestea sunt concentrate pe grupul evolutiv. Este un subdomeniu ştiinţific al holokarmologiei. (Adaptat după Vieira, Waldo; *Proiectologia*; ed.5; 2002, p.39).

Pt. Especialidade da Conscienciologia aplicada ao estudo das relações ou princípios de causa e efeito atuantes na evolução da consciência quando centrados no grupo evolutivo. É um subcampo científico da Holocarmologia. (Adaptado de Vieira, Waldo; Projeciologia; *5 ed.; 2002, p.39).*

Grupogânsenă
Grupopensene (Pt.); Groupthosene (En.)

Gânsenă sectariană, corporatistă şi antipolikarmică; gânsena de grup poate fi şi constructivă. (Vieira, Waldo; *Proiectologia*; ed.5; 2002, p.1104).

Pt. Pensene sectário, corporativista e antipolicármico; mas o grupopensene pode ser também construtivo. *(Vieira, Waldo;* Projeciologia; *5 ed.; 2002, p.1104).*

Grupul invertorilor existenţiali
Grupo de inversores existenciais (Pt.); Group of existential inverters (En.)
Vezi *grinvex.*
Pt. **Ver** *grinvex.*

Grupul reciclatorilor existenţiali
Grupo de reciclantes existenciais (Pt.); Group of existential recyclers (En.)
Vezi *grecex.*
Pt. **Ver** *grecex.*

Gunoi autogânsenic
Bagulho autopensênico (Pt.); Self-thosenic rubbish (En.)

Gânsena patologică, regresivă şi anticosmoetică a conştinei imprudente. *(Enciclopedia de Conştientologie;* ed.8; 2013, p.2158). **Variantă:** *bâlbe autogânsenice.*

Pt. Pensene patológico, anticosmoético e regressivo da conscin incauta. (Enciclopédia da Conscienciologia; *8 ed.; 2013, p.2158).*

Gunoi energetic
Bagulho energético (Pt.); Energetic rubbish (En.)

Obiect disfuncţional care produce entropie în mediul în care se află, ca de exemplu: materiale care evocă energii patologice, amintiri negative, hologânsene anticosmoetice, autointruziuni sau chiar obiecte inutile sau nepotrivite în contextul unui anumit mediu: fotografii ale unui accident, arme sau imitaţii de arme, animale împăiate, bonsai, trofee şi medalii în casa unei persoane cu profil competitiv, material pornografic în casa unei persoane promiscue aflate în „convalescenţă", alcool în casa unui fost alcoolic, scrisori de la o persoană desomată, ceasuri defecte, bagaje ale oaspeţilor în camera de penta. *(Adaptat după Arakaki, Kátia;* Antibagulhismo energético *(Antigunoism energetic);* 2015, p.53-57).

Pt. Objeto disfuncional, suscitador de entropia no ambiente onde se encontra, a exemplo de materiais evocadores de energias patológicas, memórias negativas, holopensenes anticosmoéticos, autoassédios, ou mesmo objetos inúteis ou deslocados do contexto em que se situam. Exemplos: fotos de acidente; armas ou imitações; bichos empalhados; bonsai; troféus e medalhas em casa de pessoa com perfil competitivo; material pornô em casa de pessoa promíscua em convalescença; bebida em casa de ex-alcoólatra; cartas de pessoa dessomada; relógios parados; bagagem de hóspede no quarto da tenepes. *(Adaptado de Arakaki, Kátia;* Antibagulhismo energético; *2015, p.53-57).*

H

Halucinaţie
Alucinação (Pt.); Hallucination (En.)

Din latină, *halucinari*, a greşi. Percepţia aparentă a unui obiect extern care nu este prezent în respectivul moment; eroare mentală în percepţia simţurilor, fără fundament în vreo realitate obiectivă. (Vieira, Waldo; *Proiectologia*; ed.5; 2002, p.1098).

Pt. Do Latim, hallucinari, errar. Percepção aparente de objeto externo não presente no momento; erro mental na percepção dos sentidos, sem fundamento em uma realidade objetiva. (Vieira, Waldo; Projeciologia; 5 ed.; 2002, p.1098).

Helper
Amparador (Pt.); Helper (En.)

Vezi *helper extrafizic.*

Pt. **Ver** *amparador extrafísico.*

Helper extrafizic
Amparador extrafísico (Pt.); Extraphysical helper (En.)

Conştiex care ajută şi asistă o conştin sau mai multe; binefăcător extrafizic. (Vieira, Waldo; *Proiectologia*; ed.5; 2002, p.1098). **Variantă**: *asistex (asistent extrafizic)*. **Variante învechite:** *înger păzitor; înger de lumină; ghid spiritual; mentor.*

Pt. Consciex auxiliadora de uma conscin ou de várias conscins; benfeitor extrafísico. (Vieira, Waldo; Projeciologia; 5 ed.; 2002, p.1098). **Variantes envilecidas**: *anjo da guarda; anjo guardião; anjo de luz; guia; mentor.*

Helper de funcţie
Amparador específico de função (Pt.); Function-specific helper (En.)

Conştiex specializată în oferirea unui anumit tip de ajutor, care contribuie la realizarea unei sarcini tehnice alături de o conştin asistată. De exemplu, în practicarea sarcinii energetice personale (penta) sau în clinica extrafizică (ofiex).

Pt. Consciex especializada no amparo de função exercendo o cargo técnico de coadjutor do amparado. Por exemplo, nas práticas das tarefas energéticas pessoais (tenepes) e da oficina extrafisica (ofiex).

Heterogânsenă (hetero+gân+sen+ene)
Heteropensene (Pt.); Heterothosene (En.)

Gânsenele celorlalți în raport cu ale noastre. (Vieira, Waldo; *Proiectologia;* ed.5; 2002, p.1104).

Pt. O pensene de outrem em relação a nós. (Vieira, Waldo; Projeciologia; 5 ed.; 2002, p.1104).

Hiperacuitate
Hiperacuidade (Pt.); Hyperacuity (En.)

Calitatea de maximă luciditate a conștin, obținută prin recuperarea cât mai mare cu putință a con-urilor (unități de luciditate). (Vieira, Waldo; *Proiectologia;* ed.5; 2002, p.1104).

Pt. Qualidade da lucidez máxima da conscin alcançada pela recuperação – que lhe é possível – dos cons. (Vieira, Waldo; Projeciologia; 5 ed;, 2002, p.1104).

Hipergânsenă (hiper+gân+sen+ene)
Hiperpensene (Pt.); Hyperthosene (En.)

Gânsena euristică; ideea originală a descoperirii; gânsena neofilă; conform conștientometrologiei - unitatea de măsură a invenției. (Adaptat după Vieira, Waldo; *Proiectologia;* ed.5; 2002, p.1104).

Pt. O pensene heurístico; a ideia original da descoberta; o pensene neofílico; a unidade de medida da invenção, segundo a Conscienciometrologia. (Adaptado de Vieira, Waldo; Projeciologia; 5 ed.; 2002, p.1104).

Hiperspații conștiențiale
Hiperespaços conscienciais (Pt.); Consciential hyperspaces (En.)

Dimensiunile conștiențiale extrafizice. (Vieira, Waldo; *Proiectologia;* ed.5; 2002, p.1104).

Pt. Dimensões conscienciais extrafísicas. (Vieira, Waldo; Projeciologia; 5 ed.; 2002, p.1104).

Hipnagogie
Hipnagogia (Pt.); Hypnagogy (En.)

Din greacă, *hipnos*, somn; și *agogós*, conducător. Stare crepusculară de tranziție a conștiinței, din starea de veghe fizică obișnuită către starea de somn natural. Este o stare de conștiență modificată. (Vieira, Waldo; *Proiectologia;* ed.5; 2002, p.1104).

Pt. Do Grego, hipnos, sono; e agogós, condutor. Condição crepuscular de transição da consciência entre o estado da vigília física ordinária e o estado do sono natural. É um estado alterado da consciência. (Vieira, Waldo. Projeciologia; 5 ed.; 2002, p.1104).

Hipnopompie
Hipnopompia (Pt.); Hypnopompy (En.)

Din greacă, *hipnos*, somn; și *pompikós*, procesiune. Stare de tranziție de la somnul natural la starea de veghe fizică; starea de semi-somn care precede trezirea, caracterizată prin imagini onirice, cu efecte auditive și viziuni halucinante, care durează până la trezire. Este o stare de conștiență modificată. (Vieira, Waldo; *Proiectologia*; ed.5; 2002, p.1104).

Pt. Do Grego, hipnos, sono, e pompikós, procissão. Condição de transição do sono natural, introdutória ao despertamento físico, no semi-sono que procede o ato de acordar, caracterizada por imagens oníricas com efeitos auditivos e visões alucinatórias que subsistem após o despertar. É um estado alterado da consciência. (Vieira, Waldo; Projeciologia; 5 ed.; 2002, p.1104).

Hipogânsenă (hipo+gân+sen+ene)
Hipopensene (Pt.); Hypothosene (En.)

Sinonimă cu protogânsena sau fitogânsena. (Vieira, Waldo; *Proiectologia*; ed.5; 2002, p.1104).

Pt. O mesmo que protopensene ou fitopensene. (Vieira, Waldo; Projeciologia; 5 ed.; 2002, p.1104).

Holobiografie (holo+biografie)
Holobiografia (Pt.); Holobiography (En.)

Set de arhive personale ale unei conștiințe cu privire la evoluția sa multidimensională, de-a lungul serialității sale existențiale (seriexis). (Vieira, Waldo; *Homo sapiens reurbanisatus*, 2003, p.85).

Pt. Conjunto dos arquivos pessoais da evolução multidimensional da consciência ao longo das seriéxis. (Vieira, Waldo; Homo sapiens reurbanisatus, *2003, p.85).*

Holochakră (holo+chakra)
Holochacra (Pt.); Holochakra (En.)

Vezi *energosomă.*

Pt. **Ver** *energossoma.*

Holochakralitate
Holochacralidade (Pt.); Holochakrality (En.)

Vezi *energosomaticitate.*

Pt. **Ver** *energossomaticidade.*

Holochakrologie (holo+chakro+logie)
Holochacralogia (Pt.); Holochakralogy (En.)

Vezi energosomatologie.

Pt. **Ver** *energossomatologia.*

Holofilosofie
Holofilosofia (Pt.); Holophilosophy (En.)

Studiu aplicat corpului de cunoștințe, sau tuturor principiilor formale, fundamentale și multidimensionale ale conștientologiei, privind înțelegerea realităților cosmice evolutive, inclusiv a bazelor teopractice, cosmoetice și universaliste și totalității diferitelor sisteme și curente filosofice de pe Pământ. (*Enciclopedia de Conștientologie*, 2.146 *Verbete*; 2012, p.4487).

Pt. *Estudo aplicado ao conjunto de conhecimentos ou de todos os princípios formais, fundamentais e multidimensionais da Conscienciologia relativos à compreensão das realidades cósmicas, evolutivas, abarcando, quanto às bases cosmoéticas, universalistas e teáticas, a totalidade dos sistemas e correntes filosóficas, de todas as naturezas existentes na Terra.* (Enciclopédia da Conscienciologia, *2.146* Verbetes; *2012, p.4487).*

Hologânsenă (holo+gân+sen+ene)
Holopensene (Pt.); Holothosene (En.)

Set de gânsene agregate sau consolidate care generează atmosfera extrafizică a ideilor, emoțiilor și energiilor fiecărei conștiințe, conștin, conștiex, consreu sau grup de conștiințe. (Vieira, Waldo; *Homo sapiens reurbanisatus,* 2003, p.288).

Pt. *Conjunto de pensenes agregados ou consolidados criador da atmosfera extrafísica das ideias, emoções e energias de cada consciência, conscin, consciex, consréu, ou grupo de consciências.* *(Vieira, Waldo;* Homo sapiens reurbanisatus, *2003, p.288).*

Hologânsenă de domiciliu
Domicile holothosene (Pt.); Holopensene domiciliar (En.)

Baza fizică; dormitor blindat energetic; clinică extrafizică (ofiex). **Variantă:** hologânsenă domiciliară. (Vieira, Waldo; *Proietologia*; ed.5; 2002, p.1104).

Pt. *Base física; alcova energeticamente blindada; ofiex. (Vieira, Waldo;* Projeciologia; *5 ed.; 2002, p.1104).*

Holokarmă (holo+karma)
Holocarma (Pt.); Holokarma (En.)

Reunirea celor trei tipuri de acțiuni și reacțiuni conștiențiale: egokarmă, grupokarmă şi polikarmă, în cadrul principiilor cauzei şi efectului care acţionează asupra evoluţiei conştiinţei. (Vieira, Waldo; *Proiectologia*; ed.5; 2002, p.1104).

Pt. Reunião dos 3 tipos de ações e reações conscienciais – egocarma, grupocarma e policarma – dentro dos princípios de causa e efeito, atuantes na evolução da consciência. (Vieira, Waldo. Projeciologia; 5 ed.; 2002, p.1104).

Holokarmologie (holo+karma+logie)
Holocarmologia (Pt.); Holokarmology (En.)

Specialitate a conştientologiei care studiază contul curent holokarmic al conştiinţei în evoluţie, care cuprinde egokarmalitatea, grupokarmalitatea şi polikarmalitatea. Este un subdomeniu ştiinţific al evoluţiologiei. (Adaptat după Vieira, Waldo; *Proiectologia*; ed.5; 2002, p.39). **Variantă:** *holokarmalogie*.

Pt. Especialidade da Conscienciologia aplicada aos estudos da conta corrente holocármica da consciência em evolução, abarcando a egocarmalidade, a grupocarmarlidade e a policarmalidade. É um subcampo científico da Evoluciologia. (Adaptado de Vieira, Waldo; Projeciologia; 5 ed.; 2002, p.39). **Variante:** *Holocarmalogia*.

Holomaturitate (holo+maturitate)
Holomaturidade (Pt.); Holomaturity (En.)

Condiţia de maturitate integrată, biologică, psihologică, holosomatică şi multidimensională, a conştiinţei umane. (Vieira, Waldo. *Proiectologia;* ed.5; 2002, p.1104).

Pt. Condição da maturidade integrada – biológica, psicológica, holossomática e multidimensional – da consciência humana. (Vieira, Waldo. Projeciologia; 5 ed.; 2002, p.1104).

Holomaturologie (holo+maturo+logie)
Holomaturologia (Pt.); Holomaturology (En.)

Specialitate a conştientologiei care se ocupă cu studiul holomaturităţii conştiinţei umane sau maturităţii sale integrale - biologică, psihologică, mentalsomatică şi multidimensională, cu alte cuvinte studiul maturităţii holosomatice, în toate formele sale de manifestare şi cu toate consecinţele sale evolutive. Este un subdomeniu ştiinţific al evoluţiologiei. (Adaptat după Vieira, Waldo; *Proiectologia*; ed.5; 2002, p.40).

Pt. Especialidade da Conscienciologia aplicada aos estudos da holomaturidade da consciência humana ou maturidade integral, biológica, psicológica, mentalsomática e multidimensional ou holossomática, em todas as suas formas de manifestação e consequências evolutivas. É um subcampo científico da

Evoluciologia. *(Adaptado de Vieira, Waldo;* Projeciologia; *5 ed.; 2002, p.40).*

Holomemorie (holo+memorie)
Holomemória (Pt.); Holomemory (En.)

Memoria personală cauzală, compusă, neîntreruptă, multimilenară, multiexistenţială, implacabilă, care reţine toate faptele legate de conştiinţă; multimemorie; polimemorie. (Vieira, Waldo; *Proiectologia;* ed.5; 2002, p.1104).

Pt. Memória causal, composta, multimilenar, multiexistencial, implacável, ininterrupta, pessoal, que retém todos os fatos relativos à consciência; multimemória; polimemória. (Vieira, Waldo. Projeciologia; *5 ed.; 2002, p.1104).*

Holomnemonică
Holomnemônica (Pt.); Holomnemonics (En.)

Set de instrumente mnemonice care pot fi auto şi hetero aplicate în scopul amplificării registrului mnemonic, precum şi pentru înţelegerea, rafinarea şi dezvoltarea holomemoriei unui individ, grup, perioade sau instituţii. (Adaptat după Viera, Waldo; *Enciclopedia de Conştientologie;* ed.9; 2014, p.12018; disponibil pe <http://encyclossapiens.space/buscaverbete/>; accesat pe: 27/11/2019).

Pt. Conjunto de ferramentas mnemotécnicas auto e hetero aplicadas para ampliar o registro mnemônico, bem como para compreender, refinar e desenvolver a holomemória, seja de um indivíduo, grupo, época, ou instituição. (Adaptado de Viera, Waldo; Enciclopédia da Conscienciologia*; 9 ed.; 2014, p.12018; disponível em* <http://encyclossapiens.space/buscaverbete/>*; acesso em: 27/11/2019).*

Holomnemonicologie (holo+mnemonico+logie)
Holomnemonicologia (Pt.); Holomnemonicology (En.)

Specialitate a conştientologiei dedicată studiului memoriei în mod integral, multidimensional, multiexistenţial, multimilenar şi holosomatic, începând cu memoria somatică sau cerebrală şi ajungând la holomemorie. Este un subdomeniu al mentalsomaticii. **Variante**: holomnemosomatologie, mnemosomatologie. (Adaptat după Vieira, Waldo; *Enciclopedia de Conştientologie;* ed.9; 2014, p.12018; disponibil pe: <http://encyclossapiens.space/buscaverbete/>; accesat pe: 27/11/2019). **Variante**: holomnemosomatică, mnemosomatologie. **Variantă ieşită din uz:** mnemosomatică.

Pt. Especialidade da Conscienciologia dedicada ao estudo da memória de forma integral, holossomática, multidimensional e multiexistencial, considerando da memória somática, ou cerebral, até à holomemória. É um subcampo da mentalsomática. (Adaptado de Vieira, Waldo; Enciclopédia da Conscienciologia*; 9 ed.; 2014, p.12018; disponível em:* <http://encyclossapiens.space/buscaverbete/>*; acesso em: 27/11/2019).* **Variantes***: Holomnemossomática, Mnemossomatologia.* **Variante em desuso***: Mnemossomática.*

Holo-orgasm (holo+orgasm)
Holorgasmo (Pt.); Holorgasm (En.)

Orgasm holosomatic; nivel maxim de extaz generat de energiile întregii holosome. (Vieira, Waldo; *Proiectologia;* ed.5; 2002, p.1105).

Pt. Orgasmo holossomático; êxtase máximo gerado pelas energias de todo o holossoma. (Vieira, Waldo; Projeciologia; *5 ed.; 2002, p.1105).*

Holoresomatică (holo+re+somatică)
Holoressomática (Pt.); Holoresomatics (En.)

Vezi *holoresomatologie.*

Pt. **Ver** *Holoressomatologia.*

Holoresomatologie (holo+re+soma+logie)
Holoressomatologia (Pt.); Holoresomatology (En.)

Specialitatea conştientologiei care studiază serialitatea existenţială şi ciclurile multiexistenţiale evolutive, sau resomările intrafizice succesive ale conştiinţei umane, precum şi implicaţiile şi repercusiunile acestora, inclusiv relaţia cu transmigraţiile interplanetare. Este un subdomeniu ştiinţific al experimentologiei. (Adaptat după Vieira, Waldo; *Proiectologia;* ed.5; 2002, p.40). **Variantă ieşită din uz pentru această specialitate**: holoressomatică. **Sinonim**: seriexologie.

Pt. Especialidade da Conscienciologia aplicada ao estudo da serialidade existencial e os ciclos evolutivos multiexistenciais ou as ressomas intrafísicas sucessivas, e suas implicações e repercussões para a consciência humana, inclusive em relação às transmigrações interplanetárias. É um subcampo científico da Experimentologia. (Adaptado de Vieira, Waldo; Projeciologia; *5 ed.; 2002, p.40).* **Variante em desuso para esta especialidade**: : *Holoressomática.* **Sinônimo**: *Seriexologia.*

Holosferă
Holosfera (Pt.); Holosphere (En.)

Energosfera personală, autopsihosfera sau aura. Din latină: *aura,* suflare de aer. Câmp de natură necunoscută, cu unele caracteristici magnetice, având un aspect luminos, perceptibilă de către cei parasensibili, conştiinţe extrafizice şi conştiinţe intrafizice proiectate, ale cărei culori sunt probabil legate de câmpul energetic şi de activităţile şi gândurile entităţilor implicate, de exemplu: fiinţe vii, bărbaţi, femei, copii, fetuşi, animale, plante, minerale, obiecte fizice şi chiar conştiinţe extrafizice (auto-luminozitate). (Haymann, Maximiliano; *Prescripţii pentru autodezintruziune;* 2015, p.120).

Pt. Energosfera pessoal, autopsicosfera ou aura (Latim: aura, sopro de ar); Campo de natureza desconhecida, com algumas características magnéticas, de aparência luminosa para sensitivos, consciexes e conscins projetadas, em certas oportunidades, cujas cores provavelmente estão ligadas à energia do campo e às atividades e pensamentos das realidades envolvidas, por exemplo, seres vivos, homens, mulheres, crianças, fetos, animais, plantas, minerais, objetos físicos e até consciexes (autoluminosidade). (Haymann, Maximiliano; Prescrições para o Autodesassédio; 2015, p.120).

Holosomatică (holo+somatică)
Holossomática (Pt.); Holosomatics (En.)

Vezi holosomatologie.

Pt. **Ver** *Holossomatologia.*

Holosomatologie (holo+somato+logie)
Holossomatologia (Pt.); Holosomatology (En.)

Specialitate a conştientologiei dedicată studiului holosomei, sau ansamblului de vehicule de manifestare a conştiinţei intra sau extrafizice, şi funcţiilor şi aplicaţiilor acestora. Este un subdomeniu ştiinţific al gânsenologiei. (Adaptat după Vieira, Waldo; *Proiectologia;* ed.5; 2002, p.40). **Variantă:** *holosomatică.*

Pt. Especialidade da Conscienciologia aplicada ao estudo do holossoma, conjunto dos veículos de manifestação, as suas funções e aplicações pela consciência intra e extrafísica. É um subcampo científico da Pensenologia. (Adaptado de Vieira, Waldo; Projeciologia; *5 ed.; 2002, p.40).* **Variante:** *Holossomática.*

Holosomă (holo+soma)
Holossoma (Pt.); Holosoma (En.)

Setul de vehicule de manifestare a conştiinţei intrafizice: somă, energosomă, psihosomă şi mentalsomă; şi a conştiinţei extrafizice: psihosomă şi mentalsomă. (Adaptat după Vieira, Waldo; *Proiectologia;* ed.5; 2002, p.1105).

Pt. Conjunto dos veículos de manifestação da conscin: soma, energossoma, psicossoma e mentalsoma; e da consciex: psicossoma e mentalsoma. (Adaptado de Vieira, Waldo; Projeciologia; *5 ed.; 2002, p.1105).*

Holotecă (holo+teca)
Holoteca (Pt.); Holotheca (En.)

Reunirea tehnică şi pedagogică a celor mai semnificative şi specializate colecţii de artefacte ale cunoaşterii Umanităţii, cu acoperire cosmoetică şi universalistă, într-o permanentă reciclare taxologică a gunoiului mentalsomatic din complexul multidisciplinar, multicultural, multidimensional, multitemporal, multiexistenţial, hologânsenic, holosomatic, holomnemonic, holobiografic şi holokarmic, în scopul extinderii adevărurilor relative de vârf ale conştientologiei. (Vieira, Waldo; *Homo sapiens reurbanisatus*, 2003, p.104).

Pt. Reunião técnica e pedagógica das coleções especializadas mais expressivas dos artefatos do saber da Humanidade, com abrangência cosmoética e universalista, na permanente reciclagem taxológica do lixo mentalsomático do complexo multidisciplinar, multicultural, multidimensional, multitemporal, multiexistencial, holopensênico, holosomático, holomnemônico, holobiográfico e holocármico, a fim de expandir as verdades relativas de ponta da Conscienciologia. (Vieira, Waldo; Homo sapiens reurbanisatus, *2003, p.104).*

Holotecologie
Holotecologia (Pt.); Holothecology (En.)

Ştiinţa care se ocupă cu cercetarea colecţiilor sau *tecilor* din Holotecă, aceasta din urmă reprezentând mega-etalarea cunoaşterii universale - biblioteca bibliotecilor. (*Enciclopedia de Conştientologie*, ed.8, 2013, p.3643). *Pt. Ciência aplicada às pesquisas dos acervos ou tecas da Holoteca, sendo esta o megamostruário do conhecimento universal, a biblioteca das bibliotecas.* (Enciclopédia da Conscienciologia, *8 ed.2013, p.3643).*

Homeostatică
Homeostática (Pt.); Homeostatics (En.)

Vezi homeostaticologie.

Pt. **Ver** *Homeostaticologia.*

Homeostaticologie
Homeostaticologia (Pt.); Homeostaticology (En.)

Specialitate a conştientologiei care se ocupă cu studiul teopractic al homeostaziei holosomatice sau a stării integrate, sănătoase, armonice a holosomei, astfel încât conştin să poată trăi mai bine şi să aibă o eficienţă mai mare în executarea proexisului său. Este un subdomeniu ştiinţific al holosomatologiei. (Adaptat după Vieira, Waldo; *Proiectologia*; ed.5; 2002, p.40). **Variantă:** homeostatică.

Pt. Specialidade da Conscienciologia aplicada ao estudo e a teática da homeostase holossomática ou o estado integrado, hígido e harmônico do holossoma a fim de a conscin viver melhor e com eficiência maior na execução da sua proéxis. É um subcampo científico da Holossomatologia. (Adaptado de Vieira, Waldo; Projeciologia; *5 ed.; 2002, p.40).* **Variante:** *Homeostática.*

Homeostază holosomatică

Homeostase holossomática (Pt.); Holosomatic homeostasis (En.)

Stare sănătoasă, integrată, de armonie a holosomei. (Vieira, Waldo; *Proiectologia;* ed.5; 2002, p.1105).

Pt. Estado integrado, hígido, de harmonia do holossoma. (Vieira, Waldo; Projeciologia; *5 ed.; 2002, p.1105).*

Homogânsenă (homo+gân+sen+ene)

Homopensene (Pt.); Homothosene (En.)

Gânsena de emisie și recepție telepatică; conform conștientometriei, unitate de măsură a telepatiei. (Vieira, Waldo; *Proiectologia;* ed.5; 2002, p.1105). **Variantă**: *telegânsenă.*

Pt. O pensene da emissão e da recepção telepática; a unidade de medida na telepatia, segundo a Conscienciometria. (Vieira, Waldo; Projeciologia; *5 ed.; 2002, p.1105).* **Variante**: *telepensene.*

Homo sapiens serenissimus

Homo sapiens serenissimus (Pt.); Homo sapiens serenissimus (En.)

Conștiința care experimentează integral starea de serenitate lucidă. Sinonim popular al termenului: *seren*. (Vieira, Waldo; *Proiectologia;* ed.5; 2002, p.1105).

Pt. Consciência quando na vivência integral da condição do serenismo lúcido. Sinônimo de emprego popular: Serenão. (Vieira, Waldo; Projeciologia; *5 ed.; 2002, p.1105).*

I

Igienă conştienţială
Higiene consciencial (Pt.); Consciential hygiene (En.)

Starea, sau efectul acestei stări, în care o conştiinţă îşi menţine la un moment dat igiena autogânsenelor, ca rezultat al aplicării diferitelor tehnici, în scopul atingerii stării intime, sau intraconştienţiale, de homeostazie holosomatică. (Adaptat după Vieira, Waldo; *Enciclopedia de Conştientologie*; ed.8; 2013, p.5549).

Pt. Estado ou efeito de a consciência manter em dado momento a higiene dos autopensenes, resultado ou subproduto da autoaplicação de variadas técnicas para se alcançar o estado íntimo ou intraconsciencial de homeostasia holossomática. (Adaptado de Vieira, Waldo; Enciclopédia da Conscienciologia; *8 ed; 2013, p.5549).*

Igienologie conştienţială
Higienologia consciencial (Pt.); Consciential hygienology (En.)

Specialitate a conştientologiei dedicată studiului, cercetărilor şi tehnicilor sistematice teopractice, parte a setului de măsuri adoptate pentru a evita intruziunea şi permanenţa patogânsenelor în microuniversul conştienţial al unei anumite hologânsene, fie ea personală, de grup sau instituţională. Acest proces începe prin eliminarea gânsenizărilor patologice, a antigânsenelor bolnave, a contragânsenelor adânc înrădăcinate sau a monoideilor vicioase. (Adaptat după Vieira, Waldo; *Enciclopedia de Conştientologie*; ed.8; 2013, p.5549). **Variantă ieşită din uz pentru această specialitate**: *igienă conştienţială*.

Pt. Ciência aplicada aos estudos, pesquisas ou técnicas sistemáticas, teáticas, do conjunto de medidas adotadas para evitar a intrusão e permanência de patopensenes no microuniverso consciencial em determinado holopensene específico, seja pessoal, grupal ou institucional, começando pelas eliminações das penseninações patológicas, antipensenes doentios e contrapensenes fixos ou monoideísmos viciosos. (Adaptado de Vieira, Waldo; Enciclopédia da Conscienciologia; *8 ed.; 2013, p.5549).* **Variante em desuso para esta especialidade**: *Higiene consciencial.*

Impactoterapie (impacto+terapie)
Impactoterapia (impacto+terapia) (Pt.) Impactotherapy (impact+therapy) (En.)

Proces terapeutic evoluat care foloseşte cosmoetic adevărurile relative de vârf, ca remediu sau ca tehnică chirurgicală, pentru a provoca șocul mentalsomatic al heterodiscernământului conștiențial rațional în conștiințele intrafizice neofobe, misoneiste, cititori cu căpăstru care compun publicul dirijat, format din persoane suferinde de robexis cronic și condus de personalități anticosmoetice, autocrate, fanatice, dogmatice, apărătoare ale adevărurilor absolute, ultra-ortodoxe și fundamentaliste, care se consideră deținătorii adevărului dincolo de bine și rău. (Vieira, Waldo; *Enciclopedia de Conștientologie*; ed.8; 2013, p.3920).

Pt. Processo terapêutico evoluído empregando, cosmoeticamente, a verdade relativa de ponta como remédio ou técnica cirúrgica para dar o choque mentalsomático do heterodiscernimento consciencial, racional, nas conscins misoneístas, neofóbicas, leitores de cabresto componentes de algum público dirigido, constituído pelos portadores da robéxis cronificada, e liderados por personalidades anticosmoéticas, autocráticas, fanáticas, dogmáticas, defensoras de verdades absolutas, ultrortodoxas ou fundamentalistas se julgando donas da verdade ou acima do bem e do mal. (Vieira, Waldo; Enciclopédia da Conscienciologia; *8 ed.; 2013, p.3920).*

Incompletism existențial
Incompletismo existencial (Pt.); Existential incompletism (En.)

Vezi *incomplexis.*

Pt. ***Ver*** *incompléxis.*

Incompletist existențial
Incompletista existencial (Pt.); Existential incompletist (En.)

Conștiința în starea de incomplexis, care a pierdut sau a ratat ocazia de a-și finaliza satisfăcător programul existențial (proexis). (*Conscienciopédia*; disponibil pe: <http://pt.consciencipedia.org/index.php/Incompletista_existencial>; accesat pe: 26/04/2018). ***Variantă****: incompletist.*

Pt. Consciência na condição de incompléxis, ou seja, de ter perdido ou estar fadado a perder a oportunidade de concluir satisfatoriamente sua programação existencial (proéxis). (Conscienciopédia; disponível em: <http://pt.consciencipedia.org/index.php/Incompletista_existencial>; acesso em: 26/04/2018).

Incomplexis (in+compl+exis)
Incompléxis (in+comple+exis) (Pt.); Incomplexis (in+compl+exis) (En.)

Starea existențială a unei conștin determinată de un program existențial incomplet. (Vieira, Waldo; *Proiectologia*; ed.5; 2002, p.1105).

Pt. Condição existencial da proéxis incompleta da consciência humana. (Vieira, Waldo. Projeciologia; *5 ed.; 2002, p.1105).*

Instituție conștientocentrică (IC)
Instituição conscienciocêntrica (IC) (Pt.); Conscientiocentric institution (CI) (En.)

Instituție care își concentrează obiectivele pe conștiință în sine și pe evoluția acesteia, o cooperativă conștiențială în cadrul societății conștientologice, având la bază legături conștiențiale și de angajare. (Adaptat după Vieira, Waldo; *Proiectologia*; ed.5; 2002, p.1105).

Pt. Instituição que centraliza os objetivos na consciência em si, e em sua evolução, uma cooperativa consciencial dentro da Socin Conscienciológica, com base nos vínculos empregatício e consciencial. (Adaptado de Vieira, Waldo; Projeciologia*; 5 ed.; 2002, p.1105).*

Inteligență evolutivă
Inteligência evolutiva (Pt.); Evolutionary intelligence (En.)

Capacitatea de a percepe, de a învăța, de a înțelege comprehensiv și de a se adapta la viața umană, pe baza aplicării și amplificării teopractice autoconștiente a mecanismului evolutiv conștiențial personal, deja asimilat, care include cosmoeticologia, seriexiologia și proexiologia, și definește autodiscernământul conștiinței privind evoluția conștiențială rațională, inclusiv autoevoluția lucidă, în scopul dinamizării propriei dezvoltări autogânsenice și cosmoetice. (*Enciclopedia de Conștientologie*; ed.8; 2013, p.3920).

Pt. Capacidade de apreender, aprender ou compreender e adaptar-se à vida humana, com bases na aplicação e expansão teática, autoconsciente, do mecanismo da evolução consciencial, pessoal, já assimilado, incluindo a Cosmoeticologia, a Seriexologia e a Proexologia, definindo o autodiscernimento da consciência quanto à evolução consciencial racional, inclusive a autevolução lúcida, na dinamização do próprio desempenho autopensênico e cosmoético. (Enciclopédia da Conscienciologia; 8 ed.; 2013, p.3920).

Intenție
Intenção (Pt.); Intention (En.)

Atribut intraconștiențial responsabil pentru sarcina gânsenică care conduce la atingerea obiectivelor reale de către fiecare conștiință, creând o semnificație idiosincrasică tuturor celorlalte atribute sau manifestări. (*Conscienciopédia*; disponibil pe: *<http://pt.conscienciopedia.org/index.php/Inten%C3%A7%C3%A3o>*;accesat pe: 13/05/2018).

Pt. Atributo intraconsciencial responsável pelo carregamento pensênico direcionado à conquista dos reais objetivos de cada consciência, criando significado idiossincrático a todos os demais atributos ou manifestações. (Conscienciopédia; *disponível em:* <http://pt.conscienciopedia.org/index.php/Inten%C3%A7% C3%A3o>;*acesso em: 13/05/2018*).

Intenționalitate
Intentionalidade (Pt.); Intentionality (En.)

Calitatea intenției care orientează manifestarea conștiențială. Cu cât intenția este mai lucidă, autoconștientă și cosmoetică, cu atât este mai bună intenționalitatea conștiinței.

Pt. Qualidade da intenção orientadora da manifestação consciencial. Quanto mais lúcida, autoconsciente e cosmoética a intenção, melhor a intencionalidade da consciência.

Interasistentologie
Interassistenciologia (Pt.); Interassistantiology (En.)

Specialitate a conștientologiei dedicată studiului și cercetării tehnicilor de asistență, protecție, ajutor și sprijin interconștiențial și efectelor lor asupra conștiinței integrale, holosomatice și multimilenare, vizând holomaturitatea sau munca de solidaritate lucidă între conștiințe, pe drumul deschis către megafraternitate. (Vieira, Waldo; *Enciclopedia de Conștientologie*; 2012, p.4988).

Pt. Especialidade da Conscienciologia aplicada aos estudos e pesquisas das técnicas de assistência, proteção, amparo e auxílio interconsciencial, notadamente quanto aos efeitos para a consciência considerada "inteira", holossomática e multimilenar, com vistas à holomaturidade ou ao trabalho de solidariedade lúcida entre as consciências no caminho aberto para a megafraternidade. (Viera, Waldo; Enciclopédia da Conscienciologia; *2012, p.4988).*

Interasistențialitate
Interassistencialidade (Pt.); Interassistantiality (En.)

Asistența interconștiențială activă, reciprocă, bazată cu precădere pe reeducarea realizată prin intermediul sarcinii de clarificare (sarclar), pe inteligența evolutivă (IE), pe cosmoetică, polikarmalitate și pe principiul cosmic conform căruia „cel mai puțin bolnav îl asistă pe cel mai bolnav". (*Enciclopedia de Conștientologie*, ed.8, 2013, p.3985).

Pt. Vivência da assistência interconsciencial, mútua, fundamentada notadamente na reeducação por intermédio da tarefa do esclarecimento (tares), inteligência evolutiva (IE), Cosmoética, policarmalidade e no princípio cósmico de "quem é menos doente assiste ao mais doente". (Enciclopédia da Conscienciologia, 8 ed., 2013, p.3985).

Interdimensionalitate
Interdimensionalidade (Pt.); Interdimensionality (En.)

Interacțiune, inter-relație sau comunicare interconștiențială între dimensiunile intrafizice şi extrafizice.

Pt. Interação, interrelação ou comunicação interconsciencial entre as dimensões intrafísica e extrafísica.

Interfuziune holosomatică
Interfusão holossomática (Pt.); Holosomatic interfusion (En.)

Stare de asim majoră (asimilarea simpatetică a energiilor) dintre 2 conştiinţe. (Adaptat după Vieira, Waldo; *Proiectologia;* ed.5; 2002, p.1105).

Pt. Estado das assins (assimilações simpáticas de energias) máximas entre duas consciências. (Adaptado de Vieira, Waldo. Projeciologia; 5 ed.; 2002, p.1105).

Intermisibilitate
Intermissibilidade (Pt.); Intermissibility (En.)

Calitatea perioadei intermisive a unei conştiinţe. (Vieira, Waldo; *Proiectologia*; ed.5; 2002, p.1105).

Pt. Qualidade do período de intermissão de uma consciência. (Vieira, Waldo; Projeciologia; 5 ed.; 2002, p.1105).

Intermisiologie (inter+misio+logie)
Intermissiologia (Pt.); Intermissiology (En.)

Specialitate a conştientologiei care studiază perioada intermisivă a conştiinţei în evoluţie, cuprinsă între două vieţi umane, în cadrul ciclului său evolutiv multiexistenţial. Este un subdomeniu ştiinţific al extrafizicologiei. (Adaptat după Vieira, Waldo; *Proiectologia;* ed.5; 2002, p.40).

Pt. Especialidade da Conscienciologia aplicada ao estudo do período da intermissão da consciência em evolução, compreendido entre duas vidas humanas, dentro do seu ciclo evolutivo multiexistencial. É um subcampo científico da Extrafisicologia. (Adaptado de Vieira, Waldo; Projeciologia; 5 ed.; 2002, p.40).

Intermisiune (inter+misiune)
Intermissão (inter+missão) (Pt.); Intermission (inter+mission) (En.)

Perioada extrafizică a conştiinţei, între două dintre seriile existenţiale (seriex) personale (2 vieţi intrafizice). (Vieira, Waldo. *Proiectologia;* ed.5; 2002, p.1105).

Pt. Período extrafísico da consciência entre duas das suas seriéxis pessoais. (Vieira, Waldo. Projeciologia; 5 ed.; 2002, p.1105).

Intermisiune post-somatică
Intermissão pós-somática (Pt.); Postsomatic intermission (En.)

Perioada extrafizică a conștiinței imediat după propria dezactivare somatică sau desomare. (Adaptat după Vieira, Waldo; *Manual de Penta*; ed.1. rom; 2021, p.91).

Pt. Período extrafísico da consciência imediato à própria desativação somática ou dessoma. (Adaptado de Vieira, Waldo; Manual da Tenepes; *3 ed.; 2011, p.95).*

Intermisiune pre-somatică
Intermissão pré-somática (Pt.); Pre-somatic intermission (En.)

Perioada extrafizică a conștiinței, anterioară propriei renașteri intrafizice sau resomări. (Vieira, Waldo; *700 de Experimente de Conștientologie;* ed.3; 2013, p.51).

Pt. Período extrafísico da consciência anterior ao próprio renascimento intrafísico ou ressoma. (Vieira, Waldo; 700 Experimentos da Conscienciologia; *3 ed.; 2013, p.51).*

Interprizonierat grupokarmic
Interprisão grupocármica (Pt.); Groupkarmic interprison (En.)

Angajament interconștiențial coercitiv, rezultat din acțiuni anticosmoetice comune sau de grup; stare de inseparabilitate grupokarmică a principiului conștiențial evolutiv sau a conștiinței. (Adaptat după Vieira, Waldo; *Homo sapiens reurbanisatus*; 2003, p.409).

Pt. Comprometimento interconsciencial coercitivo decorrente de ações anticosmoéticas conjuntas ou em grupo, a condição de inseparabilidade grupocármica do princípio consciencial evolutivo ou consciência. (Adaptado de Vieira, Waldo; Homo sapiens reurbanisatus; *2003, p.409).*

Intraconștiențialitate
Intraconsciencialidade (Pt.); Intraconscientiality (En.)

Calitate a manifestărilor specifice intimității conștiinței. (Vieira, Waldo; *Proiectologia*; ed.5; 2002, p.1105).

Pt. Qualidade das manifestações específicas da intimidade da consciência. (Vieira, Waldo; Projeciologia; *5 ed.; 2002, p.1105).*

Intrafizicalitate
Intrafisicalidade (Pt.); Intraphysicality (En.)

Condiția vieții umane intrafizice sau existența conștiinței umane. (Vieira, Waldo; *Proiectologia*; ed.5; 2002, p.1105).

Pt. Condição da vida intrafísica, humana, ou da existência da consciência humana. (Vieira, Waldo. Projeciologia; 5 ed.; 2002, p.1105).

Intrafizicologie (intra+fizico+logie)

Intrafisicologia (Pt.); Intraphysicology (En.)

Specialitate a conştientologiei care studiază relaţiile şi experienţele conştiinţei intrafizice în această dimensiune intrafizică sau umană. Este un subdomeniu ştiinţific al holoresomatologiei. (Adaptat după Vieira, Waldo; *Proiectologia;* ed.5; 2002, p.40).

Pt. Especialidade da Conscienciologia aplicada aos estudos das relações e vivências da conscin nesta dimensão intrafisica ou humana. É um subcampo científico da Holorressomatologia. (Adaptado de Vieira, Waldo; Projeciologia; *5 ed.; 2002, p.40).*

Intragânsenă (intra+gân+sen+ene)

Intrapensene (Pt.); Intrathosene (En.)

Gânsena intraconştienţială a conştiinţei umane. (Vieira, Waldo; *Proiectologia;* ed.5; 2002, p.1105).

Pt. Pensene intraconsciencial da consciência humana. (Vieira, Waldo. Projeciologia; *5 ed.; 2002, p.1105).*

Intrudabilitate

Assedialidade (Pt.); Intrusiveness (En.)

Starea sau nivelul de intruziune gânsenică interconştienţială nesănătoasă. **Variantă ieşită din uz**: obsesie.

Pt. Condição ou nível de intrusão pensênica interconsciencial doentia. **Variante em desuso**: *obsessão.*

Intruder

Assediador (Pt.); Intruder (En.)

Vezi intruder interconştienţial.

Pt. Ver assediador interconsciencial

Intruder interconştienţial

Assediador interconsciencial (Pt.); Interconsciential intruder (En.)

Conştiinţă care exercită o acţiune negativă sau o persecuţie insistentă, directă sau indirectă, asupra alteia, perturbând-o, provocând-o sau influenţând-o cu rea intenție, prin valuri de gânsene nesănătoase (idei, emoții și energii conștiențiale). O astfel de conștiință este evident mutilată cosmoetic sau cu deficiențe conștiențiale. (Vieira, Waldo; *Homo sapiens pacificus*; 2007, p.413).

Pt. Consciência exercendo ação negativa ou perseguição insistente, direta ou indireta sobre outra, seja perturbando-a, provocando-a e influenciando-a malevolamente, através de ondas de pensenes (ideias, emoções e energias conscienciais), em geral de caráter doentio, sendo, em si, óbvio mutilado cosmoético ou deficiente consciencial. (Vieira, Waldo; Homo sapiens pacificus; 2007, p.413).

Intruziune energosomatică

Intrusão energossomática (Pt.); Energosomatic intrusion (En.)

Invadarea unei conștiințe de către alta prin intermediul energiilor conștiențiale (EC) sau al energosomei (energie conștiențială). (Adaptat după Vieira, Waldo; *Proiectologia*; ed.5; 2002, p.1105). **Variantă**: *intruziune holochakrală, intruziune energetică*.

Pt. Invasão de uma conscin em outra através do energossoma. (Adaptado de Vieira, Waldo; Projeciologia; 5 ed.; 2002, p.1105). **Variante**: *intrusão holochacral, intrusão energética*.

Intruziune gânsenică

Intrusão pensênica (Pt.); Thosenic intrusion (En.)

Invadarea unei conștiințe de către alta, prin intermediul mentalsomei. (Vieira, Waldo; *Proiectologia;* ed.5; 2002, p.1105).

Pt. Invasão de uma consciência em outra através do mentalsoma. (Vieira, Waldo; Projeciologia; 5 ed.; 2002, p.1105).

Intruziune holochakrală

Intrusão holochacral (Pt.); Holochakral intrusion (En.)

Vezi *intruziune energosomatică*.

Pt. **Ver** *intrusão energossomática*.

Intruziune holosomatică

Intrusão holossomática (Pt.); Holosomatic intrusion (En.)

Invadarea unei conștiințe de către alta prin întreaga holosomă. (Vieira, Waldo; *Proiectologia;* ed.5; 2002, p.1105).

Pt. Invasão de uma consciência em outra através de todo o holossoma. (Vieira, Waldo; Projeciologia; 5 ed.; 2002, p.1105).

Intruziune interconştienţială
Assédio interconsciencial (Pt.); Interconsciential intrusion (En.)

Set de acte şi semnale existente în intimitatea şi în jurul a două sau mai multor conştiinţe, produse prin emiterea de către acestea, uneori chiar inconştientă, de energii vampirizante, cu scopul de a controla sau subjuga alte conştiinţe. (Vieira, Waldo; *Homo sapiens reurbanisatus*; 2003, p.430). **Variantă**: *intruziune conştienţială*.

Pt. Conjunto de atos e sinais na intimidade e ao redor de duas ou mais consciências, com a finalidade de exercer domínio ou subjugar através da emissão de energias vampirizadoras, emitidas por elas próprias até de modo inconsciente. (Vieira, Waldo; Homo sapiens reurbanisatus; 2003, p.430). **Variante**: *intrusão consciencial*.

Intruziune mnemonică
Intrusão mnemônica (Pt.); Mnemonic intrusion (En.)

Coliziunea dintre memoria intruzivă a unei conştiinţe extrafizice (conştiex) intruzive şi memoria cerebrală sau biomemoria unei conştiinţe intrafizice (conştin) intruzate (para-amnezie). (Vieira, Waldo; *Proiectologia;* ed.5; 2002, p.1105).

Pt. Colisão da memória intrusiva de uma consciex assediadora sobre a memória cerebral ou biomemória de uma conscin assediada (paramnésia). (Vieira, Waldo. Projeciologia; 5 ed.; 2002, p.1105).

Intruziune psihosomatică
Intrusão psicossomática (Pt.); Psychosomatic intrusion (En.)

Invadarea unei conştiinţe de către alta prin emoţionalitate sau prin psihosoma. (Vieira, Waldo; *Proiectologia;* ed.5; 2002, p.1105).

Pt. Invasão de uma consciência em outra através da emocionalidade, ou pelo psicossoma. (Vieira, Waldo; Projeciologia; 5 ed.; 2002, p.1105).

Intruziune volitivă
Intrusão volitiva (Pt.); Volitive intrusion (En.)

Invadarea voinţei unei conştiinţe de către alta prin heterosugestie, heterohipnoză sau inducţie externă. (Vieira, Waldo; *700 de Experimente de Conştientologie;* ed.3; 2013, p.52).

Pt. Invasão da vontade de uma consciência em outra através da heterossugestão, hetero-hipnose ou indução externa. (Vieira, Waldo; 700 Experimentos da Conscienciologia, 3 ed.; 2013, p.52).

Inversiune existențială
Inversão existencial (Pt.); Existential inversion (En.)

Vezi invexis.

Pt. **Ver** invéxis.

Invertologie existențială
Invertologia existencial (Pt.); Existential invertology (En.)

Vezi invexologie.

Pt. **Ver** Invexologia.

Invertor existențial
Inversor existencial (Pt.); Existential inverter (En.)

Conștin practicantă a tehnicii de inversiune existențială (invexis), în care predomină cuceririle evolutive personale timpurii, dirijate de o maxiplanificare proexologică convergentă cu talentele sale înnăscute. Invertorul existențial lucid renunță la anumite convenții sociale, cum ar fi căsătoria la primărie sau la biserică, și caută o relație afectivo-sexuală monogamă; în loc să-și dedice timpul creșterii copiilor (urmași personali) își asigură, în mod calificat, o mai mare disponibilitate pentru desfășurarea sarcinilor de predare, cercetare, publicare și voluntariat, în beneficiul colectivității. În acest fel, asistența oferită de invertor este realizată amplu, atotcuprinzător, astfel încât de ea să beneficieze un număr cât mai mare de persoane, nu doar o singură persoană sau un grup mic. (Adaptat după Vieira, Waldo; *700 de Experimente de Conștientologie*; 1994, p.52). **Variantă**: *inversor*.

Pt. *Conscin praticante da técnica da inversão existencial (invéxis) com predominância nas conquistas evolutivas pessoais precoces, orientado por maxiplanejamento proexológico convergente com seus talentos inatos. O inversor existencial lúcido abre mão de certas convenções sociais, a exemplo de casamentos em cartórios ou igrejas, busca uma relação afetivo-sexual monogâmica, ao invés de dedicar seu tempo para criação de filhos (prole pessoal), visa ter maior disponibilidade para desempenhar tarefas (docência, pesquisas, publicações, serviços voluntários) em prol da coletividade e de maneira qualificada. Desse modo, a assistência prestada pelo inversor, se dá por atacado, beneficiando grande número de pessoas ao invés de um grupo menor. (Adaptado de Vieira, Waldo; 700 Experimentos da Conscienciologia; 1994, p.52).* **Variante**: *inversor*.

Invexibilitate
Invexibilidade (Pt.); Invexibility (En.)

Calitatea de a executa inversiunea existențială. (Vieira, Waldo; *Proiectologia;* ed.5; 2002, p.1105). **Variantă:** *invertibilitate existențială.*

Pt. Qualidade da execução intrafísica da invéxis. (Vieira, Waldo; Projeciologia; 5 ed.; 2002, p.1105). **Variante:** *invertibilidade existencial.*

Invexis (inv+exis)
Invéxis (inv+exis) (Pt.); Invexis (inv+exis) (En.)

Tehnica de inversiune existențială realizată de conștiința umană sau intrafizică, care vizează anticiparea rațională a manifestărilor evolutive, care de obicei sunt executate în perioada finală a vieții intrafizice, și plasarea lor în perioada inițială a vieții, în adolescență sau în tinerețe. (Vieira, Waldo; *Manual de Proexis*; ed.1.rom.; 2021, p.40).

Pt. Técnica da inversão existencial executada pela consciência humana ou intrafísica a qual visa antecipar com racionalidade as manifestações evolutivas, feitas em geral no período final da vida intrafisica, para o período inicial da adolescência ou da juventude (Vieira, Waldo; Manual da Proéxis; 2005, p.44).

Invexologie
Invexologia (Pt.); Invexology (En.)

Specialitate a conștientologiei care realizează studiul filosofiei, tehnicii și practicii invexisului, a inversiunii existențiale umane. Este un subdomeniu științific al intrafizicologiei. (Adaptat după Vieira, Waldo; *Proiectologia;* ed.5; 2002, p.40).

Pt. Especialidade da Conscienciologia aplicada aos estudos da filosofia, da técnica e da prática da invéxis, da inversão existencial ou humana. É um subcampo científico da Intrafisicologia. (Adaptado de Vieira, Waldo; Projeciologia; 5 ed.; 2002, p.40).

Î

Încapsulare parasanitară
Encapsulamento parassanitário (Pt.); Parasanitary encapsulation (En.)

Izolarea asistențială și anularea energetică temporară a manifestărilor gânsenice, mai ales energetice, intruzive și asediatoare, ale uneia sau mai multor conștiințe, conștine și/sau conștiexe, bolnave, similară izolarii sanitare din spitalele de boli infecto-contagioase în care se află bolnavi cu potențial ridicat de contaminare virusologică, bacteriologică, radioactivă sau toxică. (Vieira, Waldo. *Proiectologia;* ed.5; 2002, p.1102.) **Variantă**: *încapsulare conștiențială.*

Pt. Isolamento assistencial e a anulação energética, temporária, das manifestações pensênicas – notadamente energéticas, intrusivas ou assediadoras – de uma ou mais consciências, conscins e/ou consciexes, enfermas, ao modo dos isolamentos sanitários existentes nos hospitais de doenças infecto-contagiosas com internados que apresentam alto poder de contaminação doentia, radioativa ou tóxica. (Vieira, Waldo. Projeciologia; *5 ed.; 2002, p.1102).* **Variante:** *encapsulamento consciencial.*

L

Laringochakră
Laringochacra (Pt.); Laryngochakra (En.)

Chakra situată în regiunea gâtului, responsabilă pentru vorbire, timbrul vocii, intonaţie şi comunicare interconştienţială. **Varianta învechită:** *chakra gâtului, chakra laringeală.*

Pt. Chacra localizado na região da garganta ou pescoço responsável pela fala humana, timbre de voz, entonação e comunicação interconsciencial.

Lecţie de conştientologie
Aula de Conscienciologia (Pt.); Conscientiology class (En.)

Lecţie sau exerciţiu de învăţare pe diferite teme conştientologice, predată de un instructor sau un conştientolog, conştin sau conştiex, cu experienţă în domeniul cunoaşterii tehnice, într-un anumit loc, sau dimensiune, sau la un anumit moment. (Vieira, Waldo; *Enciclopedia de Conştientologie*; ed.8; 2013, p.1166).

Pt. Lição ou o exercício de aprendizagem sobre tema conscienciológico específico, ministrado por professor, professora, consciencióloga, consciencióloga, conscin ou consciex experiente na área de conhecimento, sob condições técnicas, em local ou dimensão apropriada e determinado espaço de tempo. (Vieira, Waldo; Enciclopédia da Conscienciologia; *8 ed.; 2013, p.1166).*

Legătură conştienţială
Vínculo consciencial (Pt.); Consciential bond (En.)

Legătură cosmoetică, autolucidă, voluntară şi polikarmică între un colaborator şi o anumită instituţie. Legătura conştienţială presupune mai mult decât legătura de angajare. (Vieira, Waldo; *Proiectologia*; ed.5; 2002, p.1111).

Pt. Ligação cosmoética, autolúcida, voluntária e policármica entre o colaborador e determinada instituição. O vínculo consciencial se situa além do vínculo empregatício. (Vieira, Waldo; Projeciologia; *5 ed.; 2002, p.1111).*

Libertate energosomatică

Soltura do energossoma (Pt.); Energosomatic looseness (En.)

Condiția de relativă libertate de acțiune a paracorpului energetic al conștinei, în raport cu psihosoma și soma. *(Vieira, Waldo; Proiectologia; ed.5; 2002, p.1110).* **Variantă**: *libertate holochakrală.*

Pt. Condição de liberdade relativa de atuação do paracorpo energético da conscin, em relação ao psicossoma e ao soma (Vieira, Waldo; Projeciologia; 5 ed.; 2002, p.1110). **Variante**: *soltura holochacral.*

Libertate holochakrală

Soltura do holochacra (Pt.); Looseness of the holochakra (En.)

Vezi *libertate energosomatică.*

Pt. **Ver** *soltura do energossoma.*

M

Macro-PK distructiv
Macro-PK destrutiva (Pt.); Destructive macro-PK (En.)

Psihokinezie (PK) dăunătoare, care poate provoca vătămarea conștin și poate fi chiar fatală pentru soma. (Vieira, Waldo; *Proiectologia*; ed.5; 2002, p.1106).

Pt. Psicocinesia ou PK (psychokinesis) nociva, capaz de acarretar prejuízos à conscin, podendo estes, inclusive, serem fatais ao soma. (Vieira, Waldo; Projeciologia; 5 ed.; 2002, p.1106).

Macrocosmos
Macrocosmos (Pt.); Macrocosmos (En.)

Conceptul privind întregul Cosmos, care include imensul nucleu multidimensional și suprafața materială subțire a universului fizic.

Pt. O conceito de todo o Cosmos, abrangendo o enorme núcleo multidimensional e a fina superfície material, o universo físico.

Macrosomatică (macro+somatică)
Macrossomática (Pt.); Macrosomatics (En.)

Vezi macrosomatologie.

Pt. Ver Macrossomatologia.

Macrosomatologie (macro+somatologie)
Macrossomatologia (Pt.); Macrosomatology (En.)

Specialitate a conștientologiei care studiază macrosoma, acea somă extraordinară potrivită pentru realizarea unui proexis specific. Este un subdomeniu științific al somatologiei. *(Adaptat după Vieira, Waldo; Proiectologia; ed.5; 2002, p.40).* **Variantă:** *macrosomatică.*

Pt. Especialidade da Conscienciologia que estuda o macrossoma, o soma fora-de-série adequado a execução de uma proéxis específica. É um subcampo científico da Somática. (Adaptado de Vieira, Waldo; Projeciologia; 5 ed.; 2002, p.40). **Variante:** *Macrossomática.*

Macrosomă (macro+soma)
Macrossoma (Pt.); Macrosoma (En.)

Soma extraordinară sau super-personalizată, pregătită pentru execuția unui program existențial (proexis) specific, bazat pe parageneticǎ, psihosomatică și holomnemonică. Identificarea existenței unei macrosome se face prin studierea amănunțită a geneticii, parageneticii, fiziologiei, anatomiei și predispozițiilor personale legate de corpul uman al conștiinței intrafizice interesate. (Adaptat după Vieira, Waldo; *700 de Experimente de Conștientologie;* ed.3; 2013, p.52).

Pt. Soma fora-de-série ou supermaceteado para a execução de proéxis específica a partir da Paragenética, Psicossomática e Holomnemônica. A identificação da existência de um macrossoma se faz pelo estudo acurado da genética, paragenética, fisiologia, anatomia e predisposições pessoais relativas ao corpo humano da conscin interessada. (Adaptado de Vieira, Waldo; 700 Experimentos da Conscienciologia; *3 ed.; 2013, p.52).*

Mandat pre-intrafizic
Mandato pre-intrafísico (Pt.); Pre-intraphysical mandate (En.)

Program existențial pentru viața umană planificat înainte de renașterea intrafizică a conștiinței; proexis. (Vieira, Waldo; *Proiectologia;* ed.5; 2002, p.1106).

Pt. Programação existencial para a vida humana planejada antes do renascimento intrafísico da consciência; proéxis. (Vieira, Waldo. Proiectologia; *5 ed.; 2002, p.1106).*

Matergânsenă (mater+gân+sen+ene)
Materpensene (Pt.); Materthosene (En.)

Ideea-mamă sau matricea de la care este dezvoltată complet o teză, teorie sau analiză; laitmotiv; pilonul major sau, mai relevant, gânsena predominantă dintr-o hologânsenă, fie ea personală (microuniversul individual), grupală (domestică) sau instituțională. (Vieira, Waldo; *Homo sapiens pacificus;* 2007, p.43).

Pt. Ideia-mãe ou a matriz de todo o desenvolvimento de tese, teoria ou ensaio, o leitmotiv, o pilar mestre ou – o mais relevante – o pensene predominante no holopensene, seja pessoal (microuniverso individual), grupal (doméstico) ou institucional. (Vieira, Waldo; Homo sapiens pacificus; *2007, p.43).*

Maturitate integrată
Maturidade integrada (Pt.); Integrated maturity (En.)

Vezi holomaturitate.

Pt. **Ver** *holomaturidade.*

Maxifraternitate (maxi+fraternitate)
Maxifraternidade (Pt.); Maxifraternity (En.)

Starea interconștiențială universalistă cea mai evoluată, fundamentată pe fraternitatea pură a conștiinței auto-neiertătoare și heteroiertătoare, o țintă inevitabilă în evoluția fiecărei conștiințe. (Vieira, Waldo; *Proiectologia;* ed.5; 2002, p.1103). ***Variantă****: megafraternitate.*

Pt. Condição interconsciencial, universalista, mais evoluída, fundamentada na fraternidade pura da consciência auto-imperdoadora e heteroperdoadora, meta inevitável na evolução de todas as consciências. (Vieira, Waldo. Projeciologia; 5 ed.; 2002, p.1103). ***Variante:*** *megafraternidade.*

Maxigânsenă (maxi+gân+sen+ene)
Maxipensen (Pt.); Maxithosene (En.)

Gânsena particulară a conștiințelor libere (CL). (Vieira, Waldo; *Proiectologia;* ed.5; 2002, p.1106).

Pt. O pensene peculiar às CLs ou Consciências Livres. (Vieira, Waldo. Projeciologia; 5 ed.; 2002, p.1106).

Maximecanism
Maximecanismo (Pt.); Maximechanism (En.)

Rețea multidimensională de echipe extrafizice și intrafizice formate din ajutoare și asistenți, supervizate, susținute și sprijinite de conștiințe libere (CL), care lucrează activ, anonim și polikarmic, în culisele tuturor nivelurilor evolutive.

Pt. Rede multidimensional de equipes extrafísicas e intrafísicas de auxiliares, de assistentes, supervisionadas, apoiadas, sustentadas por conciexes livres (CLs), que atuam ativa e silenciosamente nos bastidores, policarmicamente por toda parte, em todos os níveis de evolução.

Maximoratoriu existențial
Maximoratória existencial (Pt.); Existential maximoratorium (En.)

Vezi *maximorexis.*

Pt. ***Ver*** *maximoréxis.*

Maximorexis (maxi+mor+exis)
Maximoréxis (Pt.); Maximorexis (En.)

Starea de morexis existențial major oferită unei conștiințe intrafizice completiste sub forma unei completări sau adăugiri (bază excedentară), ca urmare a complexisului proexisului său; presupune, aşadar, realizarea unui surplus sănătos al mandatului existenţial finalizat. (Vieira, Waldo; *Proiectologia;* ed.5; 2002, p.1106).

Pt. Condição da moréxis existencial - a maior - ou quando vem para a conscin completista, na qualidade de acréscimo ou adendo (base superavitária), quanto ao compléxis da sua proéxis; portanto, a execução de um extra sadio de um mandato existencial concluído. (Vieira, Waldo; Projeciologia; 5 ed.; 2002, p.1106). Variante: maximoratória existencial.

Maxiprimăvară energetică

Maxiprimavera energética (Pt.); Energetic maxispringtime (En.)

Vezi *maxiprimener.*

Pt. **Ver** *maxiprimener.*

Maxiprimener (maxi+prim +ener)

Maxiprimener (Pt.); Maxienerspring (En.)

Starea de primăvară energetică (primener) maximă şi prelungită. (Vieira, Waldo; *Proiectologia;* ed.5; 2002, p.1103). **Variantă**: *maxiprimăvară energetică.*

Pt. Condição da primavera energética máxima ou prolongada. (Vieira, Waldo; Projeciologia; 5 ed.; 2002, p.1103).

Maxiproexis (maxi+pro+exis)

Maxiproéxis (Pt.); Maxiproexis (En.)

Program existenţial maxim, atotcuprinzător, amplu, care vizează realizarea sarcinilor prin măiestrirea universalismului şi a maxifraternităţii, pe baze polikarmice. Maxiproexisul depinde, în esenţă, de grupokarmalitate. (Vieira, Waldo; *700 de Experimente de Conştientologie*; ed.3; 2013, p.52). **Variantă:** *maxiprogram existenţial.*

Pt. Programação existencial máxima, por atacado, ou visando à execução de tarefa na vivência do universalismo e da maxifraternidade, com bases policármicas. A maxiproéxis depende essencialmente da grupocarmalidade. (Vieira, Waldo. 700 Experimentos da Conscienciologia; 3 ed., 2013, p.52). **Variante**: *maxiprogramação existencial.*

Maxiprogram existenţial

Programação existencial máxima (Pt.); Existential maxiprogram (En.)

Vezi *maxiproexis.*

Pt. **Ver** *maxiproéxis.*

Mega-atribute propulsoare ale evoluției

Mega-atributos propulsores da evolução (Pt.); Mega-attribute propellers of evolution (En.)

Urmează 20 de atribute conștiențiale capabile să dinamizeze evoluția conștiinței:

FIGURA 2.Ro. – MEGA-ATRIBUTE PROPULSOARE ALE EVOLUȚIEI

	Conștiința
01.	Auto-organizare (logicitate)
02.	Autocercetologie (experimentologie)
03.	Autoconștientizare multidimensională – AM (proiectologie)
04.	Autodezintruziune (despertologie)
05.	Autodiscernământ (discernmentologie)
06.	Control energetic (energosomatologie)
07.	Cosmoetică (Cod Personal de Cosmoetică - CPC)
08.	Cosmoviziune (interactivitate)
09.	Deschidere conștiențială (autoconștiențialitate)
10.	Fișa evolutivă personală - FEP (holobiografologie)
11.	Holomaturitate – con-uri (holomaturologie)
12.	Inteligență evolutivă (evoluțiologie)
13.	Intenționalitate (intentonologie)
14.	Interasistențialitate (asistentologie)
15.	Neofilie (recexologie)
16.	Polikarmalitate (holokarmologie)
17.	Principiul neîncrederii (OSC – optimistul sceptic cosmoetic)
18.	Prioritizarea (continuistică)
19.	Rectilinearitate autogânsenică (homeostaticologie)
20.	Voință (volitologie)

Sursă: *Tertúlia Conscienciologia (disponibil pe: http://www.tertuliaconscienciologia.org/index.php?option=com_content&task=view&id=3&Itemid=8>; accesat pe: 06/05/2018).*

Pt. Atributos conscienciais capazes de dinamizar a evolução da consciência, conforme estes a seguir:

FIGURA 2.Pt. – MEGA-ATRIBUTOS PROPULSORES DA EVOLUÇÃO

	Consciência
01.	Abertismo consciencial (Autoconsciencialidade)
02.	Autoconscientização multidimensional - AM (Projeciologia)
03.	Autodesassedialidade (Despertologia)

04.	Autodiscernimento (Discernimentologia)
05.	Autopesquisologia (Experimentologia)
06.	Autorganização (Logicidade)
07.	Cosmoética (Código Pessoal de Cosmoética - CPC)
08.	Cosmovisão (Interatividade)
09.	Domínio energético (Energossomatologia)
10.	Ficha evolutiva pessoal - FEP (Holobiografologia)
11.	Holomaturidade - Cons (Holomaturologia)
12.	Inteligência evolutiva (Evoluciologia)
13.	Intencionalidade (Intencionologia)
14.	Interassistencialidade (Assistenciologia)
15.	Neofilia (Recexologia)
16.	Policarmalidade (Holocarmologia)
17.	Princípio da descrença (COC - Cético otimista cosmoético)
18.	Priorização (Continuística)
19.	Retilinearidade autopensênica (Homeostaticologia)
20.	Vontade (Voliciologia)

Fonte: Tertúlia Conscienciologia (disponível em: <http://www.tertuliaconscienciologia.org/index.php?option=com_content&task=view&id=3&Itemid=8>; *acesso em: 06/05/2018).*

Megaeuforizare (mega+euforizare)
Megaeuforização (Pt.); Megaeuphorization (En.)

Stare energetică indusă de voința puternică a conștiinței, conștin sau conștiex, prin intermediul exaltării maxime a energiilor conștiențiale din energosferă sau holosomă, ceea ce conduce la un vârf homeostatic al armonizării intime a microuniversului conștiențial și are ca rezultat o expansiune inerentă a conștiinței, generând o aură de sănătate, seninătate, liniște, fraternitate universală și o culme a plenitudinii și a autodispoziției pentru realizarea unei activități interasistențiale, toate sponsorizate de starea vibrațională (SV). (Vieira, Waldo; *Enciclopedia de Conștientologie*; ed.8; 2013, p.6993).

Pt. Estado energético provocado pela vontade decidida da consciência, conscin ou consciex, por meio da exaltação máxima das energias conscienciais da energosfera ou do holossoma, levado ao ápice homeostático da harmonização íntima do microuniverso consciencial, com expansão da consciência, gerando a aura de saúde, serenidade, tranquilidade, fraternidade universal, ápice de plenitude e autodisposição para a realização interassistencial, a partir do estado vibracional (EV). (Viera, Waldo; Enciclopédia da Conscienciologia*; 8 ed.; 2013, p.6993).*

Megagânsenă (mega+gân+sen+ene)
Megapensene (Pt.); Megathosene (En.)

Sinonimă cu ortogânsena. *(Vieira, Waldo; Proiectologia; ed.5; 2002, p.1106).*

Pt. O mesmo que ortopensene. (Vieira, Waldo; Projeciologia; *5 ed.; 2002, p.1106).*

Megagânsenă trivocabular
Megapensen trivocabular (Pt.); Trivocabular megathosene (En.)

Tehnică de elaborare a unei sinteze majore în formă minimă – o minifrază de 3 cuvinte – a conținutului unui subiect. *(Adaptat după Vieira, Waldo; Homo sapiens reurbanisatus; 2003, p.135).*

Pt. Técnica da elaboração da síntese máxima de conteúdo dentro do mínimo de forma, do assunto, na minifrase de 3 palavras. (Adaptado de Vieira, Waldo; Homo sapiens reurbanisatus; *2003, p.135).*

Megagescon
Megagescon (Pt.); Megagescon (En.)

Cea mai importantă gestație conștiențială, capodopera conștiinței intrafizice concentrate pe realizarea majoră asistențială a neoideilor libertariene ale operelor personale cele mai avansate programate în proexisul personal și grupal. *(Adaptat după Viera, Waldo; Enciclopedia de Conștientologie; ed.7; 2012, p.1500).*

Pt. A maior gestação consciencial, a obra prima da conscin, centrada na execução assistencial magna de neoideias libertárias, dentro do quadro de obras pessoais mais avançadas programadas para a proéxis pessoal e grupal. (Adaptado de Viera, Waldo; Enciclopédia da Conscienciologia; *7 ed.; 2012, p.1500).*

Megaputere (mega+putere)
Megapoder (Pt.); Megapower (En.)

Stare evoluată de majoră luciditate cosmoetică a conștiinței. (Vieira, Waldo; *Proiectologia;* ed.5; 2002, p.1106).

Pt. A condição evoluída de lucidez magna, cosmoética, da consciência. (Vieira, Waldo; Projeciologia; *5 ed.; 2002, p.1106).*

Megascop (mega+scop)
Megameta (Pt.); Megagoal (En.)

Cel mai important obiectiv al autoevoluției conștiinței. (Vieira, Waldo; *Proiectologia;* ed.5; 2002, p.1106).

Pt. O objetivo maior da autevolução para a consciência. (Vieira, Waldo; Projeciologia; *5 ed.; 2002, p.1106).*

Megatrafor (mega+tra+for)
Megatrafor (Pt.); Megastrongtrait (En.)

Cea mai puternică trăsătură sau megatalentul predominant din structura microuniversului unei conştiinţe capabile să susţină reciclări evolutive majore şi recin, pe baza Codului Personal de Cosmoetică (CPC), analizate şi depurate teopractic, şi să menţină o matergânsenă care să impulsioneze un înalt nivel de dinamism şi constructivitate. (Adaptat după Vieira, Waldo; *Enciclopedia de Conştientologie*; ed.7; 2012, p.5807).

Pt. Traço-força maior ou megatalento predominante na estrutura do microuniverso da consciência, capaz de sustentar as reciclagens evolutivas máximas e a recin, a partir do Código Pessoal de Cosmoética (CPC), analisado e depurado teaticamente, bem como manter o materpensene impulsionado em alto nível de dinamismo e construtividade. (Adaptado de Viera, Waldo; Enciclopédia da Conscienciologia; *7 ed.; 2012, p.5807).*

Megatrasla (mega+tra+sla)
Megatrafar (Pt.); Megaweaktrait (En.)

Cea mai slabă trăsătură sau megadefectul din structura microuniversului unei conştiinţe, conştin sau conştiex, responsabilă pentru regresia sau stagnarea evoluţiei; evaluarea este realizată individual, teopractic şi prioritar pe baza principiilor cosmoeticologiei şi evoluţiologiei. (Adaptat după Viera, Waldo; *Enciclopedia de Conştientologie*; ed.7; 2012, p.5795).

Pt. Traço-fardo maior ou o megadefeito na estrutura do microuniverso da consciência, consciex, conscin, homem ou mulher, responsável pela regressão ou estagnação da evolução, a partir dos princípios da Cosmoeticologia e da Evoluciologia, avaliados de modo individual, teático e prioritário. (Adaptado de Viera, Waldo; Enciclopédia da Conscienciologia; *7 ed.; 2012, p.5795).*

Melancolie extrafizică
Melancolia extrafísica (Pt.); Extraphysical melancholy (En.)

Vezi melex.

Pt. Ver melex.

Melancolie intrafizică
Melancolia intrafísica (Pt.); Intraphysical melancholy (En.)

Vezi melin.

Pt. Ver melin.

Melex (mel+ex)
Melex (Pt.); Melex (En.)

Melancolia extrafizică, intermisivă, post-desomatică sau post-mortem; stare morbidă a conștiinței extrafizice caracterizată prin depresie, stare de spirit profund dureroasă, prelungită, pierderea capacității de a iubi și de a se iubi pe sine, cu tristețe nedefinită și deznădejde intensă. (Adaptat după Vieira, Waldo; *Enciclopedia de Conștientologie*; ed.7; 2012, p.5825). **Variantă**: *paramelancolie*.

Pt. Melancolia extrafísica, intermissiva, pós-dessomática, ou post-mortem; estado mórbido da consciex, caracterizado por depressão, estado de ânimo profundamente doloroso e prolongado, perda da capacidade de amar e do amor próprio, com tristeza indefinida e intenso abatimento. (Adaptado de Vieira, Waldo; Enciclopédia da Conscienciologia; *7 ed.; 2012, p.5825).*

Melin (mel+in)
Melin (Pt.); Melin (En.)

Melancolie intrafizică; stare morbidă a conștiinței intrafizice caracterizată prin depresie, pierderea interesului pentru viață, o dispoziție profund dureroasă prelungită, pierderea capacității de a iubi și de a se iubi pe sine, cu tristețe nedefinită, descurajare psihică și fizică, care poate conduce la manifestarea a diferite probleme psihiatrice, adesea considerate ca o fază a tulburării maniaco-depresive, psihozei, tulburării de dispoziție sau sindromului bipolar. (Adaptat după Vieira, Waldo; *Enciclopedia de Conștientologie*; ed.7; 2012, p.5834).

Pt. Melancolia intrafísica. Estado mórbido da conscin caracterizado por depressão, perda de interesse pela vida, estado de ânimo profundamente doloroso, perda da capacidade de amar e do amor próprio, com tristeza indefinida, abatimento mental e físico, podendo resultar da manifestação de vários problemas psiquiátricos, sendo mais considerado como fase de psicose maníaco-depressiva, transtorno do humor ou síndrome bipolar. (Adaptado de Viera, Waldo; Enciclopédia da Conscienciologia; *7 ed.; 2012, p.5834).*

Mentalsomă (mental+soma)
Mentalsoma (Pt.); Mentalsoma (En.)

Corpul mental sau paracorpul discernământului conștiinței; vehiculul cel mai sofisticat de manifestare și instrument extrafizic al conștiexelor și conștinelor. (Adaptat după Vieira, Waldo; *Nossa Evolução (Evoluția noastră)*; 2010, p.74). **Plural**: *mentalsome*. **Variante**: *corp mental; corpul ideilor*.

Pt. Corpo mental ou paracorpo do discernimento da consciência; o veículo de manifestação mais sofisticado, e ferramenta extrafísica de consciexes e conscins. (Adaptado de Vieira, Waldo; Nossa Evolução; *2010, p.74).* **Plural**: *mentaissomas*. **Variantes**: *corpo mental; corpo das ideias*.

Mentalsomatică (mental+somatică)
Mentalsomática (Pt.); Mentalsomatics (En.)

Vezi *mentalsomatologie.*

Pt. **Ver** *Mentalsomatologia.*

Mentalsomatologie (mental+somatologie)
Mentalsomatologia (Pt.); Mentalsomatology (En.)

Specialitate a conştientologiei care studiază mentalsoma, paracorpul discernământului şi consecinţele sale evolutive pentru conştiinţă. (Adaptat după Vieira, Waldo; *Proiectologia*; ed.5; 2002, p.40). **Variantă ieşită din uz pentru această specialitate:** *mentalsomatică.*

Pt. Especialidade da Concienciologia que estuda o mentalsoma, o paracorpo do discernimemno, e suas consequências evolutivas para a consciência. É um subcampo científico da Holossomatologia. (Adaptado de Vieira, Waldo; Projeciologia; 5 ed.; 2002, p.40). **Variante em desuso para esta especialidade***: Mentalsomática.*

Microcosmos
Microcosmos (Pt.); Microcosmos (En.)

Universul punctului de vedere personal şi subiectiv, în opoziţie cu macrocosmosul: universul din punct de vedere colectiv şi obiectiv. Din perspectiva conştientologiei, microcosmosul este microuniversul conştienţial, individual, personal, subiectiv, reflexia macrocosmosului. **Vezi** *microunivers conştienţial.*

Pt. Universo do ponto de vista pessoal e subjetivo, por oposição ao macrocosmo: o Universo do ponto de vista coletivo e objetivo. Na perspectiva da Conscienciologia, o microcosmo é o microuniverso consciencial, individual, pessoal, subjetivo, reflexo do macrocosmos. **Ver** *microuniverso consciencial.*

Microunivers conştienţial
Microuniverso consciencial (Pt.); Consciential microuniverse (En.)

Conştiinţa per se, care înglobează toate atributele, gânsenele şi manifestările sale în procesul propriei evoluţii. Se referă la microcosmosul conştiinţei în relaţie cu macrocosmosul universului. (Vieira, Waldo; *Proiectologia*; ed.5; 2002, p.1106).

Pt. A consciência considerada de per si, como um todo, englobando todos os seus atributos, pensenes e manifestações no desenvolvimento da sua evolução. Refere-se ao microcosmo da consciência em relação ao macrocosmo do Universo. (Vieira, Waldo; Projeciologia*; 5 ed.; 2002, p.1106).*

Mimetism cosmoetic
Mimese cosmoética (Pt.); Cosmoethical mimicry (En.)

Impulsul social productiv de a imita strămoșii evoluați ai conștiinței intrafizice, adică retrovieţile lor. A nu se confunda cu cultul parapatologic și mistic al strămoșilor. (Adaptat după Vieira, Waldo; *Proiectologia*; ed.5; 2002, p.1106).

Pt. Impulso social produtivo de imitação dos antepassados evoluídos da conscin, i.e., das suas retrovidas. Não confundir com o culto parapatológico, místico, dos antepassados. (Adaptado de Vieira, Waldo; Projeciologia; 5 ed.; 2002, p.1106).

Minigânsenă (mini+gân+sen+ene)
Minipensene (Pt.); Minithosene (En.)

Gânsena specifică a copilului, produsă de creierul aflat încă în proces de dezvoltare. (Vieira, Waldo; *Proiectologia*; ed.5; 2002, p.1106).

Pt. O pensene específico da criança, às vezes em função do cérebro ainda em desenvolvimento. (Vieira, Waldo; Projeciologia; 5 ed.; 2002, p.1106).

Minimorexis (mini+mor+exis)
Minimoréxis (Pt.); Minimorexis (En.)

Starea de moratoriu existențial – mai mic – oferit unei conștiințe incompletiste pentru a-și compensa deficitul holokarmic (bază deficitară) sau pentru a atinge starea de complexis a proexisului său; așadar, finalizarea unui mandat existențial încă incomplet. (Vieira, Waldo; *Proiectologia*; ed.5; 2002, p.1106). **Variantă**: Minimoratoriu existențial.

Pt. Condição da moratória existencial – a menor – ou quando vem para a conscin incompletista ressarcir o seu deficit holocármico (base deficitária) ou concluir a condição do compléxis quanto à sua proéxis; portanto, o acabamento de um mandato existencial ainda inconcluso. (Vieira, Waldo; Projeciologia; 5 ed.; 2002, p.1106). **Variante**: *mini moratória existencial.*

Minipiesă
Minipeça (Pt.); Minipiece (En.)

Parte mică, dar relevantă, a maximecanismului interasistențial, cu care conștiința în evoluție se identifică.

Pt. Parte pequena, porém relevante, do maximecanismo interassistencial, realizada pela consciência em evolução.

Miniprimăvară energetică

Mini primavera energética (Pt.); Energetic minispringtime (En.)

Vezi *miniprimener.*

Pt. **Ver** *miniprimener*

Miniprimener (mini+prim+ener)

Miniprimener (mini+prim+ener) (Pt.); Minienerspring (En.)

Starea de primăvară energetică minimă sau efemeră. (Vieira, Waldo; *Proiectologia;* ed.5; 2002, p.1107). **Variantă**: *miniprimăvară energetică.*

Pt. Condição da primavera energética mínima ou efêmera. (Vieira, Waldo. Projeciologia; *5 ed.; 2002, p.1107).* **Variante:** *miniprimavera energética.*

Miniproexis (mini+pro+exis)

Miniproéxis (Pt.); Miniproexis (En.)

Programul existențial minim, limitat, care are ca obiectiv realizarea unei sarcini minime, încă grupokarmică. (Vieira, Waldo; *Proiectologia*; ed.5; 2002, p.1107). **Variantă**: *miniprogram existențial.*

Pt.Programação existencial mínima, a varejo, ou objetivando a execução de uma tarefa mínima, ainda grupocármica. (Vieira, Waldo; Projeciologia; *5 ed.; 2002, p.1107).* **Variante***: mini programação existencial.*

Mnemosomatică (mnemo+somatică)

Mnemossomática (Pt.); Mnemosomatics (En.)

Vezi *menosomatologie.*

Pt. **Ver** *Mnemossomatologia.*

Mnemosomatologie (mnemo+somatologie)

Mnemossomatologia (Pt.); Mnemosomatology (En.)

Specialitate a conștientologiei care se ocupă cu studiul somei, abordată în mod specific în raport cu memoriile intersomatice, începând cu memoria cerebrală sau biomemoria de bază și ajungând la holomemorie. Este un domeniu științific al mentalsomatologiei. (Adaptat după Vieira, Waldo; *Proiectologia*; ed.5; 2002, p.40). **Variantă ieșită din uz**: *mnemosomatică.*

Pt. Especialidade da Conscienciologia aplicada aos estudos do soma, especificamente em relação às memórias intrassomáticas, a partir da memória cerebral ou biomemória básica para o homem e a mulher, até atingir a holomemória. É uma subcampo científico da Mentalsomatologia. (Adaptado de Vieira, Waldo; Projeciologia; *5 ed.; 2002, p.40).* **Variante em desuso**: *Mnemossomática.*

Mnemosomă (mnemo+soma)
Mnemossoma (Pt.); Mnemosoma (En.)

Soma considerată în mod specific în raport cu memoria conştiinţei în toate formele sale. (Vieira, Waldo; *700 de Experienţe de Conştientologie;* ed.3; 2013, p.53).

Pt. O soma considerado especificamente quanto à memória da consciência em todas as suas formas. (Vieira, Waldo; 700 Experimentos da Conscienciologia; *3 ed.; 2013, p.53).*

Monitorizare extrafizică
Monitoria extrafísica (Pt.); Extraphysical monitoring (En.)

Asistenţă oferită de către conştiinţe extrafizice sănătoase unei conştin echilibrate atunci când aceasta realizează o sarcină, de asemenea echilibrată, de consolare sau de clarificare. (Vieira, Waldo; *Proiectologia*; ed.5; 2002, p.1107).

Pt. Condição da assistência de consciexes sadias em favor da conscin equilibrada, quando esta desempenha tarefa da consolação ou do esclarecimento, também equilibrada. (Vieira, Waldo; Projeciologia; *5 ed.; 2002, p.1107).*

Monodotare conştienţială
Monodotação consciencial (Pt.); Consciential monoendowment (En.)

Utilizarea unui singur tip de inteligenţă sau talent; este o stare conştienţială opusă, negativă a conştiinţei intrafizice fără experienţă sau puţin evoluate în ceea ce priveşte tridotarea conştienţială (stare de dezvoltare majoră a ansamblului format din intelectualitate, parapsihism şi comunicabilitatea intraconştienţială). (Adaptat după Vieira, Waldo; *200 Teopractici de Conştientologie*; 1997, p.214). **Variantă**: *monoînzestrare conştienţială.*

Pt. Emprego de uma só inteligência ou talento é a condição consciencial oposta, negativa, da conscin inexperiente ou ainda sem evolução em relação à tridotação consciencial (condição a maior do desenvolvimento conjunto da intelectualidade, do parapsiquismo e da comunicabilidade intraconsciencial). (Adaptado de Vieira, Waldo; 200 Teáticas da Conscienciologia; *1997, p.214).* **Variante**: *monotação intraconsciencial.*

Monogânsenă (mono+gân+sen+ene)
Monopensene (Pt.); Monothosene (En.)

Gânsenă repetitivă; mono-ideism; o idee fixă; ecou mental; regânsenă. *(Vieira, Waldo; Proiectologia; ed.5; 2002, p.1107).*

Pt. O pensene repetitivo; o monoideísmo; a ideia fixa; o eco mental; repensene.
(Vieira, Waldo. Projeciologia*; 5 ed.; 2002, p.1107).*

Monotanatoză (mono+tanatoză)
Monotanatose (Pt.); Monothanatosis (En.)

Sinonim al desomării; prima desomare. (Vieira, Waldo; *Proiectologia;* ed.5; 2002, p.1107).

Pt. O mesmo que dessoma; primeira dessoma. (Vieira, Waldo; Projeciologia*; 5 ed.; 2002, p.1107).*

Morexis (mor+exis)
Moréxis (mor+exis) (Pt.); Morexis (mor+exis) (En.)

Starea de moratoriu existențial – sau de completare a vieții intrafizice, acordată anumitor conștiințe potrivit meritului lor holokarmic. În funcție de rezultatele programului existențial se deosebesc: minimorexisul – mai mic, bazat pe deficit și maximorexisul – mai mare, bazat pe surplus. (Vieira, Waldo; *Proiectologia;* ed.5; 2002, p.1107). **Variantă:** *moratoriu existențial.*

Pt. Condição da moratória existencial, ou um complemento de vida intrafísica, facultado a determinadas conscins, conforme o seu mérito holocármico. A moréxis pode apresentar uma base deficitária – a menor – minimoréxis; ou superavitária – a maior – maximoréxis, quanto aos resultados da proéxis. (Vieira, Waldo; Projeciologia*; 5 ed.; 2002, p.1107).*

Morfogânsenă (morfo+gân+ sen+ene)
Morfopensene (Pt.); Morphothosene (En.)

Gândul sau setul de gânduri exprimate într-o manieră structurată, unitară. Acumularea de morfogânsene formează hologânsena conștiinței. (Vieira, Waldo; *Proiectologia;* ed.5; 2002, p.1107). **Varianta învechită:** *formă-gând.*

Pt. O pensamento ou um conjunto de pensamentos quando reunidos e se expressando, de algum modo, como uma forma. Expressão arcaica, agora em desuso: forma-pensamento. A acumulação de morfopensenes compõe o holopensene. (Vieira, Waldo. Projeciologia*; 5 ed.; 2002, p.1107).*

Multicomplexis (multi+compl+exis)
Multicompléxis (Pt.); Multicomplexis (En.)

Multicompletismul existențial sau complexisul obținut prin executarea mai multor programe existențiale (proexis) în diferite vieți intrafizice consecutive (seriexis). (Vieira, Waldo; *Proiectologia;* ed.5; 2002, p.1107). **Variantă***: multicompletism existențial.*

Pt. Multicompletismo existencial ou o compléxis obtido através da execução de várias programações existenciais (proéxis) em diversas vidas intrafísicas (seriéxis) consecutivas. (Vieira, Waldo. Projeciologia; *5 ed.; 2002, p.1107).*

Multiexistenţialitate
Multiexistencialidade (Pt.); Multiexistentiality (En.)

Sistem sau stare de alternanţă continuă a unei perioade de renaştere intrafizică şi a unei alte perioade de post-dezactivare somatică, extrafizică sau intermisiune (seriexis personal). Calitatea stării de autoconştienţă şi experimentarea continuă a conştienţei cu privire la vieţile multiple interconectate unele cu celelalte de-a lungul timpului, determină acumularea de cunoştinţe şi experienţă până la atingerea celei de-a treia desomări. (Adaptat după Vieira, Waldo; *700 de Experimente de Conştientologie*; ed.3; 2013, p.629). ***Variantă:*** *pluriexistenţialitate.*

Pt. Sistema ou condição de alternância contínua de um período de renascimento intrafísico com outro período de pós-desativação somática, extrafísico ou a intermissão (seriéxis pessoal). Qualidade da condição de autoconsciência e vivência continuadas da consciência quanto às suas múltiplas vidas, entrosadas umas às outras, através do tempo, acumulando conhecimento, experiência, até atingir a terceira dessoma. (Adaptado de Vieira, Waldo; 700 Experimentos da Conscienciologia*; 3 ed; 2013, p.629).* ***Variante****: pluriexistencialidade.*

N

Neîncredologie
Descrenciologia (Pt.); Disbeliefology (En.)

Specialitatea conștientologiei dedicată studiului personal, tehnic și teopractic al disecării și evaluării raționale a calității, condiției sau caracterului de autenticitate sau realitate a oricărui subiect, fapt, parafapt, fenomen sau parafenomen, prin eliminarea completă a credulității. Toate studiile trebuie să poarte ștampila autoexperimentării și a autoexperienței specifice, cu alte cuvinte, să aibă la bază principiul neîncrederii. (*Enciclopedia de Conștientologie*; ed.8; 2013, p.3928).

*Pt. Especialidade da Conscienciologia aplicada ao estudo pessoal, técnico, teático, de dissecção e aferição racional da qualidade, condição ou caráter da autenticidade ou realidade de qualquer assunto, fato, parafato, fenômeno ou parafenômeno, descartando toda postura ou qualquer atitude de credulidade, sem a chancelada autexperimentação ou autovivência específica, ou seja, somente com base no princípio da descrença. (*Enciclopédia da Conscienciologia*; 8 ed.; 2013, p.3928).

Neoconstruct
Neoconstruto (Pt.); Neoconstruct (En.)

Neoconceptul sau neoconstrucția teoretică, pur mentală, elaborată sau sintetizată pe baza noilor adevăruri relative de vârf (neoaderev), obținute ca urmare a performanței cercetătorului lucid și autoconștient, care analizează și înțelege anumite aspecte ale unui studiu sau ale unei științe. (Adaptat după Vieira, Waldo; *Homo Sapiens Reurbanisatus*; p.161).

Pt. Neoconceito ou neoconstrução teórica, puramente mental, elaborada ou sintetizada com base em neoverpons, a partir do desempenho do pesquisador autoconsciente lúcido para analisar e entender algum aspecto de um estudo ou ciência. (Adaptado de Vieira, Waldo; Homo Sapiens Reurbanisatus*; p.161)*

Neofilie (neo+filie)
Neofilia (Pt.); Neophilia (En.)

Adaptare ușoară a conștiinței intrafizice la situații, lucruri și întâmplări noi. Opusul este neofobia. (Vieira, Waldo; *Proiectologia*; ed.5; 2002, p.1107).

Pt. Adaptação fácil da conscin às situações, coisas e acontecimentos novos. Oposto à neofobia. (Vieira, Waldo; Projeciologia; *5 ed.; 2002, p.1107).*

Neogânsenă (neo+gân+sen+ene)
Neopensene (Pt.); Neothosene (En.)

Gânsena conştiinţei intrafizice atunci când aceasta se manifestă prin noi sinapse sau conexiuni interneuronale, capabile să creeze recin (reciclare intraconştienţială); conform conştientologiei sau mai exact conştientometriei, unitate de măsură a renovării conştienţiale. (Vieira, Waldo. *Proiectologia;* ed.5; 2002, p.1107).

Pt. O pensene da conscin quando se manifesta através de novas sinapses ou conexões interneuroniais, capaz de criar a recin ou a reciclagem intraconsciencial; a unidade de medida da renovação consciencial, segundo a Conscienciologia, ou, mais apropriadamente, a Conscienciometrologia. (Vieira, Waldo. Projeciologia; *5 ed.; 2002, p.1107).*

Neoidee
Neoideia (Pt.); Neoidea (En.)

Construirea de conţinuturi noi şi inovatoare, creativitatea euristică, capabile să deschidă mintea spre o înţelegere cosmoramică; tehnică şi paratehnică majoră a faptelor şi parafactelor Cosmosului. (Adaptat după *Conscienciopédia*; disponibil pe <http://pt.conscienciopedia.org/index.php/Grupo_de_neoid%C3%A9ias>; accesat pe 13/05/2018).

Pt. Constructo de conteúdo novo, inovador, de criatividade heurística, capaz de fornecer aberturas à compreensão cosmorâmica, técnica e paratécnica maior dos fatos e parafatos do Cosmos. (Adaptado de Conscienciopédia; *disponível em* <http://pt.conscienciopedia.org/index.php/Grupo_de_neoid%C3%A9ias>; *acesso em 13/05/2018)*

Nosografie
Nosografia (Pt.); Nosography (En.)

Urma gânsenică sau registrul actelor negative imprimate în psihosfera personală a conştiinţei nesănătoase şi în mediile mai frecvent vizitate de aceasta, generate şi întreţinute de comportamentele antievolutive şi acţiunile anticosmoetice ale conştiinţei faţă de sine însăşi (autointruziune) şi/sau faţă de alte conştiinţe (heterointruziune, interprizonierat grupokarmic). *(*Couto, Cirleine; *Contrapontos do Parapsiquismo (Contrapunctele parapsihismului); 2010; p.52).*

Pt. A nosografia é o rastro ou registro pensênico de atos negativos impresso na psicosfera pessoal da conscin doentia e nos ambientes onde frequenta, sendo gerado e mantido a partir de condutas antievolutivas e de ações anticosmoéticas realizadas consigo mesma (autoassédio) e / ou com outras consciências (heteroassédio, interprisões grupocármicas). (Couto, Cirleine; Contrapontos do Parapsiquismo; 2010; p.52).

Nucochakră
Nucochacra (Pt.); Nuchochakra (En.)

Chakra nucală, situată în zona cefei. Responsabilă pentru cuplările dintre conştine şi conştiexe. (Adaptat după Vieira, Waldo; *700 de Experimente de Conştientologie; ed.3; 2013, p.360).* **Variante**: *nucalchakra, chakra secundară nucală.*

Pt. Chacra nucal. Localizado na área da nuca. Responsável por acoplamentos entre conscin e consciexes. (Adaptado de Vieira, Waldo; 700 Experimentos da Conscienciologia; 3 ed.; 2013, p.360). **Variantes**: *nucalchacra, chacra secundário nucal.*

O

Ofiex
Ofiex (Pt.); Offiex (En.)

Clinica extrafizică a unui epicon intrafizic (practicant de penta). ***Exemple***: *resursele și facilitățile extrafizice ale ofiex; hologânsena domiciliară care ajută la implantarea clinicii.* (Adaptat după Vieira, Waldo; *Proiectologia*; ed.5; 2002, p.1107).

Pt. Clínica extrafísica do epicon intrafísico (praticante da tenepes). ***Exemplos****: os recursos e instalações extrafísicas da ofiex; um holopensene domiciliar que ajuda na implantação da clínica.* (Adaptado de Vieira, Waldo; Projeciologia; 5 ed.; 2002, p.1107).

Ombilicochakră (ombilico+chakra)
Umbilicochacra (Pt.); Umbilicochakra (En.)

Chakra situată deasupra buricului, asociată fiziologiei și parafiziologiei (abdominale) a conștiinței umane. (Vieira, Waldo. *Proiectologia;* ed.5; 2002, p.1111). **Variantă ieșită din uz**: *chakra ombilicală.*

Pt. O chacra umbilical (acima do umbigo) ou relativo à Fisiologia e Parafisiologia (abdominais) da consciência humana. (Vieira, Waldo. Projeciologia; 5 ed.; 2002, p.1111). **Variante em desuso**: *chacra umbilical.*

Omisiune deficitară
Omissão deficitária (Pt.); Deficitary omission (En.)

Atitudine lipsită de poziționare privind o anumită temă, faptă sau situație, care poate fi subiectul unei intervenții sarclariste, dar față de care conștiința preferă să nu acționeze asistențial, manifestând neglijență și provocând un deficit evolutiv.

Pt. Atitude de ausência de posicionamento em relação a tema, fato ou situação, passíveis de intervenção tarística, diante dos quais a consciência opta pela inação, desassistência ou negligência, revertendo-se em deficit evolutivo.

Omisiune excedentară
Omissão superavitária (Pt.); Superavitary omission (En.)

Vezi *omiex.*

Pt. **Ver** *omissuper.*

Omiex (omi+ex)
Omissuper (Pt.); Omisuper (En.)

Omisiune excedentară. Conduita-excepție, personală sau de grup, de a evita profilactic, într-o manieră conștientă și autodeterminată, o acțiune antievolutivă sau anticosmoetică; acest comportament este explicit împotriva fluxului obișnuit al societății intrafizice încă patologice, a tradiționalismului mucegăit, a folclorului, miturilor, simpatiilor ancestrale, superstițiilor și idiotismelor culturale în vigoare. (*Enciclopedia de Conștientologie*, ed.7, 2012, p.6232).

Pt. Omissão superavitária. Conduta-exceção, pessoal ou grupal, de se evitar profilaticamente, de modo consciente e com autodeterminação, a ação antievolutiva ou anticosmoética, no caso indo explicitamente no contrafluxo ordinário da socin ainda patológica contra os tradicionalismos bolorentos, folclores, mitos, simpatias ancestrais, superstições e idiotismos culturais em vigor. (Enciclopédia da Conscienciologia, 7 ed., 2012, p.6232).

Omnichestionare
Omniquestionamento (Pt.); Omniquestioning (En.)

Stare sau atitudine de neîncredere, de chestionare neîntreruptă și analiză universală, formularea de întrebări în cercetarea faptelor și parafaptelor.

Pt. Condição ou estado de descrença, questionamento ininterrupto, análise universal, formulando questionamentos de pesquisa acerca dos fatos e parafatos.

Oraș natal extrafizic
Paraprocedência (Pt.); Extraphysical hometown (En.)

Vezi *paraproveniență.*

*Pt. **Ver** Paraprocedência.*

Orientor evolutiv
Orientador evolutivo (Pt.); Evolutionary orientor (En.)

Vezi *evoluțiolog.*

*Pt. **Ver** evoluciólogo.*

Ortogânsenă (orto+gân+sen+ene)
Ortopensene (Pt.); Orthothosene (En.)

Gânsena corectă sau cosmoetică, proprie holomaturității conștiențiale. Conform conștientometrologiei, este unitatea de măsură a cosmoeticii practice. (Vieira, Waldo; *Proiectologia;* ed.5; 2002, p.1107).

Pt. O pensene reto ou cosmoético, próprio da holomaturidade consciencial; a unidade de medida da Cosmoética Prática, segundo a Conscienciometrologia. (Vieira, Waldo. Projeciologia; 5 ed.; 2002, p.1107).

Ortogânsenitate

Ortopensenidade (Pt.); Orthothosenity (En.)

Calitatea, acțiunea sau efectul acțiunii de menținere a unei autogânsenități caracterizate de predominanța constantă a ortogânsenelor, a gânsenelor corecte sau cosmoetice, care formează starea de holomaturitate proprie unei conștin sau conștiex; unitatea de măsură a cosmoeticii practice. (Adaptat după *Enciclopedia de Conștientologie*; 7 ed; 2012, p.2327).

Pt. Qualidade, o ato ou o efeito da manutenção da autopensenidade caracterizada pelo predomínio constante dos ortopensenes, os pensenes retos ou cosmoéticos, compondo a condição própria da holomaturidade da conscin ou consciex, e a unidade de medida da Cosmoética Prática. (Adaptado de Enciclopédia da Conscienciologia; 7 ed; 2012, p.2327).

Ortopensata

Ortopensata (Pt.); Orthopensata (En.)

Este gândirea dreaptă, corectă, normală, corectă, verticală și directă. (Adaptat după Vieira, Waldo; *Léxico de Ortopensatas (Lexicon de Ortopensate)*; 2014, p.9).

Pt. É o pensamento reto, correto, normal, justo, elevado e direto. (Adaptado de Vieira, Waldo; Léxico de Ortopensatas; 2014, p.9).

P

Palmochakre
Palmochacras (Pt.); Palmochakras (En.)

Chakrele secundare situate în palmele mâinilor, responsabile pentru exteriorizarea energiilor conștiențiale (EC). (Adaptat după Vieira, Waldo; *700 de Experimente de Conștientologie*; ed.3; 2013, p.321). **Variantă**: *chakre palmare.*

Pt. Chacras secundários localizados nas palmas das mãos, responsáveis pela exteriorização de energias conscienciais (ECs). (Adaptado de Vieira, Waldo; 700 Experimentos da Conscienciologia*; 3 ed.; 2013, p.321).* **Variante**: *chacras palmares.*

Pangrafie
Pangrafia (Pt.); Pangraphy (En.)

Registru de fenomene, parapsihic, multimodal, atotcuprinzător și sofisticat. (Vieira, Waldo; *700 de Experimente de Conștientologie*; ed.3; 2013, p.54).

Pt. Registro fenomênico, parapsíquico multímodo, abrangente e sofisticado. (Vieira, Waldo; 700 Experimentos da Conscienciologia; *3 ed.; 2013, p.54).*

Para
Para (Pt.); Para (En.)

Prefix care înseamnă *dincolo* sau *alături de*, ca de exemplu *paracreier*. De asemenea, în contextul conștientologiei, înseamnă *extrafizic*. (Vieira, Waldo; *Proiectologia*; ed.5; 2002, p.1107).

Pt. Prefixo que significa além de ou ao lado de, como em paracérebro. Significa, também, extrafísico no contexto da Conscienciologia. (Vieira, Waldo; Projeciologia; *5 ed.; 2002, p.1107).*

Para-anatomie
Paranatomia (Pt.); Para-anatomy (En.)

Vezi *para-anatomologie.*

Pt. **Ver** *Paranatomologia.*

Para-anatomologie

Paranatomologia (Pt.); Para-anatomology (En.)

Specialitate a conștientologiei care studiază anatomia care transcende intrafizicalitatea, prin abordarea vehiculelor de manifestare a conștiinței cu excepția corpului uman (soma). Este un subdomeniu științific al holosomatologiei. (Adaptat după Vieira, Waldo; *Proiectologia*; ed.5; 2002, p.40). **Variantă ieșită din uz pentru această specialitate:** *para-anatomie.*

Pt. Especialidade da Conscienciologia aplicada ao estudo da anatomia que transcende a intrafisicalidade, dentro da abordagem dos veículos de manifestação da consciência, excluído o corpo humano (soma). É um subcampo científico da Holossomatologia. (Adaptado de Vieira, Waldo; Projeciologia*; 5 ed.; 2002, p.40).* **Variante em desuso para esta especialidade***: Paranatomia.*

Para-anestezie

Paranestesia (Pt.); Para-anesthesia (En.)

Vezi *para-anesteziologie.*

Pt. **Ver** *Paranestesiologia.*

Para-anesteziologie

Paranestesiologia (Pt.); Para-anesthesiology (En.)

Specialitate a conștientologiei care studiază tehnicile de anestezie care transcend resursele din intrafizicalitate, prin utilizarea parapsihismului. Este un subdomeniu științific al parachirurgiologiei (conștientoterapeuticologie). (Adaptat după Vieira, Waldo; *Proiectologia*; ed.5; 2002, p.40). **Variantă ieșită din uz pentru această specialitate**: *para-anestezie.*

Pt. Especialidade da Conscienciologia aplicada aos estudos das técnicas de anestesia que transcendem os recursos da intrafisicalidade, através do parapsiquismo. É um subcampo científico da Paracirurgiologia (Consciencioterapeuticologia). (Adaptado de Vieira, Waldo; Projeciologia*; 5 ed.; 2002, p.40).* **Variante em desuso para esta especialidade***: Paranestesia.*

Para-asepsie

Parassepsia (Pt.); Parasepsis (En.)

Vezi *parasepsiologia.*

Pt. **Ver** *Parassepsiologia.*

Para-asepsiologie
Parassepsiologia (Pt.); Parasepsiology (En.)

Specialitate a conștientologiei care studiază asepsia care transcende resursele intrafizicalității, prin utilizarea parapsihismului. Este un subdomeniu științific al parachirurgiologiei (conștientoterapeuticologie). (Vieira, Waldo; *Proiectologia*; ed.5; 2002, p.40). **Variantă ieșită din uz pentru această specialitate:** *para-asepsie.*

Pt. Especialidade da Conscienciologia aplicada aos estudos da assepsia que transcende os recursos da intrafisicalidade, através do parapsiquismo. É um subcampo científico da Paracirurgiologia (Conscioterapêuticologia). (Vieira, Waldo; Projeciologia; *5 ed.; 2002, p.40).* **Variante em desuso para esta especialidade:** *Parassepsia.*

Para-bărbat
Para-homem (Pt.); Paraman (En.)

Conștiex cu aspect vizual de bărbat sau conștin-bărbat proiectată. (Vieira, Waldo; *Proiectologia*; ed.5; 2002, p.1108). **Varianta învechită**: *entitate spirituală masculină.*

Pt. Consciex com visual de homem ou conscin-homem projetada. (Vieira, Waldo; Projeciologia; *5 ed.; 2002, p.1108).* **Variante envilecida**: *entidade espiritual masculina.*

Parabiologie
Parabiologia (Pt.); Parabiology (En.)

Specialitate a conștientologiei dedicată studiului ființelor vii, în relațiile lor multidimensionale și multivehiculare. Este un subdomeniu științific al experimentologiei. (Adaptat după Vieira, Waldo; *Proiectologia*; ed.5; 2002, p.41).

Pt. Especialidade da Conscienciologia aplicada aos estudos dos seres vivos, nas suas relações multidimensionais e multiveiculares. É um subcampo científico da Experimentologia. (Adaptado de Vieira, Waldo; Projeciologia; *5 ed.; 2002, p.41).*

Parabotanică
Parabotânica (Pt.); Parabotany (En.)

Vezi *parabotanicologie.*

Pt. **Ver** *parabotanicologia.*

Parabotanicologie
Parabotanicologia (Pt.); Parabotanicology (En.)

Specialitate a conștientologiei dedicată studiului manifestării principiilor conştienţiale în starea lor primară de plante sau de paraflora. Este un subdomeniu ştiinţific al parabiologiei. (Adaptat după Vieira, Waldo; *Proiectologia*; ed.5; 2002, p.41). **Variante ieşite din uz pentru această specialitate:** *parabotanică*.

Pt. Especialidade da Conscienciologia aplicada ao estudo da manifestação dos princípios conscienciais na condição inicial de plantas, ou a paraflora. É um subcampo científico da Parabiologia. (Adaptado de Vieira, Waldo; Projeciologia; *5 ed.; 2002, p.41).* **Variante em desuso para esta especialidade:** *Parabotânica*.

Paracetăţean
Paracidadão (Pt.); Paracitizen (En.)

Conştiinţa care a trecut deja prin moartea biologică sau prin prima desomare, care se află în prezent în dimensiunea extrafizică şi se manifestă în psihosoma sau paracorpul emoţiilor, ca cetăţean al sociex sau al unei comunex specifice. (Adaptat după Vieira, Waldo; *Homo sapiens reurbanisatus;* 2003, p.183).

Pt. Consciência que já passou pela morte biológica ou 1ª dessoma e atualmente está na dimensão extrafísica manifestando-se através do psicossoma ou paracorpo das emoções, manifestando-se enquanto cidadão da sociex ou de uma comunex específica. (Adaptado de Vieira, Waldo; Homo sapiens reurbanisatus; *2003, p.183).*

Parachirurgie
Paracirurgia (Pt.); Parasurgery (En.)

Vezi *parachirurgiologie*

Pt. ***Ver*** *Paracirurgiologia.*

Parachirurgiologie
Paracirurgiologia (Pt.); Parasurgeriology (En.)

Specialitate a conştientologiei care se ocupă cu studiul chirurgiei dincolo de resursele din intrafizicalitate, prin utilizarea parapsihismului (paraperceptologie). Este un subdomeniu ştiinţific al conştientoterapeuticologiei. (Adaptat după Vieira, Waldo; *Proiectologia;* ed.5; 2002, p.41). **Variantă ieşită din uz pentru această specialitate:** *parachirurgie*.

Pt. Especialidade da Conscienciologia aplicada ao estudo da cirurgia além dos recursos da intrafisicalidade, através do parapsiquismo (parapercepciologia). É um subcampo científico da Conscienctoterapeuticologia. (Adaptado de Vieira, Waldo; Projeciologia; *5 ed.; 2002, p.41).* **Variante em desuso para esta especialidade:** *Paracirurgia.*

Paracicatrizare

Paracicatrização (Pt.); Paracicatrization (En.)

Vezi *paracicatrizatologie.*

Pt. **Ver** *paracicatrizaciologia.*

Paracicatrizatologie

Paracicatrizaciologia (Pt.); Paracicatrizationology (En.)

Specialitate a conştientologiei dedicată studiului cicatrizării care transcende resursele din intrafizicalitate, prin utilizarea parapsihismului. Este un subdomeniu ştiinţific al parachirurgiologiei. (Adaptat după Vieira, Waldo; *Proiectologia;* ed.5; 2002, p.41). **Variantă ieşită din uz pentru această specialitate:** *paracicatrizare.*

Pt. Especialidade da Conscienciologia aplicada aos estudos da cicatrização que transcende os recursos da intrafisicalidade, através do parapsiquismo. É um subcampo científico da Paracirurgiologia. (Adaptado de Vieira, Waldo; Projeciologia; *5 ed.; 2002, p.41).* **Variante em desuso para esta especialidade:** *Paracicatrização.*

Paraclinică

Paraclínica (Pt.); Paraclinic (En.)

Vezi *paraclinicologie.*

Pt. **Ver** *Paraclinicologia.*

Paraclinicologie

Paraclinicologia (Pt.); Paraclinicology (En.)

Specialitate a conştientologiei care realizează studiului clinicii sau îngrijirii bolnavilor, dincolo de resursele din intrafizicalitate, prin utilizarea parapsihismului. Este un subdomeniu ştiinţific al conştientoterapeuticologiei. (Adaptat după Vieira, Waldo; *Proiectologia*; ed.5; 2002, p.41). **Variantă ieşită din uz pentru această specialitate:** *paraclinică.*

Pt. Especialidade da Conscienciologia aplicada aos estudos da clínica ou o atendimento aos doentes além dos recursos da intrafisicalidade, através do parapsiquismo. É um subcampo científico da Conscienciaterapeuticologia. (Adaptado de Vieira, Waldo; Projeciologia; *5 ed.; 2002, p.41).* **Variante em desuso para esta especialidade***: Paraclínica.*

Paracomatoză conştienţială

Paracomatose consciencial (Pt.); Consciential paracomatose (En.)

Stare de comă extrafizică a unei conştine proiectate, care rămâne invariabil inconştientă şi, prin urmare, fără să îşi reamintească evenimentele extrafizice. (Vieira, Waldo; *Proiectologia*; ed.5; 2002, p.1107). **Variantă:** *paracomă conştienţială.*

Pt. Estado de coma extrafísico da conscin, quando projetada, que permanece invariavelmente inconsciente e, portanto, sem rememorações extrafísicas. (Vieira, Waldo; Projeciologia; *5 ed.; 2002, p.1107).*

Paraconstruct
Paraconstructo (Pt.); Paraconstruct (En.)

Construcţie sintetică, pur mentalsomatică, creată din elemente mai puţin simple, mentale, cerebrale, somatice sau intrafizice, pentru a face parte din teoria conştientologică complexă, sau cea despre conştiinţa abordată integral, holosomatic, multidimensional, holomnemonic şi holobiografic. (Vieira, Waldo; *Homo sapiens reurbanisatus;* 2013, p.86).

Pt. Construção sintética, puramente mentalsomática, criada a partir de elementos menos simples, mentais, cerebrais, somáticos, intrafísicos, para ser parte da teoria conscienciológica mais complexa, ou da consciência considerada "inteira", holossomática, multidimensional, holomnemônica, holobiográfica. (Vieira, Waldo; Homo sapiens reurbanisatus; *2013, p.86)*

Paracorp
Paracorpo (Pt.); Parabody (En.)

Corp nematerial sau vehicul de manifestare multidimensională, care conţine holosoma, cu excepţia corpului fizic sau a somei. **Exemple:** energosoma (paracorp energetic), psihosoma (paracorpul emoţiilor), mentalsoma (paracorpul autodiscernământului). (Adaptat după Vieira, Waldo; *Proiectologia*; ed.5; 1999, p.43).

Pt. Corpo não-material ou veículo de manifestação multidimensional, que compreende o holossoma, com exceção do corpo físico ou soma. Exemplos: energossoma (paracorpo energético), psicossoma (paracorpo das emoções), mentalsoma (paracorpo do autodiscernimento). (Adaptado de Vieira, Waldo; Projeciologia; *5 ed.; 1999, p.43).*

Paracreier
Paracerebro (Pt.); Parabrain (En.)

Creierul extrafizic al psihosomei conştiinţei aflate în stare extrafizică (conştiex), intrafizică (conştin) sau proiectată în psihosoma. (Vieira, Waldo; *Proiectologia*; ed.5; 2002, p.1107). Termeni relaţionaţi: paraencefal, paracerebel.

Pt. Cérebro extrafísico do psicossoma da consciência nos estados extrafísico (consciex), intrafísico (conscin) e projetado, quando através do psicossoma. (Vieira, Waldo; Projeciologia; *5 ed.; 2002, p.1107). Termos relacionados: parencéfalo, paracerebelo.*

Paracronologie
Paracronologia (Pt.); Parachronology (En.)

Specialitate a conştientologiei care studiază cronologia manifestărilor conştiinţelor dincolo de intrafizicalitate, care vizează şi celelalte dimensiuni conştienţiale, holobiografiile şi multidimensionalitatea. Este un subdomeniu ştiinţific al holoresomatologiei. (Adaptat după Vieira, Waldo; *Proiectologia*; ed.5; 2002, p.41).

Pt. Especialidade da Conscienciologia aplicada aos estudos da Cronologia das manifestações das consciências além da intrafisicalidade, objetivando também as outras dimensões conscienciais, as holobiografias e a multidimensionalidade. É um subcampo científico da Holorressomatologia. (Adaptado de Vieira, Waldo; Projeciologia; 5 ed.; 2002, p.41).

Parademografologie
Parademografologia (Pt.); Parademographology (En.)

Specialitate a conştientologiei care se ocupă cu studiul multidimensional al populaţiilor de conştiinţe extrafizice, sau al parapopulaţiilor, din perspectivă cantitativă, cu selectarea indicatorilor numerici capabili să permită analiza modificărilor semnificative ale variabilelor realităţilor extrafizice specifice, ca de exemplu: conştiinţele extrafizice concentrate din punct de vedere evolutiv în timpul perioadei intermisive pe Pământ, numărul de conştiexe asistente şi asistate la cursurile intermisive, fluctuaţia parapopulaţiei şi conştiinţele extrafizice transmigrate. (Adaptat după Vieira, Waldo; *Homo sapiens pacificus*; p.515).

Pt. Especialidade da Conscienciologia aplicada ao estudo multidimensional das populações de consciexes, ou parapopulações, sob a perspectiva quantitativa, com a seleção de indicadores numéricos capazes de permitir a análise de mudanças significativas quanto às variáveis das realidades extrafísicas específicas, por exemplo: consciexes centradas evolutivamente na Terra no período da intermissão, cálculo do número de consciexes assistentes e assistidas nos Cursos Intermissivos, a parapopulação flutuante e consciexes transmigrantes. (Adaptado de Vieira, Waldo; Homo sapiens pacificus; p.515).

Paradigma conştienţială
Paradigma consciencial (Pt.); Consciential paradigm (En.)

Teoria-lider a conştientologiei bazată pe conştiinţa însăşi şi atributele acesteia. Sistem de referinţă sau model ştiinţific care permite studiul şi înţelegerea mai amplă a conştiinţei pe baza realităţii sale bioenergetice, holosomatice, multidimensionale şi multiexistenţiale. (Adaptat după Vieira, Waldo; *Proiectologia*; ed.5; 2002, p.1107).

Pt. Teoria-líder da Conscienciologia fundamentada na própria consciência e seus atributos. Sistema de referências ou modelo científico que possibilita o estudo e compreensão mais ampla da consciência a partir de sua realidade bioenergética, holossomática, multidimensional e multiexistencial. (Adaptado de Vieira, Waldo; Projeciologia; 5 ed.; 2002, p.1107).

Paradiplomație
Paradiplomacia (Pt.); Paradiplomacy (En.)

Specialitate a conștientologiei care studiază inter-relațiile evolutive și cosmoetice dintre toate conștiințele, indiferent de nivelul lor evolutiv, dintr-o perspectivă multidimensională, cu referință la conștiințele intrafizice și extrafizice, dar și la societățile intrafizice (socin) și cele extrafizice (sociex).

Pt. Especialidade da Conscienciologia que estuda as interrelações evolutivas e cosmoéticas entre todas as consciências, independente do seu nível evolutivo, a partir de uma perspectiva multidimensional, incluindo conscins e consciexes, socins e sociexes.

Paradreptologie
Paradireitologia (Pt.); Paralawology (En.)

Specialitate a conștientologiei dedicată studiului și cercetării, cu autoluciditate și autodiscernământ, a paradreptului și pararesponsabilităților, a comportamentului multidimensional cosmoetic al conștiinței și a implantării teopractice a neoștiințelor și neorealităților avansate precum: Statul Mondial și parapoliticologia, paradiplomatologia și holo-filosofia. (Jayme, Pereira; *Enciclopedia de Conștientologie*; ed.9; 2014, p.16461; disponibil pe: <http://encyclossapiens.space/buscaverbete/>; accesat pe: 27/11/2019). **Variantă ieșită din uz pentru această specialitate:** paradrept.

Pt.Especialidade da Conscienciologia aplicada ao estudo e à pesquisa do Paradireito e do Paradever, fundamentando, através da autolucidez e do autodiscernimento, a conduta multidimensional cosmoética da consciência e a implantação teática de neociências e neorrealidades avançadas, entre as quais o Estado Mundial, a Parapoliticologia, a Paradiplomaciologia e a Holofilosofia. (Jayme, Pereira; Enciclopédia da Conscienciologia; 9 ed.; 2014, p.16461; disponível em: <http://encyclossapiens.space/buscaverbete/>; acesso em: 27/11/2019). **Variante em desuso para esta especialidade:** *Paradireito.*

Paraepistemologie
Parepistemologia (Pt.); Paraepistemology (En.)

Specialitate a conștientologiei care studiază originea, natura și valoarea înțelegerii și producerii științifice a cunoștințelor multidimensionale. (Vieira, Waldo; *Enciclopedia de Conștientologie*; ed.8; 2013, p.8237 din *Conștientologia, Verbete* 2.146; 2012, p.6671).

Pt. Especialidade da Conscienciologia aplicada aos estudos da origem, da natureza e do valor da compreensão e da produção científica de conhecimentos multidimensionais. (Vieira, Waldo; Enciclopédia da Conscienciologia; 8 ed.; 2013, p.8237 da Conscienciologia *2.146* Verbetes; *2012, p.6671*).

Parafapt
Parafato (Pt.); Parafact (En.)

Fapt multidimensional, dincolo de universul material, observat de conștiexe, de conștine proiectate sau de conștine parapsihice sau sensibile.

Pt. Fato multidimensional, para além do universo material, observado por consciexes, conscins projetadas ou conscins sensitivas e parapsíquicas.

Parafemeie
Paramulher (Pt.); Parawoman (En.)

Conștiință extrafizică cu aspect vizual de femeie sau conștiință intrafizică feminină proiectată. (Vieira, Waldo; *Proiectologia*; ed.5; 2002, p.1108). **Varianta învechită**: entitate spirituală feminină.

Pt. Consciex com visual de mulher ou conscin-mulher projetada. (Vieira, Waldo; Proiectologia; *5 ed.; 2002, p.1108*). **Variante envilecida**: *entidade espiritual feminina.*

Parafenomenologie
Parafenomenologia (Pt.); Paraphenomenology (En.)

Specialitate a conștientologiei care studiază manifestările parapsihice ale conștiinței umane, fie ele subiective (intraconștiențiale), ambivalente sau obiective (perceptibile în mediul exterior), prin utilizarea holosomei și mobilizarea energiilor conștiențiale. Este un subdomeniu științific al parafiziologiei. (Adaptat după Vieira, Waldo; *Proiectologia*; ed.5; 2002, p.41).

Pt. Especialidade da Conscienciologia aplicada ao estudo das manifestações parapsíquicas da consciência humana, sejam de ordem subjetiva (intraconsciencial), ambivalente ou objetiva (perceptível ao meio externo), através da utilização do holosoma e da mobilização das energias conscienciais. É um subcampo científico da Parafisiologia. (Adaptado de Vieira, Waldo; Projeciologia; *5 ed.; 2002, p.41).*

Parafiziologie
Parafisiologia (Pt.); Paraphysiology (En.)

Specialitate a conștientologiei care studiază funcțiile vehiculelor de manifestare a conștiinței sau holosomei (energosoma, psihosoma, mentalsoma), cu excepția corpului uman (soma). Este un subdomeniu ştiinţific al holosomatologiei. (Adaptat după Vieira, Waldo; *Proiectologia*; ed.5; 2002, p.41).

Pt. Especialidade da Conscienciologia aplicada ao estudo das funções dos veículos de manifestação da consciência ou holossoma (energossoma, psicossoma, mentalsoma), excluído o corpo humano (soma). É um subcampo científico da Holossomatologia. (Adaptado de Vieira, Waldo; Projeciologia; *5 ed.; 2002, p.41).*

Paragânsenă (para+gân+sen+ene)
Parapensene (para+pen+sen+e) (Pt.); Parathosene (para+tho+sen+e) (En.)

Gânsena specifică conştiinţei extrafizice. (Vieira, Waldo; *Proiectologia*; ed.5; 2002, p.1108)

Pt. O pensene específico da consciex ou consciência extrafísica. (Vieira, Waldo; Projeciologia; *5 ed.; 2002, p.1108).*

Paragenetică
Paragenética (Pt.); Paragenetics (En.)

Genetica legată de moştenirile conştiinţei, prin psihosoma, din vieţile anterioare embrionului uman. Vezi de asemenea *parageneticologie.* (Adaptat după Vieira, Waldo; *Proiectologia*; ed.5; 2002, p.1108).

Pt. A Genética adstrita às heranças da consciência, através do psicossoma, de vidas anteriores ao embrião humano. (Adaptado de Vieira, Waldo; Projeciologia; *5 ed.; 2002, p.1108).*

Parageneticologie
Parageneticologia (Pt.); Parageneticology (En.)

Specialitate a conştientologiei care se ocupă cu studiul geneticii compuse şi integrale, legate de toate moştenirile congenitale sau înnăscute, inclusiv temperamentul conştiinţei impregnat în psihosoma şi în mentalsoma (holosomatică), din vieţile anterioare până în starea curentă de conştin. (Adaptat după Vieira, Waldo, *200 de Teopractici;* 1997, p.153). **Variantă ieşită din uz pentru această specialitate:** *paragenetică.*

Pt. Especialidade da Conscienciologia aplicada aos estudos da genética composta e integral, adstrita a todas as heranças congênitas ou inatas, inclusive o temperamento da consciência, através do psicossoma e do mentalsoma (holossomática) das vidas anteriores até a presente condição de conscin. (Adaptado de Vieira, Waldo, 200 Teáticas; *1997, p.153).* **Variante em desuso para esta especialidade:** *Paragenética.*

Parageografie

Parageografia (Pt.); Parageography (En.)

Geografia care descrie mediile extrafizice din paratroposferă, inclusiv unitățile parageomorfice parageografice, comunitățile extrafizice și relațiile dintre aceste medii și parapopulația lor. (Adaptat după Vieira, Waldo; *Proiectologia*; ed.5; 2002, p.41).

Pt. A geografia descritiva dos ambientes extrafísicos da paratroposfera incluindo os acidentes parageográficos, as comunidades extrafísicas, as relações entre este meio e a parapopulação. (Adaptado de Vieira, Waldo; Projeciologia; 5 ed.; 2002, p.41).

Parageografologia

Parageografologia (Pt.); Parageographology (En.)

Specialitate a conștientologiei dedicată studiilor și cercetărilor legate de descrierea paratroposferei, inclusiv a unităților parageomorfice parageografice, a comunităților extrafizice și a relațiilor dintre acest mediu și parapopulația autohtonă și cea aflată în tranzit. Este un subdomeniu științific al extrafizicologiei. *(*Adaptat după Vieira, Waldo; *Proiectologia;* ed.5; 2002, p.41). **Variantă ieșită din uz pentru această specialitate:** *parageografie.*

Pt. Especialidade da Conscienciologia aplicada aos estudos e pesquisas da descrição da Paratroposfera, incluindo os acidentes parageográficos, comunidades extrafísicas, as relações entre este meio e a parapopulação autóctone, e a transiente. É um subcampo científico da Extrafisicologia. (Adaptado de Vieira, Waldo; Projeciologia; 5 ed.; 2002, p.41). **Variante em desuso para esta especialidade:** *Parageografia.*

Parahemostazie

Para-hemostasia (Pt.); Parahemostasis (En.)

Vezi *parahemostaziologie.*

Pt. ***Ver*** *Para-hemostasiologia.*

Parahemostaziologie

Para-hemostasiologia (Pt.); Parahemostasiology (En.)

Specialitate a conștientologiei care studiază hemostaza care transcende, prin parapsihism, resursele intrafizice. Este un subdomeniu științific al parachirurgilogiei (conștientoterapeuticologie). (Adaptat după Vieira, Waldo; *Proiectologia*; ed.5; 2002, p.41). **Variantă ieșită din uz pentru această specialitate:** *parahemostazie.*

Pt. Especialidade da Conscienciologia aplicada ao estudo da hemostasia que transcende os recursos da intrafisicalidade, através do parapsiquismo. É um subcampo científico da Paracirurgiologia (Consciencioterapeuticologia). (Adaptado de Vieira, Waldo; Projeciologia*; 5 ed.; 2002, p.41)*. **Variante em desuso para esta especialidade**: *Para-hemostasia.*

Paraistorie
Para-história (Pt.); Parahistory (En.)

Vezi paraistoriologie.

Pt. **Ver** *Para-historiologia.*

Paraistoriologie
Para-historiologia (Pt.); Parahistoriology (En.)

Specialitate a conștientologiei dedicată studiului multidimensional al istoriei conștiinței și al cosmosului, dincolo de autobiografia din această viață umană a conștin și de istoria umană, utilizând extrafizicologia, retrocognițiile și proiectabilitatea conștiențială lucidă. Este un subdomeniu științific al paracronologiei. (Adaptat după Vieira, Waldo; *Proiectologia*; ed.5; 2002, p.41). **Variante ieșite din uz pentru această specialitate**: *paraistorie, paraistoriografie.*

Pt. Especialidade da Conscienciologia aplicada ao estudo da História da Consciência e do Cosmos, além da autobiografia da conscin, desta vida, e da História Humana, de modo multidimensional, através da Extrafisicologia, das retrocognições e da projetabilidade consciencial lúcida. É um subcampo científico da Paracronologia. (Adaptado de Vieira, Waldo; Projeciologia*; 5 ed.; 2002, p.41)*. **Variante em desuso para esta especialidade**: *Para-história. Parahistoriografia.*

Para-microcip
Paramicrochip (Pt.); Paramicrochip (En.)

Parapiesă energetică miniaturizată implantată sau încorporată în paraencefalul macrosomei conștiinței intrafizice, asociat cu paracerebelul, derivat din perioada pre-resomatică, capabilă să îndeplinească diferite funcții interactive, mai mult sau mai puțin complexe, cum ar fi, în special, intensificarea energiilor conștiențiale (EC) care acționează în telepatie, în percepția legăturii dintre persoană și conștiexhelperi și în accesul liber în Centrele Extrafizice sau la paraproveniența personală (paraprovenientologie). (Vieira, Waldo; *Enciclopedia de Conștientologie*; ed.9; 2014, p.16653; disponibil pe: <http://encyclossapiens.space/ buscaverbete/>; accesat pe: 27/11/2019).

Pt. Parapeça energética, miniaturizada, implantada ou embutida a partir do parencéfalo do macrossoma da conscin, relacionado ao paracerebelo, derivada do período pré-ressomático, capaz de realizar diversas funções interativas mais ou menos complexas, notadamente na intensificação das energias conscienciais (ECs) atuantes na telepatia, nas inspirações entre a pessoa e as consciexes amparadoras, no acesso mais livre às Centrais Extrafísicas ou à paraprocedência pessoal (Paraprocedenciologia). (Vieira, Waldo; Enciclopédia da Conscienciologia; *9 ed.; 2014, p.16653; disponível em:* <http://encyclossapiens.space/ buscaverbete/>; *acesso em: 27/11/2019).*

Paraneurologie
Paraneurologia (Pt.); Paraneurology (En.)

Specialitate a conștientologiei care studiază paracreierul și relațiile lui cu creierul fizic, sistemul nervos și celelalte vehicule ale holosomei. Este un subdomeniu științific al psihosomatologiei. (Adaptat după Vieira, Waldo; *Proiectologia*; ed.5; 2002, p.41).

Pt. Especialidade da Conscienciologia aplicada ao estudo do paracérebro e suas relações com o cérebro físico, o Sistema Nervoso e os demais veículos do holososoma. É um subcampo científico da Psicossomatologia. (Adaptado Vieira, Waldo; Projeciologia; *5 ed.; 2002, p.41).*

Parapatologie
Parapatologia (Pt.); Parapathology (En.)

Specialitate a conștientologiei care studiază patologia vehiculelor de manifestare ale conștiinței sau holosoma (energosoma, psihosoma, mentalsoma), excluzând corpul uman (soma). Este un subdomeniu științific al holosomatologiei. (Adaptat după Vieira, Waldo; *Proiectologia*; ed.5; 2002, p.41).

Pt. Especialidade da Conscienciologia aplicada ao estudo da Patologia dos veículos de manifestação da consciência, ou do holossoma (energossoma, psicossoma, mentalsoma) excluído o corpo humano (soma). É um subcampo científico da Holossomatologia. (Adaptado de Vieira, Waldo; Projeciologia; *5 ed.; 2002, p.41).*

Parapedagogie
Parapedagogia (Pt.); Parapedagogy (En.)

Vezi parapedagogiologie.

Pt. Ver parapedagogiologia.

Parapedagogiologie
Parapedagogiologia (Pt.); Parapedagogiology (En.)

Specialitate a conștientologiei care studiază filosofia educației și pedagogiei dincolo de resursele intrafizicalității, prin multidimensionalitatea lucidă și proiectabilitatea conștiinței umane și consecințele acestora în viața umană. Este un subdomeniu științific al comunicologiei. (Adaptat după Vieira, Waldo; *Proiectologia*; ed.5; 2002, p.42). ***Variantă ieșită din uz pentru această specialitate:*** *parapedagogie.*

Pt. Especialidade da Conscienciologia aplicada aos estudos da Filosofia da Educação e à Pedagogia, além dos recursos da intrafisicalidade, através da multidimensionalidade lúcida e da projetabilidade da consciência humana, e as suas consequências na vida humana. É um subcampo científico da Comunicologia. (Adaptado Vieira, Waldo; Projeciologia; *5 ed.; 2002, p.42).* **Variante em desuso para esta especialidade:** *Parapedagogia.*

Paraperceptologie
Parapercepciologia (Pt.); Paraperceptiology (En.)

Specialitate a conștientologiei care studiază parapercepțiile conștiinței dincolo de percepțiile limitate ale corpului uman (soma), fenomenele asociate și consecințele evolutive ale acestora. Este un subdomeniu științific al parafenomenologiei. (Adaptat după Vieira, Waldo; *Proiectologia*; ed.5; 2002, p.42).

Pt. Especialidade da Conscienciologia aplicada ao estudo das parapercepções da consciência, além das percepções adstritas ao corpo humano (soma), seus fenômenos e suas consequências evolutivas. É um subcampo científico da Parafenomenologia. (Adaptado Vieira, Waldo; Projeciologia; *5 ed.; 2002, p.42).*

Parapoliticologie
Parapoliticologia (Pt.); Parapoliticology (En.)

Specialitate a conștientologiei dedicată studiului conexiunilor multidimensionale care vizează administrarea grupurilor evolutive, prin conducerea exercitată de epicon, concentrată pe acțiunea de a integra minipiesele conștiențiale, cu scopul de îndeplinire a proexisurilor individuale și de grup. Este un subdomeniu științific al parasociologiei. (Vieira, Waldo; *Homo sapiens reurbanisatus*; p.355).

Pt. Especialidade da Conscienciologia dedicada ao estudo das articulações multidimensionais, visando ao gerenciamento dos grupos evolutivos, através da liderança do epicon na ação de integrar as minipeças conscienciais, com intuito de realizar as proéxis individuais e grupais. É subcampo científico da Parassociologia. (Vieira, Waldo; Homo sapiens reurbanisatus; *p.355).*

Parapopulație
Parapopulação (Pt.); Parapopulation (En.)

Populația extrafizică de conștiexe care se resomează pe o anumită planetă, formând propria lor parasocietate paracetățenească.

Pt. População extrafísica de consciexes que ressomam em um planeta específico, formando a sua parassociedade paracidadã.

Paraprofilaxie
Paraprofilaxia (Pt.); Paraprophylaxis (En.)

Vezi *paraprofilaxiologie.*

Pt. **Ver** *Paraprofilaxiologia.*

Paraprofilaxiologie
Paraprofilaxiologia (Pt.); Paraprophylaxiology (En.)

Specialitate a conștientologiei dedicată studiului profilaxiei care transcende limitele intrafizicologiei și are scopul de a preveni conștiința privind greșelile și inconvenientele din fiecare dimensiune în care acestea se manifestă. Este un subdomeniu științific al parachirurgiologiei (conștientoterapie). (Adaptat după Vieira, Waldo; *Proiectologia*; ed.5; 2002, p.42). **Variantă ieșită din uz pentru această specialitate**: *paraprofilaxie.*

Pt. *Especialidade da Conscienciologia aplicada ao estudo da profilaxia que transcende os limites da intrafisicologia, a fim de prevenir a consciência contra desacertos e inconveniências em todas as dimensões onde se manifesta. É um subcampo científico da Paraclinicologia (Conscienciterapeuticologia).* (Adaptado Vieira, Waldo; Projeciologia; 5 ed.; 2002, p.42). **Variante em desuso para esta especialidade:** *Paraprofilaxia.*

Paraproveniență
Paraprocedência (Pt.); Paraprovenance (En.)

Baza extrafizică originară, personală, de unde provine o conștiință intrafizică (conștin) și în care aceasta s-a aflat anterior resomării, în perioada preresomatică, pe când era în starea de conștiință extrafizică (conștiex). (Vieira, Waldo; *Enciclopedia de Conștietiologie*; ed.8; 2013, p.8121). **Variante:** *oraș natal extrafizic, paraoriginea sinelui, paraorigine, auto-paraproveniență.*

Pt. *Base extrafísica, original, pessoal, de onde cada consciência intrafísica (conscin) procede, antes da ressoma, durante o período pré-ressomático, quando estava na condição de consciência extrafísica (consciex).* (Vieira, Waldo; Enciclopédia da Conscienciologia; 8 ed.; 2013, p.8121). **Variante:** *autoparaprocedência.*

Parapsihism
Parapsiquismo (Pt.); Parapsychism (En.)

Percepțiile energetice (EI și EC) animice și parapsihice, dincolo de normopsihism, bradipsihism și tahipsihism sau de raționamentul comun al conștiinței aflate fie în starea de veghe fizică obișnuită, fie în multidimensionalitate. (Vieira, Waldo; *700 de Experimente de Conștientologie*; ed.3; 2013, p.374)

Pt. Parapercepções energéticas (EIs e ECs), anímicas e parapsíquicas, além do normopsiquismo, bradipsiquismo ou taquipsiquismo, ou o raciocínio ordinário da consciência, no estado da vigília física e na multidimensionalidade. (Vieira, Waldo; 700 Experimentos da Conscienciologia; 3 ed.; 2013, p.374)

Pararealitate
Pararrealidade (Pt.); Parareality (En.)

Pararealitatea este realitatea extrafizică a Cosmosului sau a conștiinței a cărei realitate intrafizică este numai un duplicat elementar și schematic. Este realitatea înregistrată în paracreier, formată din experiențe multidimensionale și susținută de parafapte. (Vieira, Waldo, *Enciclopedia de Conștientologie*; ed.7; 2012, p.6589).

Pt. A pararrealidade é a realidade extrafísica do Cosmos ou da consciência, da qual esta realidade intrafísica é mera duplicata primária ou esboçante. É a realidade registrada pelo paracérebro, construída a partir de experiências multidimensionais, sustentada pelos parafatos. (Viera, Waldo, Enciclopédia da Conscienciologia; 7 ed.; 2012, p.6589).

Pararegeneratologie
Pararegeneraciologia (Pt.); Pararegeneratiology (En.)

Specialitate a conștientologiei care studiază regenerarea anatomică și/sau funcțională a vehiculelor de manifestare a conștiinței sau a holosomei, dincolo de corpul uman, inclusiv paravindecarea și paratransfigurările. Este un subdomeniu științific al parafiziologiei. (Vieira, Waldo; *Proiectologia*; ed.5; 2002, p.42). **Variante ieșite din uz pentru această specialitate**: pararegenerare.

Pt. Especialidade da Conscienciologia aplicada aos estudos da regeneração anatômica e/ou funcional dos veículos de manifestação da consciência, ou do holossoma, além do próprio corpo humano, onde se incluem a paracicatrização e as paratransfigurações. É um subcampo científico da Parafisiologia. (Vieira, Waldo; Projeciologia; 5 ed.; 2002, p.42). **Variante: pararregeneração. Variante em desuso para esta especialidade:** para-regeneração.

Parareurbanologie
Parareubanologia (Pt.); Parareurbanology (En.)

Specialitate a conștientologiei care studiază tehnicile, maximecanismul asistențial și efectele reurbanizărilor multidimensionale (reurbex și reurbin) pe această planetă. Este un subdomeniu științific al asistentologiei. (Bittencourt, Aline; *Enciclopedia de Conștientologie*; ed.9; 2014, p.6017; disponibil pe: <http://encyclossapiens.space/buscaverbete/>; accesat pe: 27/11/2019). **Variante**: reurbanizatologie; reurbexologie.

Pt. Especialidade da Conscienciologia que estuda as técnicas, o maximecanismo assistencial e os efeitos das reurbanizações multidimensionais (reurbex e reurbin) neste planeta. É um sub-campo científico da Assistenciologia. (Bittencourt, Aline; Enciclopédia da Conscienciologia; 9 ed.; 2014, p.6017; disponível em: <http://encyclossapiens. space/buscaverbete/>; acesso em: 27/11/2019). **Variantes**: *Reurbanizaciologia; Reurbexologia.*

Parasemiologie
Parasemiologia (Pt.); Parasemiology (En.)

Specialitate a conștientologiei dedicată studiului și identificării, prin utilizarea parapsihismului și a parapereceptologiei, a parasimptomatologiei, parasemnelor verbale și non-verbale, precum și inter-relațiilor conștiențiale multidimensionale care relevă tulburări sau parapatologii ale conștiinței totale, integrale și holosomatice. Este un subdomeniu științific al paraclinicologiei. (Adaptat după Vieira, Waldo; *Proiectologia*; ed.5; 2002, p.42).

Pt. Especialidade da Conscienciologia aplicada ao estudo e identificação da parassintomatologia e dos parassinais verbais e não verbais, e também as interrelações conscienciais multidimensionais, as quais evidenciam distúrbios ou parapatologias da consciência considerada inteira, holossomática, integral, através do parapsiquismo e da Parapercepciologia. É um subcampo científico da Paraclinicologia. (Adaptado de Vieira, Waldo; Projeciologia; 5 ed.; 2002, p.42).

Parasociologie
Parasociologia (Pt.); Parasociology (En.)

Specialitate a conștientologiei care studiază tehnicile și practicile societății intrafizice (socin) conștientologice și societăților extrafizice (sociex) și consecințele acestora pentru viața umană, extrafizică și proiectivă. Este un subdomeniu științific al holoresomatologiei. (Adaptat după Vieira, Waldo; *Proiectologia*; ed.5; 2002, p.42).

Pt. Especialidade da Conscienciologia aplicada aos estudos das técnicas e práticas da Socin Conscienciológica e das Sociexes, ou Sociedades Extrafísicas, e respectivas consequências na vida humana, extrafísica e projetiva. É um subcampo científico da Holorressomatologia. (Adaptado de Vieira, Waldo; Projeciologia; 5 ed.; 2002, p.42).

Paratehnologie
Paratecnologia (Pt.); Paratechnology (En.)

Specialitate a conștientologiei care studiază tehnologia conștiinței pe baza abordărilor personalității integrale și a consecințelor sale, utilizând întreaga metodologie specifică pentru amplificarea cunoașterii de sine de către conștină, inclusiv studiul tehnicilor proiective, în general. Este un subdomeniu științific al extrafizicologiei. (Adaptat după Vieira, Waldo; *Proiectologia*; ed.5; 2002, p.42).

Pt. Especialidade da Conscienciologia aplicada ao estudo da tecnologia da consciência dentro das abordagens da personalidade "inteira" e suas consequências, empregando toda a metodologia específica para a ampliação do autoconhecimento da conscin, incluindo, aí, as técnicas projetivas em geral. É um subcampo científico da Extrafisicologia (Adaptado de Vieira, Waldo; Projeciologia; 5 ed.; 2002, p.42).

Paraterapeutică

Paraterapêutica (Pt.); Paratherapeutics (En.)

Vezi *paraterapeuticologie.*

Pt. **Ver** *Paraterapeuticologia.*

Paraterapeuticologie

Paraterapeuticologia (Pt.); Paratherapeuticology (En.)

Specialitate a conştientologiei care studiază terapeuticologia sau tratamentele tulburărilor patologice, aşa cum au fost ele dezvoltate de conştientoterapie. Este un subdomeniu ştiinţific al paraclinicologiei. (Adaptat după Vieira, Waldo; *Proiectologia*; ed.5; 2002, p.42). **Variantă ieşită din uz pentru această specialitate:** *paraterapeutică.*

Pt. Especialidade da Conscienciologia aplicada ao estudo e à Terapêutica ou aos tratamentos de distúrbios patológicos desenvolvidos pela Conscienciaterapia. É um subcampo científico da Paraclinicologia. (Adaptado de Vieira, Waldo; Projeciologia; 5 ed.; 2002, p.42). **Variante em desuso para esta especialidade:** *Paraterapêutica.*

Paratransfigurare

Paratransfiguração (Pt.); Paratransfiguration (En.)

Calitatea de plasticitate a psihosomei conştiinţei extrafizice sau conştiinţei intrafizice proiectate de a se autotransfigura, adică de a-şi lua orice formă, de obicei produsă prin forţa voinţei şi aplicarea unei tehnici specifice. Paratransfigurarea poate avea loc şi la schimbarea mediilor extrafizice, datorită schimbării structurale a morfogânsenelor. (Adaptat după Vieira, Waldo; *Homo sapiens reurbanisatus;* ed.3; 2004, p.245).

Pt. Qualidade da plasticidade do psicossoma de se autotransfigurar, ou seja, assumir qualquer tipo de forma, aplicada pela consciex ou conscin projetada, geralmente produzida pela força da vontade utilizada tecnicamente. A paratransfiguração também pode ocorrer na mudança de ambientes extrafísicos, a partir da mudança estrutural dos morfopensenes. (Adaptado de Vieira, Waldo; Homo sapiens reurbanisatus; *3 ed; 2004, p.245).*

Parazoologie
Parazoologia (Pt.); Parazoology (En.)

Specialitate a conştientologiei care studiază principiile conştienţiale aflate în starea de animale subumane sau parafauna. Este un subdomeniu ştiinţific al parabiologiei. (Adaptat după Vieira, Waldo; *Proiectologia*; ed.5; 2002, p.42).

Pt. Especialidade da Conscienciologia aplicada aos estudos da manifestação dos princípios conscienciais na condição de animais sub-humanos, ou a parafauna. É subcampo científico da Parabiologia. (Adaptado de Vieira, Waldo; Projeciologia; 5 ed.; 2002, p.42).

Paremiologie
Paremiologia (Pt.); Paroemiology (En.)

Ştiinţa, ramură a filologiei, dedicată colectării parimiilor şi studiilor specifice, sistematice, teopractice ale acestora, precum şi cercetărilor privind procesul de creare, interpretare şi reînnoire a expresiilor care conţin înţelepciunea populară seculară, şi care sintetizează cunoaşterea erudită a unei culturi şi favorizează eliminarea autorigidităţii şi dezvoltarea libertăţii gânsenice depline a cercetătorului. (Adaptat după Vieira, Waldo; *Lexicon de ortopensate*; 2014, p.1257)

Pt. Ciência, ramo da Filologia, aplicada à coletânea de parêmias e a seus estudos específicos, sistemáticos, teáticos, pesquisas de seu processo de criação, interpretação e renovação de expressões contendo sabedoria popular secular, sintetizando conhecimentos eruditos das culturas dos povos e favorecendo a eliminação da autorrigidez e o desenvolvimento da liberdade pensêmica plena da conscin pesquisadora. (Adaptado de Vieira, Waldo; Léxico de Ortopensatas; 2014, p.1257).

Parimie
Parêmia (Pt.); Paroemia (En.)

Din grecescul paroimia. Expresie sau frază care cuprinde o sinteză de idei şi/sau gânduri exprimate într-un mod figurat; repetată de popoare ca adevăr sau argument într-o expunere sau dezbatere; proverb, alegorie scurtă, aforism, zicală, zicătoare, pildă, cimilitură, maximă sau expresie proverbială populară. De obicei, îşi are originea în mituri, legende, obiceiuri, ritualuri şi folclor, prezentând o mare valoare intelectuală, deoarece reuneşte două abordări, una bazată pe bunul simţ popular şi o alta cognitivă, erudită, indicând adesea starea civilizaţiei care a inventat-o. (Adaptat după *Dicionário On-line Português*; disponibil pe: <https://www.dicio.com.br/paremia/>; accesat pe: 20.05.2018 şi Vieira, Waldo; *Lexicon de ortopensate*, 2014, p.1256). **Exemple:** *O călătorie de o mie de mile începe cu un singur pas. Cine se aseamănă se adună.*

Pt. Do grego, paroimía. Expressão ou frase caracterizada pela síntese de ideias e/ ou pensamentos sob forma figurada, repetida pelos povos como verdade ou argumento numa exposição ou debate; provérbio, alegoria curta, aforismo, anexim, apotegma, brocardo, gnoma, máxima ou dito popular. Comumente derivada de mitos, lendas, costumes, usos, rituais e folclores, apresenta imenso valor intelectivo porque reúne a abordagem do bom senso popular com a abordagem cognitiva erudita; não raro indica o estado de civilação do povo que a cunhou. (Adaptado de Dicionário On-line Português*; disponível em:* <https://www.dicio.com.br/paremia/>; *acesso em: 20.05.2018 e Vieira, Waldo;* Léxico de Ortopensatas*, 2014, p.1256).* Exemplos*: Uma viagem de mil milhas sempre começa com um primeiro passo; Os semelhantes se atraem.*

Patogânsenă (pato+gân+sen+ene)
Patopensene (Pt.); Pathothosene (En.)

Gânsenă patologică sau demență conștiențială; mică vină mentală; voință patologică; intenție bolnavă; ruminație cerebrală. (Vieira, Waldo; *Proiectologia*; ed.5; 2002, p.1108). **Variantă**: oneirogânsenă.

Pt. O pensene patológico ou da amência consciencial; o pecadilho mental; a vontade patológica; a intenção doentia; a ruminação cerebral. (Vieira, Waldo; Projeciologia*; 5 ed.; 2002, p.1108).* **Variante**: *oniropensene.*

Pauză proiectivă
Receso projetivo (Pt.); Projective recess (En.)

Faza existențială a conștin caracterizată prin încetarea spontană – aproape întotdeauna temporară – a experiențelor proiective lucide, în cadrul unei succesiuni de experimente intensive. (Vieira, Waldo; *Proiectologia*; ed.5; 2002, p.1109).

Pt. Fase existencial da conscin caracterizada pela cessação espontânea – temporária quase sempre – das experiências projetivas lúcidas, dentro de uma sequência de experimentos intensivos. (Vieira, Waldo; Projeciologia*; 5 ed.; 2002, p.1109).*

Pensata
Pensata (Pt.); Pensata (En.)

Un produs de bază al mașinii de auto-gânsenizare – paracreierul, altfel spus al conștiinței în sine și al poziționării ei. Așadar, pensata este imaginea actuală a cogniției evolutive a conștiinței; este întotdeauna inteligent ca pensatele să fie în relație cu experiențele conștiinței, devenind astfel mai autentice și naturale. Pensatele preced sau pregătesc terenul mentalsomatic pentru redactarea unui articol, verbet, teză, carte, antologie, manual sau tratat. Exemple: Pensata: unitate mentalsomatică; Auto-discernământ: auditor conștiențial. (Adaptat după Vieira, Waldo; *Dicționar de Argumente de Conștientologie*; 2014, p.720 și 390).

Pt. Produto básico da máquina da autopensenidade, o paracérebro, ou seja, a consciência, em si, e seu posicionamento. A pensata, portanto, é o retrato atual da sua cognição evolutiva, sendo sempre inteligente relacionar as pensatas com as autovivências, tornando-as mais autênticas e genuínas. As pensatas precedem, ou preparam o terreno mentalsomático, para a redação do artigo, verbete, tese, livro, antologia, manual ou tratado. Exemplos: Pensata: unidade mentalsomática. Autodiscernimento: auditor consciencial. (Adaptado de Vieira, Waldo; Dicionário de Argumentos da Conscienciologia; 2014, p.720 e 390).

Penta
Tenepes (Pt.); Penta (En.)

Sarcină energetică personală, zilnică, multidimensională, care constă în tehnica transmiterii de energii conștiențiale de către o conștin, aflată în starea fizică obișnuită de veghe, cu asistența directă a helperilor, direct către alte conștiințe: extrafizice, intrafizice proiectate sau intrafizice, pe termen lung sau pentru tot restul vieții. (Vieira, Waldo; *Proiectologia*; ed.5; 2002, p.1111). **Variante învechite:** *pase în întuneric; pase-în-vid.*

Pt. Tarefa energética pessoal, diária, multidimensional, com assistência permanente de amparadores, a longo prazo ou para o restante da vida intrafísica. (Vieira, Waldo; Projeciologia; 5 ed.; 2002, p.1111). **Variante em desuso**: *passes para o escuro.*

Pentologie
Tenepessologia (Pt.); Pentology (En.)

Specialitate a conștientologiei dedicată studiilor specifice, sistematice, teopractice sau cercetărilor și experiențelor din timpul practicii penta – sarcina energetică personală, libertariană, care vizează sporirea calității muncii realizate de practicanții penta, aprofundarea tehnicii și diseminarea amplă a acestei practici asistențiale energetice avansate. Este un subomeniu al asistentologiei. (*Conscienciopedia*; disponibil pe: *<http://pt.conscienciopedia.org/index.php/Tenepessologia>*; accesat pe: 06/05/2018).

Pt. Especialidade da Conscienciologia aplicada aos estudos específicos, sistemáticos, teáticos ou pesquisas e vivências da prática da tenepes, ou tarefa energética pessoal, libertária, visando ao aprimoramento dos tenepessistas, ao aprofundamento da técnica à maior divulgação desta prática assistencial energética avançada. É um subcampo da Assistenciologia. (Conscienciopedia; disponível em: <http://pt.conscienciopedia.org/index.php/Tenepessologia>; acesso em: 06/05/2018).

Periconștiențial
Periconsciencial (Pt.); Periconsciential (En.)

Termen care desemnează științele materialiste sau mecaniciste, care abordează superficial studiul conștiinței deoarece nu acceptă natura nematerială a acesteia.

Pt. Termo para designar as ciências mecanicistas e materialistas, as quais abordam os estudos da consciência de forma meramente superficial, pois não admitem a natureza não-material das consciências.

Plantochakre
Plantochacras (Pt.); Plantochakras (En.)

Chakrele secundare situate în tălpile picoarelor, responsabile de absorbția geoenergiei (energia telurică sau terestră). (Adaptat după Vieira, Waldo; *700 de Experimente de Conștientologie*; ed.3; 2013, p.244). **Varianta învechită**: *pre-kundalini, chakrele fundament.*

Pt. Chacras secundários, localizados nas plantas dos pés, responsáveis pela absorção da geoenergia (energia telúrica ou da terra). (Adaptado de Vieira, Waldo; 700 Experimentos da Conscienciologia; 3 ed.; 2013, p.244). **Variante envilecida**: *pré-kundalini.*

Podosomă (podo+soma)
Podossoma (Pt.); Podosoma (En.)

Soma considerată în mod specific în raport cu folosirea picioarelor sau cu munca realizată cu picioarele, ca de exemplu soma unui jucător de fotbal. (Vieira, Waldo; *Proiectologia*; ed.5; 2002, p.1108).

Pt. O soma considerado especificamente quanto à aplicação dos pés ou o trabalho com os pés, por exemplo, o do jogador de futebol. (Vieira, Waldo; Projeciologia; 5 ed.; 2002, p.1108).

Polikarmalitate
Policarmalidade (Pt.); Polykarmality (En.)

Cea mai evoluată stare a holokarmologiei, dincolo de egokarmalitate și grupokarmalitate, când conștiința se concentrează în mod spontan, cosmoetic și intens pe asistența interconștiențială lucidă și consideră această atitudine ca fiind rațiunea de a fi a propriei evoluții; prin gestațiile conștiențiale realizate și autoreleele multiexistențiale, conștiința se transformă într-o minipiesă lucidă în structura maximecanismului asistențial multidimensional. (Vieira, Waldo; *Homo sapiens pacificus;* ed.3; 2007, p.887).

Pt. Condição mais evoluída da Holocarmologia, além da egocarmalidade e da grupocarmalidade, quando a consciência concentra-se na assistência lúcida interconsciencial de modo espontâneo, cosmoético e intenso, pondo neste empreendimento a razão de ser da própria evolução, através de gestações conscienciais e autorrevezamentos multiexistenciais, transformando-se em minipeça lúcida na estrutura do maximecanismo assistencial multidimensional. (Vieira, Waldo; Homo sapiens pacificus; *3 ed.; 2007, p.887).*

Polikarmă (poli+karma)
Policarma (Pt.); Polykarma (En.)

Principiul cauzei și efectului care acționează asupra evoluției conștiinței atunci când este centrată pe direcția experimentării maxifraternității cosmice, dincolo de egokarmă și grupokarmă. (Vieira, Waldo; *Manual de Penta*, ed.1.rom.; 2011, p.97).

Pt. Princípio de causa e efeito atuante na evolução da consciência, quando centrado no sensoe vivência da maxifraternidade cósmica, além do egocarma e do grupocarma. (Vieira, Waldo; Manual da Tenepes, *3 ed.; 2011, p.100).*

Polikarmologie (poli+karmo+logie)
Policarmologia (Pt.); Polykarmology (En.)

Specialitate a conștientologiei dedicată studiului relațiilor sau principiilor cauzei și efectului care acționează în evoluția conștiinței, atunci când aceasta este centrată pe înțelegerea și experimentarea maxifraternității cosmice, mai presus de egokarmă și grupokarmă. Este un subdomeniu științific al holokarmologiei. (Adaptat după Vieira, Waldo; *Proiectologia*; ed.5; 2002, p.42). **Variantă ieșită din uz**: *Polikarmalogie.*

Pt. Especialidade da Conscienciologia aplicada aos estudos as relações ou princípios de causa e efeito atuantes na evolução da consciência quando centrados no senso e vivência da maxifraternidade cósmica, além do egocarma e grupocarma. É um subcampo científico da Holocarmologia. (Adaptado de Vieira, Waldo; Projeciologia; *5 ed.; 2002, p.42).* **Variante em desuso**: *Policarmalogia.*

Precognitarium
Precognitarium (Pt.); Precognitarium (En.)

Baza fizică pregătită tehnic pentru producerea de proiecții lucide (PL) precognitive. (Vieira, Waldo; *Proiectologia*; ed.5; 2002, p.1108).

Pt. Base física preparada tecnicamente para a produção de PCs (projeções conscientes) pre-cognitivas. (Vieira, Waldo; Projeciologia; *5 ed.; 2002, p.1108).*

Precogniție extrafizică

Precognição extrafísica (Pt.); Extraphysical precognition (En.)

Din latină, *pre*, înainte de; *cognocescere*, a şti, a cunoaşte. Facultate perceptivă prin care conştiinţa, complet proiectată în afara corpului uman, devine conştientă de fapte viitoare necunoscute, inclusiv de obiecte, scene şi forme din viitorul apropiat sau îndepărtat. (Adaptat după Vieira, Waldo; *Proiectologia*; ed.5; 2002, p.1108).

Pt. Do Latim, pre, antes; cognoscere, conhecer. Faculdade perceptiva pela qual a consciência, plenamente projetada para fora do corpo humano, fica conhecendo fatos indeterminados vindouros, inclusive objetos, cenas e formas distantes, no tempo futuro, imediato ou remoto. (Adaptado de Vieira, Waldo; Projeciologia*; 5 ed.; 2002, p.1108).*

Pre-cuplu

Pré-casal (Pt.); Pre-couple (En.)

Condiţia preliminară, iniţială sau de tatonare a sexualităţii umane practicate în societatea intrafizică. *(Vieira, Waldo; Proiectologia; ed.5; 2002, p.1108).*

Pt. Condição inicial, preliminar ou de tateios, da sexualidade humana prática dentro da socin. (Vieira, Waldo; Projeciologia*; 5 ed.; 2002, p.1108).*

Pre-kundalini

Pre-kundalini (Pt.); Pre-kundalini (En.)

Vezi plantochakre.

*Pt. **Ver** plantochacras.*

Pre-serenisimus

Pre-serenão (Pt.); Pre-serenissimus (En.)

Conştin sau conştiex care încă nu trăieşte în serenitate lucidă. (Vieira, Waldo; *Proiectologia*; ed.5; 2002, p.1108).

Pt. Conscin, ou consciex, que ainda não vive o serenismo lúcido. (Vieira, Waldo; Projeciologia*; 5 ed.; 2002, p.1108).*

Pre-serenisimus intrafizic alternant

Pré-serenão intrafísico alternante (Pt.); Alternating intraphysical pre-serenissimus (En.)

Conştin capabilă să trăiască în mod conştient, în acelaşi timp, în starea de veghe fizică obişnuită şi, din când în când, în stare proiectată în dimensiunile extrafizice. (Vieira, Waldo; *Proiectologia*; ed.5; 2002, p.1108).

Pt. Conscin capaz de viver consciente, ao mesmo tempo, no estado da vigília física ordinária e projetada, de quando em quando, em dimensões extrafísicas. (Vieira, Waldo; Projeciologia; 5 ed.; 2002, p.1108).

Prietenie rarisimă
Amizade raríssima (Pt.); Rare friendship (En.)

Sentimentul fidel, reciproc, elevat și singular, de afecțiune, simpatie, stimă sau tandrețe între conștiințele intrafizice, în care atracția pentru conviețuirea mentalsomatică, a paracorpului autodiscernământului, depășește atracția oferită de conviețuirea afectivă obișnuită, la un nivel evolutiv dincolo de legăturile de familie sau de atracția sexuală. (Vieira, Waldo; *Enciclopedia de Conștientologie*; ed.8; 2013, p.475).

Pt. Sentimento fiel, recíproco, de afeição, simpatia, estima ou ternura entre conscins, de modo elevado e singular, no qual a atração do convívio mentalsomático, ou do paracorpo do autodiscernimento, ultrapassa a atração do convívio afetivo comum, em patamar evolutivo além das ligações por laços de família ou por atração sexual. (Vieira, Waldo; Enciclopédia da Conscienciologia; 8 ed.; 2013, p.475).

Primener (prim+ener)
Primener (Pt.); Enerspring (En.)

Primăvară energetică; stare personală, mai mult sau mai puțin durabilă, de apogeu a energiilor conștiențiale (EC) sănătoase și constructive. (Adaptat după Vieira, Waldo; *Proiectologia*; ed.5; 2002, p.1108).

Pt. Primavera energética; condição pessoal, mais ou menos duradoura, de apogeu das energias conscienciais (ECs) sadias e construtivas. (Adaptado de Vieira, Waldo; Projeciologia; 5 ed.; 2002, p.1108).

Primener în duo
Primener a dois (Pt.); Enerspring by 2 (En.)

Primăvară energetică a duo-ului evolutiv, în care partenerii se iubesc cu adevărat și stăpânesc cu deplină luciditate aplicarea energiilor lor conștiențiale sănătoase (EC), construindu-și propriile lor programe existențiale prin gestații conștiențiale și polikarmalitate. (Vieira, Waldo; *200 de Teopractici*; 1997, p.169).

Pt. Primavera energética da dupla evolutiva, cujos parceiros se amam de fato e dominam as aplicações das energias conscienciais (ECs) sadias, com inteira lucidez, construindo as próprias proéxis através de gestações conscienciais e policarmalidade. (Vieira, Waldo; 200 Teáticas; 1997, p.169).

Primogânsenă (primo+gân+sen+ene)
Primopensene (Pt.); Primothosene (En.)

Sinonim al cauzei primare a universului; primul gând creat. Acest cuvânt nu are formă de plural. (Vieira, Waldo; *Proiectologia;* ed.5; 2002, p.1108).

Pt. O mesmo que causa primária do Universo; o primeiro pensamento que foi composto. Este vocábulo não tem plural. (Vieira, Waldo; Projeciologia; *5 ed.; 2002, p.1108).*

Principii personale
Princípios pessoais (Pt.); Personal principles (En.)

Ansamblu de valori și inițiative alese de conștiință pentru a își ghida viața conștiențială, bazate pe holomaturitate, multidimensionalitate și pe cosmoetică profund experimentată. (Vieira, Waldo, *Proiectologia;* ed.5; 2002, p.1109).

Pt. Conjunto de valores e iniciativas norteadores da vida consciencial, escolhido pela consciência, a partir da holomaturidade, multidimensionalidade e Cosmoética vivida. (Vieira, Waldo. Projeciologia; *5 ed.; 2002, p.1109).*

Principiul neîncrederii
Princípio da descrença (Pt.); Principle of Disbelief (En.)

Principiu fundamental și nesubstituibil prin care conștientologia abordează realitatea, Cosmosul, în orice dimensiune, potrivit căruia conștiința cercetătoare respinge aprioric orice concept dogmatic dacă nu deține o dovadă practică și nu a reflectat profund, analizând cauzalitatea cu logică și în plenitudinea raționamentului personal. (*Enciclopedia de Conștientologie,* ed.7, 2012, p.7149). Principiul este: „*Nu credeți în nimic. Nici măcar în ceea ce spun instituțiile conștientologice. Experimentați. Aveți propriile experiențe personale*".

Pt. Proposição fundamental e insubstituível da abordagem da Conscienciologia às realidades, em geral, do Cosmos, em qualquer dimensão, recusando a consciência pesquisadora e refutadora todo e qualquer conceito de modo apriorista, dogmático, sem demonstração prática ou reflexão demorada, confronto da causação, lógica e a plenitude da racionalização pessoal. (Enciclopédia da Conscienciologia, 7 ed., 2012, p.7149). *O referido princípio é "Não acredite em nada, nem mesmo o que você ouvir nas instituições conscienciocêntricas. Experimente. Tenha suas próprias experiências pessoais."*

Proexis (pro+exis)
Proéxis (pro+exis) (Pt.); Proexis (pro+exis) (En.)

Programul existențial evolutiv personal al conștiinței intrafizice, stabilit în dimensiunea extrafizică înainte ca aceasta să sufere de restrângerile și limitările vieții umane, cu alte cuvinte înainte de a renaște în intrafizicalitate. (Vieira, Waldo; *700 de Experimente de Conștientologie*; ed.3; 2013, p.612). **Variantă:** *mandat pre-intrafizic.*

Pt. Programação existencial, evolutiva e pessoal da conscin, estabelecida na dimensão extrafísica, antes desta conscin entrar no restringimento da vida humana ou renascimento na intrafisicalidade. (Vieira, Waldo; 700 Experimentos da Conscienciologia; 3 ed.; 2013, p.612). **Variante:** *mandato pré-intrafísico.*

Proexis avansat
Proéxis avançada (Pt.); Advanced proexis (En.)

Programul existențial al unei conștiințe intrafizice lider evolutiv, care constă într-o sarcină libertariană, specifică grupokarmei, universalistă și polikarmică, în cadrul căreia conștin este o minipiesă lucidă și activă în maximecanismul echipei multidimensionale. (Vieira, Waldo; *Proiectologia*; ed.5; 2002, p.1109). **Variante:** *maxiproexis, program existențial avansat.*

Pt. Programação existencial da conscin, líder evolutiva, dentro de uma tarefa libertária específica do grupocarma, mais universalista e policármica, onde é minipeça lúcida e atuante dentro do maximecanismo da equipe multidimensional (Vieira, Waldo; Projeciologia*; 5 ed.; 2002, p.1109).*

Proexologie
Proexologia (Pt.); Proexology (En.)

Specialitate a conștientologiei dedicată studiului și cercetării programului existențial personal și de grup al conștiinței intrafizice, în general, și efectelor sale evolutive. (Vieira, Waldo; *Manual de Proexis*; ed.1.rom.; 2021, p.210).

Pt. Especialidade da Conscienciologia aplicada aos estudos e pesquisas da programação existencial pessoal e grupal das conscins em geral, e respectivos efeitos evolutivos. (Vieira, Waldo; Manual da Proéxis*; 2007, p.210).*

Program existențial
Programação existencial (Pt.); Existential program (En.)

Vezi *proexis.*

Pt. Ver proéxis.

Proiectabilitate lucidă (PBL)
Projetabilidade lúcida (PL) (Pt.); Lucid projectability (LPB) (En.)

Calitate parafiziologică, proiectivă, lucidă a conștiinței capabile să obțină discoincidența vehiculelor sale de manifestare sau să le scoată din starea de aliniere holosomatică, prin impulsul propriei voinţe. *(Vieira, Waldo;* Proiectologia*; ed.5; 2002, p.1109).*

Pt. Qualidade parafisiológica, projetiva, lúcida, da consciência, capaz de descoincidir-se ou tirar os seus veículos de manifestação da condição de alinhamento do holossoma, inclusive através da impulsão da própria vontade.
(Vieira, Waldo; Projeciologia*; 5 ed.; 2002, p.1109).*

Proiectarium
Projetarium (Pt.); Projectarium (En.)

Baza fizică pregătită tehnic pentru producerea de proiecţii lucide (PL). (Vieira, Waldo; *Proiectologia*; ed.5; 2002, p.1109).

Pt. Base física preparada tecnicamente para a produção das PCs. (Vieira, Waldo; Projeciologia*; 5 ed.; 2002, p.1109).*

Proiectocritică
Projeciocrítica (Pt.); Projectiocritique (En.)

Vezi *proiectocriticologie.*

Pt. **Ver** *Projeciocriticologia.*

Proiectocriticologie
Projeciocriticologia (Pt.); Projectiocriticology (En.)

Specialitate a conştientologiei care se ocupă cu studiul criticii proiectologice, pe baza evaluării auto şi hetero performanţelor şi activităţilor parapsihice, energetice şi multidimensionale. Este un subdomeniu ştiinţific al proiectologiei. (Adaptat după Vieira, Waldo; *Proiectologia*; ed.5; 2002, p.42). **Variantă ieşită din uz pentru această specialitate**: *proiectocritică.*

Pt. Especialidade da Conscienciologia aplicada aos estudos da crítica projeciológica a partir da avaliação das auto e hetero performances ou desempenhos parapsíquicos, energéticos e multidimensionais. É um subcampo científico da Projeciologia. (Adaptado de Vieira, Waldo; Projeciologia*; 5 ed.; 2002, p.42).*
Variante em desuso para esta especialidade: *Projeciocrítica.*

Proiectografie
Projeciografia (Pt.); Projectiography (En.)

Vezi *proiectografologie.*

Pt. **Ver** *Projeciografologia.*

Proiectografologie

Projeciografologia (Pt.); Projectiographology (En.)

Specialitate a conștientologiei care se ocupă cu studiul tehnic al înregistrărilor proiectologice. Este un subdomeniu științific al proiectologiei. (Adaptat după Vieira, Waldo; *Proiectologia*; ed.5; 2002, p.42). **Variantă ieșită din uz pentru această specialitate:** *proiectografie*.

Pt. Especialidade da Conscienciologia aplicada aos estudos tecnicos dos registros projeciológicos. É um subcampo científico da Projeciologia. (Adaptado de Vieira, Waldo; Projeciologia*; 5 ed.; 2002, p.42).* **Variante em desuso para esta especialidade**: *Projeciografia.*

Proiectologie

Projeciologia (Pt.); Projectiology (En.)

Din latină, *projectio*, proiecție; din greaca, *logos*, tratat. Specialitate a conștientologiei care studiază proiecțiile conștiinței și efectele lor, inclusiv proiecția energiilor conștiențiale (EC) în afara holosomei. Este un subdomeniu științific al comunicologiei. (Adaptat după Vieira, Waldo; *Proiectologia*; ed.5; 2002, p.42).

Pt. Do Latim, projectio, projeção; do Grego, logos, tratado. Especialidade da Conscienciologia que estuda as projeções da consciência e seus efeitos, inclusive as projeções das ECs para fora do holossoma. É um subcampo científico da Comunicologia. (Adaptado de Vieira, Waldo; Projeciologia*; 5 ed.; 2002, p.42).*

Proiectoterapeuticologie

Projecioterapeuticologia (Pt.); Projectiotherapeuticology (En.)

Specialitate a conștientologiei care se ocupă cu studiul profilaxiilor și terapiilor derivate din cercetările și tehnicile proiectologiei. Este un subdomeniu științific al paraclinicologiei (conștientoterapeuticologie). (Adaptat după Vieira, Waldo; *Proiectologia*; ed.5; 2002, p.43). **Variantă ieșită din uz pentru această specialitate:** *proiectoterapie*.

Pt. Especialidade da Conscienciologia aplicada aos estudos das profilaxias e terapias derivadas das pesquisas e técnicas da Projeciologia. É um subcampo científico da Paraclinicologia (Consciencioterapeuticologia). (Adaptado de Vieira, Waldo; Projeciologia*; 5 ed.; 2002, p.43).* **Variante em desuso para esta especialidade**: *Projecioterapia.*

Proiectoterapie

Projecioterapia (Pt.); Projectiotherapy (En.)

Vezi *proiectoterapeuticologie*.

Pt. **Ver** *Projecioterapeuticologia.*

Proiecție conștiențială asistată
Projeção consciente assistida (Pt.); Assisted consciential projection (En.)

Proiecția în care conștin observă că este asistată în timpul experimentului, în mod direct, de către un helper, de cele mai multe ori expert în proiectabilitate lucidă (LP). (Vieira, Waldo; *Proiectologia*; ed.5; 2002, p.1109).

Pt. Projeção pela qual a conscin vê-se assistida durante o experimento, de modo direto, por um amparador, quase sempre perito em projetabilidade lúcida (PL). (Vieira, Waldo; Projeciologia*; 5 ed.; 2002, p.1109).*

Proiecție lucidă (PL)
Projeção consciente (PC) (Pt.); Lucid projection (LP) (En.)

Proiecția conștinei în afara corpului. (Vieira, Waldo; *Proiectologia*; ed.5; 2002, p.1109). **Variante**: *proiecție conștientă, experiență în afara corpului, experiență extracorporală.* **Variantă învechită**: *proiecție astrală.*

Pt. Projeção da conscin para além do soma; experiência extracorpórea. (Vieira, Waldo; Projeciologia*; 5 ed.; 2002, p.1109).* **Variantes**: *experiência fora-do-corpo; experiência extracorpórea.* **Variante envilecida**: *projeção astral.*

Proiecție lucidă comună (PLC)
Projeção consciente conjunta (PCC) (Pt.); Joint lucid projection (JLP) (En.)

O experiență în afara corpului uman la care participă simultan două sau mai multe conștiințe intrafizice proiectate lucid. (Adaptat după Vieira, Waldo; *700 de Experimente de conștientologie*; ed.3; 2013, p.209).

Pt. Experiência fora do corpo humano na qual duas ou mais conscins projetadas participam simultaneamente com lucidez. (Adaptado de Vieira, Waldo; 700 Experimentos da Conscienciologia*; 3 ed; 2013, p.209).*

Proiecție semiconștientă (PSC)
Projeção semiconsciente (PSC) (Pt.); Semi-lucid projection (SLP) (En.)

Experiență onirică în care conștin proiectată realizează în mod necontrolat că este parțial lucidă. Nu este o proiecție conștiențială ideală; un vis lucid. (Vieira, Waldo; *Proiectologia*; ed.5; 2002, p.1109).

Pt. Experiência onírica em que a conscin projetada se reconhece lúcida em parte, de modo desordenado. Não é projeção consciencial ideal; sonho lúcido. (Vieira, Waldo; Projeciologia*; 5 ed.; 2002, p.1109).*

Protogânsenă (proto+gân+sen+ene)
Protopensene (Pt.); Protothosene (En.)

Cea mai rudimentară gânsenă; sinonimă cu fitogânsena sau hipogânsena. (Vieira, Waldo; *Proiectologia*; ed.5; 2002, p.1109).

Pt. O pensene mais rudimentar; o mesmo que fitopensene ou hipopensene. (Vieira, Waldo; Projeciologia; *5 ed.; 2002, p.1109).*

Psihosomă (psiho+soma)
Psicossoma (Pt.); Psychosoma (En.)

Din greaca, *psyckhé*, suflet; *soma*, corp. Paracorpul emoțional al conștiinței; corpul obiectiv al conștiinței intrafizice. (Vieira, Waldo; *Proiectologia*; ed.5; 2002, p.1109). **Variante:** *corpul emoțiilor; metasoma.* **Variante ieșite din uz***: corp astral; corp emoțional, perispirit.*

Pt. Do Grego, psyckhé, alma; soma, corpo. Paracorpo emocional da consciência; o corpo objetivo da conscin. (Vieira, Waldo; Projeciologia; *5 ed.; 2002, p.1109).* **Variantes:** *corpo das emoções; metassoma.* **Variantes em desuso***: corpo astral; corpo emocional; perispírito.*

Psihosomatică (psiho+somatica)
Psicossomática (Pt.); Psychosomatics (En.)

Vezi *psihosomatologie.*

Pt. **Ver** *Psicossomatologia.*

Psihosomatologie (psiho+somatologie)
Psicossomatologia (Pt.); Psychosomatology (En.)

Specialitate a conștientologiei care studiază emoțiile conștiinței - care decurg din psihosoma, paracorpul emoțional. Este un subdomeniu științific al holosomatologiei. (Adaptat după Vieira, Waldo; *Proiectologia*; ed.5; 2002, p.43). **Variantă ieșită din uz pentru această specialitate:** *psihosomatică.*

Pt. Especialidade da Conscienciologia aplicada ao estudo das emoções da consciência, a partir do psicossoma, o paracorpo emocional. É um subcampo científico da Holossomatologia. (Adaptado de Vieira, Waldo; Projeciologia; *5 ed.; 2002, p.43).* **Variante em desuso para esta especialidade:** *Psicossomática.*

R

Raid extrafizic
Arrastex (Pt.); Extraphysical raid (En.)

Acţiunea unui grup de conştiinţe energovore, format din ghizi extrafizici orbi din dimensiunile paratroposferice, care au ca obiectiv vampirizarea conştinelor în locurile în care se desfăşoară comemorări sau evenimente intrafizice la care întâlnesc persoane predispuse victimizării intruzive colective, datorită aceluiaşi tip de energii conştienţiale. (Vieira, Waldo; *Proiectologia*; ed.5; 2002, p.1098).

Pt. Arrastão extrafísico. Ação de um grupo de consciexes energívoras, inclusive guias extrafísicos cegos, nas dimensões paratroposféricas, com o objetivo de vampirizar as conscins, nos ambientes de comemorações ou eventos intrafísicos, que reúnem pessoas predispostas à condição da vitimização assediadora coletiva, através das energias conscienciais. (Vieira, Waldo; Projeciologia; 5 ed.; 2002, p.1098).

Recexibilitate
Recexibilidade (Pt.); Recexability (En.)

Capacitatea de a realiza în intrafizic tehnica reciclării existenţiale (recexis). (Adaptat după Vieira, Waldo; *Proiectologia*; ed.5; 2002, p.1109). **Variantă:** *reciclabilitate existenţială.*

Pt. Qualidade da execução intrafísica da reciclagem existencial (recéxis). (Adaptado de Vieira, Waldo; Projeciologia*; 5 ed.; 2002, p.1109).* **Variante:** *reciclabilidade existencial.*

Recexis (rec+exis)
Recéxis (Pt.); Recexis (En.)

Tehnica reciclării existenţiale realizată de către conştin. Constă într-o schimbare în bine a întregului curs al vieţii şi a perspectivei conştin asupra vieţii umane, care de la un moment dat adoptă noi valori şi o nouă viziune de ansamblu asupra vieţii şi universului. (Adaptat după Vieira, Waldo; *700 de Experimente de Conştientologie*; ed.3; 2013, p.682).

Pt. Técnica da reciclagem existencial executada pela conscin. Consiste na mudança para melhor de todo o curso e perspectiva da vida humana da conscin, que a partir daí adota novos valores com novo descortínio ante a vida e o Universo. (Adaptado de Vieira, Waldo; 700 Experimentos Conscienciologia; *3 ed.; 2013, p.682*).

Recexologie
Recexologia (Pt.); Recexiology (En.)

Specialitate a conştientologiei dedicată studiului filosofiei, tehnicii şi practicii recexis sau reciclării existenţiale în dimensiunea intrafizică, care începe cu *recin* sau reciclarea intraconştienţială. (Vieira, Waldo; *Homo sapiens pacificus*; 2007, p.976).

Pt. Especialidade da Conscienciologia aplicada ao estudo da Filosofia, da técnica e da prática da recéxis, ou reciclagem existencial, dentro da intrafisicalidade, tendo início pela recin ou reciclagem intraconsciencial. (Vieira, Waldo; Homo sapiens pacificus*; 2007, p.976*).

Reciclabilitate existenţială
Reciclabilidade existencial (Pt.); Existential recyclability (En.)

Calitatea execuţiei intrafizice a reciclării existenţiale.

Pt. Qualidade da execução intrafísica da recéxis.

Reciclare intraconştienţială
Reciclagem intraconsciencial (Pt.); Intraconsciential recycling (En.)

Vezi *recin.*

Pt. **Ver** *recin.*

Reciclator existenţial
Reciclante existencial (Pt.); Existential recycler (En.)

Conştin dispusă să realizeze recexis. (Vieira, Waldo; *Proiectologia*; ed.5; 2002, p.1109). **Variantă**: *reciclator.*

Pt. Conscin que se dispõe a executar a recéxis. (Vieira, Waldo; Projeciologia; *5 ed.; 2002, p.1109*). **Variante**: *reciclante.*

Recin (rec+in)
Recin (Pt.); Recin (En.)

Tehnica de reciclare intraconştienţială sau de renovare cerebrală a conştiinţei umane intrafizice (conştin), prin crearea de neosinapse sau conexiuni interneuronale (neurogliale) capabile să permită ajustarea programului existenţial (proexisului), ca urmare a reciclării existenţiale (recexis), a inversiunii existenţiale (invexis), a achiziționării de neoidei, neosinapse, hipergânsene și a altor cuceriri neofile, de către o persoană lucidă și motivată. (Vieira, Waldo; *Enciclopedia de Conștientologie;* ed.8; 2013, p.9310*).*

Pt. Técnica da reciclagem intraconsciencial ou a renovação cerebral da consciência humana (conscin) através da criação de neossinapses ou conexões interneuronais (neuróglias) capazes de permitir o ajuste da programação existencial (proéxis), a consecução da reciclagem existencial (recéxis), a inversão existencial (invéxis), a aquisição de neoideias, neopensenes, hiperpensenes e outras conquistas neofílicas da pessoa lúcida motivada. (Vieira, Waldo; Enciclopédia da Conscienciologia*; 8 ed.; 2013, p.9310).*

Recinologie
Recinologia (Pt.); Recinology (En.)

Specialitate a conștientologiei care studiază filosofia, tehnica și practica recin sau reciclării intraconștiențiale, care începe prin renovările intraconștiențiale gânsenice și prin intențiile conștiinței, care vizează auto-evoluția.

Pt. Especialidade da Conscienciologia aplicada ao estudo da Filosofia, da técnica e da prática da recin, ou reciclagem intraconsciencial, tendo início pelas renovações intraconscienciais, pensênicas e das intenções da consciência, visando à autoevolução.

Recoltă intermisivă
Colheita intermissiva (Pt.); Intermissive harvest (En.)

Recolta asistențială, interconștiențială, oferită prin afinitate, inspirații, intuiții interasistențiale, sugestii, neoidei sau neoconstrucții evolutive, pe baza conceptelor sau informațiilor conținute în textul unei capodopere cosmoetice, evolutive, scrise într-o viață intrafizică anterioară de către conștin autoare care acum experimentează faza intermisivă, în starea de conștiex lucidă, helper de funcție. Ea este practic obligatorie pentru cititorii din generațiile viitoare, evocatori ai subiectelor cărții sau cărților. (Viera, Waldo; *Enciclopedia de Conștientologie*; ed.8; 2013, p.2918).

Pt. Colheita assistencial, interconsciencial oferecida pelo rapport, inspirações, intuições interassistenciais, sugestões, neoideias ou neoconstructos evolutivos, a partir dos conceitos ou informes do texto da obra-prima cosmoética, evolutiva, escrita em vida intrafísica anterior pela conscin autora, agora, vivendo na fase intermissiva, na condição de consciex lúcida, amparadora de função, praticamente compulsória, às leitoras e leitores pósteros, evocadores, a partir dos tópicos do livro ou livros. (Viera, Waldo; Enciclopédia da Conscienciologia*; 8 ed.; 2013, p.2918).*

Regânsenă (re+gân+sen+ene)
Repensene (Pt.); Rethosene (En.)

Gânsenă repetitivă. Sinonimă cu monogânsena, ideea fixă sau monoideismul. (Vieira, Waldo; *Proiectologia*; ed.5; 2002, p.1109).

Pt. O pensene repetido. O mesmo que monopensene, ideia fixa ou monoideísmo. (Vieira, Waldo; Projeciologia; 5 ed.; 2002, p.1109).

Repercusiuni parapsihofizice
Repercussões parapsicofísicas (Pt.); Parapsychophysical repercussions (En.)

Reacțiile dintre două vehicule de manifestare conștiențială în timpul acțiunii de intrare în contact a unuia cu celălalt, atât între vehiculele diferite ale aceleiași conștiințe, cât și între vehiculele similare a două sau mai multe conștiințe. Astfel de repercusiuni pot fi intrafizice sau extrafizice. (Vieira, Waldo; *Proiectologia*; ed.5; 2002, p.1109).

Pt. Reações entre 2 veículos de manifestação consciencial, durante o ato de entrarem em contato entre si, tanto entre veículos diferentes de uma consciência, ou entre veículos semelhantes de duas ou mais consciências. Tais repercussões podem ser intrafísicas e extrafísicas. (Vieira, Waldo; Projeciologia; 5 ed.; 2002, p.1109).

Resomare
Ressoma (Pt.); Resoma (En.)

Renaștere somatică sau intrafizică. (Adaptat după Vieira, Waldo; *Homo sapiens reurbanisatus*; 2003, p.973).

Pt. Renascimento somático ou intrafísico.(Adaptado de Vieira, Waldo; Homo sapiens reurbanisatus*; 2003, p.973).*

Resomatică
Ressomática (Pt.); Resomatics (En.)

Vezi *resomatologie.*

Pt. **Ver** *resomatologia.*

Resomatologie
Ressomatologia (Pt.); Resomatology (En.)

Specialitate a conștientologiei dedicată studiului renașterii somatice a conștiex care trece în starea temporară de conștin, sau părăsește extrafizicalitatea pentru intrafizicalitate. Este un subdomeniu științific al intrafizicologiei. (Adaptat după Vieira, Waldo; *Proiectologia*; ed.5; 2002, p.43). ***Variantă ieșită din uz a acestei specialități:*** *resomatică.*

Pt. Especialidade da Conscienciologia aplicada aos estudos do renascimento somático da consciex, quando passando para a condição temporária de conscin, ou saindo da extrafisicalidade para a intrafisicalidade. É um subcampo científico da Intrafisicologia. (Adaptado de Vieira, Waldo; Projeciologia; 5 ed.; 2002, p.43). **Variante em desuso para esta especialidade**: Ressomática.

Restrângere intrafizică

Restringimento intrafísico (Pt.); Intraphysical restriction (En.)

Limitarea atributelor personale impusă conştiinţei renăscute pe Pământ. (Adaptat după Vieira, Waldo; *Proiectologia*; ed.5; 2002, p.243).

Pt. Afunilamento dos atributos pessoais imposto à consciência renascida na Terra. (Adaptado de Vieira, Waldo; Projeciologia; 5 ed.; 2002, p.243).

Retrocognitarium

Retrocognitarium (Pt.); Retrocognitarium (En.)

Bază fizică pregătită tehnic pentru obţinerea de proiecţii lucide (PL) retrocognitive. (Adaptat după Vieira, Waldo; *Proiectologia*; ed.5; 2002, p.1110).

Pt. Base física preparada tecnicamente para a produção de PCs retrocognitivas. (Adaptado de Vieira, Waldo; Projeciologia; 5 ed.; 2002, p.1110).

Retrocognitologie

Retrocogniciologia (Pt.); Retrocognitiology (En.)

Specialitate a conştientologiei care studiază şi experimentează retrocogniţiile (auto-retrocogniţii), respectiv reamintirea vieţilor anterioare şi a perioadelor dintre acestea, precum şi retrosomele. Această specialitate îşi propune să fie o sursă de autocercetare şi de autocunoaştere cât mai profundă, astfel încât conştin să-şi poată înţelege mai bine ideile înnăscute care provin din holomemoria conştiinţei resomate.

Pt. Especialidade da Conscienciologia aplicada aos estudo e vivências das retrocognições, lembranças de vidas pretéritas e retrossomas (autorretrocognições), visando ser fonte de autopesquisa e autoconhecimento mais abrangentes para proporcionar a compreensão das ideias inatas da holomemória da consciência ressomada.

Retrocogniţie

Retrocognição (Pt.); Retrocognition (En.)

Din latină, *retro*, în spate, în urmă; *cognoscere*, a şti, a cunoaşte. Facultatea perceptivă prin care conştiinţa află despre fapte, scene, forme, obiecte, successe şi experiențe aparținând trecutului îndepărtat, care în mod obișnuit sunt legate de holomemoria sa. (Vieira, Waldo; *Proiectologia*; ed.5; 2002, p.1110). **Varianta învechită:** *amintirea vieții trecute.*

Pt. Do Latim, retro, atrás, cognoscere, conhecer. Faculdade perceptiva pela qual a conscin fica conhecendo fatos, cenas, formas, objetos, sucessos e vivências pertencentes ao tempo passado distante, comumente relacionados com a sua holomemória. (Vieira, Waldo; Projeciologia; 5 ed.; 2002, p.1110).

Retrogânsenă (retro+gân+sen+ene)
Retropensene (Pt.); Retrothosene (En.)

Gânsena specifică auto-retrocognițiilor; sinonimă cu *engrama* din mnemotehnică; potrivit conștientometriei, este unitatea de măsură a retrocogniției. (Vieira, Waldo; *Proiectologia*; ed.5; 2002, p.1110).

Pt. O pensene específico das autorretrocognições; o mesmo que o engrama da Mnemotécnica; a unidade de medida das retrocognições, segundo a Conscienciometrologia. (Vieira, Waldo; Projeciologia; 5 ed.; 2002, p.1110).

Reurbanizare extrafizică
Reurbanização extrafísica (Pt.); Extraphysical reurbanization (En.)
Vezi *reurbex.*
Pt. **Ver** *reurbex.*

Reurbanizare intrafizică
Reurbanização intrafísica (Pt.); Intraphysical reurbanisation (En.)
Vezi *reurbin.*
Pt. **Ver** *reurbin.*

Reurbex
Reurbex (Pt.); Reurbex (En.)

Reurbanizare extrafizică. Schimbarea în bine a mediilor și a comunităților extrafizice bolnave, anticosmoetic degradate, sponsorizată de *Serenissimi*, în scopul igienizării hologânsenei intrafizice a zonelor în care trăiesc conștin asupra cărora aceste medii și comunități extrafizice bolnave își exercită influența antievolutivă și nocivă pentru Umanitate. (Vieira, Waldo; *Homo sapiens reurbanisatus*; ed.3; 2004, p.245).

Pt. Reurbanização extrafísica. Mudança para melhor dos ambientes e comunidades extrafísicas doentias, anticosmoeticamente degradados, patrocinada pelos Serenões, com a finalidade de higienizar o holopensene intrafísico das áreas das conscins sobre as quais exercem influência antievolutiva e deletéria para a Humanidade. (Vieira, Waldo; Homo sapiens reurbanisatus*; 3 ed.; 2004, p.245).*

Reurbin
Reurbin (Pt.); Reurbin (En.)

Reurbanizare intrafizică. Schimbarea în bine a mediilor și comunităților intrafizice prin reorganizarea zonelor urbane degradate, defavorizate și/sau patologice, eliminarea ghetourilor și a mediilor stigmatizate, dotarea regiunii cu infrastructură, în scopul îmbunătățirii calității fizice, ambientale și sociale a zonelor și a edificiilor restaurate. Astfel, rezultă o îmbunătățire a calității vieții locuitorilor și, în consecință, a nivelului stimei de sine acestora, putând uneori determina dezvoltarea turismului urban, ecologic și/sau cultural, a fluxurilor migratoare și, în special, generarea oportunităților pentru recin și recex. (*Colegiul Invizibil de Parareurbanologie*; disponibil pe: <http://www.reurbex.org/definicao/>; accesat pe: 06/05/2018).

Pt. Reurbanização intrafísica. É a mudança para melhor dos ambientes e comunidades intrafísicas, através de uma reorganização dos espaços urbanos degradados, carentes e; ou patológicos, eliminando guetos e ambientes estigmatizados, dotando a região de infraestrutura, melhorando a qualidade física, ambiental e social dos ambientes, e edifícios restaurados. Resulta na melhoria da qualidade de vida de seus moradores e consequentemente na sua autoestima, por vezes gerando turismo urbano, ecológico e/ou cultural, fluxos migratórios e, especialmente, gerando oportunidades para recins e recexes. (Colégio Invisível da Parareurbanologia; *disponível em:* <http://www.reurbex.org/definicao/>; *acesso em: 06/05/2018).*

Robexis (rob+exis)
Robéxis (Pt.); Robexis (En.)

Robotizare existențială; starea unei conștin troposferice, excesiv de aservite intrafizicalității. (Vieira, Waldo; *Proiectologia;* ed.5; 2002, p.1110).

Pt. Robotização existencial; condição da conscin troposférica, excessivamente escravizada à intrafisicalidade ou quadridimensionalidade. (Vieira, Waldo; Projeciologia; *5 ed.; 2002, p.1110).*

Romantism extrafizic
Romance extrafísico (Pt.); Extraphysical romance (En.)

Set de acțiuni prin care o conștin îndrăgostită menține o stare afectivă sănătoasă și pozitivă în timp ce se află în afara corpului. (Vieira, Waldo; *Proiectologia*; ed.5; 2002, p.1110).

Pt. Conjunto dos atos pelos quais a conscin namora ou mantém um caso afetivo sadio ou positivo, estando projetada fora do soma. (Vieira, Waldo; Projeciologia; *5 ed.; 2002, p.1110).*

S

Sarcină de clarificare
Tarefa do esclarecimento (Pt.); Clarification task (En.)

Vezi *sarclar.*

Pt. **Ver** *tares.*

Sarclar (sar+clar)
Tares (tar+es) (Pt.); Claritask (clari+task) (En.)

Sarcina de clarificare, personală sau de grup, reprezintă un tip de asistenţialitate avansat deoarece oferă oportunitatea unor reciclări mai profunde care se reflectă în schimbări ale comportamentului conştin asistate. Este mai dificil de realizat şi este percepută, în general, în mediul social uman, ca fiind antipatică. Se bazează pe adevărurile relative de vârf întemeiate pe paradigma conştienţială. (Adaptat după Vieira, Waldo, *Proiectologia; 700 de Experimente de Conştientologie*; ed.3; 2013, p.675).

Pt. Tarefa do esclarecimento, assistencial, pessoal ou grupal, mais avançada por proporcionar reciclagens mais profundas e possibilitar as reciclagens do comportamento da conscin. Mais difícil de ser executada e, em geral, antipática dentro do ambiente social humano, lida com as verdades relativas de ponta baseadas no paradigma consciencial. (Adaptado do Vieira, Waldo, Projeciologia; 700 Experimentos Conscienciologia; 3 ed.; 2013, p.675).

Sarclarist
Tarístico (Pt.); Claritaskal (En.)

Caracteristica sau calitatea care se referă la sarclar (sarcină de clarificare). **Exemple:** *voluntariat sarclarist, profil sarclarist.*

Pt. Qualidade ou característica daquilo que se remete à tares (tarefa do esclarecimento). **Exemplos:** *voluntariado tarístico, perfil tarístico.*

Sarclaristicologie
Taristicologia (Pt.); Claritaskology (En.)

Specialitate a conştientologiei dedicată studiului sau cercetării specifice, sistematice şi teopractice a muncii de asistenţă dintre conştiinţe, oferite prin sarclar sau sarcina de clarificare.

Pt. Especialidade da Conscienciologia dedicada aos estudos específicos, sistemáticos, teáticos ou pesquisas e vivências da assistência entre as consciências, prestada através da tares ou tarefa do esclarecimento.

Sarcină de consolare

Tarefa da consolação (Pt.);Consolation task (En.)

Vezi sarcon.

Pt. **Ver** *tacon.*

Sarcon (sar+con)

Tacon (ta+con) (Pt.); Consoltask (consol+task) (En.)

Sarcina de consolare reprezintă un tip de asistență primară, personală sau de grup. Este mai ușor de realizat și mai simpatizată în mediile sociale umane, deoarece aduce satisfacție imediată și recompensă pentru eforturile practicantului. Se ocupă de consolarea maximă a persoanelor în nevoie, dezavantajate social, lipsite de experiență evolutivă sau a conștinelor troposferice. Îl predispune pe cel asistat la dependență interconștiențială, putând exista posibilitatea unor transferuri de sentimente și manipulări conștiențiale, motiv pentru care sarcon nu este o formă ideală de asistență. (Adaptat după Vieira, Waldo, *Proiectologia*; ed.5; 2002, p.1111).

Pt. Tarefa da consolação, assistencial, pessoal ou grupal, primária. Mais fácil de ser executada e mais simpática dentro do ambiente social humano, traz a gratificação imediata como retorno dos esforços do praticante. Lida com a consolação máxima aos carentes, desvalidos sociais, inexperientes quanto à evolução ou às conscins troposféricas. Predispõe o assistido à condição de dependência interconsciencial, podendo haver transferências de sentimentos e manipulações conscienciais, razão pela qual a Tacon ainda não é a assistencialidade ideal. (Adaptado do Vieira, Waldo, Projeciologia*; 5 ed.; 2002, p.1111)*

Sarconist

Taconístico (Pt.); Consoltaskal (En.)

Calitatea sau caracteristica obiectului sau persoanei care promovează sarcon sau sarcina de consolare. **Exemple:** *asistență sarconistă, profil sarconist, abordare sarconistă, duplism sarconist, voluntariat sarconist, patronaj sarconist, ego sarconist, emoție sarconista, primire sarconista, text sarconist.*

Pt. Qualidade ou característica do que ou de quem promove a tacon ou tarefa da conscolação. **Exemplos***: assistência taconística; perfil taconístico; abordagem taconística; duplismo taconístico; voluntariado taconístico; mecenato taconístico; ego taconístico; emoção taconística; acolhimento taconístico; texto taconístico.*

Sarconologie
Taconologia (Pt.); Consoltaskology (En.)

Set de studii privind clasica asistență de consolare a celor cu nevoi, un tip de asistență încă foarte rudimentară și inadecvată, depășită astăzi de clarificările cosmoetice ample, care au ca scop eliberarea conștiinței de dependența de ceilalți și intrarea sa în procesul evolutiv al interdependenței conștiențiale. (Vieira,Waldo; *Dicționar de argumente de conștientologie;* 2014, p.1387).

Pt. Conjunto dos estudos da antiga assistência de consolação dos necessitados, ainda muito rudimentar e inadequada, hoje superada pelos esclarecimentos cosmoéticos amplos, a fim de a consciência se libertar da dependência de outras, e entrar no regime evolutivo da interdependência consciencial. (Vieira, Waldo; Dicionário de Argumentos da Conscienciologia; *2014, p.1387).*

Scala evolutivă a conștiinței
Escala evolutiva da consciência (Pt.); Evolutionary scale of the consciousness (En.)

Scala sau parametrul profilurilor conștiențiale evolutive care permite autoevaluarea și identificarea nivelului personal în raport cu *serenissimul* și planificarea reciclărilor personale necesare autoevoluției. Scala este formată didactic din următoarele niveluri evolutive:

FIGURA 3.Ro. SCALA EVOLUTIVĂ A CONȘTIINȚEI

Conștiința	%
01. Consreu transmigrată	10% *din serenissimus*
02. Consreu resomată	20% *din serenissimus*
03. Pre-serenissimus vulgar	25% *din serenissimus*
04. Momeală inconștientă	25% *din serenissimus*
05. Practicant penta	25% *din serenissimus*
06. Proietor conștient	30% *din serenissimus*
07. Epicon lucid	35% *din serenissimus*
08. Conștientolog	40% *din serenissimus*
09. Despert	50% *din serenissimus*
10. Semiconștiex	60% *din serenissimus*
11. Teleghidat autocritic	65% *din serenissimus*
12. Evoluțiolog	75% *din serenissimus*
13. *Serenissimus*	100% - modelul nostru evolutiv
14. Conștiex liberă (CL)	Evolutiv

Sursă: Vieira, Waldo; *Homo sapiens reurbanisatus*; 2003, p.198

Pt. Escala ou parâmetro de perfis conscienciais evolutivos que possibilitam a autoavaliação, a identificação do patamar pessoal em comparação com o serenão e o planejamento de reciclagens pessoais para autoevolução, sendo composta didaticamente pelos seguintes níveis evolutivos:

Figura 3.Pt. ESCALA EVOLUTIVA DA CONSCIÊNCIA

Consciência	%
01. Consréu transmigrada	10% *do serenão*
02. Consréu ressomada	20% *do serenão*
03. Pré-serenão vulgar	25% *do serenão*
04. Isca insconsciente	25% *do serenão*
05. Tenepessista	25% *do serenão*
06. Projetor consciente	30% *do serenão*
07. Epicon lúcido	35% *do serenão*
08. Conscienciólogo	40% *do serenão*
09. Desperto	50% *do serenão*
10. Semiconsciex	60% *do serenão*
11. Teleguiado autocrítico	65% *do serenão*
12. Evoluciólogo	75% *do serenão*
13. *Serenão*	100% de nosso modelo evolutivo
14. Consciex livre (CL)	Evolutivo

Fonte: Vieira, Waldo; Homo sapiens reurbanisatus; 2003, p.198

Scop mental proiectiv
Alvo mental projetivo (Pt.); Projective mental target (En.)

Țintă predeterminată pe care conștin încearcă să o atingă în timp ce este proiectată lucid în afara somei, prin utilizarea voinței și intenției, prin mentalizare și decizie. (Vieira, Waldo; *Proiectologia;* ed.5; 2002, p.1098).

Pt. Meta predeterminada que a conscin objetiva alcançar, através da vontade, intenção, mentalização e decisão, ao se ver lúcida fora do soma. (Vieira, Waldo; Projeciologia; 5 ed.; 2002, p.1098).

Seducție energosomatică
Sedução energossomática (Pt.); Energosomatic seduction (En.)

Acțiune energetică a unei conștiințe cu intenția, mai mult sau mai puțin conștientă, de a domina prin seducție una sau mai multe conștiințe. (Vieira, Waldo; *Proiectologia*; ed.5; 2002, p.1110). **Variantă:** *seducție holochakrală.*

Pt. Ação energética, com intenção dominadora mais ou menos consciente, de uma consciência sobre outra(s) (Vieira, Waldo; Projeciologia; *5 ed.; 2002, p.1110).* **Variante:** *sedução holochacral.*

Seducție holochakrală
Sedução holochacral (Pt.); Holochakral seduction (En.)

Vezi *seducție energosomatică.*

*Pt.***Ver** *sedução energossomática.*

Semnătură gânsenică
Assinatura pensênica (Pt.); Thosenic signature (En.)

Capacitatea conştiinţei, conştin sau conştiex, de a exterioriza către alţii sau de a transmite în Cosmos propriile manifestări gânsenice, intenționalitatea, autodeterminarea sau auto-poziționarea sa cu privire la realitate și pararealitate, la fapte și parafapte, din viață sau din experienţele de evoluție conștiențială. (Adaptat după Vieira, Waldo; *Enciclopedia de Conștientologie*; ed.8; 2013, p.1317). **Variante:** *auto-exprimare; auto-comunicabilitate.*

Pt. Capacidade da consciência, conscin ou consciex, exteriorizar para os outros, ou comunicar para o Cosmos, as próprias manifestações pensênicas, a intencionalidade, a autodeterminação ou o autoposicionamento a respeito da realidade e da pararealidade, dos fatos e dos parafatos, na vida ou nos experimentos da evolução consciencial. (Adaptado de Vieira, Waldo; Enciclopédia da Conscienciologia; *8 ed.; 2013, p.1317).* **Variantes:** *autexpressão, autocomunicabilidade.*

Semper studiosus (lat.)
Semperaprendente (semper+aprendente) (Pt.); Everlearner (ever+learner) (En.)

Calitatea, starea sau caracteristica conştiinţei autodidacte neofile privind dobândirea neocunoştinţelor evolutive, într-un proces de învățare și dezvoltare permanentă, teopractică, prin reciclări conştienţiale. O astfel de conştiinţă investighează practicile interasistențiale clarificatoare și acordă prioritate productivității sarclariste, atât în timpul vieţilor intrafizice, cât și în perioadele intermisive ale parcursului ei evolutiv. (Adaptat după Ramiro, Marta; *Enciclopedia de Conștientologie*; ed.9; 2014, p.16653; disponibil pe: <http://encyclossapiens.space/ buscaverbete/>; accesat pe: 27/11/2019).

Pt. Qualidade, condição ou característica própria da consciência autodidata, neofílica quanto à aquisição de neoconhecimentos evolutivos, em permanente aprendizado e desenvolvimento, teática em reciclagens conscienciais, investidora nas práticas interassistenciais esclarecedoras e na priorização da produtividade tarística, durante as sucessivas vidas intrafísicas e períodos intermissivos em seu percurso evolutivo. (Adaptado de Ramiro, Marta; Enciclopédia da Conscienciologia; *9 ed.; 2014, p.16653; disponível em:* <http://encyclossapiens.space/ buscaverbete/>; *acesso em: 27/11/2019).*

Sens universalist
Senso universalista (Pt.); Sense of universalism (En.)

Starea conștiențială intimă de conciliere și compatibilitate pură cu ființele și realitățile din Cosmos, susținută de menținerea unei stări prin care conștiința lucidă se identifică deja cu întreaga comunitate universală și este pe deplin conștientă, ireversibil și pacifist, de universalismul major. (Vieira, Waldo; *Enciclopedia de Conștientologie*; ed.8; 2013, p.9806).

Pt.Condição consciencial íntima de conciliação e compatibilidade pura com seres e realidades do Cosmos, mantendo o estado da consciência lúcida já identificada com comunidade universal e o despertamento pleno do Universalismo máximo, de modo irreversível, pacífico. (Vieira, Waldo; Enciclopédia da Conscienciologia*; 8 ed.; 2013, p.9806).*

Seren
Serenão (Pt.); Serenissimus (En.)

Nume popular al lui Homo sapiens serenisimus. *Plural*: sereni. **Vezi** Homo sapiens serenissimus. (Vieira, Waldo; *Proiectologia*; ed.5; 2002, p.1110).

Pt. Nome popular do Homo sapiens serenissimus. **Ver** *homo sapiens serenissimus. (Vieira, Waldo;* Projeciologia*; 5 ed.; 2002, p.1110).*

Serenism
Serenismo (Pt.); Serenism (En.)

Tendința evolutivă a conștiinței de a prezenta progresiv autostăpânirea conștientă în manifestările ei gânsenice și interconștiențiale, amplificându-și epicentrismul conștiențial, cosmovizibilitatea, polikarmalitatea, megafraternitatea și productivitatea cosmoetică. Este calitatea sau caracteristica lui *Homo sapiens serenissimus*. (Conscienciopédia; disponibil pe <http://pt.conscienciopedia.org/index.php /Serenismo>; accesat pe 13/05/2018).

Pt. Tendência evolutiva da consciência apresentar progressivo autodomínio consciencial nas manifestações pensênicas e interconscienciais, potencializando o epicentrismo consciencial, a cosmovisibilidade, a policarmalidade, a megafraternidade e a produtividade cosmoética. É a qualidade ou característica do Homo sapiens serenissimus (Conscienciopédia; *disponível em* <http://pt.conscienciopedia .org/index.php/Serenismo>; *acesso em 13/05/2018)*

Serenologie
Serenologia (Pt.); Serenology (En.)

Specialitatea conștientologiei dedicată studiului lui *Homo sapiens serenissimus*, trăsăturilor personale, caracteristicilor și repercusiunilor lor evolutive (holomaturologie). (Adaptat după Vieira, Waldo; *Proiectologia*; ed.5; 2002, p.43).

Pt. Especialidade da Conscienciologia aplicada ao estudo do Homo sapiens serenissimus, seus traços pessoais, suas características e consequências evolutivas. É um subcampo científico da Conscienciometrologia (Holomaturologia). (Adaptado de Vieira, Waldo; Projeciologia; 5 ed.; 2002, p.43).

Serialitate
Serialidade (Pt.); Seriality (En.)

Calitate a conștiinței supuse seriexisului sau succesiunii viețililor umane. (Adaptat după Vieira, Waldo; *Proiectologia*; ed.5; 2002, p.1110).

Pt. Qualidade da consciência sujeita às seriéxis ou sucessão de vidas humanas. (Adaptado de Vieira, Waldo; Projeciologia; 5 ed.; 2002, p.1110).

Serialitate existențială
Seriação existencial (Pt.); Existential seriation (En.)

Vezi seriexis.

Pt. **Ver** *seriéxis.*

Seriexis (seri+exis)
Seriéxis (Pt.); Seriexis (En.)

1. Serialitatea existențială evolutivă a conștiinței; existențele succesive; seria renașterilor intrafizice. 2. Viața umană sau intrafizică. (Adaptat după Vieira, Waldo; *Proiectologia*; ed.5; 2002, p.1110). **Variantă**: *serie existențială*. **Varianta învechită**: *reîncarnare*.

Pt. 1. Seriação existencial evolutiva da consciência; existências sucessivas; renascimentos intrafísicos em série. 2. Vida humana ou intrafísica. (Adaptado de Vieira, Waldo; Projeciologia; 5 ed.; 2002, p.1110). **Variante**: *série existencial*. **Variante envilecida**: *reencarnação*.

Seriexologie
Seriexologia (Pt.); Seriexology (En.)

Specialitate a conștientologiei care studiază și cercetează seriexisul, serialitatea existențială sau ansamblul vieților intrafizice ale unei conștiințe, pe baza paradigmei conștiențiale. (*Consecutivus*; disponibil pe: <https://consecutivus.org/>; accesat pe: 06/05/2018). ***Variantă***: *holoresomatologie*.

Pt. Especialidade da Conscienciologia aplicada aos estudos e pesquisas da seriéxis, serialidade existencial, ou o conjunto de vidas intrafísicas da consciência, a partir do paradigma consciencial. (Consecutivus; *disponível em:* <https://consecutivus.org/>; *acesso em: 06/05/2018).* ***Variante****: Holorressomatologia.*

Sexochakră (sexo+chakra)
Sexochacra (Pt.); Sexochakra (En.)

Chakra rădăcină sau sexuală a conștiinței umane. Expresie veche legată de energia conștiențială a acestei chakre: *kundalini (șarpele de foc)*. (Vieira, Waldo; *Proiectologia*; ed.5; 2002, p.1110).

Pt. O chacra radical ou sexual básico da consciência humana. Expressão antiga relativa à energia consciencial deste chacra: kundalini (o fogo serpentino). (Vieira, Waldo; Projeciologia; *5 ed.; 2002, p.1110).*

Sexogânsenă (sexo+gân+sen+ene)
Sexopensene (Pt.); Sexothosene (En.)

Conform conștientometriei, fantezia sexuală, unitatea de măsură a adulterului mental. (Vieira, Waldo; *Proiectologia*; ed.5; 2002, p.1110).

Pt. A fantasia sexual; a unidade de medida do adultério mental, segundo a Conscienciometrologia. (Vieira, Waldo; Projeciologia; *5 ed.; 2002, p.1110).*

Sexosomă
Sexossoma (Pt.); Sexosoma (En.)

Soma considerată în mod specific în legătură cu sexul. (Vieira, Waldo; *Proiectologia*; ed.5; 2002, p.1110). ***Variantă ieșită din uz****: kundalini.*

Pt. O soma considerado especificamente quanto ao seu sexo. (Vieira, Waldo; Projeciologia; *5 ed.; 2002, p.1110).* ***Variante em desuso:*** *kundalini.*

Sexosoma afrodisiacă feminină
Sexossoma feminino afrodisíaco (Pt.); Aphrodisiac feminine sexosoma (En.)

Soma femeii, considerată în mod specific în legătură cu sexul (genul), atunci când corpul fizic este capabil să acționeze ca un afrodisiac. (Adaptat după Vieira, Waldo; *Proiectologia;* ed.5; 2002, p.1110). ***Vezi*** *ginosoma.*

Pt. Soma da mulher, considerado especificamente quanto ao sexo, quando a plástica é capaz de agir como um afrodisíaco. (Adaptado de Vieira, Waldo; Projeciologia; *5 ed.; 2002, p.1110).*

Sexosomatică
Sexossomática (Pt.) Sexosomatics (En.)

Vezi sexosomatologie.

Pt. *Ver Sexossomatologia.*

Sexosomatologie
Sexosomatologia (Pt.); Sexosomatology (En.)

Specialitate a conștientologiei dedicată studiului specific al somei în ceea ce privește sexul său, sau al sexosomei și al relației cu conștin. Este un subdomeniu științific al somaticii. (Adaptat după Vieira, Waldo; *Proiectologia;* ed.5; 2002, p.43). *Variantă:* sexosomatică.

Pt. *Especialidade da Conscienciologia aplicada ao estudo específico do soma quanto ao seu sexo, ou sexossoma, e suas relações com a conscin, seja o homem ou a mulher. É um subcampo científico da Somática.* (Adaptado de Vieira, Waldo; Projeciologia; 5 ed.; 2002, p.43). *Variante:* Sexossomática.

Sinalectică parapsihică
Sinalética parapsíquica (Pt.); Parapsychic signal (En.)

Existența, identificarea și utilizarea autoconștientă a semnalelor energetice animice, parapsihice, foarte personale, pe care fiecare conștiință le deține. (Vieira, Waldo; *Proiectologia;* ed.5; 2002, p.1110). *Variantă: semnalizare parapsihic, sinalectică parapsihică personală.*

Pt. *Existência, identificação e emprego autoconsciente dos sinais energéticos, anímicos, parapsíquicos e personalíssimos, que toda conscin possui.* (Vieira, Waldo; Projeciologia; 5 ed.; 2002, p.1110). *Variante: sinalética parapsíquica pessoal.*

Sindromul străinului
Síndrome do Estrangeiro (Pt.); Foreigner syndrome (En.)

Sindromul lipsei Cursului Intermisiv este starea morbidă de alienare caracterizată printr-un cadru clinic în care o conștin este predominată de tulburări psihosomatice, care constau în convergența unor semne și/sau simptome de nostalgie referitoare la experiențele extrafizice intermisive recente, ceea ce provoacă un conflict existențial de inadaptare personală la viața intrafizică. *Variantă: sindrom de sevraj al cursului intermisiv.* (Balona, Mâlu; *Síndrome do Estrangeiro* (Sindromul străinului); 2007, p.31-32).

Pt. *Ou Síndrome de Abstinência do Curso Intermissivo é o estado mórbido de alienação caracterizado pelo quadro clínico no qual predomina o distúrbio psicossomático da conscin, assentado na convergência de sinais e; ou sintomas de saudosismo pelas vivências extrafísicas intermissivas recentes, acarretando um conflito existencial de inadaptação pessoal à vida intrafísica.* *(Balona, Málu;* Síndrome do Estrangeiro*; 2007, p.31-32).*

Societate extrafizică

Sociedade extrafísica (Pt.); Extraphysical society (En.)

Vezi *sociex*.

Pt. **Ver** *sociex.*

Societate intrafizică

Sociedade intrafísica (Pt.); Intraphysical society (En.)

Vezi *socin.*

Pt. **Ver** *socin.*

Sociex (soci+ex)

Sociex (Pt.); Sociex (En.)

Societatea extrafizică sau a conştiinţelor extrafizice (conştiexelor). **Plural:** *sociexe.* (Vieira, Waldo; *Proiectologia*; ed.5; 2002, p.1110).

Pt. Sociedade extrafísica ou das consciexes. Plural: sociexes. *(Vieira, Waldo;* Projeciologia*; 5 ed.; 2002, p.1110).*

Socin (soc+in)

Socin (Pt.); Socin (En.)

Societatea intrafizică sau a conştiinţelor intrafizice (conştinelor); societatea umană. **Plural:** *socine.* (Vieira, Waldo; *Proiectologia*; ed.5; 2002, p.1110).

Pt. Sociedade Intrafísica ou das conscins; sociedade humana. Plural: socins. *(Vieira, Waldo;* Projeciologia*; 5 ed.; 2002, p.1110).*

Soma

Soma (Pt.); Soma (En.)

Corpul uman, corpul individului care aparţine regnului: *Animalia*, încrengătura: *Chordata*, clasa: *Mamifere*, ordinul: *Primate*, familia: *Hominidae*, genul: *Homo*, specia: *Homo sapiens*; animalul aflat pe cel mai înalt nivel de evoluţie pe această planetă, în ciuda faptului că presupune existenţa celui mai rustic vehicul din holosoma conștinei. (Adaptat după Vieira, Waldo; *Proiectologia*; ed.5; 2002, p.1110).

Pt. Corpo humano; o corpo do indivíduo do reino Animal, filo Cordata, classe Mamíferos, ordem Primatas, família Hominídia, gênero Homo, espécie Homo sapiens, o mais elevado nível de animal sobre este Planeta; apesar do exposto, o veículo mais rústico do holossoma da conscin. (Adaptado de Vieira, Waldo; Projeciologia; 5 ed.; 2002, p.1110).

Somatică
Somática (Pt.); Somatics (En.)

Vezi somatologie.

Pt. **Ver** *Somatologia.*

Somatologie
Somatologia (Pt.); Somatology (En.)

Specialitate a conștientologiei care studiază soma (corpul uman) în holosoma, sau în relație cu celelalte vehicule de manifestare ale conștiinței, în cadrul evoluției multidimensionale. Este un subdomeniu științific al holosomatologiei. (Adaptat după Vieira, Waldo; *Proiectologia*; ed.5; 2002, p.43). **Variantă:** *somatică*.

Pt. Especialidade da Conscienciologia aplicada ao estudo do corpo humano dentro do holossoma, ou em relação aos outros veículos de manifestação da consciência, em sua evolução multidimensional. É um subcampo científico da Holossomatologia. (Adaptado de Vieira, Waldo; Projeciologia; 5 ed.; 2002, p.43). **Variante em desuso** *para esta especialidade: Somática.*

Somn
Sono (Pt.); Sleep (En.)

Stare naturală de repaus a omului și a animalelor superioare, caracterizată în mod specific prin suprimarea normală și periodică a activității perceptive și a motricității voluntare, prin relaxarea simțurilor și a mușchilor, prin reducerea frecvenței circulatorii și respiratorii și chiar prin activitatea onirică, în timpul căreia organismul își revine din oboseală. (Vieira, Waldo; *Proiectologia*; ed.5; 2002, p.1110).

Pt. Estado natural de repouso no homem e nos animais superiores que se caracteriza especialmente pela supressão normal e periódica da atividade perceptiva, da motricidade voluntária, e da vida de relação, pelo relaxamento dos sentidos e dos músculos, pela diminuição das frequências circulatória e respiratória, e ainda pela atividade onírica, durante o qual o organismo recupera-se da fadiga. (Vieira, Waldo; Projeciologia; 5 ed.; 2002, p.1110).

Splenicochakră
Esplenicochacra (Pt.); Splenicochakra (En.)

Chakra situată în regiunea abdomenului care, împreună cu chakra ombilicală, alcătuieşte subcreierul abdominal, responsabil de absorbţiile intense de energie. *Variante învechite: chackra splinei, chakra splenică, splenochakra.* (Adaptat după Vieira, Waldo; *700 de Experimente de Conştientologie*; ed.3; 2013, p.511).

Pt. Chacra localizado na região do abdomen o qual em conjunto com o umbilicochacra compõe o subcérebro abdominal; responsável pela absorção intensa de energias. (Adaptado de Vieira, Waldo; *700 Experimentos da conscienciologia; 3 ed.; 2013, p.511).*

Stare de animare suspendată
Estado de animação suspensa (Pt.); State of suspended animation (En.)

Stare în care o conştiinţă intrafizică îşi are suspendate temporar funcţiile vitale esenţiale ale corpului celular, revenind ulterior la starea fiziologică normală, fără a produce, în cele mai multe cazuri, niciun fel de daune asupra sănătăţii individului. Celulele supravieţuiesc într-o stare de hibernare metabolică umană. (Vieira, Waldo; *Proiectologia*; ed.5; 2002, p.1103)

Pt. Aquele no qual a conscin tem suspensas, temporariamente, as funções vitais essenciais do seu corpo celular, retornando, depois, às suas condições fisiológicas normais, em certos casos sem ocorrer quaisquer danos à sua saúde, sobrevivendo as células em metabolismo de hibernação humana. (Vieira, Waldo; Projeciologia; 5 ed.; 2002, p.1103)

Stare de conştienţă modificată
Estado alterado de consciência (Pt.); Altered state of consciousness (En.)

Vezi xenofrenie.

Pt. Ver xenofrenia.

Stare vibraţională (SV)
Estado vibracional (EV) (Pt.); Vibrational state (VS) (En.)

Starea tehnică de dinamizare maximă a energiilor energosomei prin impulsul voinţei. (Adaptat după Vieira, Waldo; *Proiectologia*; ed.5; 2002, p.1103).

Pt. Condição técnica de dinamização máxima das energias do energossoma, através da impulsão da vontade. (Adaptado de Vieira, Waldo; Projeciologia; 5 ed.; 2002, p.1103).

Stigmat intruziv
Estigma assediador (Pt.); Intrusive stigma (En.)

Eșec, întotdeauna dramatic și în general patologic, sau înfrângere evolutivă, care de obicei provine dintr-o auto-obsesie conștiențială care generează melin sau melex. Deseori poate conduce la accidente parapsihice. (Vieira, Waldo; *Proiectologia*; ed.5; 2002, p.1103).

Pt. Insucesso, sempre dramático, em geral patológico, ou uma derrota evolutiva, assentada, em geral, em uma auto-obcecação consciencial geradora da melin ou da melex. Muitas vezes, resulta em acidentes parapsíquicos. (Vieira, Waldo; Projeciologia; 5 ed.; 2002, p.1103).

Subcreier abdominal
Subcérebro abdominal (Pt.); Abdominal sub-brain (En.)

Chakra ombilicală (centrul energiei conștiențiale situat deasupra buricului) aleasă inconștient de către conștin, aflată încă într-un stadiu mediocru de evoluție, ca sediu al manifestărilor ei. Este o parodie a creierului natural, encefalic (coronochakra și frontochakra); un obstacol lipsit de temei sau o trăsătură mega-slabă în autoevoluția conștientă. (Vieira, Waldo; *700 Experimente de conștientologie*; ed.3.; 2013, p.59). **Variante**: *creier abdominal, pseudocreier abdominal*.

Pt. O umbilicochacra (centro de energia consciencial acima do umbigo), quando escolhido inconscientemente pela conscin, ainda de evolução medíocre, para sede de suas manifestações. É a eminência parda do cérebro natural, encefálico (coronochacra e frontochacra); um embaraço indefensável na autoevolução consciente. (Vieira, Waldo; 700 Experimentos da Conscienciologia; 3 ed.; 2013, p.59). **Variantes**: *cérebro abdominal, pseudocérebro abdominal*.

Subgânsenă (sub+gân+sen+ene)
Subpensene (sub+pen+sen+ene) (Pt.); Subthosene (sub+thosene) (En.)

Gânsenă încărcată cu energii conștiențiale conectate cu subcreierul abdominal, în special cu ombilicochakra; potrivit conștientometriei, unitate de măsură a subcreierului abdominal. (Vieira, Waldo; *Proiectologia*; ed.5; 2002, p.1111).

Pt. O pensene carregado pelas energias conscienciais adstritas ao subcérebro abdominal, notadamente do umbilicochacra; a unidade de medida do subcérebro abdominal, segundo a Conscienciometria. (Vieira, Waldo; Projeciologia; 5 ed.; 2002, p.1111).

Subsol conștiențial
Porão consciencial (Pt.); Consciential basement (En.)

Faza de manifestare infantilă și adolescentină a conștin până la vârsta adultă, caracterizată prin predominanța trăsăturilor slabe (trasla), mai primitive, ale conștiinței multivehiculare, multiexistențiale și multimilenare. (Vieira, Waldo; *Proiectologia*; ed.5; 2002, p.1108).

Pt. Fase de manifestação infantil e adolescente da conscin, até chegar ao período da adultidade, caracterizada pelo predomínio dos trafares mais primitivos da consciência multiveicular, multiexistencial e multimilenar. (Vieira, Waldo; Projeciologia; *5 ed.; 2002, p.1108).*

T

Tărie parapsihică
Tara parapsíquica (Pt.); Parapsychic tare (En.)
Condiția sau talentul conștin lucide, cu abilități paraperceptive, capabilă să suporte, să se comporte și să dispună de o structură proprie care să îi ofere posibilitatea de a rezista greutății prezenței și presiunii conștiex asistate, încă patologice – conștiințe energovore, intruderi conștienți și inconștienți, vampiri, conștiințe cu deficiențe, fără a asimila energii conștiențiale antipatice sau fără a genera tulburări în sine însăși. (Vieira, Waldo; *Enciclopedia de Conștientologie*; ed.8; 2013, p.10251).

Pt. Condição ou talento da conscin lúcida, sensitiva paraperceptiva, capaz de suportar, comportar ou dispor de estrutura própria para resistir ao peso da presença e à força da pressão das consciexes assistidas ainda patológicas, conseneres, assediadoras conscientes e inconscientes, vampirizadoras e mais carentes, sem assimilar energias conscienciais antipáticas ou gerar pertúrbios em si mesma. (Vieira, Waldo; Enciclopédia da Conscienciologia*; 8 ed.; 2013, p.10251).*

Tehnica ciclului enumerativ
Técnica do ciclo enumerativă (Pt.); Enumerative cycle technique (En.)
Tehnică de colectare și formulare a enumerărilor progresive necesare pentru a compune o anumită linie, rețea sau lanț specific de gânsenizare, care amplifică și dezvoltă teopractic o idee, acțiune, fapt, realitate, pararealitate, realizare sau obiectiv, în domeniul cosmoviziunii (cosmoviziologie) conștiinței cercetătoare (autocercetologie). *Exemple*: secțiunea de enumerologie din *Enciclopedia de Conștientologie*; enumerograma; matematizarea cunoștințelor; liste de expresii; ierarhizarea enumerologică; facultatea mentală de a enumera; coloane enumerative; definiții cu enumerări; enumerarea termenilor relevanți pentru același subiect; listă exhaustivă; gruparea ideilor similare. (Adaptat după Vieira, Waldo; *Enciclopedia de Conștientologie*; ed.7; 2012, p.2738). *Variantă*: tehnica enumerării.

Pt. Técnica de coleta e composição de enumerações progressivas visando compor determinada linha, rede ou cadeia de pensenização específica, ampliando e desenvolvendo teaticamente ideia, ação, fato, realidade, pararrealidade, empreendimento ou objetivo, dentro do campo da cosmovisão (Cosmovisiologia) da consciência pesquisadora (Autopesquisologia). Exemplos: a Seção Enumerologia da Enciclopédia da Conscienciologia; o enumerograma; a matematização do conhecimento; as listas de expressões; a hierarquização enumerológica; a faculdade mental de enumerar; as colunas enumerativas; as definições com enumerações; a listagem de termos pertinentes ao mesmo tema; o listão; o agrupamento de ideias afins. (Adaptado de Vieira, Waldo; Enciclopédia da Conscienciologia; 7 ed.; 2012, p.2738). **Variante:** *Técnica da enumeração.*

Telegânsenă (tele+gân+sen+ene)
Telepensene (tele+pen+sen+e) (Pt.); Telethosene (tele+tho+sen+e) (En.)
Vezi homogânsenă.
Pt. **Ver** *homopensene.*

Temă homeostatică
Tema homeostático (Pt.); Homeostatic theme (En.)

Subiect predominant sănătos, care beneficiază de o abordare tehnică în orice analiză, cercetare sau investigație, cu scopul de a fi mai bine înțeles și mai explicit în procesul de desfășurare a sarcinilor de clarificare (sarclar) bioetică și evolutivă. (Adaptat după Vieira, Waldo; *Enciclopedia de Conștientologie*; ed.7; 2012, p.10434).

Pt. Assunto predominantemente sadio abordado tecnicamente em qualquer análise, pesquisa ou investigação, a fim de ser mais compreendido e explicitado no desenvolvimento das tarefas de esclarecimento (tares) bioético evolutivo. (Adaptado de Vieira, Waldo; Enciclopédia da Conscienciologia; 7 ed.; 2012, p.10434).

Temă neutră
Tema neutro (Pt.); Neutral theme (En.)

Include orice subiect, cu excepția celor de tip homeostatic sau nosografic; acesta este abordat în mod tehnic, imparțial și obiectiv în orice analiză, cercetare și investigație, cu scopul de a fi mai bine înțeles și mai explicit în procesul de desfășurare al sarcinilor de clarificare (sarclar) bioetică și evolutivă. (Adaptat după Vieira, Waldo; *Enciclopedia de Conștientologie*; ed.7; 2012, p.10437).

Pt. Assunto, nem homeostático e nem nosográfico, abordado tecnicamente de maneira imparcial e isenta, em qualquer análise, pesquisa ou investigação, a fim de ser melhor compreendido e explicitado no desenvolvimento das tarefas de esclarecimento (tares) bioético evolutivo. (Adaptado de Vieira, Waldo; Enciclopédia da Conscienciologia; 7 ed.; 2012, p.10437).

Temă nosografică
Tema nosográfico (Pt.); Nosographic theme (En.)

Subiect predominant patologic a cărui analiză, cercetare sau investigație este efectuată tehnic, cu scopul de a fi mai bine înțeles și mai explicit în procesul de desfășurare al sarcinilor de clarificare (sarclar) bioetică și evolutivă. (Adaptat după Vieira, Waldo; *Enciclopedia de Conștientologie*; ed.7; 2012, p.10440).

Pt. Assunto predominantemente patológico abordado tecnicamente em qualquer análise, pesquisa ou investigação, a fim de ser melhor compreendido e explicitado no desenvolvimento das tarefas de esclarecimento (tares) bioético evolutivo. (Adaptado de Vieira, Waldo; Enciclopédia da Conscienciologia; 7 ed.; 2012, p.10440).

Teopractică (teo+practică)
Teática (te+ática) (Pt.); Theorice (theory+ice) (En.)

Mod de cunoaștere conjugat, format atât din teorie (1%) cât și din practică (99%), aplicat de conștin sau conștiex. (Vieira, Waldo; *Proiectologia*; ed.5; 2002, p.1111).

Pt. Vivência conjunta da teoria (1%) e da prática (99%) por parte da conscin ou da consciex. (Vieira, Waldo; Projeciologia; 5 ed.; 2002, p.1111).

Tertulia conștientologică
Tertúlia conscienciológica (Pt.); Conscientiological tertulia (En.)

Reuniune spontană și informală, adunare sau întrunire a unor cercetători cu idei asemănătoare, care au un scop comun, acela de a discuta temele momentului, de a efectua analize rapide și a ajunge la consensuri tranzitorii cu privire la neo-cercetare, ipoteze și teorii, prin cursuri pe termen lung, gratuite, zilnice, fără precerințe, abordând teme conștientologice avansate, teopractice, actuale, inedite, de interes comun, nepublicate încă. (*Enciclopedia de Conștientologie*; ed.8; 2013, p.10512).

Pt. Agrupamento, reunião informal, espontânea ou assembleia de pesquisadores afins, homens e mulheres, para debater temas do momento, fazer análises rápidas e obter consensos transitórios de neopesquisas, hipóteses e teorias, através do Curso de Longo Curso, gratuito, diário, sem pré-requisitos, durante duas horas, com abordagens e temas inéditos, atuais, de interesse comum, teáticos, circulares e avançados da Conscienciologia. (Enciclopédia da Conscienciologia; 8 ed.; 2013, p.10512).

Trafor (tra+for)
Trafor (tra+for) (Pt.); Strongtrait (En.)

Trăsătură forte a personalității unei conștine; componentă pozitivă din structura microuniversului conștiențial, care propulsează evoluția conștiinței. (Vieira, Waldo; *Enciclopedia de conștientologie*; ed.7; 2012, p.1111). *Plural*: trafore sau trăsături forte. **Variantă**: *trăsătură puternică*.

Pt. Traço-força da personalidade da conscin; componente positivo da estrutura do microuniverso consciencial que impulsiona a evolução da consciência. (Vieira, Waldo; Projeciologia; 5 ed.; 2002, p.1111). *Plural: trafores (ou traços-força)*.

Tralip (tra+lip)
Trafal (Pt.); Absentrait (En.)

Trăsătură care lipseşte în personalitatea unei conştine. Absenţa unei anumite trăsături puternice de bază care i-ar permite personalităţii să îşi completeze în mod rezonabil cadrul personal al nivelului său evolutiv. Lacună sau fisură a caracterului, calitate absentă care poate conduce conştin la incompletitudinea conştienţială. (Vieira, Waldo; *Enciclopedia de conştientologie*; ed.7; 2012, p.8613). *Plural*: tralipe sau trăsături lipsă. ***Variantă:*** *trăsătură absentă.*

Pt. Traço-faltante da personalidade da conscin. Condição ausente de determinado traço-força básico para a personalidade completar razoavelmente seu quadro pessoal em seu nível evolutivo. Lacuna ou fissura de caráter, predicado ausente que pode levar a conscin à incompletude consciencial. (Vieira, Waldo; Enciclopédia da Conscienciologia; 7 ed.; 2012, p.8613). *Plural: trafais (ou traços faltantes).*

Transmigraţie interplanetară
Transmigração interplanetária (Pt.); Interplanetary transmigration (En.)

Acţiunea sau efectul acţiunii de a transmigra, de a exila sau a îndepărta obligatoriu o conştiinţă extrafizică, denumită în acest caz consreu transmigrată, de pe această planetă pe alta. (Vieira, Waldo; *Homo sapiens reurbanisatus*; 2003, p.784).

Pt. Ato ou efeito de transmigrar, de ser exilado ou desterrado compulsoriamente, no caso, a consciência extrafísica ou consréu transmigradora, deste planeta para outro. (Vieira, Waldo; Homo sapiens reurbanisatus; 2003, p.784).

Trasla (tra+sla)
Trafar (tra+far) (Pt.); Weaktrait (weak+trait) (En.)

Trăsătură slabă a personalităţii unei conştine; componentă negativă a structurii universului conştienţial de care conştiinţa nu a reuşit încă să se îndepărteze şi să se elibereze până într-un anumit moment. (Vieira, Waldo; *Proiectologia*; ed.5; 2002, p.1111*)*. *Plural*: trăsături slabe sau trasle.

Pt. Traço-fardo da personalidade da conscin; componente negativo da estrutura do microuniverso consciencial que a consciência ainda não consegue alijar de si ou desvencilhar-se até o momento. (Vieira, Waldo; Projeciologia; 5 ed.; 2002, p.1111). *Plural: trafares (ou traços-fardo).*

Tridotare conştienţială
Tridotação consciencial (Pt.); Consciential triendowment (En.)

Calitatea combinaţiei celor mai utile 3 talente ale unui conştientolog:

intelectualitate, parapsihism și comunicabilitate. (Adaptat după Vieira, Waldo; *Proiectologia*; ed.5; 2002, p.1111). **Variantă:** *triînzestare conștiențială.*

Pt. Qualidade dos 3 talentos conjugados mais úteis ao conscienciólogo: a intelectualidade, o parapsiquismo e a comunicabilidade. (Adaptado de Vieira, Waldo; Projeciologia; 5 ed.; 2002, p.1111). **Variante:** *tridotalidade consciencial, tridotação intraconsciencial.*

Tritanatoză
Tritanatose (Pt.); Trithanatosis (En.)

Dezactivarea și înlăturarea psihosomei când conștiința *Homo sapiens serenissimus* trece în starea de conștiință liberă (CL). (Vieira, Waldo; *Proiectologia*; ed.5; 2002, p.1111). **Variantă***: a treia desomare.* **Plural:** *tritanatoze.*

Pt. Desativação e descarte do psicossoma com a entrada da consciência do Homo sapiens serenissimus na condição de Consciência Livre (CL). (Vieira, Waldo; Projeciologia; 5 ed.; 2002, p.1111). **Variante***: terceira dessoma.*

U

Universalism

Universalismo (Pt.); Universalism (En.)

Set de idei derivate din universalitatea legilor de bază ale naturii și universului. Ca urmare a evoluției noastre naturale universalismul devine inevitabil filosofia dominantă a conștiinței. (Vieira, Waldo; *Proiectologia*; ed.5; 2002, p.1111). **Variantă**: *cosmism*.

Pt. Conjunto de ideias derivadas da universalidade das leis básicas da Natureza e do Universo e que, através da evolução natural da consciência, torna-se inevitavelmente, a sua filosofia dominante. (Vieira, Waldo; Projeciologia; 5 ed.; 2002, p.1111). **Variante**: cosmismo.

V

Vehicul al conştiinţei
Veículo da consciência (Pt.); Vehicle of the consciousness (En).

Instrument sau corp prin care conştiinţa se manifestă în intrafizicalitate (conştin) şi în alte dimensiuni extrafizice (conştin proiectată şi conştiex). (Vieira, Waldo; *Proiectologia*; ed.5; 2002, p.1111).

Pt. Instrumento ou corpo pelo qual a consciência se manifesta na intrafisicalidade (conscin) e nas dimensões extrafísicas (conscin projetada e consciex). (Vieira, Waldo; Projeciologia; 5 ed.; 2002, p.1111).

Verbacţiologie
Verbaciologia (Pt.); Verbatiology (En.)

Specialitate a conştientologiei dedicată studiului şi experimentării verbacţiunii sau binomului verb-acţiune în manifestările conştienţiale ale conştiinţei, precum şi consecinţele evolutive şi cosmoetice determinate. Ea urmăreşte coerenţa maxim posibilă între ceea ce o conştiinţă gândeşte, spune şi face în propria manifestare conştienţială. (*Conscienciopedia*; disponibilă pe: <http://pt.conscienciopedia.org/index.php/Verbaciologia>; accesată pe: 06/05/2018).

Pt. Especialidade da Conscienciologia aplicada aos estudos e vivências da verbação ou o binômio verbo-ação nas manifestações conscienciais e as consequências evolutivas e cosmoéticas, visando uma congruência máxima entre o que se pensa, o que se fala e como se age na própria manifestação consciencial. (Conscienciopedia; disponível em: <http://pt.conscienciopedia.org/index. php/Verbaciologia>; acesso em: 06/05/2018).

Verbacţiune (verb+acţiune)
Verbação (verb+ação) (Pt.); Verbaction (verb+action) (En.)

Interacţiunea practică dintre verb şi acţiune în comportamentul coerent al unei conştiinţe; rezultatul cuvântului ratificat şi confirmat prin exemplul faptelor experimentate de conştin. (Vieira, Waldo; *Proiectologia*; ed.5; 2002, p.1111).

Pt. Interação prática do verbo e da ação no comportamento coerente da consciência; resultado da palavra ratificada pelo exemplo através dos testemunhos vividos pela conscin. (Vieira, Waldo; Projeciologia; 5 ed.; 2002, p.1111).

Verbet
Verbete (Pt.); Verbet (En.)

Un cuvânt sau o expresie compusă din variabile: definiție, etimologie, sinonime, antonime, exemple și alte informații structurale referitoare la respectivul cuvânt sau termen, conținut în organizarea alfabetică a intrărilor din *Enciclopedia de Conștientologie*, care poate fi clasificat ca prescriptiv, cognitiv, tematic, enciclopedic sau referențial. (Adaptat după Vieira, Waldo; *Enciclopedia de Conștientologie*; ed.7; 2012, p.10816).

Pt. Palavra ou expressão composta pelas variáveis definição, etimologia, sinonímia, antonímia, exemplos e outras informações estruturais referentes ao vocábulo ou termo, contida na organização alfabética das entradas da Enciclopédia da Conscienciologia; podendo ser classificado em prescritivo, cognitivo, temático, enciclopédico ou remissivo. (Adaptado de Vieira, Waldo; Enciclopédia da Conscienciologia; *7 ed.; 2012, p.10816*).

Verbetografie conștientologică
Verbetografia conscienciológica (Pt.); Conscientiological verbetography (En.)

Scrierea tehnică a unui verbet sau a unui articol pentru Enciclopedia de conștientologie, al cărei stil de redactare sau *confor* combină conținutul sarclarist, cosmoviziologic, aderevologic și interasistențial cu o formă, un model sau un șablon, cu scopul de a obține o compoziția omogenă, uniformă, standardizată și didactică a textelor. (Nader, Rosa; *Enciclopedia de conștientologie*; ed.9; 2014, p.22556; disponibilă pe: <*http://encyclossapiens.space/buscaverbete/*>; accesată pe 27/11/2019).

Pt. Escrita técnica do verbete ou entrada para a Enciclopédia da Conscienciologia; cujo estilo ou confor conjuga conteúdo tarístico, cosmovisiológico, verponológico e interassistencial com a forma, modelo ou chapa para a composição homogênea, uniforme, padronizada e didática dos textos. (Nader, Rosa; Enciclopédia da Conscienciologia; *9 ed.; 2014, p.22556; disponível em:* <http://encyclossapiens.space/buscaverbete/>; *acesso em: 27/11/2019*).

Virus al societății intrafizice
Vírus da sociedade intrafísica (Pt.); Virus of intraphysical society (En.)

Vezi virus al socin.

Pt. **Ver** *virus da socin.*

Virus al socin
Vírus da socin (Pt.); Virus of socin (En.)

Orice trasla socială din viața intrafizică a conștiinței umane. (Vieira, Waldo; *Proiectologia*; ed.5; 2002, p.1111).

Pt. Qualquer trafar social na vida intrafísica da consciência humana. (Vieira, Waldo; Projeciologia*; 5 ed.; 2002, p.1111).*

Vis
Sonho (Pt.); Dream (En.)

Stare naturală de conștiință, intermediară între starea de veghe fizică obișnuită și somnul natural, caracterizată printr-un set de idei și imagini care se prezintă conștiinței. Un vis urât în timpul căruia sunt experimentate stări de agitație, angoasă și opresiune, se numește coșmar, teroare nocturnă sau halucinație terifiantă. (Vieira, Waldo; *Proiectologia*; ed.5; 2002, p.1110).

Pt. Estado consciencial natural intermediário entre o estado da vigília física ordinária e o sono natural, caracterizado por um conjunto de ideias e imagens que se apresentam à consciência. O sonho aflitivo que tem como efeitos a agitação, a angústia e a opressão durante o seu desenvolvimento, recebe os nomes de: pesadelo; terror noturno; alucinação pesadelar. (Vieira, Waldo; Projeciologia*; 5 ed.; 2002, p.1110).*

Vis diurn
Devaneio (Pt.); Daydream (En.)

Stare fantezistă creată de imaginația conștiinței în timpul stării de trezire fizică obișnuită; somn treaz; imagistică. *(Adaptat după Vieira, Waldo;* Proiectologia*; ed.5; 2002, p.1102).*

Pt. Estado fantasioso criado pela imaginação durante o estado da vigília física ordinária da conscin; sonho acordado; imagística. (Adaptado de Vieira, Waldo; Projeciologia*; 5 ed.; 2002, p.1102).*

Voință
Vontade (Pt.); Will (En.)

Din latină, *voluntas*, voință. Capacitate sau abilitate a conștiinței de a-și direcționa auto-gânsenizarea și de a mobiliza energiile disponibile în cosmos, promovând și modificând cunoașterea, comportamentele, realitățile și pararealitățile. (Daou, Dulce; *Voliciopatia e Autorado Libertário (Volitopatia și autoratul libertarian).* În: *Scriptor*, Ano 2, N. 2, 2011, p.50-68; disponibil pe: *https://pt.scribd.com/doc/129729092/ScriptorAno2N2>*; accesat pe: 30/04/2018). **Variante:** *voință conștiențială.*

Pt. Do Latin, voluntas, vontade. Capacidade ou habilidade de a consciência dirigir a autopensenização e mobilizar as energias disponíveis no cosmos, promovendo e modificando conhecimentos, comportamentos, realidades e pararrealidades. (Daou, Dulce; Voliciopatia e Autorado Libertário. In: Scriptor, Ano 2, N. 2, 2011, p.50-68; disponível em: https://pt.scribd.com/doc/129729092/ScriptorAno2N2>; *acesso em: 30/04/2018).* **Variante:** *vontade consciencial.*

Volitolină
Voliciolina (Pt.); Volitioline (En.)

Energia conștiențială extrasă de către conștiință din energia imanentă, prezentată ca ipoteză în încercarea de a explica legătura dintre realitate și acțiunea energiilor conștiențiale ale conștiinței intrafizice, ca fiind combustibilul, motorul sau agentul fundamental al acțiunii voinței asupra forțelor, fluxurilor și refluxurilor cosmice. (Vieira, Waldo; *Enciclopedia de Conștientologie*; ed.8; 2013, p.10971)

Pt. Energia consciencial, haurida pela consciência, a partir da energia imanente, apresentada como hipótese de tentativa para explicar racionalmente a realidade e a atuação das ECs da conscin, como sendo o combustível, motor ou agente fundamental de atuação da vontade sobre as forças, fluxos e refluxos do Cosmos. (Vieira, Waldo; Enciclopédia da Conscienciologia; *8 ed.; 2013, p.10971*)

Volitologie
Voliciologia (Pt.); Volitiology (En.)

Specialitate a conștientologiei care studiază manifestarea voinței, cea mai mare megaputere a conștiinței, atributul conștiențial legat de capacitatea conștiinței de a dori ceva și de a acționa pentru a-și transforma intențiile în realitate.

Pt. Especialidade da Conscienciologia que estuda a manifestação da vontade, o maior megapoder da consciência, ou o atributo consciencial relacionado à capacidade da consciência de querer algo ou alguma coisa e agir para tornar reais seus intentos.

Volitopatie
Voliciopatia (Pt.); Volitiopathy (En.)

Patologia facultăților de bază ale unei conștiințe caracterizată printr-o voință slabă sau bolnăvicioasă, având o probabilă bază paragenetică. Volitiopatiile constituie un contrapunct antievolutiv al dinamicii evolutive naturale, în care are loc în mod inerent întărirea voinței. (Adaptat după Daou, Dulce; 303 *Voliciopatia e Autorado Libertário (Volitopatia și autoratul libertarian)*. În: *Scriptor*, Anul 2, N. 2, 2011, p.50-68; disponibil pe: <https://pt.scribd.com/doc/129729092/Scriptor, Ano 2, N.2>; accesat pe: 30/04/2018).

Pt. Patologia das faculdades nucleares da consciência caracterizada pela vontade fraca, ou doente, com provável fundo paragenético. As voliciopatias constituem contraponto antievolutivo frente à dinâmica evolutiva natural, inerente à qual ocorre o fortalecimento da vontade. (Adaptado de Daou, Dulce; 303 Voliciopatia e Autorado Libertário. In: Scriptor, *Ano 2, N. 2, 2011, p.50-68; disponível em:* <https://pt.scribd.com/doc/129729092/Scriptor, *Ano 2, N.2>; acesso em: 30/04/2018).*

X

Xenogânsenă (xeno+gân+sen+ene)
Xenopensene (xeno+pen+sen+e) (Pt.); Xenothosene (xeno+tho+sen+e) (En.)

Gânsena intruzivă a unui intruder în manifestările de asediu gânsenic sau intruziune; pană mentală; unitate de măsură a intruziunii interconștiențiale, potrivit conștientometrologiei. (Vieira, Waldo; *Proiectologia*; ed.5; 2002, p.1112).

Pt. O pensene intrusivo do assediador nas ocorrências de intrusão pensênica ou assedialidade; a cunha mental; a unidade de medida do assédio interconsciencial, segundo a Conscienciometrologia. (Vieira, Waldo; Projeciologia; 5 ed.; 2002, p.1112).

Xenofrenie
Xenofrenia (Pt.); Xenophrenia (En.)

Din greacă, *xenos*, ciudat; *phrem*, minte. Stare a conștiinței umane ieșită din tiparul normal al stării de veghe, indusă de agenți fizici, fiziologici, psihologici, farmacologici sau psihici. (Vieira, Waldo; *Proiectologia*; ed.5; 2002, p.1111). **Variantă**: *stare de conștiență modificată*.

Pt. Do Grego, xenos, estranho; phrem, mente. Estado da consciência humana, fora do padrão normal da vigília física ordinária, induzido por agentes físicos, fisiológicos, psicológicos, farmacológicos ou parapsíquicos. (Vieira, Waldo; Projeciologia; 5 ed.; 2002, p.1111). **Variante**: *estado alterado de consciência.*

Z

Zoogânsenă (zoo+gân+sen+ene)
Zoopensene (zoo+pen+sen+e) (Pt.); Zoothosene (zoo+tho+sen+e) (En.)

Gânsena unui animal subuman lipsit de autoconștiențialitate; *unitate de măsură* a principiului conștiențial al animalului subuman, conform gânsenologiei și conștientometrologiei. (Vieira, Waldo; *Proiectologia; ed.5; 2002, p.42*)

Pt. O pensene do animal subumano, sem autoconsciencialidade; a unidade de medida do princípio consciencial do animal subumano, segundo a Pensenologia e a Conscienciometrologia. (*Vieira, Waldo;* Projeciologia; *5 ed.; 2002, p.42*)

The *Romanian-Portuguese-English* Glossary of Essential Conscientiology Terms

Organizers:
Adina Oprea
Daniela Mareș

A word that does not represent an idea is a dead body, the same way as an idea that is not embodied in words is but a shadow.

Lev Vygotsky (1896 – 1934)

Scientific language, one must add, is in constant renewal and expansion, as each day positive knowledge changes and broadens. Next, the field is immense, and so to say limitless.

Émile Littré (1801 - 1881)

The extension of one's personal lexicophilia helps define one's level of tridotation: as intellectuality, parapsychism, and communicability depend, in all, on theorical self-neurolexicality.

Pedro Fernandes (1974-)

To create neoverpons in intraphysical life is to enrich one's resoma. Research is megaevolution. Curve: indirect life.

Waldo Vieira (1932 - 2015)

To all consciousnesses interested in moving towards universalism. May these verpons allow us to take a further step towards it and accelerate the rhythm of our cosmoethical evolution. May what happens be the best for everyone.

ACKNOWLEDGEMENTS

Our thanks and gratitude of all those who will use this glossary to get closer to conscientiology and understand its concepts better.

Firstly, to *Dr. Waldo Vieira* (1932-2015), now Zephyrus, who proposed the two neosciences – projectology and conscientiology, found the most appropriate words to denominate the relative leading-edge truths used by the two sciences, and created and structured neologisms in Portuguese.

To the team *of the International Council of Neologistics and Conscientiological Terminology (ICNEO),* UNICIN's permanent body that aims to promote the standardization of conscientiological terms and their international dissemination.

To the team of translators and reviewers who produced the first Glossary containing 300 basic terms – *Jaclyn Cowen, Jeffrey Lloyd, and Magali Ornellas*.

To the team of writers, translators, and reviewers of the first official glossary - *The English-Portuguese Glossary of Essential Conscientiology Terms – Eliane Wojslaw, Jaclyn Cowen, Jeffrey Lloyd, and Liliana Alexandre.*

To *Eliane Wojslaw* for her invaluable advice and effort given in the appearance of this Glossary, for the permanent guidance and for the fact that she sensed its usefulness in promoting the science of conscientiology in Romania.

To *Liliana Alexandre* for her unconditional support to Romania and for her tireless involvement in all projects and events aimed at spreading conscientiology in Romania.

To *Editares* Publishing House, so welcoming the works in Romanian, because they understood that the conscientiological information is addressed to all people, regardless of the number of speakers of a certain language.

And last but not least, to the extraphysical helpers who permanently inspire our actions involved in our group existential program and because they helped us to understand that our work addresses not only to the intraphysical consciousnesses that in the current life are speakers of the Romanian language, but also to all the consciousnesses that at some point in their existential seriality will resomate in the Romanian space and in the Romanian language.

And we thank you, all readers, researchers of Conscientiology, who will open this glossary and use it in your activities of knowledge and self-knowledge, with the invitation to contribute through your research to the amplification of the fields of conscientiological research and implicitly to the development of our ever increasing linguistic capacity to express complex ideas.

Adina Oprea
Daniela Mareș

INTRODUCTION TO THE ROMANIAN EDITION

Conscientiology. Conscientiology, the science proposed by Waldo Vieira, a Brazilian physician and researcher (1932-2015), "studies consciousness in an integral, holosomatic, multidimensional, bioenergetic, projective, self-aware and cosmoethical approach.[8]" Conscientiology goes beyond the materialistic and electronic approach of the traditional sciences, studying the two fundamental principles in universe – consciousness and energy. It is undeniably a science because it develops knowledge through observation, reasoning, and methodological experimentation of facts, generating questions that later can construct new research hypotheses. All information representing relative leading-edge truths that can be refuted and replaced.

Neologisms. To make its research and discoveries known, every science needs to build its own language. Conscientiology also needs words to support the neo-ideas and neo-concepts it studies, thus forming conscientological neologisms. Doctor Vieira says that "vocabulary is a linguistic codification" that must be enriched[9]; conscientiological vocabulary is in a continuous process of amplification, as conscientiological researchers experience and bring new relative leading-edge truths (neoverpons) to the attention of their intermissivist colleagues and of all intraphysical consciousnesses (conscins), eager to know themselves.

Glossary The glossary you now hold in your hand contains the most important concepts underlying the conscential paradigm, the translation of conscientiological neologisms. However, the glossary is more than simply scientific jargon because it can always generate clarifications and recycling to the people who consult it.

Portuguese – English Glossary. The Romanian edition of the glossary is based on the English-Portuguese Glossary, organized by the English language team of ICNEO[10] - Eliane Wojslaw, Jaclyn Cowen, Jeffrey Lloyd and Liliana Alexandre, researchers who noticed that this working tool is indispensable for the dissemination and internationalization of conscientiology.

Romanian – Portuguese - English Glossary. The idea of creating this glossary came from the desire to contribute to the internationalization of conscientiology and to offer a self-research support to people interested in conscientiology in Romania. This paper is therefore equally addressed to intermissivists and pre-intermissivists, translators, professors of conscientiology and students from Romania, but also to all readers of conscientiological works.

Challenge. Translating conscientiological texts is a challenge for any translator, because considering their recycling potential, the essence of a text's message must

---

[8]Vieira, Waldo; O que é a Conscienciologia, page 11; Foz do Iguaçu, PR – Brasil, Associação Internacional Editares, 2012

[9]Vieira, Waldo; Manual dos Megapensenes Trivocabulares, page 348, Cognópolis, Foz do Iguaçu, Paraná, Brasil, Associação Internacional Editares, 2009.

[10] ICNEO - *International Council of Neologistics and Conscienciology Terminology*- Consiliul Internațional pentru Neologistică și Terminologie Conștientologică.

always be very precise and close to the original and the author's intention. The organization of this glossary has been even more challenging as it is a support that readers can use to understand other conscientiology works.

Advantages The two organizers of the Romanian Glossary had the advantage of being able to consult the original Portuguese, and the translation into English. They also benefited from the fact that Romanian and Portuguese are in the same linguistic family, much of the vocabulary of the two languages having common etymology and similar semantic structures, which greatly facilitated the translation work.

Trilingual. This glossary is trilingual, as the organizers wanted it to contain terms both in English and in Portuguese. In English because it is well-known by Romanians and in Portuguese because it is the language of conscientiology. The glossary also highlights the linguistic similarities between Romanian and Portuguese and challenges the readers to notice the resemblances between the linguistic holothosene of the two languages, which easily allows the creation of conscientiology neologisms.

Structure: The first part of this glossary is Romanian and Portuguese and the second is English. The glossary includes the 600 most commonly used conscientiology terms, that can be found in specialty works, treatises and in the Encyclopaedia of conscientiology, most of them authored by Waldo Vieira. The terms are organized in alphabetical order, both in Romanian and in English.

Adina Oprea and Daniela Mareș (translation and organization of the text)

FORWARD

Acknowledgement. We present with huge gratitude the Trilingual Glossary of Essential Conscientiology Terms in Romanian, Portuguese, and English, organized by the translators and revisers – Adina Oprea and Daniela Mareș. In our hands we now have a book in three languages, and this makes us reflect on the impactful universal force of the ideas proposed by conscientiology and its consciential paradigm.

Science. This reference system underpins this neoscience based on its seven fundamental premises, and we invite the user to analyse the logic and pertinence of these ideas: multidimensionality, holosomaticity, bioenergetics, multiexistentiality, cosmoethics, universalism, and self-research.

Pillars. The premise *Multidimensionality* postulates that we live and interact in many different dimensions. *Holosomaticity* affirms that we have four bodies or vehicles of consciential manifestation, which allow us to experience different consciential dimensions and conditions. The *Bioenergetics* premise proposes that we constantly interact with the energies that are omnipresent, all around us, in nature and in the cosmos. In turn, the next premise of *Multiexistentiality* refers to our previous lives in other contexts and cultures. *Cosmoethics* posits the existence of a wider cosmic ethics we are all submitted to. *Universalism* claims that we are essentially universal consciousnesses, who can be reborn in one life in a certain culture and family and with a certain gender, and in another life, in a totally different reality. The last premise is *Self-research* and it proposes that the more we know ourselves, the more optimized our evolution, as we can invest and control our efforts to evolve, becoming better or more cognizant consciousnesses.

Disbeliefology. It is important to emphasize the scientific and self-experimental character of conscientiology, according to the Principle of Disbelief – "Don't believe in anything, not even in what you read in this book. Experiment! Have your own experiences." This principle invites the researcher-reader to maintain a critical attitude as regards knowledge, instead of accepting imposed and dogmatic truths.

Terminology. In order to mirror the new advanced realities proposed by conscientiology, it is necessary to create new terms to express them. The proposer of this science, Dr Waldo Vieira, created a rich repertoire of technical terms capable of describing, defining, and communicating this huge and important body of knowledge. This glossary contains 600 terms and definitions belonging to conscientiology's subspecialties.

Translation. These terms now become available to all intermissivists and researchers interested in conscientiology and consciousness studies in Romania, thanks to the accurate translations provided by the organizers of this glossary, who so aptly reversed the original Portuguese into the Romanian language, still adding English for a wider reach of this book.

Intermission. This work is evidence that intermissivists are born around the world and that no physical distance can truly separate peers and evolutionary companions. We are all engaged in the clarification task and the dissemination of the ideas proposed by conscientiology, and it may well be that we, this particular group so dedicated to translation, have attended the same subject-matter during our intermissive course. This could probably explain, in our case, the various cultural and personal affinities between Portuguese and Romanian speakers.

Overjoyed. We are very happy with the work carried out in here, and feel certain it will be useful and promote deep and renewing intraconsciencial recycling in the Romanian community. We are very grateful, and we wish you a good study.

Eliane B. Wojslaw

SUMMARY OF TERMS

A

Abdominal sub-brain (Subcreier abdominal; Subcérebro abdominal)
Absentrait (Tralip; Trafal)
Admiration-disagreement binomial (Binomul admirație-discordanță; Binômio admiração-discordância)
Advanced proexis (Proexis avansat; Proéxis avançada)
Agendex (Agendex; Agendex)
Altered state of consciousness (Stare de conștiență modificată; Estado alterado de consciência)
Alternating intraphysical pre-serenissimus (Pre-serenissimus intrafizic alternant; Pré-serenão intrafísico alternante)
Androchakra (Androchakra; Androchacra)
Androsoma (Androsoma; Androssoma)
Androsomatics (Androsomatică; Androssomatica)
Androsomatology (Androsomatologie; Androssomatologia)
Androthosene (Androgânsenă; Andropensene)
Animism (Animism; Animismo)
Anticosmoethics Anticosmoetică; Anticosmoética)
Antithosene (Antigânsenă; Antipensene)
Aphrodisiac feminine sexosoma (Sexosoma afrodisiacă feminină; Sexossoma feminino afrodisíaco)
Artifacts of knowledge (Artefacte ale cunoașterii; Artefatos do saber)
Assistantial (Asistențial; Assistencial)
Assistantiology (Asistentologie; Assistenciologia)
Assisted consciential projection (Proiecție conștiențială asistată; Projeção consciente assistida)
Auric coupling (Cuplare aurică; Acoplamento áurico)

B

Baratrosphere (Baratrosferă; Baratrosfera)
Bioenergy (Bioenergie; Bioenergia)
Biographology (Biografologie; Biografologia)
Biothosene (Biogânsenă; Biopensene)
Bithanatosis (Bitanatoză; Bitanatose)
Blind guide (Ghid orb; Guia cego)
Bradythosene (Bradigânsenă; Bradipensene)

C

Cardiochakra (Cardiochakră; Cardiochacra)
Chakra (Chakra; Chacra)
Chirosoma (Chirosoma; Quirossoma)
Clarification task (Sarcină de clarificare; Tarefa do esclarecimento)
Claritask (Sarclar; Tares)
Claritaskal (Sarclarist; Tarístico)
Claritaskology (Sarclaristicologie; Taristicologia)

Co-projector (Co-proiector; Co-projetor)
Code of a Duo's Cosmoethics – CDC (Cod de cosmoetică al duo-ului – CCD; Código duplista de cosmoética – CDC)
Code of Group Cosmoethics – CGC (Cod Grupal de Cosmoetică – CGC; Código Grupal de Cosmoética – CGC)
Code of Personal Cosmoethics – CPC (Cod Personal de Cosmoetică – CPC; Código Pessoal de Cosmoética – CPC)
Coexistentiology (Coexistentologie; Coexistenciologia)
Cognopolis (Cognopolis; Cognópolis)
Communex (Comunex; Comunex)
Communicology (Comunicologie; Comunicologia)
Complexis (Complexis; Compléxis)
Con (Con; Con)
Confor (Confor; Confor)
Consbel (Consbel; Consbel)
Consciensula (Conştiensula; Consciênçula)
Conscientese (Conştientesa; Conscienciês)
Consciential amentia (Amenție conştiențială; Amência consciencial)
Consciential basement (Subsol conştiențial; Porão consciencial)
Consciential bond (Legătură conştiențială; Vínculo consciencial)
Consciential concentration (Concentrare conştiențială; Concentração consciencial)
Consciential continuism (Continuism conştiențial; Continuísmo consciencial)
Consciential ectopia (Ectopie conştiențială; Ectopia consciencial)
Consciential energy – CE (Energie conştiențială – EC; Energia consciencial – EC)
Consciential era (Eră conştiențială; Era consciencial)
Consciential eunuch (Eunuc conştiențial; Eunuco de base consciencial)
Consciential family (Familie conştiențială; Família consciencial)
Consciential gestation (Gestație conştiențială; Gestação consciencial)
Consciential hygiene (Igienă conştiențială; Higiene consciencial)
Consciential hygienology (Igienologie conştiențială; Higienologia consciencial)
Consciential hyperspaces (Hiperspații conştiențiale; Hiperespaços conscienciais)
Consciential microuniverse (Microunivers conştiențial; Microuniverso consciencial)
Consciential monoendowment (Monodotare conştiențială; Monodotação consciencial)
Consciential openness (Deschidere conştiențială; Abertismo consciencial)
Consciential paracomatose (Paracomatoză conştiențială; Paracomatose consciencial)
Consciential paradigm (Paradigmă conştiențială; Paradigma consciencial)
Consciential powers (Forțe conştiențiale; Poderes conscienciais)
Consciential retailing (Abordare conştiențială limitată; Varejismo consciencial)
Consciential scaffolds (Cârje conştiențiale; Andaimes conscienciais)
Consciential self-bilocation (Autobilocație conştiențială; Autobilocação consciencial)
Consciential self-organization (Auto-organizare conştiențială; Autorganização consciencial)
Consciential self-relay (Autoreleu conştiențial; Autorrevezamento consciencial)
Consciential triendowment (Tridotare conştiențială; Tridotação consciencial)
Consciential wholesaling (Abordare conştiențială atotcuprinzătoare; Atacadismo consciencial)
Conscientiocentric institution – CI (Instituție conştientocentrică – IC; Instituição conscienciocêntrica – IC)
Conscientiocentrism (Conştientocentrism; Conscienciocentrismo)

Conscientiocentrology (Conștientocentrologie; Conscienciocentrologia)
Conscientiocracy (Conștientocrație; Conscienciocracia)
Conscientiogram (Conștientogramă; Conscienciograma)
Conscientiological tertulia (Tertulia conștientologică; Tertúlia conscienciológica)
Conscientiological verbetography (Verbetografie conștientologică; Verbetografia conscienciológica)
Conscientiologist (Conștientolog(ă); Conscienciólogo(a))
Conscientiology (Conștientologie; Conscienciologia)
Conscientiology class (Lecție de conștientologie; Aula de Conscienciologia)
Conscientiology facilitator (Facilitator de conștientologie; Facilitador da Conscienciologia)
Conscientiometrology (Conștientometrologie; Conscienciometrologia)
Conscientiometry (Conștientometrie; Conscienciometria)
Conscientiotherapeuticology (Conștientoterapeuticologie; Conscienciterapeuticologia)
Conscientiotherapist (Conștientoterapeut; Conscienciterapeuta)
Conscientiotherapy (Conștientoterapie; Conscienciterapia)
Consciex (Conștiex; Consciex)
Conscin (Conștin; Conscin)
Consciousness, the (Conștiința; Consciência, a)
Consener (Consener; Consener)
Consolation task (Sarcină de consolare; Tarefa da consolação)
Consoltask (Sarcon; Tacon)
Consoltaskal (Sarconist; Taconístico)
Consoltaskology (Sarconologie; Taconologia)
Consreu (Consreu; Consréu)
Coronochakră (Coronochakra; Coronochacra)
Cosmo-analyticology (Cosmoanaliticologie; Cosmoanaliticologia)
Cosmo-analysis (Cosmoanaliză; Cosmo-análise)
Cosmoconscientiology (Cosmoconștientologie; Cosmoconscienciologia)
Cosmoconsciousness (Cosmoconștiență; Cosmoconsciência)
Cosmoethical mimicry (Mimetism cosmoetic; Mimese cosmoética)
Cosmoethicity (Cosmoeticitate; Cosmoeticidade)
Cosmoethicology (Cosmoeticologie; Cosmoeticologia)
Cosmoethics (Cosmoetică; Cosmoética)
Cosmogram (Cosmogramă; Cosmograma)
Cosmothosene (Cosmogânsenă; Cosmopensene)
Cosmovisiology (Cosmoviziologie; Cosmovisiologia)
Cosmovision (Cosmoviziune; Cosmovisão)
Cotherapist (Coterapeut; Coterapeuta)
Counterthosene (Contragânsenă; Contrapensene)

D

Daydream (Vis diurn; Devaneio)
Deficitary omission (Omisiune deficitară; Omissão deficitária)
Deintrusion (Dezintruziune; Desassédio)
Deperticity (Desperticitate; Desperticidade)
Deperto (Despert; Desperto)
Depertology (Despertologie; Despertologia)

Dermatologies of the consciousness (Dermatologiile conștiinței; Dermatologias da consciência)
Desoma (Desomare; Dessoma)
Desomatics (Desomatică; Dessomática)
Desomatology (Desomatologie; Dessomatologia)
Destructive macro-PK (Macro-PK distructiv; Macro-PK destrutiva)
Dimener (Dimener; Dimener)
Dimex (Dimensiune extrafizică; Dimensão extrafísica)
Dimin (Dimensiune intrafizică; Dimensão intrafísica)
Disbeliefology (Neîncredologie; Descrenciologia)
Discoincidence of the vehicles of manifestation (Discoincidența vehiculelor de manifestare; Descoincidência dos veículos de manifestação)
Domicile holothosenes (Hologânsenă de domiciliu; Holopensene domiciliar)
Dream (Vis; Sonho)
Duology (Duologie; Duplismologia)

E

Ectoplasm (Ectoplasmă; Ectoplasma)
Ectoplast (Ectoplast; Ectoplasta)
Egokarma (Egokarmă; Egocarma)
Egokarmality (Egokarmalitate; Egocarmalidade)
Egokarmology (Egokarmologie; Egocarmologia)
Egothosene (Egogânsenă; Egopensene)
Energetic coupling (Cuplare energetică; Acoplamento energético)
Energetic dimension (Dimensiune energetică; Dimensão energética)
Energetic maxispringtime (Maxiprimăvară energetică; Maxiprimavera energética)
Energetic minispringtime (Miniprimăvară energetică; Miniprimavera energética)
Energetic rubbish (Gunoi energetic; Bagulho energético)
Energetic self-defence (Autoapărare energetică; Autodefesa energética)
Energetic shielded chamber (Dormitor blindat energetic; Alcova energeticamente blindada)
Energetic shielding of environment (Blindajul energetic al mediului înconjurător; Blindagem energética de ambientes)
Energivorous consciousness (Conștiință energovoră; Consciência energívora)
Energosoma (Energosomă; Energossoma)
Energosomatic existence (Existență energosomatică; Existência energossomática)
Energosomatic intrusion (Intruziune energosomatică; Intrusão energossomática)
Energosomatic looseness (Libertate energosomatică; Soltura do energossoma)
Energosomatic seduction (Seducție energosomatică; Sedução energossomática)
Energosomaticity (Energosomaticitate; Energossomaticidade)
Energosomatology (Energosomatologie; Energossomatologia)
Enerspring (Primener; Primener)
Enerspring by 2 (Primener în duo; Primener a dois)
Enumerative cycle technique (Tehnica ciclului enumerativ; Técnica do ciclo enumerativo)
Enumerology (Enumerologie; Enumerologia)
Epicon (Epicon; Epicon)
Euphorex (Euforex; Euforex)
Euphorin (Euforin; Euforin)

Everlearner (Semper studiosus; Semperaprendente)
Evolutient (Evolucient; Evoluciente)
Evolutiologist (Evoluțiolog; Evoluciólogo)
Evolutiology (Evoluțiologie; Evoluciologia)
Evolutionary duo (Duo evolutiv; Dupla evolutiva)
Evolutionary intelligence (Inteligență evolutivă; Inteligência evolutiva)
Evolutionary orientor (Orientor evolutiv.; Orientador evolutivo)
Evolutionary scale of the consciousness (Scala evolutivă a conștiinței; Escala evolutiva da consciência)
Evolutionary self-sufficiency (Autosuficiență evolutivă; Autossuficiência evolutiva)
Existential completism (Completism existențial; Completismo existencial)
Existential completist (Completist existențial; Completista existencial)
Existential incompletism (Incompletism existențial; Incompletismo existêncial)
Existential incompletist (Incompletist existențial; Incompletista existencial)
Existential inversion (Inversiune existențială; Inversão existencial)
Existential inverter (Invertor existențial; Inversor existencial)
Existential invertology (Invertologie existențială; Invertologia existencial)
Existential maximoratorium (Maximoratoriu existențial; Maximoratória existencial)
Existential maxiprogram (Maxiprogram existențial; Programação existencial máxima)
Existential program (Program existențial; Programação existencial)
Existential recyclability (Reciclabilitate existențială; Reciclabilidade existencial)
Existential recycler (Reciclator existențial; Reciclante existencial)
Existential self-mimicry (Automimetism existențial; Automimese existencial)
Existential seriation (Serialitate existențială; Seriação existencial)
Experimentology (Experimentologie; Experimentologia)
Extracorporeal (Extracorporal; Extracorpóreo)
Extraphysical (Extrafizic; Extrafísico)
Extraphysical agenda (Agendă extrafízică; Agenda extrafísica)
Extraphysical approach (Abordare extrafízică; Abordagem extrafísica)
Extraphysical catatonia (Catatonie extrafízică; Catatonia extrafísica)
Extraphysical Centre of Energy – ECE (Centrul Extrafízic al Energiei – CEE; Central Extrafísica da Energia – CEE)
Extraphysical Centre of Fraternity – ECF (Centrul Extrafízic al Fraternității – CEF; Central Extrafísica da Fraternidade – CEF)
Extraphysical Centre of Veracity – ECV (Centrul Extrafízic al Adevărului – CEA; Central Extrafísica da Verdade – CEV)
Extraphysical clinic (Clinică extrafízică; Oficina extrafísica)
Extraphysical community (Comunitate extrafízică; Comunidade extrafísica)
Extraphysical consciousness (Conștiință extrafízică; Consciência extrafísica)
Extraphysical euphoria (Euforie extrafízică; Euforia extrafísica)
Extraphysical helper (Helper extrafizic; Amparador extrafísico)
Extraphysical hometown (Oraș natal extrafizic; Paraprocedência)
Extraphysical melancholy (Melancolie extrafízică; Melancolia extrafísica)
Extraphysical monitoring (Monitorizare extrafízică; Monitoria extrafísica)
Extraphysical precognition (Precogniție extrafízică; Precognição extrafísica)
Extraphysical raid (Raid extrafizic; Arrastex)
Extraphysical reurbanization (Reurbanizare extrafízică; Reurbanização extrafísica)
Extraphysical romance (Romantism extrafizic; Romance extrafísico)

Extraphysical society (Societate extrafizică; Sociedade extrafísica)
Extraphysicology (Extrafizicologie; Extrafisicologia)

F

Foreigner syndrome (Sindromul străinului; Síndrome do Estrangeiro)
Free consciex – FC (Conștiex liberă – CL; Consciex Livre – CL)
Free consciousness (Conștiință liberă; Consciência livre)
Frontochakra (Frontochakră; Frontochacra)
Function-specific helper (Helper de funcție; Amparador específico de função)

G

Geoenergy (Geoenergie; Geoenergia)
Golden cord (Cordon de aur; Cordão de ouro)
Graphothosene (Grafogânsenă; Grafopensene)
Grecex (Grecex; Grecex)
Grinvex (Grinvex; Grinvex)
Group of existential inverters (Grupul invertorilor existențiali; Grupo de inversores existenciais)
Group of existential recyclers (Grupul reciclatorilor existențiali; Grupo de reciclantes existenciais)
Groupality (Grupalitate; Grupalidade)
Groupkarma (Grupokarmă; Grupocarma)
Groupkarmality (Grupokarmalitate; Grupocarmalidade)
Groupkarmic course (Cursul grupokarmic; Curso grupocármico)
Groupkarmic interprison (Interprizonierat grupokarmic; Interprisão grupocármica)
Groupkarmology (Grupokarmologie; Grupocarmologia)
Groupthosene (Grupogânsenă; Grupopensene)
Gynochakra (Ginochakră; Ginochacra)
Gynosoma (Ginosomă; Ginossoma)
Gynosomatics (Ginosomatică; Ginossomática)
Gynosomatology (Ginosomatologie; Ginossomatologia)
Gynothosene (Ginogânsenă; Ginopensene)

H

Hallucination (Halucinație; Alucinação)
Helper (Helper; Amparador)
Heterothosene (Heterogânsenă; Heteropensene)
Holobiography (Holobiografie; Holobiografia)
Holochakra (Holochakră; Holochacra)
Holochakral existence (Existență holochakrală; Existência holochacral)
Holochakral intrusion (Intruziune holochakrală; Intrusão holochacral)
Holochakral seduction (Seducție holochakrală; Sedução holochacral)
Holochakrality (Holochakralitate; Holochacralidade)
Holochakralogy (Holochakrologie; Holochacralogia)
Holokarma (Holokarmă; Holocarma)
Holokarmology (Holokarmologie; Holocarmologia)
Holomaturity (Holomaturitate; Holomaturidade)
Holomaturology (Holomaturologie; Holomaturologia)

Holomemory (Holomemorie; Holomemória)
Holomnemonicology (Holomnemonicologie; Holomnemonicologia)
Holomnemonics (Holomnemonică; Holomnemônica)
Holophilosophy (Holofilosofie; Holofilosofia)
Holoresomatics (Holoresomatică; Holoressomática)
Holoresomatology (Holoresomatologie; Holoressomática)
Holorgasm (Holo-orgasm; Holorgasmo)
Holosoma (Holosomă; Holossoma)
Holosomatic coincidence (Coincidență holosomatică; Coincidência holossomática)
Holosomatic homeostasis (Homeostază holosomatică; Homeostase holossomática)
Holosomatic interfusion (Interfuziune holosomatică; Interfusão holossomática)
Holosomatic intrusion (Intruziune holosomatică; Intrusão holossomática)
Holosomatics (Holosomatică; Holossomática)
Holosomatology (Holosomatologie; Holossomatologia)
Holosphere (Holosferă; Holosfera)
Holotheca (Holotecă; Holoteca)
Holothecology (Holotecologie; Holotecologia)
Holothosene (Hologânsenă; Holopensene)
Homeostatic theme (Temă homeostatică; Tema homeostático)
Homeostaticology (Homeostaticologie; Homeostaticologia)
Homeostatics (Homeostatică; Homeostática)
Homo sapiens serenissimus (Homo sapiens serenissimus; Homo sapiens serenissimus)
Homothosene (Homogânsenă; Homopensene)
Hyperacuity (Hiperacuitate; Hiperacuidade)
Hyperthosene (Hipergânsenă; Hiperpensene)
Hypnagogy (Hipnagogie; Hipnagogia)
Hypnopompy (Hipnopompie; Hipnopompia)
Hypothosene (Hipogânsenă; Hipopensene)

I

Immanent energy – IE (Energie imanentă – EI; Energia imanente – EI)
Impactotherapy (Impactoterapie; Impactoterapia)
Incomplete couple (Cuplu incomplet; Casal incompleto)
Incomplexis (Incomplexis; Incompléxis)
Innate retrocognitive agent (Agent retrocognitiv înnăscut; Agente retrocognitivo inato)
Integrated maturity (Maturitate integrată; Maturidade integrada)
Intention (Intenție; Intenção)
Intentionality (Intenționalitate; Intencionalidade)
Inter vivos apparition (Apariție inter vivos; Aparição intervivos)
Interassistantiality (Interasistențialitate; Interassistencialidade)
Interassistantiology (Interasistentologie; Interassistenciologia)
Interconsciential climate (Climat interconștiențial; Clima interconsciencial)
Interconsciential deintrusion (Dezintruziune interconștiențială; Desassédio interconsciencial)
Interconsciential intruder (Intruder interconștiențial; Assediador interconsciencial)
Interconsciential intrusion (Intruziune inteconștiențială; Assédio interconsciencial)
Interdimensionality (Interdimensionalitate; Interdimensionalidade)
Intermissibility (Intermisibilitate; Intermissibilidade)

Intermissiology (Intermisiologie; Intermissiologia)
Intermission (Intermisiune; Intermissão)
Intermissive course (Curs intermisiv; Curso Intermissivo)
Intermissive harvest (Recoltă intermisivă; Colheita intermissiva)
International Cosmoethical Conscientiological Community – ICCC (Comunitatea Conștientologică Cosmoetică Internațională – CCCI; Comunidade Conscienciológica Cosmoética Internacional – CCCI)
Interplanetary transmigration (Transmigrație interplanetară; Transmigração interplanetária)
Intraconsciential compensation (Compensare intraconștiențială; Compensação intraconsciencial)
Intraconsciential recycling (Reciclare intraconștiențială; Reciclagem intraconsciencial)
Intraconscientiality (Intraconștiențialitate; Intraconsciencialidade)
Intraphysical assistant (Asistent intrafizic; Auxiliar em terra)
Intraphysical consciousness (Conștiință intrafizică; Consciência intrafísica)
Intraphysical euphoria (Euforie intrafizică; Euforia intrafísica)
Intraphysical melancholy (Melancolie intrafizică; Melancolia intrafísica)
Intraphysical restriction (Restrângere intrafizică; Restringimento intrafísico)
Intraphysical reurbanization (Reurbanizare intrafizică; Reurbanização intrafísica)
Intraphysical society (Societate intrafizică; Sociedade intrafísica)
Intraphysicality (Intrafizicalitate; Intrafisicalidade)
Intraphysicology (Intrafizicologie; Intrafisicologia)
Intrathosene (Intragânsenă; Intrapensene)
Intruder (Intruder; Assediador)
Intrusive stigma (Stigmat intruziv; Estigma assediador)
Intrusiveness (Intrudabilitate; Assedialidade)
Invexibility (Invexibilitate; Invexibilidade)
Invexis (Invexis; Invéxis)
Invexology (Invexologie; Invexologia)
Invisible Colleges of Conscientiology (Colegiile Invizibile de Conștientologie; Colégios Invisíveis da Conscienciologia)

J
Joint lucid projection – JLP (Proiecție lucidă comună – PLC; Projeção consciente conjunta – PCC)

L
Laryngochakra (Laringochakră; Laringochacra)
Locked existence (Existență blocată; Existência trancada)
Looseness of the holochakra (Libertate holochakrală; Soltura do holochacra)
Lucid projectability – LPB (Proiectabilitate lucidă; Projetabilidade lúcida)
Lucid projection – LP (Proiecție lucidă; Projeção consciente – PC)
Lucidity-recollection binomial (Binomul luciditate-amintire; Binômio lucidez-rememoração)

M
Macrocosmos (Macrocosmos; Macrocosmos)
Macrosoma (Macrosomă; Macrossoma)

Macrosomatics (Macrosomatică; Macrossomática)
Macrosomatology (Macrosomatologie; Macrossomatologia)
Materthosene (Matergânsenă; Materpensene)
Maxienerspring (Maxiprimener; Maxiprimener)
Maxifraternity (Maxifraternitate; Maxifraternidade)
Maximechanism (Maximecanism; Maximecanismo)
Maximorexis (Maximorexis; Maximoréxis)
Maxiproexis (Maxiproexis; Maxiproéxis)
Maxithosene (Maxigânsenă; Maxipensene)
Mega-attribute propellers of evolution (Mega-atribute propulsoare ale evoluției; Mega-atributos propulsores da evolução)
Megaeuphorization (Megaeuforizare; Megaeuforização)
Megagescon (Megagescon; Megagescon)
Megagoal (Megascop; Megameta)
Megapower (Megaputere; Megapoder)
Megastrongtrait (Megatrafor; Megatrafor)
Megathosene (Megagânsenă; Megathosene)
Megaweaktrait (Megatrasla; Megatrafar)
Melex (Melex; Melex)
Melin (Melin; Melin)
Mentalsoma (Mentalsomă; Mentalsoma)
Mentalsomatic cycle (Ciclu mentalsomatic; Ciclo mentalsomático)
Mentalsomatic epicentrism (Epicentrism mentalsomatic; Epicentrismo mentalsomático)
Mentalsomatics (Mentalsomatică; Mentalsomática)
Mentalsomatology (Mentalsomatologie; Mentalsomatologia)
Microcosmos (Microcosmos; Microcosmos)
Mini energetic springtime (Miniprimăvară energetică; Mini primavera energética)
Minienerspring (Miniprimener; Miniprimener)
Minimorexis (Minimorexis; Minimoréxis)
Minipiece (Minipiesă; Minipeça)
Miniproexis (Miniproexis; Miniproéxis)
Minithosene (Minigânsenă; Minipensene)
Mnemonic intrusion (Intruziune mnemonică; Intrusão mnemônica)
Mnemosoma (Mnemosomă; Mnemossoma)
Mnemosomatics (Mnemosomatică; Mnemossomática)
Mnemosomatology (Mnemosomatologie; Mnemossomatologia)
Monothanatosis (Monotanatoză; Monotanatose)
Monothosene (Monogânsenă; Monopensene)
Morexis (Morexis; Moréxis)
Morphothosene (Morfogânsenă; Morfopensene)
Multicomplexis (Multicomplexis; Multicompléxis)
Multidimensional self-awareness – MS (Autoconștientizare multidimensională; Autoconscientização multidimensional – AM)
Multiexistential cycle (Ciclu multiexistențial; Ciclo multiexistencial)
Multiexistentiality (Multiexistențialitate; Multiexistencialidade)

N

Near death experience – NDE (Experiență în apropierea morții; Experiência da Quase Morte – EQM)
Neoconstruct (Neoconstruct; Neoconstruto)
Neoidea (Neoidee; Neoideia)
Neophilia (Neofilie; Neofilia)
Neothosene (Neogânsenă; Neopensene)
Neutral theme (Temă neutră; Tema neutro)
Nosographic theme (Temă nosografică; Tema nosográfico)
Nosography (Nosografie; Nosografia)
Nuchochakra (Nucochakră; Nucochacra)

O

Omisuper (Omisuper; Omissuper)
Omniquestioning (Omnichestionare; Omniquestionamento)
Orgastic aura (Aură orgastică; Aura orgástica)
Orthopensata (Ortopensata; Ortopensata)
Orthothosene (Ortogânsenă; Ortopensene)
Orthothosenity (Ortogânsenitate; Ortopensenidade)

P

Palmochakras (Palmochakre; Palmochacras)
Pangraphy (Pangrafie; Pangrafia)
Para (Para; Para)
Para-anatomology (Para-anatomologie; Paranatomologia)
Para-anatomy (Para-anatomie; Paranatomia)
Para-anesthesia (Para-anestezie; Paranestesia)
Para-anesthesiology (Para-anesteziologie; Paranestesiology)
Para-asepsiology (Para-asepsiologie; Parassepciologia)
Para-asepsis (Para-asepsie; Parassepcia)
Parabiology (Parabiologie; Parabiologia)
Parabody (Paracorp; Paracorpo)
Parabotanicology (Parabotanicologie; Parabotanicologia)
Parabotany (Parabotanică; Parabotânica)
Parabrain (Paracreier; Paracérebro)
Parachronology (Paracronologie; Paracronologia)
Paracicatrization (Paracicatrizare; Paracicatrização)
Paracicatrizationology (Paracicatrizatologie; Paracicatrizaciologia)
Paracitizen (Paracetățean; Paracidadão)
Paraclinic (Paraclinică; Paraclínica)
Paraclinicology (Paraclinicologie; Paraclinicologia)
Paraconstruct (Paraconstruct; Paraconstructo)
Parademographology (Parademografologie; Parademografologia)
Paradiplomacy (Paradiplomație; Paradiplomacia)
Paraepistemology (Paraepistemologie; Parepistomologia)
Parafact (Parafapt; Parafato)
Parageneticology (Parageneticologie; Parageneticologia)

Paragenetics (Paragenetică; Paragenética)
Parageographology (Parageografologie; Parageografologia)
Parageography (Parageografie; Parageografia)
Parahemostasiology (Parahomestaziologie; Para-hemostasiologia)
Parahemostasis (Parahemostază; Para-hemostasia)
Parahistoriology (Paraistorologie; Para-historiologia)
Parahistory (Paraistorie; Para-história)
Paralawology (Paradreptologie; Paradireitologia)
Paraman (Para-bărbat; Parahomem)
Paramicrochip (Para-microcip; Paramicrochip)
Paraneurology (Paraneurologie; Paraneurologia)
Parapathology (Parapatologie; Parapatologia)
Parapedagogiology (Parapedagologie; Parapedagogiologia)
Parapedagogy (Parapedagogie; Parapedagogia)
Paraperceptiology (Paraperceptologie; Parapercepciologia)
Paraphenomenology (Parafenomenologie; Parafenomenologia)
Paraphysiology (Parafiziologie; Parafisiologia)
Parapoliticology (Parapoliticologie; Parapoliticologia)
Parapopulation (Parapopulație; Parapopulação)
Paraprophylaxiology (Paraprofilaxiologie; Paraprofilaxiologia)
Paraprophylaxis (Paraprofilaxie; Paraprofilaxia)
Paraprovenance (Paraproveniență; Paraprocedência)
Parapsychic accident (Accident parapsihic; Acidente parapsíquico)
Parapsychic dynamics (Dinamică parapsihică; Dinâmica parapsíquica)
Parapsychic self-inheritance (Auto-moștenire parapsihică; Auto-herança parapsíquica)
Parapsychic self-lucidity (Autoluciditate parapsihică; Autolucidez parapsíquica)
Parapsychic signal (Semnal parapsihic; Sinalética parapsíquica)
Parapsychic tare (Tărie parapsihică; Tara parapsíquica)
Parapsychism (Parapsihism; Parapsiquismo)
Parapsychophysical repercussions (Repercusiuni parapsihofizice; Repercussões parapsicofísicas)
Parareality (Pararealitate; Pararealidade)
Pararegeneratiology (Parageneraţiologie; Pararregeneraciologia)
Parareurbanology (Parareubanologie; Parareubanologia)
Parasanitary encapsulation (Încapsulare parasanitară; Encapsulamento parassanitário)
Parasemiology (Parasemiologie; Parassemiologia)
Parasociology (Parasociologie; Parassociologia)
Parasurgeriology (Parachirurgiologie; Paracirurgiologia)
Parasurgery (Parachirurgie; Paracirurgia)
Paratechnology (Paratehnologie; Paratecnologia)
Paratherapeutic self-criticism (Autocriticitate paraterapeutic; Autocriticidade paraterapêutica)
Paratherapeutics (Paraterapeutică; Paraterapêutica)
Paratherapeuticology (Paraterapeuticologie; Paraterapeuticologia)
Parathosene (Paragânsenă; Parapensene)
Paratransfiguration (Paratransfigurare; Paratransfiguração)
Parawoman (Parafemeie; Paramulher)
Parazoology (Parazoologie; Parazoologia)

Paroemia (Parimie; Parêmia)
Paroemiology (Paremiologie; Paremiologia)
Pathothosene (Patogânsenă; Patopensene)
Penta (Penta; Tenepes)
Pentology (Pentologie; Tenepessologia)
Periconsciential (Periconştienţial; Periconsciencial)
Personal energosphere (Energosferă personală; Energosfera pessoal)
Personal evolutionary record – PER (Fişa evolutivă personală – FEP; Ficha evolutiva pessoal – FEP)
Personal experience – PE (Experienţă personală – EP; Vivência pessoal – VP)
Personal principles (Principii personale; Princípios pessoais)
Phenomena concomitant to LP (Fenomen concomitent cu PL; Fenômeno concomitante à PC)
Physical base (Bază fizică; Base física)
Phytoenergy (Fitoenergie; Fitoenergia)
Phytothosene (Fitogânsenă; Fitopensene)
Plantochakras (Plantochakre; Plantochacras)
Podosoma (Podosomă; Podossoma)
Polykarma (Polikarmă; Policarma)
Polykarmality (Polikarmalitate; Policarmalidade)
Polykarmology (Polikarmologie; Policarmologia)
Postsomatic intermission (Intermisiune post-somatică; Intermissão pós-somática)
Pre-couple (Pre-cuplu; Pré-casal)
Pre-intraphysical mandate (Mandat pre-intrafizic; Mandato pré-intrafísico)
Pre-kundalini (Pre-kundalini; Pré-kundalini)
Pre-serenissimus (Pre-serenissimus; Pré-serenão)
Pre-somatic intermission (Intermisiune pre-somatică; Intermissão pré-somática)
Precognitarium (Precognitarium; Precognitarium)
Primothosene (Primogânsenă; Primopensene)
Principle of Disbelief (Principiul neîncrederii; Princípio da descrença)
Proexis (Proexis; Proéxis)
Proexology (Proexologie; Proexologia)
Projectarium (Proiectarium; Projetarium)
Projectiocriticology (Proiectocriticologie; Projeciocriticologia)
Projectiocritique (Proiectocritică; Projeciocrítica)
Projectiographology (Proiectografologie; Projeciografologia)
Projectiography (Proiectografie; Projeciografia)
Projectiology (Proiectologie; Projeciologia)
Projectiotherapeuticology (Proiectoterapeuticologie; Projecioterapeuticologia)
Projectiotherapy (Proiectoterapie; Projecioterapia)
Projective mental target (Scop mental proiectiv; Alvo mental projetivo)
Projective phenomenon (Fenomen proiectiv; Fenômeno projetivo)
Projective recess (Recesiune proiectivă; Recesso projetivo)
Protothosene (Protogânsenă; Protopensene)
Psychosoma (Psihosomă; Psicossoma)
Psychosomatic intrusion (Intruziune psihosomatică; Intrusão psicossomática)
Psychosomatics (Psihosomatică; Psicossomática)
Psychosomatology (Psihosomatologie; Psicossomatologia)

R

Rare friendship (Prietenie rarisimă; Amizade raríssima)
Recexability (Recexabilitate; Recexibilidade)
Recexiology (Recexologie; Recexologia)
Recexis (Recexis; Recéxis)
Recin (Recin; Recin)
Recinology (Recinologie; Recinologia)
Resoma (Resomare; Ressoma)
Resomatics (Resomatică; Ressomática)
Resomatology (Resomatologie; Ressomatologia)
Rethosene (Regânsenă; Repensene)
Retrocognitarium (Retrocognitarium; Retrocognitarium)
Retrocognitiology (Retrocognitologie; Retrocogniciologia)
Retrocognition (Retrocogniție; Retrocognição)
Retrocognitor agent (Agent retrocognitor; Agente retrocognitor)
Retrothosene (Retrogânsenă; Retropensene)
Reurbanized consciousness (Conștiință reurbanizată; Consciência reurbanizada)
Reurbex (Reurbex; Reurbex)
Reurbin (Reurbin; Reurbin)
Robexis (Robexis; Robéxis)

S

Self-conscientiality (Autoconștiențialitate; Autoconsciencialidade)
Self-criticophilia (Autocriticofilie; Autocriticofilia)
Self-intrusion (Autointruziune; Autoassédio)
Self-mimiticity (Automimeticitate; Automimeticidade)
Self-mithridatism (Automitridatism; Automitridatismo)
Self-pensatology (Autopensatologie; Autopensatologia)
Self-projection (Autoproiecție; Autoprojeção)
Self-relay (Autoreleu; Autorevesamento)
Self-thosene (Autogânsenă; Autopensene)
Self-thosenic rubbish (Gunoi autogânsenic; Bagulho autopensênico)
Self-thosenity (Autogânsenitate; Autopensenidade)
Self-transaffectivity (Autotransafectivitate; Autotransafetividade)
Self-unforgiver (Autoneiertător; Autoimperdoador)
Semi-lucid projection (Proiecție semilucidă; Projeção semisconsciente – PSC)
Sense of universalism (Sens universalist/ Senso universalista)
Serenism (Serenism; Serenismo)
Serenissimus (Seren; Serenão)
Serenology (Serenologie; Serenologia)
Seriality (Serialitate; Serialidade)
Seriexis (Seriexis; Seriéxis)
Seriexology (Seriexologie; Seriexologia)
Sexochakra (Sexochakră; Sexochacra)
Sexosoma (Sexosomă; Sexossoma)
Sexosomatics (Sexosomatică; Sexossomática)
Sexosomatology (Sexosomatologie; Sexossomatologia)

Sexothosene (Sexogânsenă; Sexopensene)
Shielded chamber (Dormitor blindat; Alcova blindada)
Silver cord (Cordon de argint; Cordão de prata)
Sleep (Somn; Sono)
Sociex (Sociex; Sociex)
Socin (Socin; Socin)
Soma (Soma; Soma)
Somatics (Somatică; Somática)
Somatology (Somatologie; Somatologia)
Splenicochakra (Splenicochakră; Esplenicochacra)
State of suspended animation (Stare de animare suspendată; Estado de animação suspensa)
Strongtrait (Trafor; Trafor)
Subthosene (Subgânsenă; Subpensene)
Superavitary omission (Omisiune excedentară; Omissão superavitária)
Symas (Asim; Assim)
Symdeas (Dezasim; Desassim)
Sympathetic assimilation (Asimilare simpatică; Assimilação simpática)
Sympathetic deassimilation (Deasimilare simpatică; Desassimilação simpática)

T
Telethosene (Telegânsenă; Telepensene)
Theorice (Teopractică; Teática)
Thosenate (Gânseniza (a); Pensenizar)
Thosenation (Gânsenizare; Pensenização)
Thosenator (Gânsenator; Pensenedor)
Thosene (Gânsenă; Pensene)
Thosenic intrusion (Intruziune gânsenică; Intrusão pensênica)
Thosenic signature (Semnătură gânsenică; Assinatura pensênica)
Thosenity (Gânsenitate; Pensenidade)
Thosenology (Gânsenologie; Pensenologia)
Trithanatosis (Tritanatoză; Tritanatose)
Trivocabular megathosene (Megagânsenă trivocabular; Megapensene trivocabular)

U
Umbilicochakra (Ombilicochakră; Umbilicochacra)
Universalism (Universalism; Universalismo)

V
Vehicle of the consciousness (Vehicul al conștiinței; Veículo da consciência)
Verbaction (Verbacțiune; Verbação)
Verbatiology (Verbacțiologie; Verbaciologia)
Verbet (Verbet; Verbete)
Verpon (Aderev; Verpon)
Verponology (Aderevologie; Verponologia)
Vibrational state – VS (Stare vibrațională – SV; Estado vibracional – EV)
Virus of intraphysical society (Virus al societății intrafizice; Vírus da sociedade intrafísica)

Virus of socin (Virus al socin; Vírus da Socin)
Volitioline (Volitiolină; Voliciolina)
Volitiology (Volitologie; Voliciologia)
Volitiopathy (Volitopatie; Voliciopatia)
Volitive intrusion (Intruziune volitivă; Intrusão volitiva)
Voltaic arc (Arc voltaic; Arco Voltaico)

W
Waking discoincidence (Discoincidență trează; Descoincidência vígil)
Warmongering consciousness (Conștiință belicistă; Consciência belicista)
Weaktrait (Trasla; Trafar)
Will (Voință; Vontande)

X
Xenophrenia (Xenofrenie; Xenofrenia)
Xenothosene (Xenogânsenă; Xenopensene)

Z
Zoothosene (Zoogânsenă; Zoopensene)

A

Abdominal sub-brain
Subcreier abdominal (Ro.); Subcérebro abdominal (Pt.)

The umbilicochakra (centre of consciential energy located above the navel), when unconsciously selected by the conscin, still at a mediocre stage of evolution, as the basis of their manifestations; a parody of the natural, encephalic brain (coronochakra and frontochakra); an indefensible embarrassment or megaweak point in conscious self-evolution. **Variants**: *abdominal brain, belly brain, abdominal pseudo-brain, abdominal sub-brain.*

Absentrait
Tralip (Ro.); Trafal (Pt.)

Missing trait in the personality of the conscin. The absence of a particular basic strongtrait that would enable the personality to reasonably complete a personal picture of their evolutionary level. Lacuna or crevice of character, absent quality that may lead the conscin to consciential incompleteness. **Variant**: *missing trait.*

Admiration-disagreement binomial
Binomul admirație-discordanță (Ro.); Binômio admiração-discordância (Pt.)

Posture of the evolutionary mature conscin, who already knows how to live in peaceful coexistence with another conscin whom he or she loves and admires, but with whose points of view, opinions, and courses of action, they do not always 100% agree with.

Advanced proexis
Proexis avansat (Ro.); Proéxis avançada (Pt.)

Existential program of an evolutionary leader conscin, within the libertarian task specific to the groupkarma that is more universalistic and polykarmic, in which he or she is a minipiece in the multidimensional team's maximechanism. **Variants**: *maxiproexis, advanced existential program.*

Agendex (agend+ex)
Agendex (Ro.); Agendex (Pt.)

Extraphysical agenda or a projector's written list of prioritary extraphysical consciential targets – beings, places, or ideas – that they gradually try to reach in a chronological order when lucidly projected, thus establishing intelligent schemes for self-development.

Altered state of consciousness
Stare de conștiență modificată (Ro.); Estado alterado de consciência (Pt.)
See *xenophrenia*.

Alternating intraphysical pre-serenissimus
Pre-serenissimus intrafizic alternant (Ro.); Pré-serenão intrafísico alternante (Pt.)

Conscin capable of consciously living, at the same time, in the ordinary physical waking state) and projected, from time to time, in the extraphysical dimension.

Androchakra (andro+chakra)
Androchakra (Ro.); Androchacra (Pt.)

Sexochakra of the man.

Androsoma (andro+soma)
Androsoma (Ro.); Androssoma (Pt.)

Male human body or that specific to a man.

Androsomatics (andro+somatics)
Androsomatică (Ro.); Androssomatica (Pt.)

See *androsomatology*.

Androsomatology (andro+somatology)
Androsomatologie (Ro.); Androssomatologia (Pt.)

Speciality of conscientiology that studies the soma, but specificaly the male soma, or androsoma, and its relations with the human consciousness (conscin). It is a scientific sub-field of sexosomatology. **Variant**: *androsomatics*.

Androthosene (andro+tho+sen+e)
Androgânsenă (Ro.); Andropensene (Pt.)

Thosene specific to a primitive male conscin, or macho man.

Animism
Animism (Ro.); Animismo (Pt.)

From Latin, animus, soul. Set of intra and extracorporeal phenomena produced by a conscin, without external interferences, such as, the phenomenon of conscious projection induced through one's will power.

Anticosmoethics
Anticosmoetică (Ro.); Anticosmoética (Pt.)

Immature practice in which a consciousness consciously or unconsciously violates the universal, correct, and evolutionary principles of multidimensional cosmoethics, acting in an unworthy, antifraternal, marginal, or criminal way with pathological or malicious effects.

Antithosene (anti+tho+sen+e)
Antigânsenă (Ro.); Antipensene (Pt.)

Antagonistic thosene, common in refutations, omniquestionings, and productive debates.

Aphrodisiac feminine sexosoma
Sexosoma afrodisiacă feminină (Ro.); Sexossoma feminino afrodisíaco (Pt.)

Soma of the woman, considered specifically in relation to sex (gender), when that physique is capable of acting as an aphrodisiac. See *gynosoma*.

Artifacts of knowledge
Artefacte ale cunoașterii (Ro.); Artefatos do saber (Pt.)

Instruments or resources considered helpful to expand consciential attributes such as intellection, association of ideas, discernment, and memory, among others. For example, files, personal library, chairs, notebooks, different colored pens, CD-ROMs, personal communication devices, dictionaries, displays, encyclopedias, desks, shelving, binders, sheets, practical guides, books in general, field books, personal computers, notes, white paper, folders, pen drives, clippings, magazines, software, treatises, photocopies, and other items.

Assistantial
Asistenţial (Ro.); Assistencial (Pt.)

Quality, condition or characteristic of a consciousness, group of consciousnesses, of an intervention, method, holothosene, place, or institution that helps or assists other consciousnesses, promoting intra and extraphysical assistance. Examples: assistantial bait; assistantial task; assistantial life; assistantial approach; assistantial mechanism; assistantial work; assistantial team; assistantial proexis.

Assistantiology
Asistentologie (Ro.); Assistenciologia (Pt.)

Speciality of conscientiology that studies techniques of support and interconsciential aid, aiming at holomaturity, notably applied to a consciousness considered as "entire", holosomatic, and multimillenary. It is a work of lucid solidarity between consciousnesses on their way to megafraternity.

Assisted consciential projection
Proiecţie conştienţială asistată (Ro.); Projeção consciente assistida (Pt.)

Projection in which the conscin sees themselves being assisted during the experiment, in a direct manner, by a helper, almost always an expert in lucid projectability (LP).

Auric coupling
Cuplare aurică (Ro.); Acoplamento áurico (Pt.)

Development of empathy, interfusion, and temporary connection of the energetic auras of the vehicles of manifestation of two or more consciousnesses.

B

Baratrosphere
Baratrosferă (Ro.); Baratrosfera (Pt.)

Pathological extraphysical dimension of the terrestrial paratroposphere used as the collective domicile of anticosmoethical, sick, parapsychotic, and paracomatose consciexes. *Variant*: pathological paratropospheric dimension.

Bioenergy
Bioenergie (Ro.); Bioenergia (Pt.)

Energetic emanation or subtle force specific to plants, animals, and all living organisms capable of generating transformations, which constitutes the essential element, or raw material structure of the intraphysical dimension, present in nature in a primary form, and in human beings and environments in a modified form or qualified by consciential thosenity. *Variants used outside a conscientiological context*: cosmic energy, primary energy, subtle energy, organic energy, prana, shi, among other terms.

Biographology
Biografologie (Ro.); Biografologia (Pt.)

Multidisciplinary speciality of conscientiology that studies self and heterobiographies of consciousnesses, based mainly on the technical principles of cosmoethicology, evolutiology, proexology, and conscientiometrology.

Biothosene (bio+tho+sen+e)
Biogânsenă (bio+gân+sen+ene) (Ro.); Biopensene (bio+pen+sen+e) (Pt.)

Specific thosene of the human or intraphysical consciousness (conscin).

Bithanatosis (bi+thanatos+is)
Bitanatoză (Ro.); Bitanatose (Pt.)

Deactivation and discarding of the energosoma after physical death, including removal of residual energetic connections of the energosoma in the psychosoma. *Variants*: second death, second desoma.

Blind guide

Ghid orb (Ro.); Guia cego (Pt.)

Amoral or inexperienced consciousness that helps other consciousnesses by acting in an anticosmoethical way, following their egoistic interests of the moment, without having any scruples with this attitude.

Bradythosene (brady+tho+sen+e)

Bradigânsenă (bradi+gân+sen+ene) (Ro.); Bradipensene (bradi+pen+sen+e) (Pt.)

Slow flowing thosene, typical of a bradypsychic conscin.

C

Cardiochakra (cardio+chakra)
Cardiochakră (Ro.); Cardiochacra (Pt.)

The fourth basic chakra; the agent that influences the conscin's emotions. It vitalizes the heart and lungs. ***Variant***: *heartchakra.*

Chakra
Chakră (Ro.); Chacra Pt.)

Nucleus or delimiting field of consciential energy whose complete set essentially constitutes the energosoma, or holochakra, the energetic parabody within the soma. The energosoma performs a junction with the psychosoma, acting as a connection point through which CE (consciential energy) flows from one consciential vehicle to another. Ten main chakras can be identified: coronochakra, frontochakra, nuchochakra, laryngochakra, cardiochakra, splenochakra, umbilicochakra, sexochakra, palmochakras and plantochakras. See variants in Figure 1 below:

FIGURE 1.En. – CHAKRA'S NAMES

Conscientiology terms	Out of use variants
01. coronochakra	crown-chakra
02. frontochakra	brow-chakra (or third eye chakra)
03. laryngochakra	throat-chakra
04. cardiochakra	heart-chakra
05. splenochakra	spleen-chakra (above navel)
06. umbilicochakra	solar plexus-chakra (stomach area)
07. sexochakra	root-chakra, sex-chakra or base-chakra
08. palmochakras	palm-chakras or hand-chakras
09. nuchochakra	nuchal-chakra
10. plantochakras	sole-chakras or foot-chakras

Source – *Adapted from Psychic Library (2018).*

Chirosoma (chiro+soma)
Chirosoma (Ro.); Quirossoma (Pt.)

The soma considered specifically with respect to the application of the hands, or manual labour.

Clarification task
Sarcină de clarificare (Ro.); Tarefa do esclarecimento (Pt.)

See *claritask*.

Claritask (clari+task)
Sarclar (sar+clar) (Ro.); Tares (tar+es) (Pt.)

Clarification task. A more advanced personal or group assistance, as it brings about the opportunity for deeper recycling of a conscin's behaviour. It is more difficult and is generally viewed as unsympathetic in human social environment. It deals with leading-edge relative truths, based on the consciential paradigm.

Claritaskal
Sarclarist (Ro.); Tarístico (Pt.)

Quality or characteristic of what is referred to as claritask (clarification task). Examples: claritaskal volunteering, claritaskal profile. **Variant**: *claritasical*.

Claritaskology
Sarclaristicologie (Ro.); Taristicologia (Pt.)

Speciality of conscientiology dedicated to the specific, systematic, theorical study or research and experience of assistance between consciousnesses, provided through the claritask, or clarification task.

Co-projector
Co-proiector (Ro.); Co-projetor (Pt.)

A helper that works together with a conscin in developing lucid, assisted, consciential projections.

Code of a Duo's Cosmoethics (CDC)
Cod de cosmoetică al duo-ului (CCD) (Ro.); Código duplista de cosmoética (CDC) (Pt.)

Systematic compilation or set of rules of righteous, orthothosenic, polykarmic self-behaviour of the highest moral level, created and followed by the members of an evolutionary duo.

Code of Group Cosmoethics (CGC)
Cod Grupal de Cosmoetică (CGC) (Ro.); Código Grupal de Cosmoética (CGC) (Pt.)

Systematic compilation or set of norms of orthothosenity, righteousness and polykarmic self-behaviour at the highest moral level, created and followed by a group of more lucid consciousnesses in any existential dimension.

Code of Personal Cosmoethics (CPC)
Cod Personal de Cosmoetică (CPC) (Ro.); Código Pessoal de Cosmoética (CPC) (Pt.)

Systematic compilation or set of personal rules of integrity, orthothosenity, and polykarmic self-behaviour of the highest moral standard, created and followed by a more lucid consciousness, in any existential dimension.

Coexistentiology
Coexistentologie (Ro.); Coexistenciologia (Pt.)

Speciality of conscientiology that studies the quality, condition, or state of coexistence of all multidimensional and pluriexistential consciousnesses: consciential principles, conscins and consciexes, helpers and helped, assistants and assisted, in the condition of evolutionary companions, which through a range of their millennial experiences form interconsciential links or affinities constituting the functional basis of the interassistantial maximechanism.

Cognopolis
Cognopolis (Ro.); Cognópolis (Pt.)

From the Latin, cognitio, to know, and the Greek, polis, city of knowledge. A district in the city of Foz do Iguassu, in the state of Parana, Brazil, located around the Center for the Higher Studies of Conscientiology (CEAEC) and dedicated to the self-research of consciousness since 1995. Today (base year: 2017), it already aggregates 24 conscientiocentric institutions (CIs), 75 conscientiocentric companies (CCs), and around 800 long-term residents or intermissivists coming from many different cities, and even from around the world, linked by their preresomatic intermissive courses (ICs) (intermissiology), the principle of disbelief (disbeliefology), the fulfillment of their group existential programs (maxiproexis, proexology), and their evolutionary self-research.

Communex (commun+ex)
Comunex (Ro.); Comunex (Pt.)

Extraphysical community. Field of groupal consciential energies formed by the conglomerate of morphothosenes and holothosenes emitted by groups of consciexes showing affinity and cohesion amongst themselves through mutual, permanent, deep, and complex personal interests.

Communicology
Comunicologie (Ro.); Comunicologia (Pt.)

Speciality of conscientiology that studies all natures and types of communicability of the consciousness, inclusive of interconsciential communication between consciential dimensions, considering lucid projectability, and the approaches of the "whole", multidimensional, holosomatic, holobiographical, and holomnemonic consciousness.

Complexis (comple+exis)
Complexis (Ro.); Compléxis (Pt.)

Existential completism. Rare condition in which an exceptional preserenissimus consciousness manages to fulfil reasonably well the attributions received for their life on Earth (proexis), taking advantage of the evolutionary potentialities their soma offers.

Con
Con (Ro.); Con (Pt.)

Hypothetical unit of lucidity of a conscin or consciex that measures their level of hyperacuity or conscientiality at any given evolutionary moment.

Confor (con+for)
Confor (Ro.); Confor (Pt.)

Interaction between content (idea, essence) and form (appearance, language) in interconsciential communication processes.

Consbel
Consbel (Ro.); Consbel (Pt.)

Warmongering intraphysical consciousness.

Consciensula
Conștiensula (Ro.); Consciênçula (Pt.)

Human consciousness in an immature condition, shortly after leaving the evolutionary level of apes or subhuman primates, and who faces the first fruits of rationality and self-discernment pertaining to human adulthood.

Conscientese
Conștientesa (Ro.); Conscienciês (Pt.)

Non-symbolic telepathic language, native to the consciential dimension of very evolved extraphysical societies.

Consciential amentia
Amenție conștiențială (Ro.); Amência consciencial (Pt.)

Condition of the consciousness incapable of thinking with reasonable mental balance; intense mentalsomatic obnubilation.

Consciential basement
Subsol conștiențial (Ro); Porão consciencial (Pt.)

Phase of infantile and adolescent manifestation of the conscin, until reaching adulthood, characterized by the more primitive weaktraits of the multivehicular, multiexistential, and multimillennial consciousness.

Consciential bond
Legătură conștiențială (Ro.); Vínculo consciencial (Pt.)

Cosmoethical, self-lucid, voluntary and polykarmic link between a person and a particular institution. The consciential bond goes beyond the employment bond.

Consciential concentration
Concentrare conștiențială (Ro.); Concentração consciencial (Pt.)

State of direct focus upon a single object without deviation of the consciousness' senses, attributes, will and intention.

Consciential continuism
Continuism conștiențial (Ro.); Continuísmo consciencial (Pt.)

Condition of wholeness, without gaps, in the continuity of consciential life, through providential prevision and evolutionary self-relay, or in other words: the incessant linking of the current experience to immediately prior and subsequent experiences, in a cohesive and unified whole, without discontinuity or ruptured consciential experiences.

Consciential ectopia
Ectopie conștiențială (Ro.); Ectopia consciencial (Pt.)

Unsatisfactory execution of the existential program in an eccentric and displaced manner, out of the programed itinerary chosen for one's own intraphysical life.

Consciential energy (CE)
Energie conștiențială (EC) (Ro.); Energia consciencial (EC) (Pt.)

Consciousness' own energies qualified by their thosenity (quality of the thoughts, sentiments, and energies), cosmoethics, and intentionality which can be moved, absorbed, and exteriorized through the application of one's personal will.

Consciential era
Eră conștiențială (Ro.); Era consciencial (Pt.)

Era in which the average conscin will be sufficiently evolved, through impacts, re-definitions and revolutions created through the experience of lucid projectability (LP), at which point the implantation of self-conscientiality will take place.

Consciential eunuch
Eunuc conștiențial (Ro.); Eunuco de base consciencial (Pt.)

Conscin castrated and conscientially manipulated by sectarian tamers of satisfied robots, modern slaves of the unthinking masses.

Consciential family
Familie conștiențială (Ro.); Família consciencial (Pt.)

Group of alike intraphysical and extraphysical consciousnesses linked by bonds of friendship and common evolutionary goals, without a need for any parental or consanguineous ties.

Consciential gestation
Gestație conștiențială (Ro.); Gestação consciencial (Pt.)

Evolutionary productivity, useful, for the conscin, within the framework of the personal deeds of the proexis.

Consciential hygiene
Igienă conștiențială (Ro.); Higiene consciencial (Pt.)

State or effect of the consciousness maintaining hygiene of their self-thosenes in the moment. It is the result or subproduct of applying various techniques to themselves to reach an inner or intraconsciential state of holosomatic homeostasis.

Consciential hygienology
Igienologie conștiențială (Ro.); Higienologia consciencial (Pt.)

Speciality of conscientiology that studies, researches, and applies systematic, theorical techniques from the set of measures adopted to avoid intrusion and the permanence of pathothosenes in the consciential microuniverse while in specific holothosenes, whether personal, group, or institutional. This starts with the elimination of pathological thosenation and the production of ill antithosenes, deep-rooted counterthosenes, or vicious monoideas. **Outdated variant for this speciality:** *consciential hygiene.*

Consciential hyperspaces
Hiperspații conștiențiale (Ro.); Hiperespaços conscienciais (Pt.)

Extraphysical consciential dimensions.

Consciential microuniverse
Microunivers conștiențial (Ro.); Microuniverso consciencial (Pt.)

The consciousness per se, as a whole, the sum total of its attributes, thosenes, and manifestations in the development of its evolution. The microcosmos of the consciousness in relation to the macrocosmos of the universe.

Consciential monoendowment
Monodotare conștiențială (Ro.); Monodotação consciencial (Pt.)

Employment of only one type of intelligence or talent, being the opposite, negative, consciential condition of the inexperienced conscin or the one still lacking evolution, in relation to intraconsciential triendowment (a condition of greater development in the set of three talents: intellectuality, parapsychism and intraconsciential communicability).

Consciential openness
Deschidere conștiențială (Ro.); Abertismo consciencial (Pt.)

Advanced condition of the neophilic conscin possessing self-thosenity multilaterally open to knowledge regarding the evolution of consciousness, and able to intentionally apply in life advanced evolutionary techniques proposed by conscientiology, such as: cosmoethicology, invexis, penta, and deperticity.

Consciential paracomatose
Paracomatoză conștiențială (Ro.); Paracomatose consciencial (Pt.)

Extraphysical comatose state of a projected conscin, who invariably remains unconscious and therefore without recollection of extraphysical events. **Variant**: *consciential paracoma.*

Consciential paradigm
Paradigmă conștiențială (Ro.); Paradigma consciencial (Pt.)

Leading theory of conscientiology based on the consciousness itself and its attributes. Reference system or scientific model which allows for a broader study and understanding of the consciousness based on its bioenergetic, holosomatic, multidimensional, and multiexistential reality.

Consciential powers
Forțe conștiențiale (Ro.); Poderes conscienciais (Pt.)

Strength or faculty of the consciousness' lucid determination to improve their evolutionary attributes, such as these five: will, intentionality, selforganization, penta and offiex (extraphysical clinic).

Consciential retailing
Abordare conștiențială limitată (Ro.); Varejismo consciencial (Pt.)

Rudimentary system of individual behaviour characterized by lesser, isolated, consciential actions having a minimum of productive results or important evolutionary effects.

Consciential scaffolds
Cârje conștiențiale (Ro.); Andaimes conscienciais (Pt.)

Dispensable psychological or physiological crutches. **Variant**: *consciential scaffolding.*

Consciential self-bilocation
Autobilocație conștiențială (Ro.); Autobilocação consciencial (Pt.)

Act of an intraphysical projector finding and contemplating, face to face, their own human body (soma), while their consciousness is out of the body, occupying another vehicle of consciential manifestation.

Consciential self-organization

Auto-organizare conștiențială (Ro.); Autorganização consciencial (Pt.)

Condition of orthothosenic continuity to maintain dynamic and evolutionary balance of the personal microuniverse and consequently greater consciential productivity. Consciential self-organization is the way through which conscins discipline the system of their own evolution; it is the third consciential power, after will, and intentionality.

Consciential self-relay

Autoreleu conștiențial (Ro.); Autorrevezamento consciencial (Pt.)

Advanced condition in which the consciousness evolves by securing one intraphysical existence to another, consecutively (bound proexes), like links in a chain (seriexis), within their multiexistential cycle (holobiography). **Variant**: *self-relay*.

Consciential triendowment

Tridotare conștiențială (Ro.); Tridotação consciencial (Pt.)

Quality of the combination of 3 talents most useful to a conscientiologist: intellectuality, parapsychism, and communicability. **Variants**: *consciential tricapacity, intraconsciential triendowment.*

Consciential wholesaling

Abordare conștiențială atotcuprinzătoare (Ro.); Atacadismo consciencial (Pt.)

Individual behaviour system characterized by the directive to take consciential acts, as a whole, without leaving any negative evolutionary traces or gaps.

Conscientiocentric institution (CI)

Instituție conștientocentrică (IC) (Ro.); Instituição conscienciocêntrica (IC) (Pt.)

Institution which centres its objectives on the consciousness itself and its evolution, a consciential cooperative, within the conscientiological socin, having consciential and employment bonds at its basis.

Conscientiocentrism

Conștientocentrism (Ro.); Conscienciocentrismo (Pt,)

Social philosophy which centers its objectives on consciousness itself and its evolution. See also the term conscientiocentrology.

Conscientiocentrology
Conștientocentrologie (Ro.); Conscienciocentrologia (Pt.)

Speciality of conscientiology that studies and researches the social philosophy centered on the objectives of the consciousness itself and consciential evolution, through the creation and maintenance of a conscientiocentric institution (CI) in the manner of a consciential cooperative or collegiate, within the conscientiological socin, based on the consciential employment and double bond.

Conscientiocracy
Conștientocrație (Ro.); Conscienciocracia (Pt.)

System of power capable of organizing the evolutionary process of multiple consciousnesses, based on their level of conscientiality.

Conscientiogram
Conștientogramă (Ro.); Conscienciograma (Pt.)

Technical form for evaluating the evolutionary level of a consciousness; it is the consciential megatest whose model is the Homo sapiens serenissimus, the consciousness responsible for an exemplary positive egokarmic account. The basic instrument used in conscientiometric tests.

Conscientiological tertulia
Tertulia conștientologică (Ro.); Tertúlia conscienciológica (Pt.)

Spontaneous and informal reunion, gathering, or assembly of like-minded researchers, to discuss themes of the moment, perform quick analyses, and reach transient consensuses as regards neoresearch, hypotheses, and theories, in this free, daily, two-hour, long-term course, which has no prerequisites. Tertulias always offer new approaches to as yet unpublished current, theorical, broad ranging, and advanced conscientiology themes of common interest.

Conscientiological verbetography
Verbetografie conștientologică (Ro.); Verbetografia conscienciológica (Pt.)

Technical writing of entries for the Encyclopedia of Conscientiology, whose wording style or confor combines claritaskal, cosmovisiological, verponological, and interassistantial content with a form, model or template for the homogeneous, patterned, and educational composition of texts.

Conscientiologist
Conştientolog(ă) (Ro.); Conscienciólogo(a) (Pt.)

Conscin committed to the permanent study of and objective experimentation within the research fields of conscientiology. The conscientiologist acts as an agent of evolutionary renovations (retrocognitive agent), in the libertarian work of consciousnesses in general.

Conscientiology
Conştientologie (Ro.); Conscienciologia (Pt.)

Science which studies the consciousness in an integral, holosomatic, multidimensional, multimillennial, and multiexistential manner, and, above all, according to reactions to immanent energies, consciential energies, as well as in their multiple states.

Conscientiology class
Lecţie de conştientologie (Ro.); Aula de Conscienciologia (Pt.)

Lesson or learning exercise on specific conscientiological themes, taught by an instructor, a conscientiologist (conscin or consciex) experienced in the area of knowledge, under technical conditions, in a place or dimension deemed appropriate, and at a determined time.

Conscientiology facilitator
Facilitator de conştientologie (Ro.); Facilitador da Conscienciologia (Pt.)

Conscin dedicated to presenting, with their own cosmoethical life example (self-exemplariness) the defining principles of the corpus of the science of sciences, without seeking to convince, persuade, entice, or brainwash other people, but opening and paving the way to re-education urbi et orbi (parapedagogiology), by only informing (communicology) in a theoretical (theoricology) and verbactional (verbactiology) way, according to their own experience of the evolutionary clarification task (claritask; interassistantiology).

Conscientiometrology
Conştientometrologie (Ro.); Conscienciometrologia (Pt.)

Speciality of conscientiology that studies the conscientiological measurements, or those related to the consciousness, by using the resources and methods capable of establishing a possible basis for the mathematization of the consciousness. Main instrument: the book Conscientiogram. **Outdated variant for this speciality:** *conscientiometry.*

Conscientiometry
Conștientometrie (Ro.); Conscienciometria (Pt.)

See *conscientiometrology*.

Conscientiotherapeuticology
Conștientoterapeuticologie (Ro.); Consciencioterapeuticologia (Pt.)

Speciality of conscientiology applied to the specific, systematic, and theorical studies, research, and experiences of treatment, relief, and remission of a consciousness' disturbances, performed by using the resources and techniques stemming from approaching the consciousness with its pathologies, parapathologies, prophylaxis, and paraprophylaxis as a whole. ***Outdated variant for this speciality***: conscientiotherapy.

Conscientiotherapist
Conștientoterapeut (Ro.); Consciencioterapeuta (Pt.)

Medical or psychologist conscin, penta practitioner, and interassistantiality technician, able to trigger the treatment, relief, or remission of pathologies and parapathologies of consciousnesses, through resources and techniques derived from conscientiology or, more specifically, conscientiotherapy.

Conscientiotherapy
Conștientoterapie (Ro.); Consciencioterapia (Pt.)

Set of self and hetero-applied techniques, procedures, and methods from conscientiotherapeuticology for the treatment, relief, and remission of consciential disturbances and disorders, performed by approaching the consciousness with its pathologies, parapathologies, prophylaxis, and paraprophylaxis as a whole.

Consciex (consci+ex)
Conștiex (conști+ex) (Ro.); Consciex (consci+ex) (Pt.)

Extraphysical consciousness; paracitizen of an extraphysical society (sociex). Plural: consciexes. ***Outdated variants:*** *spirit, ghost, discarnate.*

Conscin (cons+in)
Conștin (conșt+in) (Ro.); Conscin (cons+in) (Pt.)

Intraphysical consciousness; the human personality; a citizen of the intraphysical society. ***Outdated variant:*** *incarnate.* Plural: conscins.

Consciousness, the
Conștiința (Ro.); Consciência, a (Pt.)

It is you and I, also known as individuality, individual essence, soul, spirit, self, ego, intelligent principle in constant evolution, utilizing specific vehicles to manifest in diverse dimensions, through self-awareness and rationality with which ideas and self-thosenic actions are processed. It is 1 of the 2 basic cosmic components - the other being energy.

Consener (cons+ener)
Consener (cons+ener) (Ro.); Consener (cons+ener) (Pt.)

Energivorous consciousness. A permanently needy consciousness, with an insatiable desire for the consciential energies of human beings (conscins) and subhumans. *Variant*: *energetic vampire.*

Consolation task
Sarcină de consolare (Ro.); Tarefa da consolação (Pt.)

See consoltask.

Consoltask (consol+task)
Sarcon (sar+con) (Ro.); Tacon (ta+con) (Pt.)

Consolation task. Primary, personal or group assistance. It is easier and nicer to perform in human social environments, as it generally brings immediate gratification to the practitioner as a result of their efforts. It deals with maximally consoling emotionally and socially needy individuals, who are generally inexperienced with regards to evolution and tropospheric conscins. It predisposes those assisted consciousnesses to the condition of interconsciential dependency, with opportunities for a transference of feelings and consciential manipulation, which is why consoltask is still not an ideal form of assistance.

Consoltaskal
Sarconist (Ro.); Taconístico (Pt.)

Quality or characteristic of the object or person who promotes consoltask or the consolation task. Examples: consoltaskal assistance, consoltaskal profile, consoltaskal approach, consoltaskal duplism, consoltaskal volunteering, consoltaskal patronage, consoltaskal ego, consoltaskal emotion, consoltaskal welcome, consoltaskal text.

Consoltaskology
Sarconologie (Ro.); Taconologia (Pt.)

Set of studies of ancient, still very rudimentary and inadequate, consolatory assistance to the needy, today surpassed by greater cosmoethical clarification in order to free a consciousness from dependence on others, and enter the evolutionary process of consciential interdependence.

Consreu
Consreu (Ro.); Consréu (Pt.)

Reurbanized consciex. Extraphysical consciousness with pathological paragenetics forcibly displaced, due to the needs of extraphysical reurbanization, from the pathological extraphysical community where they lived for centuries, to another transient extraphysical community, in order to prepare for a resoma on Earth, or even undergo an imposed transmigration to another planet of inferior intraphysical evolution, when compared with ours.

Coronochakra (corono+chakra)
Coronochakră (Ro.); Coronochacra (Pt.)

The chakra in the crown area, related to manifestations of expansion of consciousness, elaboration of thought, and mentalsomatic lucidity. The chakra denoting more advanced manifestation in the energosoma. **Variants:** *crown-chakra; coronal chakra.*

Cosmo-analyticology
Cosmoanaliticologie (Ro.); Cosmoanaliticologia (Pt.)

Speciality of conscientiology that studies the practical application of the cosmogram or technical worksheet to determine an evaluation of realities of the universe, filtered by the multidimensional principles of conscientiology. Performed through a maximum association of ideas (overview) and facts (phenomenology) that pertain to and involve the holothosene of the self and heterocritical human personality. It is a scientific subfield of communicology. **Outdated variant for this speciality:** *cosmo-analysis.*

Cosmo-analysis
Cosmo-analiză (Ro.); Cosmo-análise (Pt.)

See *cosmoanalyticology*.

Cosmoconscientiology
Cosmoconștientologie (Ro.); Cosmoconscienciologia (Pt.)

Speciality of conscientiology that studies the expansion of consciousness, or the cosmoconsciousness phenomenon, through the mentalsoma. It is a subfield of paraperceptiology.

Cosmoconsciousness
Cosmoconștiență (Ro.); Cosmoconsciência (Pt.)

Condition or internal perception of the consciousness of the cosmos, life, and the order of the universe, in an intellectual and cosmoethical exaltation impossible to describe, when the consciousness feels the life presence of the universe and becomes one with it, in an indivisible unit. Interconsciential communication exists within this singular condition. **Variant**: cosmic consciousness. **Outdated variants:** nirvana, samadhi, satori, zen.

Cosmoethical mimicry
Mimetism cosmoetic (Ro.); Mimese cosmoética (Pt.)

Productive social impulse of imitating a conscin's evolved ancestors, that are the conscin's retrolives. Not to be confused with the parapathological, mystical, cult of ancestors.

Cosmoethicity
Cosmoeticitate (Ro.); Cosmoeticidade (Pt.)

Cosmoethical quality of the consciousness. **Variant**: *cosmoethicality.*

Cosmoethicology
Cosmoeticologie (Ro.); Cosmoeticologia (Pt.)

Speciality of conscientiology that studies ethics or the reflection upon the multidimensional, cosmic moral, which defines holomaturity, situated beyond the intraphysical social moral, or the moral which presents itself with any human label. **Outdated variant for this speciality**: cosmoethics.

Cosmoethics (cosmo+ethics)
Cosmoetică (Ro.); Cosmoética (cosmo+ética) (Pt.)

Critical reflection based on the pillars of the consciential paradigm, regarding the ethical and cosmic moral principles, norms, and values that orient advanced and multidimensionally assistantial evolutionary behaviour. It goes beyond all human or intraphysical societal moral principles. Cosmoethics is the unit of measure of one´s self-incorruptibility, and is the most intelligently discerning norm for consciousnesses willing to apply it as their normal conduct, and thus dynamize their evolution.

Cosmogram
Cosmogramă (Ro.); Cosmograma (Pt.)

Technique for studying the realities of the universe (cosmoanalyticology), filtered through the multidimensional principles of conscientiology, by a maximum association of ideas or overview of the facts involved. It consists of completing documented profiling forms, classifying, and filing clippings from a broad selection of sources, mainly periodical publications such as journalistic pieces or articles (geopolitical) and scientific articles or papers (areas of human knowledge) and carefully selected articles from reliable sources on the internet.

Cosmothosene (cosmo+tho+sen+e)
Cosmogânsenă (cosmo+gân+sen+ene) (Ro.); Cosmopensene (cosmo+pen+sen+e) (Pt.)

Specific thosene of scientese or of the state of cosmoconsciousness; unit of measure of the non-symbolic, paratelepathic language used in very evolved communexes; fundamental thosene or materthosene characteristic of the evolutionary profile of a Free Consciex (FC).

Cosmovisiology
Cosmoviziologie (Ro.); Cosmovisiologia (Pt.)

Speciality of conscientiology applied to the theorical study of the evolutionary understanding of exhaustive, conscientiological, multidimensional, and holosomatic cosmovision. **Outdated variant for this speciality:** *cosmovision.*

Cosmovision
Cosmoviziune (Ro.); Cosmovisão (Pt.)

A condition of the conscin who after having attained some intraphysical or terrestrial achievement is able to see beyond the mundane occurrences or interests of diurnal life, serve as a lookout and observe at a distance and from above the impulses of mediocrity, and lose interest in the myriad of stimuli from trivialities and cultural idiotisms of the zeitgeist.

Cotherapist

Coterapeut (Ro.); Coterapeuta (Pt.)

Helper who works jointly with a conscientiotherapist conscin to develop the technical assistantial procedures of conscientiotherapy and its evolutients (OIC).

Counterthosene (counter+tho+sen+e)

Contragânsenă (contra+gân+sen+ene) (Ro.); Contrapensene (contra+pen+sen+e) (Pt.)

Intraconsciential thosene of the conscin; mute mental refutation; the mute thosene; a type of intrathosene.

D

Daydream
Vis diurn (Ro.); Devaneio (Pt.)

Fantastic state created by the imagination of the conscin during the ordinary physical waking state.

Deficitary omission
Omisiune deficitară (Ro.); Omissão deficitária (Pt.)

Attitude of absence of positioning with regards to a given theme, fact or situation, where claritaskal intervention could take place, however the consciousness opts for non-assistantial inaction or negligence, reverting to evolutionary deficit.

Deintrusion
Dezintruziune (Ro.); Desassédio (Pt.)

See *interconsciential deintrusion*.

Deperticity
Desperticitate (Ro.); Desperticidade (Pt.)

Consciential evolutionary quality of a deperto, - totally and permanently intrusion free individual - completely aware of this quality within the assistantial tasks they perform towards other consciousnesses. **Variant**: *permanintfreeness, intrusionlessness.* **Outdated variant:** *petifreeness.*

Deperto (de+per+to)
Despert (Ro.); Desperto (des+per+to) (Pt.)

Intraphysical human being or conscin that is totally and permanently intrusion free, while being fully aware of this quality. **Variant**: *permanintfree.* **Outdated variants:** *petifree, intrusionless.*

Depertology
Despertologie (Ro.); Despertologia (Pt.)

Speciality of conscientiology that studies deperticity or the evolutionary consciential quality of the deperto human being, whose is no longer subject to pathological interconsciential intrusion, and all the harmful evolutionary consequences of this uncomfortable condition. It is a scientific subfield of conscientiometrology (holomaturology). ***Variant***: *permanintfreeology.*

Dermatologies of the consciousness
Dermatologiile conștiinței (Ro.); Dermatologias da consciência (Pt.)

Compound expression attributed to conventional science under the Newtonian-Cartesian mechanistic paradigm, which focus its research solely on the soma, due to a lack of necessary tools for the technical investigation of the consciousness; periconsciential science.

Desoma (de+soma)
Desomare (de+soma+re) (Ro.); Dessoma (des+soma) (Pt.)

Somatic deactivation, near and inevitable for every conscin; final projection; first death; biological death; monotanathosis. Desoma or more specifically the first desoma is the deactivation of the human body or soma. The second desoma is the deactivation of the energosoma. The third desoma is the deactivation of the psychosoma.

Desomatics
Desomatică (Ro.); Dessomática (Pt.)

See *desomatology*.

Desomatology
Desomatologie (Ro.); Dessomatologia (Pt.)

Speciality of conscientiology applied to the study and research of the physical context of the desoma (biological death) and the consciential, psychological, social, medical-legal, and multidimensional contexts related to the deactivation of the soma (human body), as well as the second and third desomas and their consequences. It is a scientifc subfield of intraphysicology.***Outdated variant for this speciality:*** *desomatics.*

Destructive macro-PK
Macro-PK distructiv (Ro.); Macro-PK destrutiva (Pt.)

Harmful PK (psychokinesis), capable of causing injury to the conscin, which could even be fatal to the soma.

Dimener (dim+ener)
Dimener (dim+ ener) (Ro.); Dimener (dime+ener) (Pt.)

Energetic dimension of the consciousness or the natural dimension of the energosoma. **Variant**: *three and a half dimension.*

Dimex (dim+ex)
Dimensiune extrafizică (Ro.); Dimensão extrafísica (Pt.)

Extraphysical dimension. Dimension, sphere, or environment of consciential manifestation beyond the intraphysical, material, or human life in the ordinary waking state, in which the conscin manifests when projected in the psychosoma or mentalsoma, or when a consciex, after the desoma. This dimension comprises the energetic dimension (dimener); the intermediary between physical and extraphysical dimensions; the pathological paratropospheric dimension, close to the terrestrial crust; and finally, the more evolved and subtle extraphysical dimension, further away from the planet's crust. **Variant**: *extraphysicality.* **Outdated variant**: *astral plane.*

Dimin (dim+in)
Dimensiune intrafizică (Ro.); Dimensão intrafísica (Pt.)

Intraphysical dimension. Dense physical dimension in which the soma manifests itself, allowing for the human life (resoma) of consciousnesses, subhuman, and other consciential principles. This dimension allows for a heterogeneous acquaintanceship of consciousnesses of different evolutionary levels, something impossible in extraphysical dimensions.

Disbeliefology
Neîncredologie (Ro.); Descrenciologia (Pt.)

Speciality of conscientiology applied to the personal, technical, and theoretical study, dissection and rational assessment of the quality, condition, or character of authenticity or reality of any matter, fact, parafact, phenomenon or paraphenomenon, discarding all postures or attitudes of credulity. All studies should hence carry the stamp of self-experimentation or specific selfexperience, meaning, having a base in the principle of disbelief.

Discoincidence of the vehicles of manifestation
Discoincidența vehiculelor de manifestare (Ro.); Descoincidência dos veículos de manifestação (Pt.)

The act of leaving, in any vehicle of manifestation, the condition of coincidence or the junction of the consciential bodies.

Domicile holothosene
Hologânsenă de domiciliu (Ro.); Holopensene domiciliar (Pt.)

Physical base; energetically shielded bedroom; extraphysical clinic (offiex). **Variant**: domiciliary holothosene.

Dream
Vis (Ro.); Sonho (Pt.)

Natural, intermediate consciential state between the ordinary physical waking state and natural sleep, characterized by a set of ideas and images that present themselves to the consciousness. A bad dream, one which experiences the effects of agitation, anguish, and oppression during its development, receives the names nightmare, nocturnal terror, or nightmarish hallucination.

Duology
Duologie (Ro.); Duplismologia (Pt.)

Speciality of conscientiology applied to the specific, systematic, and theoretical study of the evolutionary duo technique. This technique has the capacity of uniting the efforts of both evolutionary duo partners in the condition of assistantial minipieces within the multidimensional maximechanism based on cosmoethical interassistance. It aims to catalyze the evolutionary duo's consciential evolution and their production of proexological megagescons.

E

Ectoplasm
Ectoplasmă (Ro.); Ectoplasma (Pt.)

From the Greek, ektós, from the outside; plasma, mold, substance. Protoplasmic and omnipresent substance that flows from the human body of the ectoplast psychic, and who through their subconscious manipulation or through consciexes, occur phenomena of a superphysical order, including materialization or ectoplasmy of objects and/or people in partial or complete manifestation. It is supposed that the composition of ectoplasm can vary in accordance with the type of cells of the ectoplast psychic´s body, and thus ectoplasm can come, for instance, from: bones and muscles, or be neurological or dermatological.

Ectoplast
Ectoplast (Ro.); Ectoplasta (Pt.)

Parapsychic conscin predisposed to the phenomenon of ectoplasmy, with intense donation of energies and occurrence of a superphysical nature, such as materializations, parasurgeries, and projective raps, among other phenomena. The ectoplast, due to their great energetic potential, can promote the intense exteriorization of therapeutic energies, as well as when their energies are disorganized, be susceptible to en route accidents, called destructive macro-PK.

Egokarma (ego+karma)
Egokarmă (ego+karma) (Ro.); Egocarma (ego+carma) (Pt.)

Principle of cause and effect acting on the evolution of a consciousness, when exclusively centred on the ego itself. State of free will tied to childish egocentrism.

Egokarmality
Egokarmalitate (Ro.); Egocarmalidade (Pt.)

A less evolved condition of holokarmology necessary for consciential evolution, in which the consciousness concentrates primarily on their egoic self-manifestations and on the resolution of intimate and pending conflicts with themselves, aiming at the remission of the ego's pathologies.

Egokarmology
Egokarmologie (Ro.); Egocarmologia (Pt.)

Speciality of conscientiology that studies the relationships or principles of cause and effect acting on the evolution of a consciousness, when exclusively centred on the ego per se. It is a subdiscipline of holokarmology. **Variant**: *egokarmalogy*.

Egothosene (ego+tho+sen+e)
Egogânsenă (ego+gân+sen+ene) (Ro.); Egopensene (ego+pen+sen+e) (Pt.)

The same as self-thosene; the unit of measurement of consciential selfishness, according to conscientiology, or more appropriately, conscientiometrology.

Energetic coupling
Cuplare energetică (Ro.); Acoplamento energético (Pt.)

Interfusion of energosomatic energies between two or more consciousnesses (conscins), or between a consciousness and a place or object.

Energetic dimension
Dimensiune energetică (Ro.); Dimensão energética (Pt.)

See *dimener*.

Energetic maxispringtime
Maxiprimăvară energetică (Ro.); Maxiprimavera energética (Pt.)

See *maxienerspring*.

Energetic minispringtime
Miniprimăvară energetică (Ro.); Miniprimavera energética (Pt.)

See *minienerspring*.

Energetic rubbish
Deșeuri energetice (Ro.); Bagulho energético (Pt.)

Dysfunctional object producing entropy in an environment where it finds itself, such as materials evoking pathological energies, negative memories, anticosmoethical holothosenes, self-intrusion, or even useless objects or those dislocated in the context of an environment. Examples: photos of an accident, guns or imitation guns, stuffed animals, bonsai, trophies and medals in the house of a highly competitive person, pornographic material in the house of a convalescing promiscuous person, alcohol in the house of an ex-addict, letters from a deceased person, clocks that no longer work, guest luggage in the penta room. *Variant*: energetic knick-knack.

Energetic self-defence
Autoapărare energetică (Ro.); Autodefesa energética (Pt.)

Capacity of the consciousness to put themselves in a cosmoethical, protected condition, with regard to negative, intrusive, or pathological energies and thosenizations external to their consciential microuniverse.

Energetic shielded chamber
Dormitor blindat energetic (Ro.); Alcova energeticamente blindada (Pt.)

Private intraphysical room, energetically defended and extraphysically "aseptic", in one's home, where one, or an evolutionary duo, sleeps, projects, and has their sexual life; an intrusion-proof bedroom.

Energetic shielding of environment
Protecția energetică a mediului (Ro.); Blindagem energética de ambientes (Pt.)

Act or effect of consciously safeguarding the intra and extraphysical environments where a conscin lives, works, sleeps, and interacts, by shielding them with one's own consciential energy (CE).

Energivorous consciousness
Conștiință energovoră (Ro.); Consciência energívora (Pt.)

See *consener*.

Energosoma
Energosomă (Ro.); Energossoma (Pt.)

Energetic parabody or the set of structural consciential energies that temporarily connect the psychosoma to the conscin's soma. This body is deactivated with the second desoma, however it may also remain as a remnant vehicle of the paratropospheric consciex. **Variant**: *holochakra, counter body*. **Outdated variants**: *vital body, etheric body*.

Energosomatic existence
Existență energosomatică (Ro.); Existência energossomática (Pt.)

Intraphysical or human life of the conscin. **Variant**: *holochakral existence*.

Energosomatic intrusion
Intruziune energosomatică (Ro.); Intrusão energossomática (Pt.)

Invasion of a consciousness by another through the CEs (consciential energy) or the energosoma (holochakra). ***Variant****: holochakral intrusion, energetic intrusion.*

Energosomatic looseness
Libertate energosomatică (Ro.); Soltura do energossoma (Pt.)

Condition of relative freedom of action of the conscin's energetic parabody, with respect to the psychosoma and the soma. ***Variant****: holochakral looseness.*

Energosomatic seduction
Seducție energosomatică (Ro). Sedução energossomática (Pt.)

Energetic action of a consciousness, with a more or less conscious intention, to dominate another, or others. ***Variant****: holochakral seduction.*

Energosomaticity
Energosomaticitate (Ro.); Energossomaticidade (Pt.)

Degree of quality of personal, singular or individual consciential energy irradiation – determining the degree in quality on the relations of an intraphysical consciousness with other intra and extraphysical consciousnesses. ***Variant****: holochakrality.*

Energosomatology
Energosomatologie (Ro.); Energossomatologia (Pt.)

Speciality of conscientiology that studies the quality of the human consciousness' (conscin) manifestations derived from its energosoma, or energetic parabody. It is a scientific subfield of holosomatology. ***Outdated variant for this speciality:*** *holochakrology.*

Enerspring (ener+spring)
Primener (prim+ener) (Ro.); Primener (prim+ener) (Pt.)

Energetic springtime; relatively long lasting personal condition; peak level of healthy and constructive consciential energies (CEs).

Enerspring by 2
Primener în duo (Ro.); Primener a dois (Pt.)

Energetic springtime of the evolutionary duo, in which the partners truly love each other and fully dominate the application of their healthy consciential energies (CEs), with full lucidity, constructing their proexes through consciential gestations.

Enumerative cycle technique
Tehnica ciclului enumerativ (Ro.); Técnica do ciclo enumerativo (Pt.)

Technique for the collection and formulation of progressive enumerations to compose a particular line, network, or specific chain of thosenization, theorically expanding and developing an idea, action, fact, reality, parareality, endeavour, or objective, within the field of cosmovisiology of the researcher consciousness (self-researchology). Examples: enumerology section of the Encyclopaedia of Conscientiology; enumerogram; mathematization of knowledge; lists of expressions; enumeration hierarchy; mental faculty of enumerating; enumerative columns; definitions with enumerations; listing of terms relevant to the same topic; a big list; grouping of similar ideas. **Variant**: *enumeration technique.*

Enumerology
Enumerologie (Ro.); Enumerologia (Pt.)

Science applied to the specific, systematic, theorical studies, research, and experiments with enumeration, methodical relations or lists of ideas, employing the didactic technique of processing texts, through factual or variable language based on informative self-criticism.

Epicon (epi+con)
Epicon (epi+con) (Ro.); Epicon (epi+con) (Pt.)

Consciential epicenter. Key conscin for the operation of epicentrism, who becomes a fulcrum of lucidity, assistantiality, and interdimensional constructiveness, through the offiex (extraphysical clinic). It has a direct relation with penta (personal energetic task).

Euphorex (euphor+ex)
Euforex (eufor+ex) (Ro.); Euforex (eufor+ex) (Pt.)

Condition of extraphysical euphoria, after somatic deactivation, generated through the reasonable completion of the existential program. Euphorex can affect the lucidly projected conscin. **Variants**: *post-mortem euphoria; paraeuphoria; post-desomatic euphoria.*

Euphorin (euphor+in)
Euforin (eufor+in) (Ro.); Euforin (eufor+in) (Pt.)

Condition of intraphysical euphoria, prior to somatic deactivation, generated through the reasonable completion of the proexis. Ideal condition predisposing a positive morexis (existential moratorium). **Variant**: *pre-mortem euphoria*.

Everlearner (ever+learner)
Semper studiosus (Ro.); Semperaprendente (semper+aprendente) (Pt.)

Quality, condition or characteristic of the neophilic self-taught consciousness as regards to the acquisition of evolutionary neo-knowledge, in a process of permanent learning and development. Such a consciousness is theorical in consciential recycling, invests in clarifying interassistantial practices and in the prioritization of claritaskal productivity, during successive intraphysical lives and intermissive periods along its evolutionary path.

Evolutient
Evolutient (Ro.); Evoluciente (Pt.)

Proactive assisted consciousness seeking self-development and intraconsciential recycling, through a progressive and continuous process of intimate transformation, envisaging the expansion of their evolutionary level in an active way by overcoming personal parapathologies, and thus developing their potentials and consequently improving their consciential health.

Evolutiologist
Evoluțiolog (Ro.); Evoluciólogo (Pt.)

Consciousness coadjutor of the intelligent coordination of the proexis, consciential evolution of an individual or an entire group of consciousnesses, in the same megagroupkarma. The evolutionary condition between the deperto (intrusion free) individual and the serenissimus (Homo sapiens serenissimus). **Variant**: *Evolutionary orientor; evolutionary orienter*.

Evolutiology
Evoluțiologie (Ro.); Evoluciologia (Pt.)

Speciality of conscientiology applied to the study of evolution of consciousness approached in a high-level, integral, holosomatic, multiexistential, and multidimensional manner. Subject matter specific to an evolutionary orientor or evolutiologist. It is a scientific subfield of thosenology.

Evolutionary duo
Duo evolutiv (Ro.); Dupla evolutiva (Pt.)

Two consciousnesses who interact positively in joint evolution; existential condition of evolutionary cooperation by two.

Evolutionary intelligence
Inteligență evolutivă (Ro.); Inteligência evolutiva (Pt.)

Capacity to apprehend, learn, or understand, and adapt to human life, based on the application and theorical self-aware expansion of one's already assimilated, personal, consciential, evolutionary mechanism. It includes the use of cosmoethicology, seriexology, and proexology, defining the consciousness' self-awareness regarding their rational evolution; lucid selfevolution propelled by one's own cosmoethical self-thosenic performance.

Evolutionary orientor
Orientator evolutiv (Ro.); Orientador evolutivo (Pt.)

See *evolutiologist*.

Evolutionary scale of the consciousness
Scala evolutivă a conștiinței (Ro.); Escala evolutiva da consciência (Pt.)

Scale or parameter of evolutionary consciential profiles enabling selfassessment, the identification of one's personal level in comparison with the serenissimi, and a plan of personal recycling for self-evolution. This scale encompasses the following evolutionary levels:

FIGURE 2.En. - EVOLUTIONARY SCALE

Consciousness	%
01. Transmigrated consreu	10% of the serenissimus
02. Resomated consreu	20% of the serenissimus
03. Common pre-serenissimus	25% of the serenissimus
04. Unaware consciential bait	25% of the serenissimus
05. Penta practioner	25% of the serenissimus
06. Conscious projector	30% of the serenissimus
07. Lucid epicon	35% of the serenissimus
08. Conscientiologist	40% of the serenissimus
09. Deperto	50% of the serenissimus
10. Semiconsciex	60% of the serenissimus

11. Self-critical teleguided	65% of the serenissimus
12. Evolutiologist	75% of the serenissimus
13. Serenissimus	100% of our evolutionary model
14. Free consciex (FC)	Evolutionary

Evolutionary self-sufficiency

Autosuficiență evolutivă (Ro.); Autossuficiência evolutiva (Pt.)

Theorical (theoretical and practical) confidence experienced by the conscin when they attain a set of specific knowledge and qualities for their evolution, having a more advanced level of self-discernment and polykarmic evolutionary intelligence (EI), deriving from a condition of deperticity.

Existential completism

Completism existențial (Ro.); Completismo existencial (Pt.)

See *complexis*.

Existential completist

Completist existențial (Ro.); Completista existencial (Pt.)

Conscin who has fulfilled their either mini or maxi proexis, along the correct path, and according to the guideline, area, and level attributed to them. ***Variant***: *completist*.

Existential incompletism

Incompletism existențial (Ro.); Incompletismo existêncial (Pt.)

See *incomplexis*.

Existential incompletist

Incompletist existențial (Ro.); Incompletista existencial (Pt.)

A consciousness in the condition of incomplexis, that is, having lost or missed out on the opportunity to satisfactorily complete their existential program (proexis). ***Variant***: *incompletist*.

Existential inversion

Inversiune existențială (Ro.); Inversão existencial (Pt.)

See *invexis*.

Existential inverter
Invertor existențial (Ro.); Inversor existencial (Pt.)

Conscin who practices the existential inversion technique (invexis) in which early personal evolutionary conquests predominate, oriented by a proexological maxiplanning convergent with their innate talents. The lucid existential inverter renounces certain social conventions, such as weddings, and seeks a monogamous affective-sexual relationship, instead of devoting their time to raising children (personal offspring) they aim to be more willing to perform tasks (teaching, research, publishing, voluntary services) that benefit the community, in a qualified manner. In this way, the assistance provided by the inverter is given using a wholesale approach, benefitting large numbers of people rather than one person or a small group. *Variant: inverter.*

Existential invertology
Invertologie existențială (Ro.); Invertologia existencial (Pt.)

See *invexology*.

Existential maximoratorium
Maximoratoriu existențial (Ro.); Maximoratória existencial (Pt.)

See *maximorexis*.

Existential maxiprogram
Maxiprogram existențial (Ro.); Programação existencial máxima (Pt.)

See *maxiproexis*.

Existential program
Program existențial (Ro.); Programação existencial (Pt.)

See *proexis*.

Existential recyclability
Reciclabilitate existențială (Ro.); Reciclabilidade existencial (Pt.)

The quality of the intraphysical execution of one´s existential recycling.

Existential recycler
Reciclator existențial (Ro.); Reciclante existencial (Pt.)

Conscin who disposes themselves to the execution of recexis. *Variant: recycler.*

Existential self-mimicry
Automimetism existenţial (Ro.); Automimese existencial (Pt.)

Imitation by a conscin, of life occurrences or past experiences, from present life or previous existences.

Existential seriation
Serialitate existenţială (Ro.); Seriação existencial (Pt.)

See *seriexis*.

Experimentology
Experimentologie (Ro.); Experimentologia (Pt.)

Speciality of conscientiology that studies all forms and categories of evolutionary experiments of the consciousness. It is a scientific subfield of evolutiology.

Extracorporeal
Extracorporal (Ro.); Extracorpóreo (Pt.)

Related to that outside of the physical body. Examples: extracorporeal experience, extracorporeal volitation (flight), extracorporeal phenomena.

Extraphysical
Extrafizic (Ro.); Extrafísico (Pt.)

Related to that which is outside, or beyond the intraphysical or human state; a consciential state less physical than the body.

Extraphysical agenda
Agendă extrafizică (Ro.); Agenda extrafísica (Pt.)

See *agendex*.

Extraphysical approach
Abordare extrafizică (Ro.); Abordagem extrafísica (Pt.)

Contact of one consciousness with another in the extraphysical dimension.

Extraphysical catatonia
Catatonie extrafizică (Ro.); Catatonia extrafísica (Pt.)

Fixed condition of the projected conscin maintaining stereotyped, repeated, and generally useless extraphysical acts, with regards to its own evolution.

Extraphysical Centre of Energy (ECE)
Centrul Extrafizic al Energiei (CEE) (Ro.); Central Extrafísica da Energia (CEE) (Pt.)

Specialized para-institution, planned and established to stock and monitor consciential energy (CE), like an extraphysical consciential powerstation, aiming at supplying and distributing therapeutic homeostatic energies, to effectively assist other consciousnesses – consciexes and conscins – under the direct supervision of the Invisible College of Serenissimi. *Variants: Extraphysical Centre of Energy; Centre of Extraphysical Energy (CEE).*

Extraphysical Centre of Fraternity (ECF)
Centrul Extrafizic al Fraternității (CEF) (Ro.); Central Extrafísica da Fraternidade (CEF) (Pt.)

Para-institution or specialized communex, planned and established to irradiate manifestations or cosmo-thosenations of fraternity pervading the cosmos in a therapeutic and homeostatic manner, providing silent, anonymous, and effective assistance to all consciousnesses. *Variants: Extraphysical Centre of Fraternity; Centre of Extraphysical Fraternity (CEF).*

Extraphysical Centre of Veracity (ECV)
Centrul Extrafizic al Adevărului (CEA) (Ro.); Central Extrafísica da Verdade (CEV) (Pt.)

Para-institution or specialized communex, planned and established to irradiate manifestations or paraconstructs of the basic therapeutic and homeostatic truths of the cosmos, for the effective assistance to all consciousnesses. *Variants: Extraphysical Centre of Verity; Extraphysical Centre of Truth; Centre of Extraphysical Veracity (CEV).*

Extraphysical clinic
Clinică extrafizică (Ro.); Oficina extrafísica (Pt.)

Extraphysical clinic of an intraphysical epicon. Examples: the extraphysical resources and installations of an offiex; a domiciliary holothosene that helps in the implantation of the clinic. *Variant: extraphysical office, offiex.*

Extraphysical community
Comunitate extrafizică (Ro.); Comunidade extrafísica (Pt.)

See *communex*.

Extraphysical consciousness
Conştiinţă extrafizică (Ro.); Consciência extrafísica (Pt.)

See *consciex*.

Extraphysical euphoria
Euforie extrafizică (Ro.); Euforia extrafísica (Pt.)

See *euphorex*.

Extraphysical helper
Helper extrafizic (Ro.); Amparador extrafísico (Pt.)

Consciex who aids and assists a conscin or various conscins; extraphysical benefactor. **Variant:** *assistex*. **Outdated variants**: *guardian angel; angel of light; spiritual guide; mentor.*

Extraphysical hometown
Oraş natal extrafizic (Ro.); Paraprocedência (Pt.)

See *paraprovenance*.

Extraphysical melancholy
Melancolie extrafizică (Ro.); Melancolia extrafísica (Pt.)

See *melex*.

Extraphysical monitoring
Monitorizare extrafizică (Ro.); Monitoria extrafísica (Pt.)

Condition of assistance performed by healthy consciexes in favour of a balanced conscin, when the conscin is performing balanced consolation or the clarification task.

Extraphysical precognition
Precogniţie extrafizică (Ro.); Precognição extrafísica (Pt.)

From Latin, pre, before; cognocescere, to know. Perceptive faculty through which the consciousness, completely projected out of the human body, becomes aware of indeterminate facts, including distant objects, scenes, and forms, regarding the immediate or remote future.

Extraphysical raid
Raid extrafizic (Ro.); Arrastex (Pt.)

Action of a group of energivorous consciexes, including extraphysical blind guides, in paratropospheric dimensions, with the intent of vampirising conscins. Usually coinciding with celebrations or intraphysical events that gather people prone to collective, intrusive victimization through consciential energies. ***Variant***: *extraphysical gang raid.*

Extraphysical reurbanization
Reurbanizare extrafizică (Ro.); Reurbanização extrafísica (Pt.)

See *reurbex*.

Extraphysical romance
Romantism extrafizic (Ro.); Romance extrafísico (Pt.)

Set of acts through which a conscin maintains a positive and healthy romance, while out of the body.

Extraphysical society
Societate extrafizică (Ro.); Sociedade extrafísica (Pt.)

See *sociex*.

Extraphysicology
Extrafizicologie (Ro.); Extrafisicologia (Pt.)

Speciality of conscientiology applied to the study of relationships and experiences of the intraphysical consciousness (conscin) in other dimensions beyond intraphysicality. It is a scientific subfield of holoresomatology.

F

Foreigner syndrome
Sindromul străinului (Ro.); Síndrome do Estrangeiro (Pt.)

Morbid state of alienation characterized by a clinical condition in which a conscin's psychosomatic imbalance predominates, being deeply set in the convergence of signs and/or symptoms of nostalgia related to the recently experienced intermissive extraphysical period. This causes an existential conflict of personal maladjustment to intraphysical life. **Variant**: Intermissive course withdrawal syndrome.

Free consciex (FC)
Conștiex liberă (CL) (Ro.); Consciex Livre (CL) (Pt.)

From Latin, con+scientia, with knowledge. Consciex which has definitively freed itself from its psychosoma or emotional parabody, and from the strings of serial existences. It comes after the Homo sapiens serenissimus in the evolutionary hierarchy. **Variants**: free extraphysical consciousness, free consciousness.

Free consciousness
Conștiință liberă (Ro.); Consciência livre (Pt.)

See *free consciex*.

Frontochakra
Frontochakra (Ro.); Frontochacra (Pt.)

Encephalic chakra located on the forehead, between the eyes; when activatedpromotes clairvoyance. **Variant**: *frontal chakra*. **Outdated variants**: *third eye, third vision.*

Function-specific helper
Helper de funcție (Ro.); Amparador específico de função (Pt.)

Consciex technically specialized in specific tasks performed together with the assisted conscin. For example, in the practices of the personal energy task (penta) or the extraphysical clinic.

G

Geoenergy (geo+energy)
Geoenergie (geo+energie) (Ro.); Geoenergia (geo+energia) (Pt.)

Immanent energy (IE) from the ground and earth absorbed by the conscin through the pre-kundalini. ***Outdated variant:*** *telluric energy.*

Golden cord
Cordon de aur (Ro.); Cordão de ouro (Pt.)

Supposed energetic element - similar to a remote control - which maintains the mentalsoma connected to the parabrain of the psychosoma.

Graphothosene (grapho+tho+sen+e)
Grafogânsenă (grafo+gân+sen+ene) (Ro.); Grafopensene (grafo+pen+sen+e) (Pt.)

The thosenic signature of the conscin.

Grecex (g+rec+ex)
Grecex (g+rec+ex) (Ro.); Grecex (g+rec+ex) (Pt.)

Group of existential recyclers; intraphysical meeting and experience together in a group, with the objective of experiencing planned existential recycling. ***Plural:*** *grecexes.* ***Variant:*** *group of existential recyclers.*

Grinvex (gr+inve+ex)
Grinvex (gr+inve+ex) (Ro.); Grinvex (gr+inve+ex) (Pt.)

Group of existential invertors; intraphysical meeting and experience together in a group, with the objective of experiencing planned existential inversion. ***Plural:*** *grinvexes.* ***Variant:*** *group of existential inverters.*

Group of existential inverters
Grupul invertorilor existenţiali (Ro.); Grupo de inversores existenciais (Pt.)

See *grinvex.*

Group of existential recyclers
Grupul reciclatorilor existenţiali (Ro.); Grupo de reciclantes existenciais (Pt.)

See *grecex*.

Groupality
Grupalitate (Ro.); Grupalidade (Pt.)

Quality of the evolutionary group of the consciousness; condition of evolution in a group.

Groupkarma (group+karma)
Grupokarmă (grup+karma) (Ro.); Grupocarma (grupo+carma) (Pt.)

Principle of cause and effect acting on the evolution of the consciousness, when centred on the evolutionary group. State of individual freewill when linked to the evolutionary group.

Groupkarmality
Grupokarmalitate (Ro.); Grupocarmalidade (Pt.)

Quality of relationships operating on the proevolutionary efforts of conscins and consciexes when focused on the evolutionary group.

Groupkarmic course
Cursul grupokarmic (Ro.); Curso grupocármico (Pt.)

Set of stages of the consciousness within the consciential evolutionary group.

Groupkarmic interprison
Interprizonierat grupokarmic (Ro.); Interprisão grupocármica (Pt.)

Coercive interconsciential commitment resulting from anticosmoethical, joint or group actions; the condition of groupkarmic inseparability of the evolutionary consciential principle or consciousness.

Groupkarmology
Grupokarmologie (Ro.); Grupocarmologia (Pt.)

Speciality of conscientiology that studies the relationships or principles of cause and effect active in the evolution of the consciousness when centered on the evolutionary group. It is a scientific subfield of holokarmology. **Variant**: *groupkarmalogy*.

Groupthosene (group+tho+sen+e)

Grupogânsenă (grupo+gân+sen+ene) (Ro.); Grupopensene (grupo+pen+sen+e) (Pt.)

Sectarian, corporativist, and antipolykarmic thosene; a groupthosene can also be constructive.

Gynochakra (gyno+chakra)

Ginochakră (gino+chakra) (Ro.); Ginochacra (gino+chacra) (Pt.)

Sexochakra of the woman.

Gynosoma (gyno+soma)

Ginosomă (gino+soma) (Ro.); Ginossoma (gino+soma) (Pt.)

Feminine human body or body specific to a woman, specialized in the animal reproduction of the intraphysical life of the consciousness; the aphrodisiac body.

Gynosomatics

Ginosomatică (Ro.); Ginossomática (Pt.)

See *gynosomatology*.

Gynosomatology

Ginosomatologie (Ro.); Ginossomatologia (Pt.)

Speciality of conscientiology that studies the soma, specifically the soma of the female gender or gynosoma, and its relation with the human consciousness (conscin). It is a scientific subfield of sexosomatics.

Gynothosene (gyno+tho+sen+e)

Ginogânsenă (gino+gân+sen+ene) (Ro.); Ginopensene (gino+pen+sen+e) (Pt.).

Thosene specific to feminine language and communicability.

H

Hallucination
Halucinaţie (Ro.); Alucinação (Pt.)

From the Latin, *hallucinari,* making errors. Apparent perception of an external object not present at that moment; mental error in the perception of the senses without a foundation in any objective reality.

Helper
Helper (Ro.); Amparador (Pt.)

See *extraphysical helper.*

Heterothosene (hetero+tho+sen+e)
Heterogânsenă (Ro.); Heteropensene (hetero+pen+sen+e) (Pt.)

The thosene of others in relation to the researcher.

Holobiography (holo+biography)
Holobiografie (holo+biografie) (Ro.); Holobiografia (holo+biografia) (Pt.)

Set of personal archives of the multidimensional evolution of a consciousness across its seriexises.

Holochakra (holo+chakra)
Holochakră (holo+chakra) (Ro.); Holochacra (holo+chacra) (Pt.)

See *energosoma.*

Holochakral existence
Existenţă holochakrală (Ro.); Existência holochacral (Pt.)

See *energosomatic existence.*

Holochakral intrusion
Intruziune holochakrală (Ro.); Intrusão holochacral (Pt.)

See *energosomatic intrusion.*

Holochakral seduction
Seducție holochakrală (Ro.); Sedução holochacral (Pt.)

See *energosomatic seduction.*

Holochakrality
Holochakralitate (Ro.); Holochacralidade (Pt.)

See *energosomaticity.*

Holochakralogy (holo+chakra+logy)
Holochakrologie (holo+chakra+logie) (Ro.); Holochacralogia (holo+chacra+logia) (Pt.)

See *energosomatology.*

Holokarma (holo+karma)
Holokarma (holo+karma) (Ro.); Holocarma (holo+carma) (Pt.)

Union of the three types of consciential actions and reactions: egokarma, groupkarma, and polykarma, within the principles of cause and effect acting on the evolution of the consciousness.

Holokarmology (holo+karma+logy)
Holokarmology (holo+karma+logie) (Ro.); Holocarmologia (holo+carma+logia) (Pt.)

Speciality of conscientiology that studies the holokarmic account of the consciousness in evolution encompassing egokarmality, groupkarmality, and polykarmality. It is a scientific subfield of evolutiology. **Variant:** *holokarmalogy.*

Holomaturity (holo+maturity)
Holomaturitate (holo+maturitate) (Ro.); Holomaturidade (holo+maturidade) (Pt.)

Condition of integrated maturity of the conscin - biological, psychological, holosomatic, and multidimensional.

Holomaturology (holo+maturo+logy)
Holomaturologie (holo+maturo+logie) (Ro.); Holomaturologia (holo+maturo+logia) (Pt.)

Speciality of conscientiology that studies the holomaturity of the human consciousness, or its integral, biological, psychological, mentalsomatic, and multidimensional maturity, or holosomatic maturity, in all its forms of manifestation and evolutionary consequences. It is a scientific subfield of evolutiology.

Holomemory (holo+memory)
Holomemorie (holo+memorie) (Ro.); Holomemória (holo+memória) (Pt.)

Causal, composed, multimillennial, multiexistential, implacable, uninterrupted, personal memory, which retains all facts relative to the consciousness; multimemory; polymemory.

Holomnemonicology (holo+mnemonico+logy)
Holomnemonicologie (holo+mnemonico+logia) *(Ro.); Holomnemonicologia (holo+mnemônico+logia) (Pt.)*

Speciality of conscientiology dedicated to the study of memory in an integral, holosomatic, multidimensional, and multiexistential, multimillenary and holosomatic manner, considering from somatic and cerebral memory to holomemory. **Variants:** *holomnemosomatology, mnemosomatology.* **Outdated variant for this speciality:** *mnemosomatics.*

Holomnemonics
Holomnemonică (Ro.); Holomnemônica (Pt.)

Set of mnemonic tools that can be self and hetero applied to expand mnemonic register, as well as understanding, refining, and developing an individual, group, time, or institution's holomemory.

Holophilosophy
Holofilosofie (Ro.); Holofilosofia (Pt.)

Study applied to the body of knowledge or of all formal, fundamental and multidimensional principles of conscientiology on the understanding of evolutionary cosmic realities, comprehending the cosmoethical, universalistic and theorical bases, all systems and philosophies, of all kinds existing on earth.

Holoresomatics (holo+re+somatics)
Holoresomatică (holo+re+somatică) (Ro.); Holoressomática (holo+re+somática) (Pt.)

See *holoresomatology.*

Holoresomatology (holo+re+soma+logy)
Holoresomatologie (holo+re+soma+logie) (Ro.); Holoressomática (holo+re+somática) (Pt.)

Speciality of conscientiology that studies existential seriality and evolutionary multiexistential cycles or successive intraphysical resomas of a human consciousness, along with their implications and repercussions; including its relation to interplanetary transmigration. It is a scientific subfield of experimentology.

Holorgasm (holo+orgasm)
Holo-orgasm (holo+orgasm) (Ro.); Holorgasmo (holo+orgasmo) (Pt.)

Holosomatic orgasm; maximum level of ecstasy generated by the energies of the entire holosoma.

Holosoma (holo+soma)
Holosoma (holo+soma) (Ro.); Holossoma (holo+soma) (Pt.)

Set of vehicles of manifestation of the conscin: soma, energosoma, psychosoma, and mentalsoma; and of the consciex: psychosoma and mentalsoma.

Holosomatic coincidence
Coincidență holosomatică (Ro.); Coincidência holossomática (Pt.)

Condition of harmonious coexistence, interpenetration, juxtaposition, alignment, interdependence, and interrelation between the ego, or consciousness, mentalsoma, psychosoma, energossoma, and human body. Also included within this complex structure is the golden chord, or the link between the mentalsoma and psychosoma, and its link with the human body, that is, the silver chord.

Holosomatic homeostasis
Homeostază holosomatică (Ro.); Homeostase holossomática (Pt.)

Healthy integrated state of harmony of the holosoma.

Holosomatic interfusion
Interfuziune holosomatică (Ro.); Interfusão holossomática (Pt.)

State of maximum symas sympathetic assimilation of energies) between 2 consciousnesses.

Holosomatic intrusion
Intruziune holosomatică (Ro.); Intrusão holossomática (Pt.)

Invasion of a consciousness by another through the entire holosoma.

Holosomatics (holo+somatics)
Holosomatică (Ro.); Holossomática (holo+somática) (Pt.)

See *holosomatology*.

Holosomatology (holo+somato+logy)
Holosomatologie (holo+somato+logie) (Ro.); Holossomatologia (holo+somato+logia) (Pt.)

Speciality of conscientiology that studies the holosoma or the set of vehicles of manifestation of an intra or extraphysical consciousness, its functions, and applications. It is a scientific subfield of thosenology. **Variant:** *holosomatics*.

Holosphere
Holosferă (Ro.); Holosfera (Pt.)

Personal energosphere, self-psychosphere, or aura. From the Latin: *aura*, breath of air. Field of unknown nature, with some magnetic characteristics, having a luminous appearance to sensitives, projected consciexes and conscins, whose colours, on certain occasions, are probably linked to the energy field and the activities and thoughts of the realities involved, for example, living beings, men, women, children, fetuses, animals, plants, minerals, physical objects, and even consciexes (self-luminosity).

Holotheca (holo+theca)
Holotecă (holo+teca) (Ro.); Holoteca (holo+teca) (Pt.)

Technical and pedagogic union of the most significant and specialized collections of knowledge artifacts of mankind, with cosmoethical and universal coverage, in a permanent taxologic recycling of mentalsomatic garbage from the multicultural, multidimensional, multitemporal, multiexistential, holothosenic, holosomatic, holo-mnemonic, holobiographic, and holokarmic complex, in order to expand the leading-edge relative truths of conscientiology.

Holothecology
Holotecologie (Ro.); Holotecologia (Pt.)

Speciality of conscientiology applied to the research of collections or thecas in the

Holotheca, the later being the megashowcase of universal knowledge - the library of libraries.

Holothosene (holo+tho +sen+e)
Hologânsenă (holo+gân+sen+ene) (Ro.); Holopensene (holo+pen+sen+e) (Pt.)

Set of aggregated or consolidated thosenes generating the extraphysical atmosphere of ideas, emotions, and energies of each consciousness, conscin, consciex, consreu, or group of consciousnesses.

Homeostatic theme
Temă homeostatică (Ro.); Tema homeostático (Pt.)

Predominantly healthy subject approached technically in any analysis, research or investigation, in order to be better understood and explicit in the development of evolutionary bioethical clarification tasks (claritask).

Homeostaticology
Homeostaticologie (Ro.); Homeostaticologia (Pt.)

Speciality of conscientiology that studies the theorice of holosomatic homeostasis or the integrated, healthy, harmonic state of the holosoma, so that the conscin can live better and with greater efficiency in the execution of their proexis. It is a scientific subfield of holosomatology. **Variant:** *homeostatics.*

Homeostatics
Homeostatică (Ro.); Homeostática (Pt.)

See *homeostaticology.*

Homo sapiens serenissimus
Homo sapiens serenissimus (Ro.); Homo sapiens serenissimus (Pt.)

Consciousness experiencing the full extent of the integral condition of lucid serenism. Synonym of the term: *Serenissimus.*

Homothosene (homo+tho+sen+e)
Homogânsenă (homo+gân+sen+ene) (Ro.); Homopensene (homo+pen+sen+e) (Pt.)

The thosene of telepathic emission and reception; the unit of measurement of telepathy, according to conscientiometrology.

Hyperacuity

Hiperacuitate (Ro.); Hiperacuidade (Pt.)

Quality of maximum lucidity of the conscin attained through the recuperation of cons.

Hyperthosene (hyper+tho+sen+e)

Hipergânsenă (hiper+gân+sen+ene) (Ro.); Hiperpensene (hiper+pen+sen+e) (Pt.)

The heuristic thosene; the original idea of the discovery; the neophilic thosene; the unit of measurement of the invention, according to conscientiometrology.

Hypnagogy

Hipnagogie (Ro.); Hipnagogia (Pt.)

From Greek, *hipnos*, sleep; and *agogós*, conductor. Transitional condition of the consciousness between the ordinary physical waking state and the state of natural sleep. It is an altered state of consciousness.

Hypnopompy

Hipnopompie (Ro.); Hipnopompia (Pt.)

From Greek, *hipnos*, sleep; and *pompikós*, procession. Transitional condition between natural sleep and the physical waking state; the semi-asleep state which precedes the act of waking up, characterized by oneiric images, with auditory effects and hallucinatory visions which last until awakening. It is an altered state of consciousness.

Hypothosene (hypo+tho+sen+e)

Hipogânsenă (hipo+gân+sen+ene) (Ro.); Hipopensene (hipo+pen+sen+e) (Pt.)

The same as the protothosene or the phytothosene.

I

Immanent energy (IE)
Energie imanentă (EI) (Ro.); Energia imanente (EI) (Pt.)

Primary, vibrational, essential, multiform, and impersonal energy diffused and dispersed throughout all the objects or realities of the universe, in an omnipotent manner. It remains untamed by the human consciousness, and is too subtle to be discovered and detected by technological instruments.

Impactotherapy (impact+therapy)
Impactoterapie (impacto+terapie) (Ro.); Impactoterapia (impacto+terapia) (Pt.)

Evolved therapeutic process employing cosmethical leading-edge relative truths as the medicine or a surgical technique to provoke a rational consciential mentalsomatic shock, of hetero-discernment in misoneistic, neophobic, haltered readers that compose the masses, constituted by sufferers of chronic robexis, generally led by anticosmoethical, autocratic, fanatic, dogmatic consciousnesses, defenders of absolute, ultra-orthodox, and fundamentalist truths, believing themselves to be the owners of the truth, or above all good and evil.

Incomplete couple
Cuplu incomplet (Ro.); Casal incompleto (Pt.)

A pair composed by a man and a woman who do not actually compose an intimate couple or perform the complete sexual act, but nonetheless maintain strong affective ties.

Incomplexis (in+compl+exis)
Incomplexis (in+compl+exis) (Ro.); Incompléxis (in+comple+exis) (Pt.)

Existential condition of a conscin with an incomplete existential program.

Innate retrocognitive agent
Agent retrocognitiv înnăscut (Ro.); Agente retrocognitivo inato (Pt.)

The young former student of a recent preresomatic intermissive course, putting the existential inversion technique (invexis) into practice and applying all the learnings from daily intraphysical life, and simultaneously being able to trigger, through their presential strength and personal holothosene, memories of intermissive studies in other conscins from the same evolutionary group.

Integrated maturity
Maturitate integrată (Ro.); Maturidade integrada (Pt.)

State of more evolved consciential maturity, beyond biological or physical maturity, and mental or psychological maturity; holomaturity.

Intention
Intenție (Ro.); Intenção (Pt.)

Intraconsciential attribute responsible for the thosenic charge leading to the achievement of real goals by each consciousness, creating idiosyncratic significance for all other attributes or manifestations.

Intentionality
Intenționalitate (Ro.); Intencionalidade (Pt.)

Quality of the guiding intention of consciential manifestation. The more lucid, self-aware and cosmoethical the intention, the better the consciousness' intentionality.

Inter vivos apparition
Apariție inter vivos (Ro.); Aparição intervivos (Pt.)

Apparition of the consciousness of a projected human projector to conscins.

Interassistantiality
Interasistențialitate (Ro); Interassistencialidade (Pt.)

Living interconsciential, mutual assistance, based on reeducation by means of the clarification task (claritask), evolutionary intelligence (EI), cosmoethics, polykarmality, and the cosmic principle that "the less sick assist the more sick".

Interassistantiology
Interasistentologie (Ro.); Interassistenciologia (Pt.)

Speciality of conscientiology applied to the study and research of techniques related to interconsciential assistance, protection, help, and support, especially those that consider the "whole" holosomatic and multimillennial consciousness, aiming for holomaturity or the work of lucid solidarity among consciousnesses along the open path to megafraternity.

Interconsciential climate
Climat interconştienţial (Ro.); Clima interconsciencial (Pt.)

Condition of multi-understanding during an interconsciential encounter, established through an affinity of thosenes, particularly loaded with CEs or consciential energies.

Interconsciential deintrusion
Dezintruziune interconştienţială (Ro.); Desassédio interconsciencial (Pt.)

Act of a consciousness removing the intrusion affecting another consciousness. **Variant**: *heterodeintrusion*.

Interconsciential intruder
Intruder interconştienţial (Ro.); Assediador interconsciencial (Pt.)

Consciouness exerting negative actions or the direct or indirect insistent persecution of another, by either disturbing, provoking or influencing them malevolently through waves of unhealthy thosenes (consciential ideas, emotions, and energies). Such a consciousness is generally a cosmoethically mutilated or conscientialy impaired consciousness.

Interconsciential intrusion
Intruziune interconştienţială (Ro.); Assédio interconsciencial (Pt.)

Set of acts and signals in the intimacy and around two or more consciousnesses, with the aim to control or subjugate another by emitting, sometimes even in an unconscious way, their vampirizing energies. **Variant**: *consciential intrusion*.

Interdimensionality
Interdimensionalitate (Ro.); Interdimensionalidade (Pt.)

Interaction, interrelation, or interconsciential communication between the intraphysical and extraphysical dimensions.

Intermissibility
Intermisibilitate (Ro.); Intermissibilidade (Pt.)

Quality of the intermissive period of a consciousness.

Intermissiology (inter+missio+logy)
Intermisiologie (inter+misio+logie) (Ro.); Intermissiologia (inter+missio+logia) (Pt.)

Speciality of conscientiology that studies the period of intermission of the consciousness in evolution, situated between two lifetimes, within its multiexistential evolutionary cycle. It is a scientific subfield of extraphysicology.

Intermission (inter+mission)
Intermisiune (inter+misiune) (Ro.); Intermissão (inter+missão) (Pt.)

Extraphysical period of the consciousness between 2 of their personal human lives.

Intermissive course
Curs intermisiv (Ro.); Curso Intermissivo (Pt.)

Set of disciplines and theorical experiences administered to the consciex, after a certain evolutionary level, during the period of consciential intermission, within the cycle of personal existences. The objective of the intermissive course is consciential completism in the next human life.

Intermissive harvest
Recoltă intermisivă (Ro.); Colheita intermissiva (Pt.)

A practically compulsory, assistantial, interconsciential intermissive harvest offering through rapport, inspirations, interassistantial intuitions, suggestions, evolutionary neoideas or neoconstucts of concepts or reports from cosmoethical, evolutionary masterpieces, written in a previous intraphysical life by the author conscin, now, existing in the intermissive phase as a lucid, function specific helper consciex, to readers from future generations, the evokers, from the topics of the book or books.

International Cosmoethical Conscientiological Community (ICCC)
Comunitatea Conştientologică Cosmoetică Internaţională (CCCI) (Ro.); Comunidade Conscienciológica Cosmoética Internacional (CCCI) (Pt.)

Group of inhabitants, meeting or grouping, and intraphysical life in common, of the conscins' society connected by conscientiology consciential bonds, in daily life, in this human, material or terrestrial dimension.

Interplanetary transmigration

Transmigrație interplanetară (Ro.); Transmigração interplanetária (Pt.)

Act or effect of being transmigrated, of being compulsorily exiled or banished from this planet to another. In this case, it refers to the extraphysical consciousness or transmigrated consreu.

Intraconsciential compensation

Compensare intraconștiențială (Ro.); Compensação intraconsciencial (Pt.)

Conscientiometric technique based on the use of one's maximum consciential attribute or most developed trait (strongtrait) to overcome the less developed consciential attributes (weaktraits) in one's consciential microuniverse.

Intraconsciential recycling

Reciclare intraconștiențială (Ro.); Reciclagem intraconsciencial (Pt.)

See *recin*.

Intraconscientiality

Intraconștiențialitate (Ro.); Intraconsciencialidade (Pt.)

Quality of the specific intimate manifestations of the consciousness; the central megafocus of self-conscientiality.

Intraphysical assistant

Asistent intrafizic (Ro.); Auxiliar em terra (Pt.)

The intraphysical guardian of the projector's inactive human body, emptied of the consciousness during lucid projection.

Intraphysical consciousness

Conștiință intrafizică (Ro.); Consciência intrafísica (Pt.)

See *conscin*.

Intraphysical euphoria

Euforie intrafizică (Ro.); Euforia intrafísica (Pt.)

See *euphorin*.

Intraphysical melancholy
Melancolie intrafizică (Ro.); Melancolia intrafísica (Pt.)

See *melin*.

Intraphysical restriction
Restrângere intrafizică (Ro.); Restringimento intrafísico (Pt.)

The imposed funelling of personal attributes of the consciousness reborn on Earth.

Intraphysical reurbanization
Reurbanizare intrafizică (Ro.); Reurbanização intrafísica (Pt.)

See *reurbin*.

Intraphysical society
Societate intrafizică (Ro.); Sociedade intrafísica (Pt.)

See *socin*.

Intraphysicality
Intrafizicalitate (Ro.); Intrafisicalidade (Pt.)

Condition of the intraphysical human life, or the conscin's existence.

Intraphysicology (intra+physico+logy)
Intrafizicologie (intra+fizico+logie) (Ro.); Intrafisicologia (intra+físico+logia) (Pt.)

Speciality of conscientiology that studies the relations and experiences of the conscin in this intraphysical or human dimension. It is a scientific subfield of holoresomatology.

Intrathosene (intra+tho+sen+e)
Intragânsenă (intra+gân+sen+ene) (Ro.); Intrapensene (intra+pen+sen+e) (Pt.)

Intraconsciential thosene of the conscin.

Intruder
Intruder (Ro.); Assediador (Pt.)

See *interconsciential intruder*.

Intrusive stigma
Stigmat intruziv (Ro.); Estigma assediador (Pt.)

An always dramatic, generally pathological, failure or evolutionary defeat, usually stemming from consciential self-obsession that generates melin or melex. It often results in parapsychic accidents for oneself or those most close or loved consciousnesses.

Intrusiveness
Intrudabilitate (Ro.); Assedialidade (Pt.)

Condition or level of unhealthy interconsciential thosenic intrusion. An anachronistic expression equivalent to obsession.

Invexibility
Invertibilitate (Ro.); Invexibilidade (Pt.)

Quality of the execution of existential inversion. **Variant:** *existential invertibility.*

Invexis (inv+exis)
Invexis (inv+exis) (Ro.); Invéxis (inv+exis) (Pt.)

Technique of existential inversion executed by a conscin.

Invexology
Invexologie (Ro.); Invexologia (Pt.)

Speciality of conscientiology that studies the philosophy, technique, and practice of existential (human) inversion. It is a scientific subfield of intraphysicology.

Invisible Colleges of Conscientiology
Colegiile Invizibile de Conștientologie (Ro.); Colégios Invisíveis da Conscienciologia (Pt.)

Group of researchers working in any line of conscientiological knowledge or specialty, seeking to produce leading-edge expertise. This is a multidimensional, informal, scientific community, with a consciential bond to the idea being researched and implemented in practice through efficient and effective communication, by means of regular meetings between its members.

J

Joint lucid projection (JLP)
Proiecție lucidă comună (PLC) (Ro.); Projeção consciente conjunta (PCC) (Pt.)

An experience outside of the human body in which two or more lucidly projected conscins simultaneously participate.

L

Laryngochakra
Laringochakra (Ro.); Laringochacra (Pt.)

Chakra located in the region of the throat, responsible for human speech, voice timbre, intonation, and interconsciential communication in general. **Outdated variant:** *throat chakra, laryngal chakra.*

Locked existence
Existență blocată (Ro.); Existência trancada (Pt.)

Human existence without the occurrence of lucid projections (LPs); tropospheric human life with only vegetative, unconscious projections, characteristic of the evolutionary paracoma state; locked serial existence.

Looseness of the holochakra
Libertate holochakrală (Ro.); Soltura do holochacra (Pt.)

See *energosomatic looseness*.

Lucid projectability (LPB)
Proiectabilitate lucidă (Ro.); Projetabilidade lúcida (PL) (Pt.)

Lucid, projective, paraphysiological quality of the consciousness, capable of discoincidence or taking the vehicles of manifestation out of the condition of alignment, including through the impulsion of the will power.

Lucid projection (LP)
Proiecție lucidă (Ro.); Projeção consciente (PC) (Pt.)

Projection of the conscin out of the body. **Variants:** *conscious projection, out-of-body experience; extracorporeal experience.* **Outdated variant:** *astral projection.*

Lucidity-recollection binomial
Binomul luciditate-amintire (Ro.); Binômio lucidez-rememoração (Pt.)

Set of 2 indispensable conditions for the conscin to obtain a completely satisfactory lucid projection out of the body. **Variant**: *lucidity-recall binomial.*

M

Macrocosmos
Macrocosmos (Ro.); Macrocosmos (Pt.)

The concept of the whole Cosmos, encompassing the huge multidimensional core and the thin material surface of the physical universe.

Macrosoma (macro+soma)
Macrosomă (Ro.); Macrossoma (Pt.)

Extraordinary or super-customized soma for the execution of a specific proexis existential programe, from the paragenetics, psychosomatics, and holomnemonics. The identification of the existence of a macrosoma is done through studying the genetics, paragenetics, physiology, anatomy, and personal predispositions related to the human body of the conscin.

Macrosomatics (macro+somatics)
Macrosomatică (macro+somatică) (Ro.); Macrossomática (macro+somática) (Pt.)

See *macrosomatology*.

Macrosomatology (macro+somatology)
Macrosomatologie (macro+somatologie) (Ro.); Macrossomatologia (macro+somatologia) (Pt.)

Speciality of conscientiology that studies the macrosoma, an extraordinary soma suited to the execution of a specific proexis. It is a scientific subfield of Somatology. **Variant:** *macrosomatics*.

Materthosene (mater+tho+sen+e)
Matergânsenă (mater+gân+sen+ene) (Ro.); Materpensene (mater+pen+sen+e) (Pt.)

The mother-idea or matrix for the complete development of a thesis, theory, or analysis; the leitmotif; the major pillar or – more relevant – the predominant thosene in a holothosene, be it personal (individual microuniverse), of a group (domestic), or institutional.

Maxienerspring (maxi+ener+spring)

Maxiprimener (maxi+prim+ener) (Ro.); Maxiprimener (maxi+prim+ener) (Pt.)

Condition of a prolonged or maximum energetic springtime. **Variant**: *maxi energetic springtime.*

Maxifraternity (maxi+fraternity)

Maxifraternitate (maxi+fraternitate) (Ro.); Maxifraternidade (maxi+fraternidade) (Pt.)

Most evolved universalistic interconsciential condition, founded on the pure fraternity of a self-unforgiving and heteroforgiving consciousness, an inevitable goal in the evolution of every consciousness. **Variant**: *megafraternity.*

Maximechanism

Maximecanism (Ro.); Maximecanismo (Pt.)

Multidimensional network of extraphysical and intraphysical teams of helpers and assistants, supervised, supported, and sustained by free consciousnesses (FC's), that actively, silently, and polykarmically work backstage everywhere, at all levels of evolution.

Maximorexis (maxi+mor+exis)

Maximorexis (maxi+mor+exis) (Ro.); Maximoréxis (maxi+mor+exis) (Pt.)

Maximum existential moratorium. Condition of a larger existential morexis or one that comes to the completist conscin, in the quality of an add-on or addendum (on the basis of a surplus), with respect to the existential completion of their proexis; therefore, the execution of a super healthy, concluded, existential mandate. **Variant**: *existential maximoratorium.*

Maxiproexis (maxi+pro+exis)

Maxiproexis (maxi+pro+exis) (Ro.); Maxiproéxis (maxi+pro+exis) (Pt.)

Maximum wholesale proexis with the intent of executing the task in relation to the experience of universalism and maxifraternity, with a polykarmic basis. The maxiproexis essentially depends on the groupkarma (groupkarmality). **Variant:** maxi existential program.

Maxithosene (maxi+tho+sen+e)

Maxigânsenă (maxi+gân+sen+ene) (Ro.); Maxipensene (maxi+pen+sen+e) (Pt.)

The thosene peculiar to the FCs or Free Consciousnesses.

Mega-attribute propellers of evolution

Mega-atribute propulsoare ale evoluției (Ro.) Mega-atributos propulsores da evolução (Pt.)

Consciential attributes capable of dynamizing the evolution of the consciousness:

FIGURE 3.En. – MEGA-ATTRIBUTE PROPELLERS OF EVOLUTION	
Consciousness	
01.	Consciential openness (self-conscientiality)
02.	Multidimensional self-conscientization (projectiology)
03.	Self-deintrusion (depertology)
04.	Self-discernment (discernmentology)
05.	Self-research (experimentology)
06.	Self-organization (logicity)
07.	Cosmoethics (code of personal cosmoethics - CPC)
08.	Cosmovision (interactivity)
09.	Energetic control (energosomatology)
10.	Personal evolutionary register - PER (holobiographology)
11.	Holomaturity (holomaturology)
12.	Evolutionary intelligence (evolutiology)
13.	Intentionality (intentionology)
14.	Interassistantiality (assistantiology)
15.	Neophilia (recexiology)
16.	Polykarmality (holokarmology)
17.	Principle of disbelief (CSO – cosmoethical skeptical optimist)
18.	Prioritization (continuistics)
19.	Self-thosenic rectitude (homeostaticology)
20.	Will (volitionology)

Source: *Tertúlia Conscienciologia (disponibil pe :http://www.tertuliaconscienciologia. org/index.php?option=com_content&task=view&id=3&Itemid=8>; accesat pe: 06/05/2018).*

Megaeuphorization (mega+euphorization)

Megaeuforizare (Ro.); Megaeuforização (mega+euforização) (Pt.)

Energetic state induced by the strong will of a consciousness, conscin or consciex, by means of a maximum exultation of consciential energies from one's energosphere or holosoma. This leads to the homeostatic apex of the intimate harmonization of one's consciential microuniverse and results in an inherent expansion of the consciousness, generating an aura of good-health, serenity, tranquility, universal fraternity, an apex of plenitude, and a self-predisposition for doing interassistantial work, all sponsored by the vibrational state (VS).

Megagescon
Megagescon (Ro.); Megagescon (Pt.)

The greatest consciential gestation; the conscin's masterpiece centered on the completion of magnum assistantial, fraternal neoideas within the framework of personal works of the more advanced program of a personal and group proexis.

Megagoal (mega+goal)
Megascop (Ro.); Megameta (mega+meta) (Pt.)

The greatest objective of the consciousness' self-evolution.

Megapower (mega+power)
Mega-putere (mega+putere) (Ro.); Megapoder (mega+poder) (Pt.)

The evolved condition of the consciousness' magnum cosmoethical lucidity.

Megastrongtrait (mega+strong+trait)
Megatrafor (mega+tra+for) (Ro.); Megatrafor (mega+tra+for) (Pt.)

The maximum strong trait of the consciousness.

Megathosene (mega+tho+sen+e)
Megagânsenă (mega+gân+sen+ene) (Ro.); Megathosene (mega+tho+sen+e) (Pt.)

The same as orthothosene.

Megaweaktrait (mega+weak+trait)
Megatrasla (mega+tra+sla) (Ro.); Megatrafar (mega+tra+far) (Pt.)

The maximum weak trait of the consciousness.

Melex (mel+ex)
Melex (mel+ex) (Ro.); Melex (mel+ex) (Pt.)

Condition of extraphysical melancholy, or postsomatic or *post-mortem* melancholy. **Variant**: *paramelancholy*.

Melin (mel+in)
Melin (mel+in) (Ro.); Melin (mel+in) (Pt.)

Condition of intraphysical melancholy or *pre-mortem* melancholy.

Mentalsoma (mental+soma)
Mentalsomă (mental+soma) (Ro.); Mentalsoma (mental+soma) (Pt.)

The parabody of discernment of the consciousness. Extraphysical tool of consciexes and conscins. **Plural:** *mentalsomas.* **Variant:** *mental body.*

Mentalsomatic cycle
Ciclu mentalsomatic (Ro.); Ciclo mentalsomático (Pt.)

The evolutionary cycle or course of the consciousness which begins with the newly attained condition of FC, or free consciousness, in which the psychosoma is definitively deactivated (third death) and the consciousness lives exclusively with the mentalsoma.

Mentalsomatic epicentrism
Epicentrism mentalsomatic (Ro.); Epicentrismo mentalsomático (Pt.)

Act or effect of the intermissivist conscin theorically exercising parapsychic parabrain leadership with the purpose of deintruding (Neothosenology) and producing neoverponogenic (Hyperthosenology) claritaskal interassistance (Benignothosenology).

Mentalsomatics (mental+somatics)
Mentalsomatică (mental+somatica) (Ro.); Mentalsomática (mental+somática) (Pt)

See *mentalsomatology.*

Mentalsomatology (mental+somatology)
Mentalsomatologie (mental+somatologie) (Ro.); Mentalsomatologia (mental+somatologia) (Pt.)

Speciality of conscientiology that studies the mentalsoma (the parabody of discernment) and its evolutionary consequences for the consciousness. It is a scientific subfield of holosomatology. **Variant:** *mentalsomatics.*

Microcosmos
Microsmos (Ro.); Microsmos (Pt.)

Universe from the personal and subjective point of view, as opposed to the macrocosmos: Universe from the collective and objective point of view. From the perspective of conscientiology, the microcosmos is the consciential, individual, personal, and subjective microuniverse, a reflection of the macrocosmos. See *consciential microuniverse.*

Mini energetic springtime
Miniprimăvară energetică (Ro.); Mini primavera energética (Pt.)

See *minienerspring*.

Minienerspring
Miniprimener (mini+prim+ener) (Ro.); Miniprimener (mini+prim+ener) (Pt.)

Condition of a minimal or ephemeral energetic springtime. **Variant**: mini energetic springtime.

Minimorexis (mini+morexis)
Minimorexis (mini+mor+exis) (Ro.); Minimoréxis (mini+mor+exis) (Pt.)

Condition of a smaller scale existential moratorium or one that comes to the incompletist conscin in order to make up for their holokarmic deficit (deficit based) or to conclude the condition of complexis with respect to their proexis; therefore the completion of a still unconcluded existential mandate. **Variant**: existential mini-moratorium.

Minipiece (mini+piece)
Minipiesă (mini+piesă) (Ro.); Minipeça (mini+peça) (Pt.)

Small but relevant functional part of the interassistantial maximechanism, performed by a consciousness in evolution. **Variants:** minipart, minicog.

Miniproexis (mini+proexis)
Miniproexis (mini+pro+exis) (Ro.); Miniproéxis (mini+pro+exis) (Pt.)

Minimal, retail like, existential program, or one with the objective of executing a minimal, still groupkarmic, and not polykarmic, task. **Variant:** mini existential program.

Minithosene (mini+tho+sen+e)
Minigânsenă (mini+gân+sen+ene) (Ro.); Minipensene (mini+pen+sen+e) (Pt.)

The thosene specific to a child, sometimes due to the brain still being in development.

Mnemonic intrusion
Intruziune mnemonică (Ro.); Intrusão mnemônica (Pt.)

Collision of an intrusive memory from a consciex on the cerebral memory of a conscin (paramnesia).

Mnemosoma (mnemo+soma)
Mnemosomă (mnemo+soma) (Ro.); Mnemossoma (mnemo+soma) (Pt.)

The soma specifically considered with respect to all the consciousness' memories in all its forms.

Mnemosomatics (mnemo+somatics)
Mnemosomatică (mnemo+somatică) (Ro.); Mnemossomática (mnemo+somática) (Pt.)

See *mnemosomatology*.

Mnemosomatology (mnemo+somatology)
Mnemosomatologie (mnemo+somatologie) (Ro.); Mnemossomatologia (mnemo+somatologia) (Pt.)

Speciality of conscientiology that studies and researches the soma, specifically in relation to intrasomatic memories, spanning from the cerebral memory or basic biomemory of the human being, up to the point of reaching the holomemory. It is a scientific subfield of mentalsomatology. **Variant:** *mnemosomatics*.

Monothanatosis (mono+thanatos)
Monotanatoză (mono+tanatoză) (Ro.); Monotanatose (mono+tanatose) (Pt.)

The same as desoma; first death. **Plural:** *monothanatoses*.

Monothosene (mono+tho+sen+e)
Monogânsenă (mono+gîn+sen+ene) (Ro.); Monopensene (mono+pen+sen+e) (Pt.)

The repetitive thosene; mono-ideism; a fixed idea; mental echo; rethosene.

Morexis (mor+exis)
Morexis (mor+exis)(Ro.); Moréxis (mor+exis) (Pt.)

Condition of an existential moratorium, or complement to the intraphysical life, given to certain consciousnesses based on their holokarmic merit. The morexis can be based on a deficit - smaller - minimorexis; or a surplus - larger - maximorexis, with respect to the results of the existential program. **Variant:** *existential moratorium*.

Morphothosene (morpho+tho+sen+ene)
Morfogânsenă (morfo+gân+sen+ene) (Ro.); Morfopensene (morfo+pen+sen+ene) (Pt.)

The thought or set of thoughts when united and expressing themselves in some manner, as a form. The accumulation of morphothosenes composes the consciousnesses' holothosene. **Outdated variant:** *thought-form.*

Multicomplexis (multi+compl+exis)
Multicomplexis (multi+compl+exis) (Ro.); Multicompléxis (multi+compl+exis) (Pt.)

Existential multicompletism or complexis obtained through the execution of various existential programs (proexis) in diverse, consecutive, intraphysical lives (seriexology). **Variant:** *existential multicompletism.*

Multidimensional self-awareness (MS)
Autoconştientizare multidimensională (Ro.); Autoconscientização multidimensional (AM) (Pt.)

Condition of mature lucidity of the conscin with respect to life in the evolved state of multidimensionality, attained through LP, or lucid projection. **Variant:** *multidimensional self-conscientization.*

Multiexistential cycle
Ciclu multiexistenţial (Ro.); Ciclo multiexistencial (Pt.)

The system or condition of continuous alternating cycles, at our average evolutionary level, of a period of intraphysical rebirth (seriexis) followed by an extraphysical or intermissive period, post somatic deactivation.

Multiexistentiality
Multiexistenţialitate (Ro.) Multiexistencialidade (Pt.)

System or condition of continuous alternation of an intraphysical periods of rebirth with other somatic post-deactivation, extrahysical, or intermissive periods (personal seriexis). Quality of the condition of self-awareness and a continuous experience of a consciousness as to their multiple lives, interwoven with each other over time, accumulating knowledge and experience until reaching the third desoma. **Variant:** *pluriexistentiality.*

N

Near death experience (NDE)
Experiență în apropierea morții (Ro.); Experiência da Quase Morte (EQM) (Pt.)

Involuntary or forced projective occurrence experienced by the human consciousness in critical human circumstances. The NDE is common among terminal patients, dying patients, and survivors of clinical death.

Neoconstruct
Neoconstruct (Ro.); Neoconstruto (Pt.)

Neoconcept or theorical neoconstruction, purely mental, elaborated or synthesized based on neoverpons, from the performance of the self-conscious lucid researcher to analyze and understand some aspect of a study or science.

Neoidea
Neoidee (Ro.); Neoideia (Pt.)

The construction of new and innovative contents, heuristic creativity, capable of opening the mind to a cosmoramic understanding; a major technique and paratechnique of the facts and parafacts of the Cosmos.

Neophilia (neo+philia)
Neofilie (neo+filia) (Ro.); Neofilia (neo+filia) (Pt.)

Easy adaptation of the conscin to new situations, things, and occurrences. The opposite is neophobia.

Neothosene (neo+tho+sen+e)
Neogânsenă (neo+gân+sen+ene) (Ro.); Neopensene (neo+pen+sen+e) (Pt.)

The thosene of the conscin when it manifests through new synapses or interneuronial connections, capable of creating recin or intraconsciential recycling; the unit of measurement of consciential renovation, according to conscientiology or more appropriately conscientiometrology.

Neutral theme
Temă neutră (Ro.); Tema neutro (Pt.)

Any subject, apart from homeostatic or nosographic ones, technically approached in an impartial and exempt manner, in any analysis, research or investigation, in order to be better understood and explicit in the development of evolutionary bioethical clarification tasks (claritask).

Nosographic theme
Temă nosografică (Ro.); Tema nosográfico (Pt.)

Predominantly pathological subject approached technically in any analysis, research or investigation, in order to be better understood and explicit in the development of evolutionary bioethical clarification tasks (claritask).

Nosography
Nosografie (Ro.); Nosografia (Pt.)

Thosenic trail or register of negative acts imprinted in the personal psychosphere of the unhealthy conscin and in more frequently visited environments, generated and maintained by the conscin's anti-evolutionary behaviors and anticosmoethical actions towards themselves (self-intrusion), and/or towards other consciousnesses (hetero-intrusion, groupkarmic interprison).

Nuchochakra
Nucochakră (Ro.); Nucochacra (Pt.)

Chackra located in the nape of the neck. Responsible for couplings between conscins and consciexes. **Variant:** *nuchal chakra.*

O

Omisuper (omi+super)
Omisuper (omi+super) (Ro.); Omissuper (omi+super) (Pt.)

Superavitary omission. Exceptional personal or group behaviour to prophylactically avoid, in a conscious and self-determined manner, an anti-evolutionary or anticosmoethical action, in this case explicitly going in the counterflow of the still pathological socin, being against mouldy traditionalisms, folklores, myths, ancient sympathies, superstitions, and cultural idiotisms in force.

Omniquestioning
Omnichestionare (Ro.); Omniquestionamento (Pt.)

Condition or state of disbelief, uninterrupted questioning, and universal analysis, by formulating research questions about facts and parafacts.

Orgastic aura
Aură orgastică (Ro.); Aura orgástica (Pt.)

From Latin, *aura*, breath of air. Energosomatic energy of the *facies sexualis* of the man or woman at the exact moment of orgasm or climax of the sexual act. ***Variant***: *orgasmic aura*.

Orthopensata
Ortopensata (Ro.); Ortopensata (Pt.)
The straight, correct, normal, fair, upright, and direct thought (pensata).

Orthothosene (ortho+tho+sen+ene)
Ortogânsenă (orto+gân+sen+ene) (Ro.); Ortopensene (orto+pen+sen+e) (Pt.)

The thosene that is correct or cosmoethical, pertaining to consciential holomaturity. According to conscientiometrology it is the unit of measurement of practical cosmoethics.

Orthothosenity

Ortogânsenitate (Ro.); Ortopensenidade (Pt.)

Quality, act, or the effect of maintaining self-thosenity, characterized by the constant predominance of orthothosenes, correct or cosmoethical thosenes, composing a conscin's or consciex's personal condition of holomaturity, and the unit of measurement of practiced cosmoethics.

P

Palmochakras
Palmochakre (Ro.); Palmochacras (Pt.)

Secondary chakras located in the palms of the hands, responsible for the exteriorization of consciential energies (CEs): *palm chakras.*

Pangraphy
Pangrafie (Ro.); Pangrafia (Pt.)

Sophisticated, comprehensive, multimodal, parapsychic writing.

Para
Para (Ro.); Para (Pt.)

Prefix that means *beyond* or *beside*, as in *parabrain*. It also means *extraphysical* in the context of conscientiology.

Para-anatomology
Para-anatomologie (Ro.); Paranatomologia (Pt.)

Speciality of conscientiology that studies the anatomy transcending intraphysicality, considering the vehicles of manifestation of the consciousness, excluding the human body (soma). It is a scientific subfield of holosomatology. **Variant:** *para-anatomy.*

Para-anatomy
Para-anatomie (Ro.); Paranatomia (Pt.)

See *para-anatomology.*

Para-anesthesia
Para-anestezie (Ro.); Paranestesia (Pt.)

See *para-anesthesiology.*

Para-anesthesiology
Para-anesteziologie (Ro.); Paranestesiology (Pt.)

Speciality of conscientiology that studies techniques of anesthesia that transcend the resources of intraphysicality, by using parapsychism. It is a scientific subfield of parasurgeriology (conscientiotherapeuticology). **Variant:** *para-anesthesia.*

Para-asepsiology
Para-asepsiologie (Ro.)Parassepciologia (Pt.)

Speciality of conscientiology that studies the asepsis that transcends the resources of intraphysicality, through the use of parapsychism. It is a scientific subfield of parasurgeriology (conscientiotherapeuticology). **Variant:** *para-asepsis.*

Para-asepsis
Para-asepsie (Ro.); Parassepcia (Pt.)

See *para-asepsiology.*

Parabiology
Parabiologie (Ro.); Parabiologia (Pt.)

Speciality of conscientiology that studies living beings in their multidimensional and multivehicular relationships. It is a scientific subfield of experimentology.

Parabody
Paracorp (Ro.); Paracorpo (Pt.)

Non-material body, or vehicle of multidimensional manifestation, comprising the holosoma, with the exception of the physical body or soma. Examples: energosoma (energetic parabody), psychosoma (parabody of emotions), mentalsoma (parabody of self-determination).

Parabotanicology
Parabotanicologie (Ro.); Parabotanicologia (Pt.)

Speciality of conscientiology that studies the manifestation of consciential principles in their primary condition as plants or paraflora. It is a scientic subfield of parabiology. **Variant:** *parabotany.*

Parabotany
Parabotanică (Ro.); Parabotânica (Pt.)

See *parabotanicology.*

Parabrain
Paracreier (Ro.); Paracérebro (Pt.)

Extraphysical brain of the psychosoma of the consciousness in the extraphysical state (consciex), intraphysical (conscin) and projected state.

Parachronology
Paracronologie (Ro.); Paracronologia (Pt.)

Speciality of conscientiology that studies the chronology of the manifestations of consciousnesses beyond intraphysicality, aiming also at other consciential dimensions, holobiographies, and multidimensionality. It is a scientific subfield of holoresomatology.

Paracicatrization
Paracicatrizare (Ro.); Paracicatrização (Pt.)

See *paracicatrizationology*.

Paracicatrizationology
Paracicatrizatologie (Ro.); Paracicatrizaciologia (Pt.)

Speciality of conscientiology that studies the healing that transcends the resources of intraphysicality, through parapsychism. It is a scientific subfield of parasurgeriology. **Variant:** *paracicatrization*.

Paracitizen
Paracetățean (Ro.); Paracidadão (Pt.)

A consciousness that has already passed through biological death, or the 1st desoma, and is currently in the extraphysical dimension manifesting themselves through the psychosoma or parabody of emotions, as a citizen of a sociex, or a specific communex.

Paraclinic
Paraclinică (Ro.); Paraclínica (Pt.)

See *paraclinicology*.

Paraclinicology
Paraclinicologie (Ro.); Paraclinicologia (Pt.)

Speciality of conscientiology that studies the clinical practice or the care of sick patients beyond intraphysicality, through parapsychism. It is a scientific subfield of conscientiotherapeuticology. **Variant:** *paraclinic.*

Paraconstruct
Paraconstruct (Ro.); Paraconstructo (Pt.)

Purely mentalsomatic synthetic construction created from less simple, mental, cerebral, somatic, or intraphysical elements to form part of a more complex conscientiologicaltheory, or the "entire", holosomatic, multidimensional, holomnemonic, and holobiographical consciousness.

Parademographology
Parademografologie (Ro.); Parademografologia (Pt.)

Speciality of conscientiology applied to the multidimensional study of the populations of consciexes, or parapopulations, from a quantitative perspective, with the selection of numerical indicators capable of allowing the analysis of significant changes in the variables of specific extraphysical realities, for example: consciexes evolutionary focused on Earth during the intermission period, a calculation of the number of assisting and assisted consciexes in intermissive courses, the floating parapopulation, and transmigrated consciexes.

Paradiplomacy
Paradiplomație (Ro.); Paradiplomacia (Pt.)

Speciality of conscientiology that studies evolutionary and cosmoethical interelationships among all consciousness, regardless of their evolutionary level, from a multidimensional perspective, including conscins and consciexes, as well as socins and sociexes.

Paraepistemology
Paraepistemologie (Ro.); Parepistomologia (Pt.)

Speciality of conscientiology that studies the origin, nature, and value of understanding and producing multidimensional scientific knowledge.

Parafact
Parafapt (Ro.); Parafato (Pt.)

Multidimensional fact beyond the material universe, observed by consciexes, projected conscins, and parapsychic or sensitive conscins.

Parageneticology

Parageneticologie (Ro.); Parageneticologia (Pt.)

Speciality of conscientiology applied to the study of genetics that is inherited by a consciousness from itself. Such genetics relate to all the consciousness' innate traits and temperament, which left their mark from past lives on the conscin's psychosoma and mentalsoma (holosomatics) until the present day. **Variant:** *paragenetics.*

Paragenetics

Paragenetică (Ro.); Paragenética (Pt.)

The genetics related to the consciousness' inheritances, through the psychosoma, from lives prior to the human embryo. Also see *parageneticology.*

Parageographology

Parageografologie (Ro.); Parageografologia (Pt.)

Speciality of conscientiology that studies the description of the paratroposphere, including its parageographic accidents and extraphysical environments, as well as the relationships between this environment and the transient autochthonous parapopulation. It is a scientific subfield of extraphysicology. **Variant:** *parageography.*

Parageography

Parageografie (Ro.); Parageografia (Pt.)

The geography describing extraphysical paratropospheric environments including parageographic accidents, extraphysical communities, and the relation between these and their parapopulation.

Parahemostasiology

Parahomestaziologie (Ro.); Para-hemostasiologia (Pt.)

Speciality of conscientiology applied to the study, through parapsychism, of the hemostasis that transcends intraphysical resources. It is a scientific subfield of parasurgeriology (conscientiotherapeuticology). **Variant:** *parahemostasis.*

Parahemostasis

Parahemostază (Ro.); Para-hemostasia (Pt.)

See *parahemostasiology.*

Parahistoriology
Paraistoriologie (Ro.); Para-historiologia (Pt.)

Speciality of conscientiology that studies the history of the consciousness and the cosmos, beyond the autobiography of a conscin's current human life, and human history, in a multidimensional manner through extraphysicology, retrocognitions, and lucid consciential projectability. It is a scientific subfield of parachronology.

Parahistory
Paraistorie (Ro.); Para-história(Pt.)

See parahistoriology.

Paralawology
Paradreptologie (Ro.); Paradireitologia (Pt.)

Speciality of conscientiology applied to the studies and research of Paralaw and Paraduty, based on self-lucidy and discernment, the cosmoethic multidimensional behaviour of a consciousness, and the theatic dissemination of new advanced sciences and realities such as: the World State and parapoliticology, paradiplomacy, and holophylosophy.

Paraman
Para-bărbat (Ro.); Parahomem (Pt.)

Consciex with the visual appearance of a man or a projected male conscin. **Outdated variant**: *male spiritual entity.*

Paramicrochip
Para-microcip (Ro.); Paramicrochip (Pt.)

Miniaturized, energetic parapiece implanted or built in to the parencephalo of the conscin's macrosoma, related to the paracerebellum, during the preresomatic period, capable of performing more or less complex interactive functions, notably the intensification of one's consciential energies (CEs) acting in telepathy, insights between the conscin and different consciex-helpers, assisting in greater assess to Extraphysical Central or personal paraprovenance (paraprovenanciology).

Paraneurology
Paraneurologie (Ro.); Paraneurologia (Pt.)

Speciality of conscientiology that studies the parabrain and its relationships with the physical brain, the nervous system, and the other vehicles of the holosoma. It is a scientific subfield of psychosomatology.

Parapathology
Parapatologie (Ro.); Parapatologia (Pt.)

Speciality of conscientiology that studies the pathology of the consciousness' vehicles of manifestation, or holosoma (energosoma, psychosoma, mentalsoma), excluding the human body (soma). It is a scientific subfield of holosomatology.

Parapedagogiology
Parapedagologie (Ro.); Parapedagogiologia (Pt.)

Speciality of conscientiology that studies philosophy of education, and pedagogy, beyond the resources of intraphysicality, through lucid multidimensionality, projectability of the human consciousness, and its consequences in human life. It is a scientific subfield of communicology. **Variant:** *parapedagogy.*

Parapedagogy
Parapedagogie (Ro.); Parapedagogia (Pt.)

See *parapedagogiology.*

Paraperceptiology
Paraperceptologie (Ro.); Parapercepciologia (Pt.)

Speciality of conscientiology that studies the consciousness' paraperceptions, beyond perceptions restricted to the human body (soma), its phenomena and evolutionary consequences. It is a scientific subfield of paraphenomenology.

Paraphenomenology
Parafenomenologie (Ro.); Parafenomenologia (Pt.)

Speciality of conscientiology that studies the human consciousness' parapsychic manifesta-tions, whether of subjective origin (intraconsciential) or ambivalent/objective origin (perceptible to the external world), through the application of the holosoma and mobilization of consciential energies. It is a subfield of paraphysiology.

Paraphysiology
Parafiziologie (Ro.); Parafisiologia (Pt.)

Speciality of conscientiology that studies the functions of the consciousness' vehicles of manifestation or holosoma (energosoma, psychosoma, mentalsoma), excluding the human body (soma). It is a scientific subfield of holosomatology.

Parapoliticology
Parapoliticologie (Ro.); Parapoliticologia (Pt.)

Speciality of conscientiology applied to the studies of the multidimensional connections envisaging the administration of evolutionary groups by an epicon focused on incorporating the many consciential minipieces in such a way they can perform their individual and group proexes. It is a scientific subfield of parasociology.

Parapopulation
Parapopulație (Ro.); Parapopulação (Pt.)

Extraphysical population of consciexes (paracitizens) that resomate on a specific planet, forming their own parasociety.

Paraprophylaxiology
Paraprofilaxiologie (Ro.); Paraprofilaxiologia (Pt.)

Speciality of conscientiology that studies the prophylaxis transcending the limits of intraphysicology, to prevent mistakes and inconveniences to the consciousness in every dimension in which they manifest. It is a scientific subfield of paraclinicology (conscientiotherapeuticology).

Paraprophylaxis
Paraprofilaxie (Ro.); Paraprofilaxia (Pt.)

See *paraprophylaxiology*.

Paraprovenance
Paraproveniență (Ro.); Paraprocedência (Pt.)

Unique, personal extraphysical base, where each intraphysical consciousness (conscin) comes from, prior to resoma, during the preresomatic period while an extraphysical consciousness (consciex). **Variants:** *extraphysical hometown, self-paraorigin, paraorigin, paraprocedence.*

Parapsychic accident
Accident parapsihic (Ro.); Acidente parapsíquico (Pt.)

Physical or psychological disturbance caused by sick energetic, interconsciential influences, generally of extraphysical or multidimensional origins.

Parapsychic dynamics
Dinamică parapsihică (Ro.); Dinâmica parapsíquica (Pt.)

Group activity held at a set time and place, generally weekly, aimed at developing lucid parapsychism, consciential epicentrism, self and heterodeintrusion, consciential hyperacuity, and theoretical multidimensional interassistantiality, by using bioenegetic techniques under the responsibility of an epicenter.

Parapsychic self-inheritance
Auto-moştenire parapsihică (Ro.); Auto-herança parapsíquica (Pt.)

Action of inheriting or acquiring through self-relay, from one human life to the next, one's entire consciential patrimony regarding paraperceptive attributes, including the most evolved ones acquired in this present existence.

Parapsychic self-lucidity
Autoluciditate parapsihică (Ro.); Autolucidez parapsíquica (Pt.)

Condition, quality, or lucid state of comprehensiveness, depth, and/or clear, objective, and acute personal ingenious penetration of self-conscientiality, or evolutionary intelligence, as regards the use of content from multiple modalities of paraperception with the rational and theoretical identification of parafacts or paraphenomena occuring within the universe of consciential multidimensionality.

Parapsychic signal
Semnal parapsihic (Ro.); Sinalética parapsíquica (Pt.)

Existence, identification and self-conscious use of personal, animic, parapsychic, energetic signals that every conscin possesses. **Variant:** *parapsychic signage, parapsychic signaletic.*

Parapsychic tare
Tărie parapsihică (Ro.); Tara parapsíquica (Pt.)

Condition or talent of the lucid, paraperceptive, sensitive conscin able to withstand, act or have an individual structure that can bear the load of the presence and strength of pressure generated by still pathologically assisted consciexes, conseneres, conscious and unconscious intruders, vampires, and the needy, without assimilating unsympathetic consciential energies or generating disturbance in themselves.

Parapsychism
Parapsihism (Ro.); Parapsiquismo (Pt.)

Energetic (IE and CE), animic and parapsychic perceptions, beyond normopsychism, bradypsychism, or tachypsychism, or the consciousness' ordinary reasoning in the ordinary physical waking state or when in the multidimensionality.

Parapsychophysical repercussions
Repercusiuni parapsihofizice (Ro.); Repercussões parapsicofísicas (Pt.)

Reactions between two vehicles of consciential manifestation, during the act of coming into contact with one another. This applies to the different vehicles of a consciousness, or between similar vehicles of two or more consciousnesses. Such repercussions can be intraphysical or extraphysical.

Parareality
Pararealitate (Ro.); Pararealidade (Pt.)

The extraphysical reality of the Cosmos or the consciousness, in which this intraphysical reality is merely a primary duplicate or sketch. It is the reality registered by the parabrain, constructed from multidimensional experiences and sustained by parafacts.

Pararegeneratiology
Parageneraţiologie (Ro.); Pararregeneraciologia (Pt.)

Speciality of conscientiology that studies the anatomical and/or functional regeneration of a consciousness' vehicles of manifestation, or the holosoma, even beyond the human body, including parahealing and paratransfigurations. It is a scientific subfield of paraphysiology.

Parareurbanology
Parareubanologie (Ro.); Parareubanologia (Pt.)

Speciality of conscientiology applied to the study of the techniques, assistantial maximechanism, and effects of multidimensional reurbanizations (reurbex and reurbin) on this planet. It is a scientific subfield of assistantiology.

Parasanitary encapsulation
Încapsulare parasanitară (Ro.); Encapsulamento parassanitário (Pt.)

Temporary assistantial isolation and energetic annulment of thosenic manifestations of one or more sick conscins or consciexes – notably energetic, intrusive, or related to intrusion. It is analogous to the sanitary isolation that exists in hospitals for the treatment of patients with infectious and contagious diseases or high levels of radioactivity or toxic contamination. ***Variant***: *consciential encapsulation.*

Parasemiology
Parasemiologie (Ro.); Parassemiologia (Pt.)

Speciality of conscientiology that studies and identifies parasymptomology, verbal and non-verbal parasignals, and multidimensional consciential interrelations, which reveal disturbances or parapathologies of the holosomatic, integral consciousness, by using parapsychism and paraperceptiology. It is a scientific subfield of paraclinicology.

Parasociology
Parasociologie (Ro.); Parassociologia (Pt.)

Speciality of conscientiology that studies and researches techniques and practices of conscientiological socin and sociexes or extraphysical societies, and its respective consequences in the human, extraphysical, or projected life. It is a scientific subfield of holoresomatology.

Parasurgeriology
Parachirurgiologie (Ro.); Paracirurgiologia (Pt.)

Speciality of conscientiology that studies surgery beyond intraphysical resources of intraphysicality *or parasurgery*, through parapsychism (paraperceptiology). It is a scientific subfield of conscientiotherapeuticology. ***Variant:*** *parasurgery.*

Parasurgery
Parachirurgie (Ro.); Paracirurgia (Pt.)

See *parasurgeriology*

Paratechnology
Paratehnologie (Ro.); Paratecnologia (Pt.)

Speciality of conscientiology applied to the study of the consciousness technology, based on the approach of the "entire" personality and its consequences, employing every methodology pertaining to the expansion of a conscin's self-knowledge, including, general projective techniques. It is a scientific subfield of extraphysicology.

Paratherapeutic self-criticism
Autocriticitate paraterapeutic (Ro.); Autocriticidade paraterapêutica (Pt.)

The quality, property, and talent of the conscin with a detailed, cosmoethical, authentic, and cosmovisiological self-evaluation and self-analysis of their own consciential reality, being an indispensable condition for the planning of self-confrontational actions aimed at functional homeostasis.

Paratherapeutics
Paraterapeutică (Ro.); Paraterapêutica (Pt.)

See paratherapeuticology.

Paratherapeuticology
Paraterapeuticologie (Ro.); Paraterapeuticologia (Pt.)

Speciality of conscientiology applied to the study of therapeutics or the treatment of pathological disturbances as developed by conscientiotherapy. It is a scientific subfield of paraclinicology. **Variant:** *paratherapeutics.*

Parathosene (para+tho+sen+e)
Paragânsenă (para+gân+sen+ene) (Ro.); Parapensene (para+pen+sen+e) (Pt.)

Thosene specific to a consciex or extraphysical conciousness.

Paratransfiguration
Paratransfigurare (Ro.); Paratransfiguração (Pt.)

Quality of the psychosoma's plasticity allowing self-transfiguration, that is, assuming any kind of form applied by a consciex or projected conscin, usually produced through the force of the will and technically applied. A paratransfiguration can also occur in the change of extraphysical environments, due to a structural change of morphothosenes.

Parawoman
Parafemeie (Ro.); Paramulher (Pt.)

Consciex with the visual appearance of a woman or a projected female conscin. **Outdated variant:** *female spiritual entity.*

Parazoology
Parazoologie (Ro.); Parazoologia (Pt.)

Speciality of conscientiology that studies the manifestation of consciential principles in the condition of subhuman animals, or parafauna. A scientific subfield of parabiology.

Paroemia
Parimie (Ro.); Parêmia (Pt.)

From Greek *paroimia*. Expression or phrase characterized by a synthesis of ideas and/or thoughts in a figurative way; repeated by peoples as a truth or argument in an exposition or debate; proverb, short allegory, aphorism, *dito*, apothegm, maxim or popular idiom. Usually stemming from myths, legends, habits, customs, rituals, and folklore, presenting great intellectual value as it brings together *popular common sense* and a *cognitive erudite approach*, often indicating the state of the civilization that coined it. **Examples:** *A journey of a thousand miles begins with a single step.; Birds of like feather flock together.*

Paroemiology
Paremiologie (Ro.); Paremiologia (Pt.)

Science and branch of philology applied to the specific, systematic and theorical study of paroemias and the process of their creation, interpretation, and renewal of expressions containing secular popular wisdom, synthesizing erudite knowledge of a culture and favouring the elimination of self-rigidity and the development of the researcher conscin's full thosenic freedom.

Pathothosene (patho+tho+sen+e)
Patogânsenă (pato+gân+sen+ene) (Ro.); Patopensene (pato+pen+sen+e) (Pt.)

Pathological thosene or consciential insanity; mental peccadillo; pathological will; sick intention; cerebral rumination. **Variant:** *oneirothosene.*

Penta
Penta (p+en+ta) (Ro.); Tenepes (t+ene+pes) (Pt.)

Multidimensional, daily, personal, energetic task that consists of a technical transmission of consciential energies, or CEs, by a conscin with the permanent assistance of helpers, directly to consciexes, projected conscins, or conscins in the ordinary physical waking state. The *practitioner of penta* receives continuous assistance from the helpers on a long-term basis or for the rest of their life. **Outdated variants:** *passes to the dark; passes-to-the-void.*

Pentology
Pentologie (Ro.); Tenepessologia (Pt.)

Speciality of conscientiology applied to the specific, systematic, and theorical study and research of a penta practitioner's experiences. It aims to improve the penta practitioner as well as disseminate this advanced energetic practice more widely. It is a subfield of assistantiology.

Periconsciential
Periconştienţial (Ro.); Perisconciencial (Pt.)

Term to designate the materialistic or mechanistic sciences, which superficially approach the study of consciousness, as they do not accept the non-material nature of consciousness.

Personal energosphere
Energosferă personală (Ro.); Energosfera pessoal (Pt.)

Aura, from Latin *aura*, blow of air; a field of unknown nature with some magnetic characteristics and a luminous appearance to sensitives, consciexes, and projected conscins, visible on certain occasions with colors likely linked to the field's energy and the activities and thoughts of the realities involved. For example: living beings, men, women, children, fetuses, animals, plants, minerals, physical objects, and even consciexes (self-luminosity).

Personal evolutionary record (PER)
Fişa evolutivă personală (FEP) (Ro.); Ficha evolutiva pessoal (FEP) (Pt.)

Extraphysical record or ordered set of the most intimate and detailed information of essential thosenic manifestations concerning the self-experiences or microuniverse of any consciential principle. This record is the responsibility of, and is always being updated or paratechnologically filled in by the groupkarma's evolutiologist or extraphysical evolutionary orientor.

Personal experience (PE)
Experienţă personală (EP) (Ro.); Vivência pessoal (VP) (Pt.)

Practical, personal, direct, and non-transferable experimentation of the conscin along their evolutionary path.

Personal principles
Principii personale (Ro.); Princípios pessoais (Pt.)

Set of values and initiatives chosen by the consciousness to guide their consciential life. It is based on holomaturity, multidimensionality, and deeply experienced cosmoethics.

Phenomena concomitant to LP
Fenomen concomitent cu PL (Ro.); Fenômeno concomitante à PC (Pt.)

That which occurs in or out of the space-time continuum, however simultaneously with development of the experience of conscious projection, in a spontaneous and unexpected fashion.

Physical base
Bază fizică (Ro.); Base física (Pt.)

Safe place, chosen by the conscin to leave the inanimate or resting body, while projecting themselves into other consciential dimensions beyond the body. It is the projectiogenic holothosene in the home and presents a direct relation to: the energetically shielded bedroom, penta, an epicon, extraphysical clinic, *projectarium, precognitarium,* and *retrocognitarium*.

Phytoenergy
Fitoenergie (Ro.); Fitoenergia (Pt.)

Immanent energy (IE) from plants and vegetables.

Phytothosene (phyto+tho+sen+e)
Fitogânsenă (fito+gân+sen+ene) (Ro.); Fitopensene (fito+pen+sen+e) (Pt.)

Rudimentary thosene of a plant; the *lexical unit* of a plant, according to conscientiology.

Plantochakras
Plantochakre (Ro.); Plantochacras (Pt.)

Secondary chakras located in the soles of our feet, responsible for the absorption of geoenergy (telluric or Earth energy). **Outdated variant:** *pre-kundalini, sole chakras.*

Podosoma (podo+soma)
Podosoma (podo+soma) (Ro.); Podossoma (podo+soma) (Pt.)

The soma considered specifically with respect to the application of the feet, or work performed with the feet, for example, that of a soccer player.

Polykarma (poly+karma)
Polikarma (poli+karma) (Ro.); Policarma (poli+carma) (Pt.)

Principle of cause and effect, acting on the evolution of a consciousness, when centred in a sense and experience of cosmic maxifraternity, beyond egokarma and groupkarma.

Polykarmality
Polikarmalitate (Ro.); Policarmalidade (Pt.)

The most evolved condition in holokarmology, besides egokarmality and groupkarmality, when a consciousness has their focus on lucid interconsciential assistance in a spontaneous, cosmoethical, and intense way, placing this undertaking as the reason for the existence of evolution itself, and producing consciential gestations and multiexistential self-relays, hence becoming a lucid minipiece in the structure of the multidimensional assistantial maximechanism.

Polykarmology (poly+karmo+logy)
Polikarmologie (poli+karma+logia) (Ro.); Policarmologia (poli+carma+logia) (Pt.)

Speciality of conscientiology that studies the relationships or principles of cause and effect active in the evolution of the consciousness, when centered in the understanding and experience of cosmic maxifraternity, beyond egokarma and groupkarma. It is a scientific subfield of holokarmology.

Postsomatic intermission
Intermisiune post-somatică (Ro.); Intermissão pós-somática (Pt.)

Extraphysical period of the consciousness immediately after their somatic deactivation or desoma (death).

Pre-couple
Pre-cuplu (Ro.); Pré-casal (Pt.)

Initial preliminary condition of practical human sexuality within intraphysical society.

Pre-intraphysical mandate
Mandat pre-intrafizic (Ro.); Mandato pré-intrafísico (Pt.)

Existential program for the human life planned before the intraphysical rebirth of the consciousness; proexis.

Pre-kundalini
Pre-kundalini (Ro.); Pré-kundalini (Pt.)

Secondary chakra located on the soles of the feet. An outdated variant in conscientiology. See *plantochackra*.

Pre-serenissimus
Pre-serenissimus (Ro.); Pré-serenão (Pt.)

Conscin or consciex who does not yet live with lucid serenism.

Pre-somatic intermission
Intermisiune pre-somatică (Ro.); Intermissão pré-somática (Pt.)

The extraphysical period of the consciousness prior to their intraphysical rebirth.

Precognitarium
Precognitarium (Ro.); Precognitarium (Pt.)

Physical base technically prepared for the production of precognitive LPs (lucid projections).

Primothosene (primo+tho+sen+e)
Primogânsenă (primo+gân+sen+ene) (Ro.); Primopensene (primo+pen+sen+e) (Pt.)

The same as the primary cause of the universe; the first composed thought. There is no plural form for this noun.

Principle of Disbelief
Principiul neîncrederii (Ro.); Princípio da descrença (Pt.)

Fundamentable and unsubstitutionable proposition by which conscientiology approaches reality in general, the cosmos, and any dimension. It refuses to permit a researcher to present any concept without practical proof or deep reflection, confronting causation, logic, and personal reasoning, or in an *a priori*, dogmatic way. The aforementioned principle is *"Don't believe in anything. Not even in what you hear at conscientiological institutions. Experiment. Have your own personal experiences."*

Proexis (pro+exis)
Proexis (pro+exis) (Ro.); Proéxis (pro+exis) (Pt.)

Personal evolutionary existential program of the conscin, established in the extraphysical dimension before the conscin becomes restricted by human life, or the intraphysicality of being reborn. **Variant:** *pre-intraphysical mandate*.

Proexology
Proexologie (Ro.); Proexologia (Pt.)

Speciality of conscientiology applied to the study and research of aconscin's personal and group existential program, and its evolutionary effects.

Projectarium
Proiectarium (Ro.); Projetarium (Pt.)
Physical base technically prepared for the production of LPs.

Projectiocriticology
Proiectocriticologie (Ro.); Projeciocriticologia (Pt.)

Speciality of conscientiology that studies projectiologic critique stemming from self and hetero-evaluation of psychic, energetic, and multidimensional performances. It is a scientific subfield of projectiology. **Variant:** *projectiocritique.*

Projectiocritique
Proiectocritică (Ro.); Projeciocrítica (Pt.)

See *projectiocriticology.*

Projectiographology
Proiectografologie (Ro.); Projeciografologia (Pt.)

Speciality of conscientiology that technically studies all projectiological records. It is a scientific subfield of projectiology. **Variant:** *projectiography.*

Projectiography
Proiectografie (Ro.); Projeciografia (Pt.)

See *projectiographology.*

Projectiology
Proiectologie (Ro.); Projeciologia (Pt.)

From Latin, *projectio*, projection; from Greek, *logos*, treatise. Speciality of conscientiology that studies the projections of the consciousness and its effects, including the projection of CEs from the holosoma. It is a scientific subfield of communicology (interdimensionality).

Projectiotherapeuticology

Proiectoterapeuticologie (Ro.); Projecioterapeuticologia (Pt.)

Speciality of conscientiology that studies the depurations and therapies derived from the research and techniques of projectiology. It is a scientific subfield of paraclinicology (conscientiotherapeuticology). **Variant:** *projectiotherapy.*

Projectiotherapy

Proiectoterapie (Ro.); Projecioterapia (Pt.)

See *projectiotherapeuticology.*

Projective mental target

Scop mental proiectiv (Ro.); Alvo mental projetivo (Pt.)

Predetermined goal that the conscin tries to achieve, when lucid outside the soma, through their will, intention, mentalisation, and decision.

Projective phenomenon

Fenomen proiectiv (Ro.); Fenômeno projetivo (Pt.)

Parapsychic occurence specific to the context of projectiology research.

Projective recess

Recesiune proiectivă (Ro.); Recesso projetivo (Pt.)

The existential phase of the conscin characterized by the spontaneous cessation – almost always temporary – of lucid projective experiences, within a sequence of intensive experiments.

Protothosene (proto+tho+sen+ e)

Protogânsenă (proto+gân+sen+ene) (Ro.); Protopensene (proto+pen+sen+e) (Pt.)

The most rudimentary thosene; same as phytothosene or hypothosene.

Psychosoma (psycho+soma)

Psihosoma (psiho+soma) (Ro.); Psicossoma (psico+soma) (Pt.)

From Greek, *psyckhé*, soul; *soma*, body. The emotional parabody of the consciousness; the objective body of the conscin. **Variants:** *body of emotions; metasoma.* **Outdated variants:** *astral body; emotional body.*

Psychosomatic intrusion

Intruziune psihosomatică (Ro.); Intrusão psicossomática (Pt.)

Invasion of one consciousness by another through emotionality, or through the psychosoma.

Psychosomatics (psycho+somatics)

Psihosomatică (psiho+somatică) (Ro.); Psicossomática (psico+somática) (Pt.)

See *psychosomatology*.

Psychosomatology (psycho+somatology)

Psihosomatologie (psiho+somatologie) (Ro.); Psicossomatologia (psico+somatologia) (Pt.)

Speciality of conscientiology that studies the emotions of the consciousness stemming from the psychosoma, the emotional parabody. It is a scientific subfield of holosomatology. **Variant:** *psychosomatics*.

R

Rare friendship
Prietenie rarisimă (Ro.); Amizade raríssima (Pt.)

The elevated and unique true feeling, reciprocal affection, sympathy, esteem, or tenderness between consciousnesses, in which the attraction of mentalsomatic conviviality, or from the parabody of self-discernment, exceeds the attraction through common affective interaction, at an evolutionary level beyond the links of family ties or sexual attraction.

Recexability
Recexabilitate (Ro.); Recexibilidade (Pt.)

The quality of the intraphysical execution of existential recycling (recexis). **Variant:** *existential recyclability.*

Recexiology
Recexologie (Ro.); Recexologia (Pt.)

Speciality of conscientiology applied to the study of the philosophy and practice of recexis, or existential recycling technique in the intraphysicaldimension, starting with recin, or intraconsciential recycling.

Recexis (rec+exis)
Recexis (rec+exis) (Ro.); Recéxis (rec+exis) (Pt.)

Technique of existential recycling performed by a conscin. It consists of a change for the better of the entire course of a conscin's human life and perspective, who from then on adopts new values and a new overview of life and the universe.

Recin (rec+in)
Recin (reci+in) (Ro.); Recin (reci+in) (Pt.)

Technique of intraconsciential recycling or brain regeneration of the human consciousness (conscin) through the creation of new synapses or interneuronal connections (neuroglia), capable of allowing for an adjustment of the proexis, the execution of recexis, invexis, acquisition of new ideas, neothosenes, hyperthosenes and other neophilic conquests by a self-motivated lucid person.

Recinology
Recinologie (Ro.); Recinologia (Pt.)

Speciality of conscientiology applied to the study of the philosophy and practice of recin, or intraconsciential recycling. It is based on thosenic intraconsciential renewal and the conscin's intention, with the aim of self-evolution.

Resoma (re+soma)
Resomare (re+soma+re) (Ro.); Ressoma (re+soma) (Pt.)

Somatic or intraphysical rebirth.

Resomatics
Resomatică (Ro.); Ressomática (Pt.)

See *resomaticology*.

Resomatology
Resomatologie (Ro.); Ressomatologia (Pt.)

Speciality of conscientiology that studies the somatic rebirth of the consciex when passing into the temporary condition of a conscin, or when leaving extraphysicality for intraphysicality. It is a scientific subfield of intraphysicology. **Variant:** *resomatics*.

Rethosene (re+tho+sen+e)
Regânsenă (re+gân+sen+ene) (Ro.); Repensene (re+pen+sen+e) (Pt.)

The repeated thosene. The same as *mono*thosene, fixed idea or monoideism.

Retrocognitarium (retro+cognit+arium)
Retrocognitarium (retro+cognit+arium) (Ro.); Retrocognitarium (retro+cognit+arium) (Pt.)

The physical base technically prepared for the production of retrocognitive LPs.

Retrocognitiology
Retrocognitologie (Ro.); Retrocogniciologia (Pt.)

Speciality of conscientiology applied to the study and experience of retrocognitions, or the recall of past lives and the periods between them, as well as of retrosomas (self-retrocognitions). This speciality aims to be a source of self-research and deeper self-knowledge, so that one can better understand innate ideas coming from the resomated consciousness´ holomemory.

Retrocognition
Retrocogniție (Ro.); Retrocognição (Pt.)

From Latin, *retro*, rear; *cognoscere*, to know. The perceptive faculty through which the conscin becomes aware of facts, scenes, forms, objects, successes, and experiences belonging to the distant past, commonly related to their holomemory.
Outdated variant: *past life memory.*

Retrocognitor agent
Agent retrocognitor (Ro.); Agente retrocognitor (Pt.)

The educator consciousness able to revive, without hypnosis, with self and heterocriticism, the holomemory of the mentalsomas of graduate students of pre-resomatic intermissive courses enabling the emergence, in the present, of pre-curricular science, nnate ideas generated in the intermissive period and maintained against the biological and genetic restriction of the resoma, by parageneticology, by liberating information offered through exemplary personal acts, conduct, behaviour and attitudes.

Retrothosene (retro+tho+sen+e)
Retrogânsenă (retro+gân+sen+ene) (Ro.); Retropensene (retro+pen+sen+e) (Pt.)

The thosene specific to self-retrocognitions; the same as an *engram* in mnemotechnique; the unit of measurement of retrocognitions, according to conscientiometrology.

Reurbanized consciousness
Conștiință reurbanizată (Ro.); Consciência reurbanizada (Pt.)

See *consreu.*

Reurbex
Reurbex (Ro.); Reurbex (Pt.)

Extraphysical reurbanization. Change for the better of anticosmoethical unhealthy degraded environments and extraphysical communities. This process is sponsored by *Serenissimi* for the purpose of sanitizing the intraphysical holothosene of areas where conscins under these anti-evolutionary and harmful influence live.

Reurbin
Reurbin (Ro.); Reurbin (Pt.)

Intraphysical reurbanization. It is a change for the better of intraphysical environments and communities, through the reorganization of degraded, deprived or pathological urban areas, eliminating ghettos and stigmatised environments, and providing the region with infrastructure and building restoration, that improve the physical, environmental, and social quality of the place. This results in an improvement in the neighbourhood's quality of life, and consequently in its overall self-esteem. It sometimes has the effect of generating urban ecological or cultural tourism, migration of people, and in particular, creating new opportunities for recin and recex.

Robexis (rob+exis)
Robexis (rob+exis) (Ro.); Robéxis (rob+exis) (Pt.)

Existential robotization; the condition of a tropospheric conscin, excessively intraphysically or quadridimensionally enslaved.

S

Self-conscientiality
Autoconștiențialitate (Ro.); Autoconsciencialidade (Pt.)

The quality of the level of self-knowledge the consciousness has; megaknowledge; self-cognition.

Self-criticophilia
Autocriticofilie (Ro.); Autocriticofilia (Pt.)

Self-criticophilia is the stance of the lucid consciousness predisposed to healthy, constructive self-confrontation, built on self-discernment, homeostatic openness, and cosmoethical value, regarding continuous self-research and useful heterocriticism.

Self-intrusion
Autointruziune (Ro.); Autoassédio (Pt.)

Condition of a conscin being emotionally, intellectually, and energetically predisposed to thosenically intrude upon themselves with pathological persistence, without consciential hygiene nor ideated self-discipline, thus constituting the basis for all types of heterointrusion.

Self-mimiticity
Automimeticitate (Ro.); Automimeticidade (Pt.)

The consciential quality of existential self-mimicry.

Self-mithridatism
Automitridatism (Ro.); Automitridatismo (Pt.)

Progressive holosomatic self-paraimmunization, obtained through the energosoma, experienced in a lucid way by a veteran parapsychic conscin, particularly by an ectoplast, resulting from new daily requests for the fraternal, interassistantial work of deintrusion. This condition permits a veteran parapsychic to reach depertological and cosmoethical self-paraimmunity, due to their increasing self-imperturbability in the presence of toxic consciential energies (CEs) and/or pathological holothosenes.

Self-pensatology
Autopensatologie (Ro.) Autopensatologia (Pt.)

Science applied to specific, systematic and theorical studies, or the research, experience and creation of pensatas (sentences, phrases, dictations, axioms, maxims, and proverbs), by a lucid consciousness, in this case, the thinker and writer. The value or level of clarification varies from pensata to pensata. A simple word of order, or minimal pensata of greater content can determine a life or a group's destiny.

Self-projection
Autoproiecție (Ro.); Autoprojeção (Pt.)

The intentional, or provoked by the will, exit of a conscin into another consciential dimension through the mentalsoma or psychosoma.

Self-relay
Autoreleu (Ro.); Autorevesamento (Pt.)

See *consciential self-relay*.

Self-thosene (self+tho+sen+e)
Autogânsenă (auto+gân+sen+ene) (Ro.); Autopensene (auto+pen+sen+e) (Pt.)

The thosene of the consciousness itself, specific and different from all others and from all thosenes from other consciousnesses.

Self-thosenic rubbish
Gunoi autogânsenic (Ro.); Bagulho autopensênico (Pt.)

Pathological, regressive, and anticosmoethical thosene of an incautious consciousness. **Variant:** *self-thosenic knick-knack*.

Self-thosenity
Autogânsenitate (Ro.); Autopensenidade (Pt.)

The mechanism of incessant expression of a consciousness in all their manifestations and in any consciential dimension.

Self-transaffectivity
Autotransafectivitate (Ro.); Autotransafetividade (Pt.)

Condition of the evolved consciousness able to express lucid love and megafraternity towards all members of humanity and parahumanity, regardless of their somatic gender, and beyond sexual instincts. This occurs due to the dominance of the parabody of discernment, the mentalsoma, over the sub-body of commotion, the psychosoma.

Self-unforgiver
Autoneiertător (Ro.); Autoimperdoador (Pt.)

The conscin who, in their self-discipline, does not forgive themselves with respect to errors and omissions, with the purpose of eliminating conscious self-corruptions. This healthy condition should come before the equally healthy condition of being a *hetero*forgiver, a sincere, *universal forgiver* of all beings, forever. This is a *basic principle of maxifraternity.*

Semi-lucid projection
Proiecție semiconștientă (PSC) (Ro.); Projeção semiconsciente (PSC) (Pt.)

Oneiric experience in which the projected conscin realizes they are partially lucid, in an uncontrolled fashion. It is not the ideal conscious projection; a lucid dream.

Sense of universalism
Sens universalist (Ro.); Senso universalista (Pt.)

Intimate consciential condition of reconciliation and pure compatibility with all beings and realities in the Cosmos, maintaining a state of already identified lucid awareness with the universal community and the full awakening of maximum universalism, in an irreversible and peaceful way.

Serenism
Serenism (Ro.); Serenismo (Pt.)

Evolutionary tendency of the consciousness to present progressive consciential self-mastery of their thosenic and interconsciential manifestations, potentializing their consciential epicentrism, cosmovisibility, polykarmality, megafraternity, and cosmoethical productivity. It is the quality or characteristic of the *Homo sapiens serenissimus.*

Serenissimus
Seren (Ro.); Serenão (Pt.)

The popular name for *Homo sapiens serenissimus.* **Plural:** *serenissimi.* See *Homo sapiens serenissimus.*

Serenology
Serenologie (Ro.); Serenologia (Pt.)

Speciality of conscientiology that studies the *Homo sapiens serenissimus*, their traits, characteristics, and evolutionary repercussions. It is a scientific subfield of conscientiometry (holomaturology).

Seriality
Serialitate (Ro.); Serialidade (Pt.)

Quality of the consciousness subjected to serial existences or the succession of human lives.

Seriexis (seri+exis)
Seriexis (seri+exis) (Ro.); Seriéxis (seri+exis) (Pt.)

The consciousness' evolutionary existential seriation; successive existences; the series of intraphysical rebirths. Intraphysical human life. **Variant**: *existential seriation.* **Outdated variant:** *reincarnation.*

Seriexology
Seriexologie (Ro.); Seriexologia (Pt.)

Speciality of conscientiology applied to the study and research of seriexis, or existential seriality, being the set of intraphysical lives of a consciousness, based on the consciential paradigm.

Sexochakra (sexo+chakra)
Sexochakră (sexo+chakra) (Ro.); Sexochacra (sexo+chacra) (Pt.)

The sexual or basic root chakra of the conscin. **Outdated variants:** *sex chakra, kundalini (the serpentine fire).*

Sexosoma (sexo+soma)
Sexosomă (sexo+soma) (Ro.); Sexossoma (sexo+soma) (Pt.)

The soma when considered specifically in relation to its sex. **Outdated variant**: *kundalini.*

Sexosomatics
Sexosomatică (Ro.); Sexossomática (Pt.)

See *sexosomatology.*

Sexosomatology
Sexosomatologie (Ro.); Sexossomatologia (Pt.)

Speciality of conscientiology that studies the soma as regards its sex, or sexosoma, and its relationship to the conscin. It is a scientific subfield of somatics. *Variants: sexosomatology, sexosomatics.*

Sexothosene (sexo+tho+sen+e)
Sexogânsenă (sexo+gân+sen+ene) (Ro.); Sexopensene (sexo+pen+sen+e) (Pt.)

The sexual fantasy, according to sexosomatology and conscientiometrology; it is the unit of measurement of mental adultery.

Shielded chamber
Dormitor blindat (Ro.); Alcova blindada (Pt.)

See *energetic shielded chamber.*

Silver cord
Cordon de argint (Ro.); Cordão de prata (Pt.)

The semimaterial or energetic link that keeps the psychosoma connected to the human body, with an initial connection in the psychosoma and another in the soma.

Sleep
Somn (Ro.); Sono (Pt.)

The natural resting state in humans and higher animals specifically characterized by the normal and periodic suppression of regular perceptual activity and voluntary movements, by relaxing the senses and muscles, through the reduction of circulatory and respiratory frequencies, and even dream activity, during which the body recovers from fatigue.

Sociex (soci+ex)
Sociex (soci+ex) (Ro.); Sociex (soci+ex) (Pt.)

Extraphysical society or of the consciexes. **Plural:** sociexes.

Socin (soc+in)
Socin (soci+in) (Ro.); Socin (soci+in) (Pt.)

Intraphysical society or of the conscins; human society. **Plural:** socins.

351

Soma
Somă (Ro.); Soma (Pt.)

Human body, the body of the individual belonging to Kingdom: *Animalia*, Branch: *Chordata*, Class: *Mammalia*, Order: *Primates*, Family: *Hominidae*, Genus: *Homo*, Species: *Homo sapiens*, the most elevated level of animal on this planet; in spite of being the most rustic, exposed, vehicle of the conscin's holosoma.

Somatics
Somatică (Ro.); Somática (Pt.)

See *somatology*.

Somatology
Somatologie (Ro.); Somatologia (Pt.)

Speciality of conscientiology that studies the soma (human body) within the holosoma, or in relation to the consciousness' other vehicles of manifestation, within its multidimensional evolution. It is a scientific subfield of holosomatology. **Variant:** *somatics*.

Splenicochakra
Splenicochakră (Ro.); Esplenicochacra (Pt.)

Chakra located in the abdomen region which together with the abdominal umbilicochakra composes the abdomincal sub-brain, responsible for intense absorptions of energy. **Outdated variants**: *spleen chackra, splenical chakra, splenochakra*.

State of suspended animation
Stare de animare suspendată (Ro.); Estado de animação suspensa (Pt.)

State in which a conscin temporarily suspends the cellular body's essential vital functions, later returning to the normal physiological condition. In certain cases no damage to the individual's health occurs. The cells survive in a state of human metabolic hibernation.

Strongtrait
Trafor (tra+for) (Ro.); Trafor (tra+for) (Pt.)

A strong point or trait of a conscin's personality; a positive component in the structure of one's consciential universe that propels the consciousness' evolution.

Subthosene (sub+thosene)
Subgânsenă (Ro.); Subpensene (Pt.)

Thosene charged with consciential energy from the abdominal sub-brain, most notably energy from the umbilicochakra; the unit of measurement of the abdominal sub-brain, according to conscientiometrology.

Superavitary omission
Omisiune excedentară (Ro.); Omissão superavitária (Pt.)

See *omisuper*.

Symas (sym+as)
Asim (a+sim) (Ro.); Assim (as+sim) (Pt.)

Sympathetic assimilation of CEs, or consciential energies, through the will power, usually with the decoding of the set of thosenes of another consciousness or consciousnesses.

Symdeas
Dezasim (Dez+asim) (Ro.); Desassim (des+assim) (Pt.)

Sympathetic deassimilation of CEs, practiced through the impulse of the willpower, normally through the VS or vibrational state.

Sympathetic assimilation
Asimilare simpatică (Ro.); Assimilação simpática (Pt.)

See *symas*.

Sympathetic deassimilation
Dezasimilare simpatică (Ro.); Desassimilação simpática (Pt.)

See *symdeas*.

T

Telethosene (tele+tho+sen+e)

Telegânsenă (tele+gân+sen+ene) (Ro.); Telepensene (tele+pen+sen+e) (Pt.)

See *homothosene*.

Theorice (theory+ice)

Teopractică (teo+practică) (Ro.); Teática (te+ática) (Pt.)

Experience of both theory (1%) and practice (99%) on the part of the conscin or consciex.

Thosenate

Gânseniza (a) (Ro.); Pensenizar (Pt.)

Action of producing or generating thosenes.

Thosenation

Gânsenizare (Ro.); Pensenização (Pt.)

Result or effect of the consciousness generating thosenes.

Thosenator

Gânsenator (Ro.); Pensenedor (Pt.)

Instrument with which the consciousness manifests thoughts and acts. In the specific case of a conscin, the thosenator is the soma.

Thosene (tho+sen+e)

Gânsenă (gân+sen+ene) (Ro.); Pensene (pen+sen+e) (Pt.)

According to conscientiology, the practical unit of manifestation of the consciousness, which considers the thought or idea (conception), sentiment or emotion, and CE (consciential energy) all together and indissociably.

Thosenic intrusion
Intruziune gânsenică (Ro.); Intrusão pensênica (Pt.)

Invasion of one consciousness by another through the mentalsoma.

Thosenic signature
Semnătură gânsenică (Ro.); Assinatura pensênica (Pt.)

Capacity of the consciousness, conscin or consciex, to exteriorize to others, or to communicate to the Cosmos, their own thosenic manifestations, intentionality, self-determination, or self-positioning in relation to the reality and parareality of facts and parafacts, in life or in experiences of consciential evolution. ***Variants:** self-expression; self-communicability.*

Thosenity
Gânsenitate (Ro.); Pensenidade (Pt.)

The quality of someone's thosenic consciousness.

Thosenology
Gânsenologie (Ro.); Pensenologia (Pt.)

Speciality of conscientiology that studies thosenes (thoughts, sentiments, and energies), thosenity, and the consciousness' thosenators, their paraphysiology and parapathology. Thosenology refers to the concept (theory) and the substratum (practice) on which conscientiology is based.

Trithanatosis
Tritanatoză (Ro.); Tritanatose (Pt.)

Deactivation and discarding of the psychosoma by the consciousness. *Homo sapiens serenissimus* entering the condition of free consciex (FC). ***Variant:** third desoma.* **Plural:** *trithanatose.*

Trivocabular megathosene
Megagânsenă trivocabular (Ro.); Megapensene trivocabular (Pt.)

Technique of elaboration of the maximum synthesis of a subject's content within the minimum form, in a 3 word mini-sentence.

U

Umbilicochakra (umbilico+chakra)
Ombilicochakră (ombilico+chakra) (Ro.); Umbilicochacra (umbilico+chacra) (Pt.)

Chakra located above the navel. Related to the (abdominal) physiology and paraphysiology of the human consciousness. ***Variant**: umbilical-chakra.*

Universalism
Universalism (Ro.); Universalismo (Pt.)

Set of ideas derived from the universality of the basic laws of nature and the universe. As a result of our natural evolution, universalism inevitably becomes the dominant philosophy of the consciousness; cosmism.

V

Vehicle of the consciousness
Vehicul al conștiinței (Ro.); Veículo da consciência (Pt.)

Instrument or body that enables the consciousness to manifest in intraphysicality (conscin) and in other extraphysical dimensions (projected conscin and consciex).

Verbaction (verb+action)
Verbacțiune (verb+acțiune) (Ro.); Verbação (verb+ação) (Pt.)

Coherent interaction between what is said and done by a consciousness; result of one's words being ratified by one's actions.

Verbatiology
Verbacțiologie (Ro.); Verbaciologia (Pt.)

Speciality of conscientiology applied to the study and experience of verbaction or of the verb-action binomial in a consciousness' consciential manifestation, along with its evolutionary and cosmoethical consequences. It aims for the maximum possible coherence between what one thinks, talks, and acts within one's own consciential manifestation.

Verbet
Verbet (Ro.); Verbete (Pt.)

A word or phrase composed by the variables: definition, etymology, synonyms, antonyms, example, and other structured information referring to the word or term, contained in the alphabetical organization of entries in the Encyclopaedia of Conscientiology, which may be classified as prescriptive, cognitive, thematic, encyclopaedic, or referential.

Verpon
Aderev (Ro.); Verpon (Pt.)

Leading edge relative truth. According to conscientiology, it is a new thosene (neothosene), a new reality (fact) or parareality (parafact) that definitely exists for a conscin, obtained through conscientiology research and filtered using the principle of disbelief.

Verponology
Aderevologie (Ro.); Verponologia (Pt.)

Speciality of conscientiology applied to the study and experience of verpons, or leading-edge relative truths, which are the newest research findings on reality and parareality. The still unpublished verpons are subject to further investigation and updates according to the principle of disbelief.

Vibrational state (VS)
Stare vibrațională (SV) (Ro.); Estado vibracional (EV) (Pt.)

The technical condition of the dynamization of the energosoma's energies through the impulse of the will.

Virus of intraphysical society
Virus al societății intrafizice (Ro.); Vírus da sociedade intrafísica (Pt.)

See *virus of socin*.

Virus of socin
Virus al socin (Ro.); Vírus da Socin (Pt.)

Virus of intraphysical society. Any social weaktrait in a human consciousness' intraphysical life.

Volitioline
Volitiolină (Ro.); Voliciolina (Pt.)

Consciential energy, drawn by the consciousness from immanent energy, presented as a hypothesis of rationally explaining the reality and performance of a conscin's CEs as being the fuel, engine, or fundamental agent of the will acting on the force, ebb and flow of the Cosmos.

Volitiology
Volitologie (Ro.); Voliciologia (Pt.)

Speciality of conscientiology that studies the manifestation of the will, the consciousness' greatest megapower, or the consciential attribute related to the capacity of the consciousness to want something and work towards making their ideas come true.

Volitiopathy
Volitopatie (Ro.); Voliciopatia (Pt.)

Pathology of the nuclear faculties of a consciousness characterized by a weak or sickly will, having a probable paragenetic basis. Volitiopathies constitute an anti-evolutionary counterpoint to natural evolutionary dynamics, in which strengthening of the will inherently occurs

Volitive intrusion
Intruziune volitivă (Ro.); Intrusão volitiva (Pt.)

Invasion of a consciousness' will over another through heterosuggestion, heterohypnosis, or external induction. **Variant:** *volitional intrusion.*

Voltaic arc
Arc voltaic (Ro.); Arco Voltaico (Pt.)

Technique of transmission and intense assimilation of consciential energy (CE), using the assistant's left hand (palmochakra) on the nuchal area (nape) of the assisted person, and the right palm (palmochakra) next to the frontochakra (forehead), without touching the soma, seeking to eliminate blockages of gravitating energy through symas and symdeas. It is a vigorous energetic manifestation (high voltage of CEs) of the assistant's 2 palmochakras, 2 encephalic chakras, and 2 brain hemispheres; and the assisted's 2 encephalic chakras, and 2 brain hemispheres. **Variant:** *craniumchakral voltaic arc.*

W

Waking discoincidence
Discoincidență trează (Ro.); Descoincidência vígil (Pt.)

The parapsychic condition of the conscin - projector - in which they become aware of the psychosoma being out of the state of coincidence, during the full physical waking state, hence not feeling completely integrated in the body and generating an intensification of paraperceptions and energetic and parapsychic phenomena.

Warmongering consciousness
Conștiință belicistă (Ro.); Consciência belicista (Pt.)

See *consbel*.

Weaktrait (weak+trait)
Trasla (tra+sla) (Ro.); Trafar (tra+far) (Pt.)

Weak point or trait of a conscin's personality; a negative component of the structure of one's consciential universe that the individual has not yet been able to overcome.

Will
Voință (Ro.); Vontande (Pt.)

From Latin, voluntas, will. The capacity or ability of the consciousness to direct their self-thosenization and mobilize the energies available in the cosmos, promoting and modifying knowledge, behaviors, realities, and pararealities.

X

Xenophrenia

Xenofrenie (Ro.); Xenofrenia (Pt.)

From Greek, *xenos*, strange; *phrem*, mind. State of a human consciousness outside of the waking state's normal pattern, induced by physical, physiological, psychological, pharmacological, or psychic agents. **Variant**: *altered state of consciousness.*

Xenothosene (xeno+tho+sen+e)

Xenogânsenă (xeno+gân+sen+ene) (Ro.); Xenopensene (xeno+pen+sen+e) (Pt.)

The intrusive thosene of an intruder in the occurrences of thosenic intrusion; mental wedge; the unit of measurement of intersciential intrusion, according to thosenology and conscientiometrology.

Z

Zoothosene (zoo+tho+sen+e)

Zoogânsenă (zoo+gân+sen+ene) (Ro.); Zoopensene (zoo+pen+sen+e) (Pt.)

The thosene of an unaware sub-human animal; *the unit of measurement* of the consciential principle of a subhuman animal, according to thosenology and conscientiometrology.

REFERINȚE BIBLIOGRAFICE

Bibliografie specifică:

01. **Alegre**, Pilar; *Autorganização Consciencial (Auto-organizare conștiențială);* verbet; În: Vieira, Waldo; Org.; Enciclopedia de Conștientologie; introd. Coord.: ENCYCLOSSAPIENS; revizori Echipa de revizori ENCYCLOSSAPIENS; 27 vol.; CLXXIV+23.004 p.; 1.112 citate; 11 cronologii; 33 *e-mailuri;* 206.055 enum.; 602 specialități; 1 foto; glosar 4.580 termeni (verbete); 701 microbiogr.; 274 tabele; 702 verbetografii; 28 *website-uri;* 670 filme; 13.896 ref.; 54 videografii; 1.087 webgrafii; Ed. a 9-a digitală rev. și ad.; *Asociația Internațională de Enciclopediologie Conștientologică ENCYCLOSSAPIENS & Asociația Internațională Editares;* Foz do Iguaçu, PR, Brazil; 2018; 3.877.

02. **Arakaki**, Kátia; *Antibagulhismo Energético (Antibagatelism Energetic);* Manual; revizori Erotides Louly; Flávio Buononato; & Sandra Tornieri; 190 p.; 23 cap.; 13 citate; 50 enum.; 1 chest.; glosar 99 termeni; 110 ref.; 2 filme; 2 progr. TV; 1 fapt interesant; alf.; 21 x 21 cm; pb.; *Asociația Internațională Editares;* Foz do Iguaçu, PR, Brazil; 2015; pag. 53-57.

03. **Balona**, Málu; *Automitridiatismo (Automitridatism);* verbet; În: Vieira, Waldo; Org.; Enciclopedia de Conștientologie; introd. Coord.: ENCYCLOSSAPIENS; revizori: Echipa de revizori ENCYCLOSSAPIENS; 27 Vol.; CLXXIV+23.004 p.; 1.112 citate; 11 cronologii; 33 *e-mail-uri;* 206.055 enum.; 602 specialități; 1 foto; glosar 4.580 termeni (verbete); 701 microbiogr.; 274 tabele; 702 verbetografii; 28 *website-uri;* 670 filme; 13.896 ref.; 54 videografii; 1.087 webgrafii; Ed. a 9-a digitală rev. și ad.; *Asociația Internațională de Enciclopediologie Conștientologică ENCYCLOSSAPIENS & Asociația Internațională Editares;* Foz do Iguaçu, PR, Brazil; 2018; pag. 3.424.

04. **Idem**; *Síndrome do Estrangeiro: O Banzo Consciencial (Sindromul străinului: Dorul conștiențial);* pref. Waldo Vieira; revizori Ana Bomfim ș.a.; 314 p.; 2 părți; 14 cap.; 55 abrev.; 32 *e-mail-uri;* 1 interv.; 28 enum.; 5 scală; 1 fluxogramă; 1 foto; 6 ilus.; 1 microbiogr.; 1 chest.; 30 tabele; 20 *website-uri;* posf.; 4 muzicografii; 5 imag. art.; 110 filme; 452 ref.; 15 webgrafii; 2 anexe.; alf.; 21 x 14 cm; pb.; Ed. a 3-a rev. și ad.; *Asociația Internațională Editares;* Foz do Iguaçu, PR, Brazil; 2006; pag. 31 și 32.

05. **Bittencourt**, Aline; *Colégio Invisível da Pararreurbanologia (Colegiul Invisibil de Parareurbanologie);* verbet; În: Vieira, Waldo; Org.; Enciclopedia de Conștientologie; introd. Coord.: ENCYCLOSSAPIENS; revizori: Echipa de revizori ENCYCLOSSAPIENS; 27 Vol.; CLXXIV+23.004 p.; 1.112 citate; 11 cronologii; 33 *e-mail-uri;* 206.055 enum.; 602 specialități; 1 foto; glosar 4.580 termeni (verbete); 701 microbiogr.; 274 tabele; 702 verbetografii; 28 *website-uri;* 670 filme; 13.896 ref.; 54 videografii; 1.087 webgrafii; Ed. a 9-a digitală rev. și ad.;

Asociația Internațională de Enciclopediologie Conștientologică ENCYCLOSSAPIENS & Asociația Internațională Editares; Foz do Iguaçu, PR, Brazil; 2018; pag. 6.017.

06. **Chalita**, Adriana; **Autocriticidade Paraterapêutica *(Autocriticism paraterapeutic)***; verbet; În: Vieira, Waldo; Org.; Enciclopedia de Conștientologie; introd. Coord.: ENCYCLOSSAPIENS; revizori: Echipa de revizori ENCYCLOSSAPIENS; 27 vol.; CLXXIV+23.004 p.; 1.112 citate; 11 cronologii; 33 e-mail-uri; 206.055 enum.; 602 specialități; 1 foto; glosar 4.580 termeni (verbete); 701 microbiogr.; 274 tabele; 702 verbetografii; 28 website-uri; 670 filme; 13.896 ref.; 54 videografii; 1.087 webgrafii; Ed. a 9-a digitală rev. și ad.; Asociația Internațională de Enciclopediologie Conștientologică ENCYCLOSSAPIENS; & Asociația Internațională Editares; Foz do Iguaçu, PR, Brazil; 2018; pag. 2.856.

07. **Couto**, Cirleine; **Contrapontos do Parapsiquismo: Superação do Assédio Interconsciencial Rumo à Desassedialidade Permanente Total *(Contrapunctele parapsihismului: Depășirea intruziunii interconștiențiale în scopul obținerii dezintruziunii permanente și totale)***; pref. Waldo Vieira; revizori Helena Araújo; & Erotides Louly; 208 p.; 2 secț.; 18 cap.; 18 e-mail-uri; 102 enum.; 48 neolog.; 1 foto; 1 microbiogr.; 1 tabel; 17 website-uri; los. 300 termeni; 45 ref.; alf.; 21 x 14 cm; pb.; Asociația Internațională Editares; Foz do Iguaçu, PR; 2010; pag. 52.

08. **Daou**, Dulce; **Autoconsciência e Multidimensionalidade *(Autoconștiență și multidimensionalitate)***; pref. Tânia Guimarães; revizori Ana Flávia Magalhães Pinto ș.a.; 296 p.; 3 secț.; 14 e-mail-uri; 106 enum.; 1 foto; 1 microbiogr.; 18 webgrafii; 8 website-uri; glosar 171 termeni; 174 ref.; alf.; ono.; 21 x 14 cm; pb.; Asociația Internațională Editares; Foz do Iguaçu, PR; 2005; pag. 217.

09. **Fernandes**, Pedro; **Epicentrismo Mentalsomático *(Epicentrism mentalsomatic)***; verbet; În: Vieira, Waldo; Org.; Enciclopedia de Conștientologie; introd. Coord.: ENCYCLOSSAPIENS; revizori: Echipa de revizori ENCYCLOSSAPIENS; 27 Vol.; CLXXIV+23.004 p.; 1.112 citate; 11 cronologii; 33 e-mail-uri; 206.055 enum.; 602 specialități; 1 foto; glosar 4.580 termeni (verbete); 701 microbiogr.; 274 tabele; 702 verbetografii; 28 website-uri; 670 filme; 13.896 ref.; 54 videografii; 1.087 webgrafii; Ed. a 9-a Digitală rev. și ad.; Asociația Internațională de Enciclopediologie Conștientologică ENCYCLOSSAPIENS & Asociația Internațională Editares; Foz do Iguaçu, PR, Brazil; 2018; pag. 9.758.

10. **Gonçalves**, Moacir; **Dinâmica Parapsíquica *(Dinamica parapsihică)***; verbet; În: Vieira, Waldo; Org.; Enciclopedia de Conștientologie; introd. Coord.: ENCYCLOSSAPIENS; revizori: Echipa de revizori ENCYCLOSSAPIENS; 27 Vol.; CLXXIV+23.004 p.; 1.112 citate; 11 cronologii; 33 e-mail-uri; 206.055 enum.; 602 specialități; 1 foto; glosar 4.580 termeni (verbete); 701 microbiogr.; 274 tabele; 702 verbetografii; 28 website-uri; 670

filme; 13.896 ref.; 54 videografii; 1.087 webgrafii; Ed. a 9-a Digitală rev. şi ad.; *Asociaţia Internaţională de Enciclopediologie Conştientologică ENCYCLOSSAPIENS & Asociaţia Internaţională Editares;* Foz do Iguaçu, PR, Brazil; 2018; pag. 8.685.

11. **Haymann,** Maximiliano; *Prescrições para o Autodesassédio (Metode de autodezintruziune);* revizori Ivelise Vicenzi ş.a.; 216 p.; 4 secţ.; 36 cap.; 24 *e-mail-uri;* 88 enum.; 1 schemă; 1 fluxogramă; 1 foto; 1 microbiogr.; 4 tabele; 21 *website-uri;* glosar 168 termeni; 63 ref.; 28 webgrafii; alf.; 23 x 16 cm; pb.; *Asociaţia Internaţională Editares;* Foz do Iguaçu, PR; 2016; pag. 1 la 216.

12. **Houaiss,** Antonio; & **Villar,** Mauro de Salles; *Dicionário Houaiss da Língua Portuguesa (Dicţionarul limbii portugheze Houaiss);* LXXXIV + 2,924 p.; 1,384 abrev.; 1 foto; 6 ilus.; 1 microbiogr.; 19 tabele; glosar 228.500 termeni; 1.582 ref. (date etimologice); 804 ref.; 31 x 23 x 7 cm; bdg.; *Objective;* Rio de Janeiro, RJ; 2001.

13. **Machado,** Cesar Iria; *Proatividade Evolutiva: Sob a Ótica da Autoconsciencioterapia (Proactivitate evolutivă: Din perspectiva autoconştientoterapiei);* pref. Tony Musskopf; revizori: Echipa de revizori Editares; 440 p.; 7 secţ.; 53 cap.; 69 abrev.; 2 diagrame; 21 *e-mail-uri;* 309 enum.; 1 foto; 1 microbiogr.; 14 tabele; 20 *website-uri;* glosar 196 termeni; glosar 17 termeni (neolog. spec.); 6 infografii; 10 filme; 406 ref.; alf.; geo.; 23 x 16 x 3 cm; pb.; *Asociaţia Internaţională Editares;* Foz do Iguaçu, PR; 2014; pag. 36.

14. **Monteiro,** Claudio; *Autocriticofilia (Autocriticofilia);* verbet; În: Vieira, Waldo; Org.; Enciclopedia de Conştientologie; introd. Coord.: ENCYCLOSSAPIENS; revizori: Echipa de revizori ENCYCLOSSAPIENS; 27 Vol.; CLXXIV+23.004 p.; 1.112 citate; 11 cronologii; 33 *e-mail-uri;* 206.055 enum.; 602 specialităţi; 1 foto; glosar 4.580 termeni (verbete); 701 microbiogr.; 274 tabele; 702 verbetografii; 28 *website-uri;* 670 filme; 13.896 ref.; 54 videografii; 1.087 webgrafii; Ed. a 9-a digitală rev. şi ad.; Asociaţia Internaţională *de Enciclopediologie Conştientologică ENCYCLOSSAPIENS & Asociaţia Internaţională Editares;* Foz do Iguaçu, PR, Brazil; 2018; pag. 2.862.

15. **Nader,** Rosa; Org.; *Manual de Verbetografia da Enciclopédia da Conscienciologia (Manual de verbetografie pentru Enciclopedia de Conştientologie);* pres. Dulce Daou; revizori Ulisses Schlosser; Erotides Louly; & Helena Araújo; 392 p.; 5 secţ.; 10 cap.; 21 *e-mail-uri;* 464 enum.; **Haymann,** Maximiliano; **Prescrições para o Autodesassédio (Metode de autodezintruziune);** revizori Ivelise Vicenzi ş.a.; 216 p.; 4 secţ.; 36 cap.; 24 e-mail-uri; 88 enum.; 1 schemă; 1 fluxogramă; 1 foto; 1 microbiogr.; 4 tabele; 21 website-uri; glosar 168 termeni; 63 ref.; 28 webgrafii; alf.; 23 x 16 cm; pb.; Asociaţia Internaţională Editares; Foz do Iguaçu, PR; 2016; pag. 1 la 216.

16. **Idem;** *Verbetografia Conscienciológica (Verbetografia Conştientologică);* verbet; În: Vieira, Waldo; Org.; Enciclopedia de Conştientologie; introd. Coord.: ENCYCLOSSAPIENS; revizori: Echipa de

revizori ENCYCLOSSAPIENS; 27 Vol.; CLXXIV+23.004 p.; 1.112 citate; 11 cronologii; 33 *e-mail-uri;* 206.055 enum.; 602 specialități; 1 foto; glosar 4.580 termeni (verbete); 701 microbiogr.; 274 tabele; 702 verbetografii; 28 *website-uri;* 670 filme; 13.896 ref.; 54 videografii; 1.087 webgrafii; Ed. a -9-a digitală rev. și ad.;*Asociația Internațională de Enciclopediologie Conștientologică ENCYCLOSSAPIENS & Asociația Internațională Editares;* Foz do Iguaçu, PR, Brazil; 2018; pag. 22.556.

17. **Nahas,** Jacqueline; & **Fernandes,** Pedro; **Orgs.**; **Homo Lexicograhus: A Saga** *Intelectual de Emile Littrè na Escrita do Dicionário da Lingua Francesa (Homo Lexicographus: saga intelectual a lui Emile Littrè în scrierea Dicționarului de limba franceză);* tr. pref. Michèle Nahas Portela; tr. Julie Scavone Brugier; revizori Ana Flávia Magalhães; ș.a.; 304 p.; 6 cap.; 2 cronologii; 6 cronobiogr.; 4 anexe; 8 enum.; 71 ilus.; 2 hărți; 42 microbiogr.; 2 tabele; 223 note; alf.; geo.; ono.; tabel de imagini; 24,5 x 17,5 cm; pb.; *Asociația Internațională Editares;* Foz do Iguaçu, PR; 2017. (bilingv portugheză-franceză).

18. **Nonato,** Alexandre; ***Biografologia (Biografologia);*** verbet; În: Vieira, Waldo; Org.; Enciclopedia de Conștientologie; introd. Coord.: ENCYCLOSSAPIENS; revizori: Echipa de revizori ENCYCLOSSAPIENS; 27 Vol.; CLXXIV+23.004 p.; 1.112 citate; 11 cronologii; 33 *e-mail-uri;* 206.055 enum.; 602 specialități; 1 foto; glosar 4.580 termeni (verbete); 701 microbiogr.; 274 tabele; 702 verbetografii; 28 *website-uri;* 670 filme; 13.896 ref.; 54 videografii; 1.087 webgrafii; Ed. a 9-a digitală rev. și ad.; *Asociația Internațională de Enciclopediologie Conștientologică ENCYCLOSSAPIENS & Asociația Internațională Editares;* Foz do Iguaçu, PR, Brazil; 2018; pag. 2.492.

19. **Pereira,** Jayme; ***Paradireitologia (Paradreptologie);*** verbet; În: Vieira, Waldo; Org.; Enciclopedia de Conștientologie; introd. Coord.: ENCYCLOSSAPIENS; revizori ENCYCLOSSAPIENS Echipa de revizori; 27 Vol.; CLXXIV+23.004 p.; 1.112 citate; 11 cronologii; 33 *e-mail-uri;* 206.055 enum.; 602 specialități; 1 foto; glosar 4.580 termeni (verbete); 701 microbiogr.; 274 tabele; 702 verbetografii; 28 *website-uri;* 670 filme; 13.896 ref.; 54 videografii; 1.087 webgrafii; Ed. a 9-a Digitală rev. și ad; *Asociația Internațională de Enciclop Conștientologică ENCYCLOSSAPIENS & Asociația Internațională Editares;* Foz do Iguaçu, PR, Brazil; 2018; pag. 16.461.

20. **Ramiro,** Marta; ***Colégio Invisível da Recexologia (Colegiul Invisibil de Recexiologie);*** verbet; În: Vieira, Waldo; Org.; Enciclopedia de Conștientologie; introd. Coord.: ENCYCLOSSAPIENS; revizori: Echipa de revizori ENCYCLOSSAPIENS; 27 Vol.; CLXXIV+23.004 p.; 1.112 citate; 11 cronologii; 33 *e-mail-uri;* 206.055 enum.; 602 specialități; 1 foto; glosar 4.580 termeni (verbete); 701 microbiogr.; 274 tabele; 702 verbetografii; 28 *website-uri;* 670 filme; 13.896 ref.; 54 videografii; 1.087 webgrafii; Ed. a 9-a Digitală rev. și ad.; *Asociația Internațională de Enciclopediologie Conștientologică ENCYCLOSSAPIENS & Asociația Internațională Editares;* Foz do Iguaçu, PR, Brazil; 2018; pag. 6.029.

21. **Idem**; *Conscin Semperaprendente (Conştin semper-studiosus);* verbet; În: Vieira, Waldo; Org.; Enciclopedia de Conştientologie; introd. Coord.: ENCYCLOSSAPIENS; revizori: Echipa de revizori ENCYCLOSSAPIENS; 27 Vol.; CLXXIV+23.004 p.; 1.112 citate; 11 cronologii; 33 *e-mail-uri;* 206.055 enum. 602 specialităţi; 1 foto; glosar 4.580 termeni (verbete); 701 microbiogr.; 274 tabele; 702 verbetografii; 28 *website-uri;* 670 filme; 13.896 ref.; 54 videografii; 1.087webgrafii; Ed. a 9-a Digitală rev. şi ad.; *Asociaţia Internaţională de Enciclopediologie Conştientologică ENCYCLOSSAPIENS & Asociaţia Internaţională Editares;* Foz do Iguaçu, PR, Brazil; 2018; pag. 7.035.

22. **Steiner,** Alexander; *Blindagem Energética de Ambientes (Blindajul energetic al mediului înconjurător);* verbet; În: Vieira, Waldo; Org.; Enciclopedia de Conştientologie; introd. Coord.: ENCYCLOSSAPIENS; revizori: Echipa de revizori ENCYCLOSSAPIENS; 27 Vol.; CLXXIV+23.004 p.; 1.112 citate; 11 cronologii; 33 *e-mail-uri;* 206.055 enum.; 602 specialităţi; 1 foto; glosar 4.580 termeni (verbete); 701 microbiogr.; 274 tabele; 702 verbetografii; 28 *website-uri;* 670 filme; 13.896 ref.; 54 videografii; 1.087 webgrafii; Ed. a 9-a Digitală rev. şi ad.; *Asociaţia Internaţională de Enciclopediologie Conştientologică ENCYCLOSSAPIENS & Asociaţia Internaţională Editares;* Foz do Iguaçu, PR, Brazil; 2018; pag. 5.088.

23. **Teles,** Mabel; *Zéfiro: A Paraidentidade Intermissiva de Waldo Vieira (Zephyrus: Paraidentitatea intermisivă a lui Waldo Vieira);* revizori Erotides Louly ş.a.; 3 secţ.; 12 cap.; 2 cronologii; 1 diagramă; 1 email; 30 enum.; 36 foto; 19 microbiogr.; 47 abrev.; 2 tabele; 2 *website-uri;* glosar 212 termeni; 40 ref.; 7 webgrafii; alf.; geo; ono.; 23.5 x 16.5 cm; pb.; *Asociaţia Internaţională Editares;* Foz do Iguaçu, PR; 2014; pag. 175.

24. **Vieira,** Waldo; *Dicionário de Argumentos da Conscienciologia (Dicţionar de argumente de conştientologie);* revizori Echipa de Revizori a Holociclului; 1.572 p.; 1 blog; 21 *e-mail-uri;* 551 enum.; 1 schema evoluţiei conştienţiale; 18 foto; glosar 650 termeni; 19 *website-uri;* alf.; 28.5 x 21.5 x 7 cm; enc.; *Asociaţia Internaţională Editares;* Foz do Iguaçu, PR; 2014; pag. 1,387.

25. **Idem;** *200 Teáticas da Conscienciologia: Especialidades e Subcampos (200 de teopractici de conştientologie: specialităţi şi subdomenii);* revizor Alexander Steiner; ş.a.; 260 p.; 200 cap.; 15 *e-mail-uri;* 8 enum.; 1 foto; 1 microbiogr.; 2 *website-uri;* 13 ref.; alf.; 21 x 14 cm; pb.; *Institutul Internaţional de Proiectologie şi Conştientologie* (IIPC); Rio de Janeiro, RJ; 1997; pag. 75.

26. **Idem;** *Enciclopédia da Conscienciologia 7a edição; (Enciclopedia de Conştientologie ed. a 7-a);* Cosmovisão Humana (Cosmoviziunee umană) Cosmovisiologia (Cosmoviziologie); Duplismologia; (Duologie) Holofilosofia (Holofilosofie); Interassistenciologia (Interasistentologie); Megagescon (Megagescon); Megatrafar (Megatrasla); Megagrafor (Megatrafor); Ortopensenidade (Ortogânsenitate); Pararealidade (Pararealitate); Melex (Melex); Melin (Melin); Omissuper (Omisuper); Princípio da Descrença (Principiul neîncrederii); Técnica do Ciclo Enumerativo (Tehnica ciclului enumerativ);

Tema Homeostático (Tema homeostatică); Tema Neutro (Tema neutră); Tema Nosográfico (Tema nosografică); Trafal (Tralip); Verbet; În: Vieira, Waldo; Org; Enciclopedia de Conștientologie; revizori: Echipa de revizori ai Holociclului - CEAEC; 2 Vol.; 2.494 p.; 80 abrev.; 1 biogr.; 720 contrapuncte; cronologii; 35 e-mail-uri; 16 adrese; 2.892 enum.;statistici; 6 filmografii; 1 foto; 720 fraze emfatice; 5 indecși; 1.722 neolog.; 1.750 întrebări; 720 remissiologies; 16 name-codes;50 tabele; 135 tehnici; 16 *website-uri;* 603 ref.; 1 anexă.; alf.; foreign.; geo.; ono.; tabele; 28 x 21 x 12 cm; hard cover; Ed. 7 rev. și ad.; *Asociația Internațională Editares;* Foz do Iguaçu, PR, Brazil; 2012.; pag. 2952; 2955; 4487; 4988; 1500; 5795; 5807; 5825; 5834; 6232; 2327 ; 6589; 6671; 7149; 2738; 10434, 10437; 8613; 10816.

27. Idem; *Enciclopédia da Conscienciologia 8a edição (Enciclopedia de Conștientologie ed. a 8-a);* Abertismo Consciencial; Agendex; Agente Retrocognitivo Inato; Agente Retrocognitor; Amizade Raríssima; Arco Voltaico Craniochacral; Aula de Conscienciologia; Autoassédio; Auto-herança Parapsíquica; Autoassédio, Autodefesa Energética; Autolucidez Parapsíquica; Autossuficiência Evolutiva; Bagulho Autopensênico; Baratrosfera; Biografologia; Central Extrafísica da Energia (CEE); Central Extrafísica da Fraternidade (CEF); Central Extrafísica da Verdade (CEV); Código Pessoal de Cosmoética (CPC); Cognopolita; Colheita Intermissiva; Comunidade Conscienciológica Cosmoética Internacional – CCCI; Conscienciolerapeuta; Consciêncula; Descrenciologia; Energosfera Pessoal; Facilitador da Conscienciologia; Ficha Evolutiva Pessoal (FEP); Higiene Consciencial; Holotecologia; Impactoterapia; Inteligência Evolutiva; Interassistencialidade; Interassistenciologia; Megaeuforização; Paramicrochip; Paraprocedência; Parepistemologia; Recin; Senso Universalista; Tertúlia Conscienciológica;Voliciolina; (Deschiderea conștiențială; Agendex; Agent retrocognitiv înnăscut; Prietenie rarisimă; Arc voltaic; Lecție de conștientologie; Autointruziunea; Autoapărare energetică; Autoluciditate parapsihică; Autosuficiență evolutivă; Gunoi autogânsenic; Baratrosferă; Biografologie; Centrul Extrafizic al Energiei (CEE Centrul Extrafizic al Fraternității (CEF); Centrul Extrafizic al Adevărului (CEA); Cod Personal de Cosmoetică (CPC); Cognopolitan; Recolta intermisivă; Comunitatea Conștientologică Cosmoetică Internațională (CCCI); Conștientoterapeut; Conștiensula; Neîncredologia; Energosfera personală; Facilitator de conștientologie; Fișa evolutivă personală; Igiena conștiențială; Holotecologie; Impactoterapie; Inteligența evolutivă; Interasistențialitate; Interasistențiologie; Megaeuforizare; Para-microchip; Paraproveniență; Paraepistemologie; Recin; Sens universalist; Tertulia conștientologică; Volitolină); verbete; În: Vieira, Waldo; Org; Enciclopedia de Conștientologie; Digitală, CD-ROM; 2.498 verbete; 192 microbiogr.; 11.034 p.; 234 specialități; 147 tabele; 191 verbetografii; Ed. a 8-a digitală Vers.8.00; *Asociația Internațională Editares & Associação do Centro de Altos Estudos da Conscienciologia (Asociația Centrului pentru Înalte Studii de Conștientologie)* (CEAEC); Foz do Iguaçu, PR, Brazil; 2013; pag. 115; 339; 370; 374; 475; 906; 1166; 1229; 1693; 1521;1754;2064; 2158; 2255; 2492;2694; 2689;2692; 2840; 2891;2918; 3290; 3298; 4497; 5043;5549; 3643;3920;

3920; 3643; 6209; 6993; 5204; 8121; 8237; 9310; 9806; 10512.

28. **Idem;** *Enciclopédia da Conscienciologia Digital (Enciclopedia de conștientologie;* 11,034 p.; glosar 2.498 termeni (verbete); 192 microbiogr.; 147 tabele; 191 verbetograf.; Ed. a 8-a digitală vers.8.00; *Asociația Internațională Editares;* & *Asociația Internațională a Centrului pentru Înalte Studii de Conștientologie* (CEAEC); Foz do Iguaçu, PR; 2013; pag. 22.**Idem;** *Homo sapiens reurbanisatus;* revizori Echipa de Revizori a Holociclului; 1.584 p.; 24 secț.; 479 cap.; 139 abrev.; 12 *e-mail-uri;* 597 enum.; 413 neolog.; 1 foto; 40 ilus.; 1 microbiogr.; 25 tabele; 4 *website-uri;* glosar 241 termeni; 3 infografii; 102 filme; 7.665 ref.; alf.; geo.; ono.; 29 x 21 x 7 cm; bdg.; Ed. a 3-a free; *Asociația Internațională a Centrului pentru Înalte Studii de Conștientologie* (CEAEC); Foz do Iguaçu, PR; 2004; pag. 77.

29. **Idem;** *Homo sapiens pacificus;* revizori Echipa de Revizori a Holociclului; 1.584 p.; 24 secț.; 413 cap.; 403 abrev.; 38 *e-mail-uri;* 434 enum.; 484 neolog.; 1 foto; 37 ilus.; 168 megagânsene trivocab.ular; 1 microbiogr.; 36 tabele; 15 *website-uri;* glosar 241 termeni; 25 imagini artistice; 103 muzicografii; 24 discografii; 20 scenografii; 240 filme; 9.625 ref.; alf.; geo.; ono.; 29 x 21.57 cm; enc.; Ed. a 3-a Free; *Asociația Internațională a Centrului pentru Înalte Studii de Conștientologie* (CEAEC); & *Asociația Internațională Editares;* Foz do Iguaçu, PR; 2007; pag. 174.

30. **Idem;** *Léxico de Ortopensatas (Lexicon de ortopensate);* revizori Echipa de revizori a Holociclului; 2 Vol.; 1.800 p.; Vol. 1 și 2; 1 blog; 652 concepte analogice; 22 *e-mail-uri;* 19 enum.; 1 schema evoluției conștiențiale; 17 foto; glosar 6.476 termeni; 1.811 megagânsenă trivocabular; 1 microbiogr.; 20.800 orthopensatas; 2 tabele; 120 lexicographic tehnici; 19 *website-uri;* 28.5 x 22 x 10 cm; enc.; *Asociația Internațională Editares;* Foz do Iguaçu, PR; 2014; pag. 1466 graf. ; 19 *website-uri;* 28.5 x 22 x 10 cm; enc.; Asociația Internațională Editares; Foz do Iguaçu, PR; 2014; pag. 1256.

31. **Idem;** *Manual da Proéxis: Programação Existencial (Manual de proexis: programul existențial);* revizori Erotides Louly; & Helena Araújo; 164 p.; 40 cap.; 1 email; 86 enum.; 1 foto; 1 microbiogr.; 16 *website-uri;* 17 ref.; alf.; 21 x 14 cm; pb.; Ed. 5 rev.; *Asociația Internațională Editares* Foz do Iguaçu, PR; 2011; pag. 140.

32. **Idem;** *Manual da Tenepes: Tarefa Energética Pessoal (Manual de Penta: sarcina energetică personală);* revizori Erotides Lo-uly; Helena Araújo; & Julieta Mendonça; 154 p.; 34 cap.; 147 abrev.; 18 *e-mail-uri;* 52 enum.; 1 foto; 1 microbiogr.; 1 tabel; 1 test; 19 *website-uri;* glosar 282 termeni; 5 ref.; alf.; 21 x 14 cm; pb.; Ed. a 3-a; *Asociația Internațională Editares;* Foz do Iguaçu, PR; 2011; pag. 11.

33. **Idem;** *Manual de Redação da Conscienciologia (Manual de redactare pentru conștientologie);* revizori Alexander Steiner ș.a.; 276 p.; 15 secț.; 150 cap.; 152 abrev.; 23 *e-mail-uri;* 54 enum.; 274 neolog.; 30 expr. idiom. lb.pt.; 1 foto; 60

expr.lb.sp.; 85 megagânsene trivocab.; 1 microbiogr.; 30 cercetări; 6 tehnici; 30 teorii; 8 teste; 60 tipuri artefacte ale cunoașterii; 60 voci de animale; 3 *website-uri;* glosar 300 termeni; 609 ref.; 28 x 21 cm; pb.; Ed. 2 rev.; Asociația Internațională a Centrului pentru Înalte Studii de Conștientologie) (CEAEC); Foz do Iguaçu, PR; 2002; pag. 17.

34. **Idem;** *Nossa Evolução (Evoluția noastră);* revizor Tatiana Lopes; 170 p.; 15 cap.; 149 abrev.; 17 *e-mail-uri;* 1 foto; 1 microbiogr.; 162 întrebări; 162 răspunsuri; 13 *website-uri;* glosar 282 termeni; 6 ref.; alf.; 21 x 14 cm; pb.; Ed. a 3-a; *Asociația Internațională Editares* Foz do Iguaçu, PR; 2010, pag. 126.

35. **Idem;** *Projeciologia: Panorama das Experiências da Consciência Fora do Corpo Humano (Proiectologia: O panoramă a experiențelor conștiinței în afara corpului uman)* revizori Alexander Steiner ș.a.; 1.232 p.; 18 secț.; 525 cap.; 150 abrev.; 16 *e-mail-uri;* 1,156 enum.; 1 scală; 1 foto; 3 graf.; 42 ilus.; 1 microbiogr.; 1 sinopsis; 2 tab.le; 2 *website-uri;* glosar 300 termeni; 1.907 ref.; alf.; geo.; ono.; 28 x 21 x 7 cm; bdg.; Ed. a 4-a rev. și ad.; *Institutul Internațional de Proiectologie și Conștientologie* (IIPC); Rio de Janeiro, RJ; 1999; pag. 37.

36. **Idem;** *Projeciologia: Panorama das Experiências da Consciência Fora do Corpo Humano (Proiectologia: O panorama experiențelor conștiinței în afara corpului uman);* revizori Alexander Steiner ș.a.; 1.232 p.; 18 secț.; 525 cap.; 150 abrev.; 16 *e-mail-uri;* 1.156 enum.;1 scală; 1 foto; 3 graf.; 42 ilus.; 1 microbiogr.; 1 sinopsis; 2 tab. ; 2 *website-uri;* glosar 300 termeni; 1.907 ref.; alf.; geo.; ono.; 28 x 21 x 7 cm; bdg.; Ed. a 5-a rev. și ad.; *Institutul Internațional de Proiectologie și Conștientologie* (IIPC); Rio de Janeiro, RJ; 2002; pag. 1.099.

37. **Idem;** *700 Experimentos da Conscienciologia (700 de experimente de conștientologie);* revizori Ana Maria Bonfim; Everton Santos; & Tatiana Lopes; 1.088 p.; 40 secț.; 100 subsecț.; 700 cap.; 147 abrev.; 1 blog; 1; 100 date; 20 *e-mail-uri;* 600 enum.; 272 neolog.; 1 form.; 1 foto; 1 microbiogr.; 56 tabele; 57 tehnici; 300 teste; 21 *website-uri;* glosar 280 termeni; 5.116 ref.; alf.; geo.; ono.; 28.5 x 21.5 x 7 cm; bdg.; Ed. a 3-a rev. și ad.; *Asociația Internațională Editares;* Foz do Iguaçu, PR; 2013.

Webgrafie Specifică:

01. **Asociația Internațională pentru Conștientometrologie Interasistențială** (CONSCIUS); *Curso Conscin-Cobaia (Cursul Conștin-cobai);* Evenimente; Programe; 1 adresă de e-mail; 1 website; Foz do Iguaçu, PR; disponibil la: <http:// www.conscius.org.br/>; accesat pe: 25.09.2016; 18:37.

02. **Asociația Internațională pentru Cosmoeticologie** (COSMOETHOS); *O que é a Cosmoethos? (Ce este Cosmoethos?)* din 2014; activități; cursuri; dinamici; statut; evenimente; workshop-uri; 1 adresă e-mail; 1 foto; 1 microbiogr.; 1 organogramă; Cognopolis, Foz do Iguaçu, PR; disponibil la: <https:www. cosmoethos.org.br/>; accesat pe: 13.07.16; 20:54.

03. **Asociația Internațională pentru Cercetare Holobiografică și Seriexologică** (CONSECUTIVUS); Luciditatea multiexistențială; *O que você sabe sobre suas Vidas Passadas? (Ce știi despre viețile tale anterioare?)* curs; școală; eveniment; Mnemociclu; disponibil la:<https://consecutivus.org/>; accesat pe: 06.05.18.

04. **Balthazar,** Alexandre; & **Souza,** Paula; Coords; *Colégio Invisível da Pararreurbanologia (Colegiul Invizibil de Parareurbanologie);* Din 2002; 21 colegii; 23 microbiogr. ale participanților; 2 video (Studiu de caz: IG Farben – Campus J.W. Von Goethe/ Frankfurt, Germany; & Penta Forum / Foz do Iguaçu, PR); 5 tabele din 22 țări participante; 5 *website-uri;* Foz do Iguaçu; PR; disponibil la: <http://www.reurbex.org/definicao/>; accesat pe: 12.07.17.

05. **Buononato,** Flávio; Coord.; *Instituto Cognopolitano de Geografia e Estatística (Institutul Cognopolitan de Geografie și Statistică)* (ICGE): *Anuário da Conscienciologia: Fatos e Parafatos – 2012 (Anuarul de conștientologie: fapte și parafapte - 2012);* tipărit și online; din 2011; 1 schemă; 10 enum.; secțiune: Harta lumii / Evidențieri; 3 statistici; 22 instituții; 2 hărți; pag. 1 la 256; Foz do Iguaçu, PR; disponibil la: <http://www.icge. org.br>; accesat pe: 18.06.2017.

06. **Centro de Altos Estudos da Conscienciologia (Centrul pentru Înalte Studii de Conștientologie)** (CEAEC); *Tertulia da Conscienciologia on Line (Tertulia de conștientologie on-line);* Prezentare de verbete; zilnic; descărcări; verbete în ordine alfabetică; Foz do Iguaçu, PR; disponibil la: <https://www.google.com.br/p?sourceid=chromeinstant&ion=1&espv=2&ie=UTF8 #q=websiteuri+institucional+das+tertulias+conscienciol%C3%B3gicas+2013; accesat pe: 25.09.2016; 17h57.

07. **Colegiado da Conscienciologia;** *Comunidade Conscienciológica Cosmoética Internacional;* (Colegiul de Conștientologie: *Comunitatea Conștientologică Cosmoetică Internațională*) Blog din 24.06.2016; Drepturi și îndatoriri ale voluntarilor); 6 foto ale membrilor; 6 minibiogr.; deliberări, adunări, noutăți, programe, contact, limbi utilizate: portugheză, engleză spaniolă. Foz do Iguaçu, PR; <http://colegiado daconscienciologia.org/conscienciologia/ccci/> ; accesat pe: 05.08.2018.

08. **Conscienciopédia** - *Enciclopédia Digital da Conscienciologia (***Conscienciopédia** – *Enciclopedia Digitală de Conștientologie);* propuneri; 17 argumentss; 7 limbi; disponibil la: <http:// pt.conscienciopedia.org/index.index.php/ Conscienciocracia>; accesat pe: 06/05/2018).

09. **Daou,** Dulce; *Voliciopatia e Autorado Libertário (Volitopatie și autoratul libertarian);* În: Scriptor, An 2; N. 2; 2011; pag. 50 la 68; disponibil la: <https://pt.scribd.com/ doc/129729092/Scriptor, An 2, N.2>; accesat pe: 30.04.2018.

10. **Holoserver;** *Banco de Dados do Holociclo: Recursos de Pesquisas da Conscienciologia (Baza de date a Holociclului: Resurse de cercetare inconștientologie);* PDF on-line; 2001; Bibliomatica; Conscienciopedia; Google; Holotheca; Lexicomatica; Enciclopedia de Conştientologie noutăţi; Onomastic; Web; Foz do Iguaçu, PR; disponibil pe :<http://holoserver.ceaec.org/lexicomatica/ferramentas/lexicoBusca. aspx?q=>; accesat pe: 03.10.2016; 20h41.

11. **Interassistantial Services for Internationalization of Conscientiology (Servicii Interasistenţiale pentru Internaţionalizarea Conştientologiei)** (ISIC); *Matergânsena organizaţională: Intercoperarea;* bilingv on-line; din 1994; PDF; Colegii Invizibile; Consultări; Descărcări; Editares; Educaţie Enciclopedia; Evenimente; Instrumente de cercetare; ICNEO Glosar; librărie on-line; Resurse; & Instituţii Conştientocentrice; Revista Conscientia; Sănătate; Servicii; IT Tehnici; Tertulia Online; Traduceri; TV complexis; 1 cronologie; 1 enum.; 1 graf.; Foz de Iguaçu, PR; disponibil la: <http://www.isicons.org/ home/resources-downloads /researchresources>; accesat pe 03.10.2016; 20:07.

12. **Interparadigmas: A Revista de Doutores da Conscienciologia (Revista Doctorilor în Conştientologie);** *Tema: Paraperceptologia;* revistă tipărită şi electronică; An 2; N. 2; 1 email; *Asociaţia Internaţională Editares;* Foz do Iguaçu; PR; 2014; pag. 3 la 194; disponibil pe: <http://wwwgoogle.com.br/webhp? sourceid=chrome-instant&ion=1&espv=2 &ie=UTF-8#q=interparadigma>; accesat pe: 03.10.2016; 20:55.

13. **Muniz,** Daniel; *Portal Clicatribuna;* News Portal; online; Journal; zilnic; din 2013; Criciúma, SC; disponibil pe: <http://www.clicatribuna.com/noticia/flashdoleitor/ conhecer-as-proprias-bioenergias-pode-melhorar-a-qualidade-das-interacoes-9087>; accesat pe: 04.03.2017; 12:21.

14. **Nascimento,** William; *Estudo: Eis Tudo (Studiu: Asta e tot);* Blog; 8 Articole; 1 email; 1 enum.; 2 foto; 2 fotomontaje; 6 ilus.; 3 microbiogr.; 2 abrev. instituţionale; 5 *website-uri;* 22 ref.; Curitiba, PR; disponibil pe:<http://parasinapse.blogspot.com.br/; accesat pe: 12.07.2017; 18:33.

15. **Tertúlia Conştientologică;** *Tertuliarium;* Verbete on-line; dezbateri; Enciclopedia de Conştientologie; Youtube; Foz do Iguaçu, PR; disponibil pe: <http://enciclomatica.org /pag.php?pag.id=104604>; accesat pe: 06.05.2018.

16. **Hand and Foot Chakras (Chakrele mâinilor şi picioarelor);** Chakras room of the Psychic Library; Blog; How la Open - Psychic Library; disponibil pe:<psychiclibrary.com/ beyond Books/hand-and-foot-chakras/>; accesat pe: 12.07.17; 12:20.

MINIBIOGRAFII ALE ORGANIZATOARELOR
MINIBIOGRAFIAS DAS ORGANIZADORAS
ORGANIZER'S MINIBIOGRAPHIES

Adina Oprea s-a născut în Romania şi locuieşte în Bucureşti. A studiat limbile străine, a lucrat în industria aviatica şi, în prezent este pensionară. A luat contact cu conştientologia în 2017. Este practicantă penta din 2020, voluntară a ISIC din 2021 şi a Reaprendentia din 2022. Ea este traducătoarea şi revizoarea mai multor cărţi de conştientologie şi autoarea unor articole de conştientologie.

Adina Oprea nasceu na Roménia e mora presentemente em Bucareste. Estudou as Letras e Línguas Estrangeiras e trabalhou na Indústria Aeronáutica, sendo atualmente aposentada. Ela descobriu a Conscienciologia em 2017, é tenepessista desde 2020, e voluntaria da ISIC desde 2021, e da Reaprendentia desde 2022. Ela é tradutora, do inglês e português para romeno, de livros conscienciológicos e autora de diversos artigos.

Adina Oprea was born in Romania and is currently living in Bucharest, where she studied modern languages and literature. Having worked in the aviation industry, she is currently retired. She came across conscientiology in 2017, became a penta practitioner in 2020, and is a volunteer of ISIC since 2021, and Reaprendentia since 2022. She is a translator from English and Portuguese into Romanian and a reviser of several conscientiology books and an author of conscientiological articles.

Daniela Mareş s-a născut în România şi locuieşte în Bucureşti. A studiat statistică şi cibernetică economică, şi psihologie; a lucrat ca analist-programator şi în prezent este pensionară. A luat contact cu conştientologia în anul 2018 şi este voluntar ISIC din anul 2023. A participat la traducerea şi revizuirea unor cărţi de conştientologie.

Daniela Mareş nasceu na Roménia e mora presentemente em Bucareste. Ela estudou Estatística Econômica e Cibernética, e Psicologia, e trabalhou como especialista de TI, sendo atualmente aposentada. Descobriu a Conscienciologia em 2018 e é voluntaria da ISIC desde 2023. Ela participou na tradução e revisão de alguns livros da Conscienciologia.

Daniela Mareş was born in Romania and is currently living in Bucharest. She studied economic statistics and cybernetics, and psychology, and worked as an IT specialist; she is currently retired. She came across conscientiology in 2018 and is a volunteer of ISIC since 2023. She participated in the translation and revision of several conscientiology books.

MINIBIOGRAFIA REVIZOAREI
MINIBIOGRAFIA DA REVISORA
REVISER'S MINIBIOGRAPHY

Mihaela Neguriță s-a născut în România și locuiește în București. A studiat Relații Economice Internaționale și lucrează ca director de vânzări la o tipografie. A luat contact cu conștientologia în 2012. Este revizoarea mai multor cărți de conștientologie.

Mihaela Neguriță nasceu na Romênia e mora em Bucareste. Estudou as Relações Econômicas Internacionais e presentemente trabalha como gerente de vendas. Ela descobriu a conscienciologia em 2012. Participou na revisão de alguns livros da Conscienciologia.

Mihaela Neguriță was born in Romania and is currently living in Bucharest. She studied International Economic Relations and is working as a sales manager in a printing house. She came across conscientiology in 2012 and participated in the revision of several conscientiology books.

INSTITUȚII CONȘTIENTOCENTRICE – IC
INSTITUIÇÕES CONSCIENCIOCÊNTRICAS – IC
CONSCIENTIOCENTRIC INSTITUTIONS – CI

IC. Instituțiile conștientocentrice – IC – sunt organizații ale căror scopuri, metodologii de lucru și modele organizaționale se bazează pe Paradigma Conștiențială. Principala activitate a IC este să susțină evoluția conștiințelor prin sarcina de clarificare, realizată prin adevăruri relative de vârf (aderev) cu care conștientologia și subdomeniile ei lucrează.

Voluntariat. Fiecare instituție conștientocentrică este o asociație independentă, non-profit, susținută în principal prin munca voluntară a instructorilor, cercetătorilor, administratorilor și profesioniștilor din câteva domenii diferite. **CCCI.** Totalitatea instituțiilor conștientocentrice și a voluntarilor din domeniul conștientologiei formează Comunitatea Conștientologică Cosmoetică Internațională (din portugheză *Comunidade Conscienciológica Cosmoética Internacional* sau CCCI), din care fac parte în acest moment mai mult de 20 de instituții conștientocentrice.

ICs. As Instituições Conscienciocêntricas – ICs – são organizações cujos objetivos, metodologias de trabalho e modelos organizacionais estão fundamentados no Paradigma Consciencial. A atividade principal das ICs é apoiar a evolução das consciências através da tarefa do esclarecimento pautada pelas verdades relativas de ponta, encontradas nas pesquisas no campo da Ciência Conscienciologia e especialidades.

Voluntariado. Todas as Instituições Conscienciocêntricas são associações independentes, de caráter privado, sem fins de lucro e mantidas predominantemente pelo trabalho voluntário de professores, pesquisadores, administradores e profissionais de diversas áreas. **CCCI.** O conjunto das Instituições Conscienciocêntricas e dos voluntários da Conscienciologia no planeta compõe a Comunidade Conscienciológica Cosmoética Internacional – CCCI – formada atualmente por 25 ICs.
(source Interparadigmas Magazine, 2013)

CIs. The Conscientiocentric Institutions – CIs – are organizations whose purposes, methodologies of work and organizational models are based in the Conștiențială Paradigm. The main activity of the CIs is to support the evolution of the consciousnesses through the clarifying task guided by the leading edge relative truths, found in researches in the field of the Science Conscientiology and its specialities.

Volunteer. Every Conscientiocentric Institution is an independent association, of private character, non-profit and maintained predominantly by volunteer work of teachers, researchers, administrators and professionals of several areas. CCCI. The set of Conscientiocentric Institutions and Conscientiology's volunteers in the planet composes the International Cosmoethical Conscientiological Community (Comunidade Conscienciológica Cosmoética Internacional – CCCI) which currently consists of 25 CIs.

AIEC – ASOCIAȚIA INTERNAȚIONALĂ PENTRU EXPANSIUNEA CONȘTIENTOLOGIEI.
Fondată: 22.04.2005
Site: worldaiec.org

APEX – ASOCIAȚIA INTERNAȚIONALĂ PENTRU PROGRAMUL EXISTENȚIAL
Fondată: 20.02.2007
Site: apexinternacional.org

ARACÊ – ASOCIAȚIA INTERNAȚIONALĂ PENTRU EVOLUȚIA CONȘTIINȚEI
Fondată: 14.04.2001
Site: arace.org

ASSINVÉXIS – ASOCIAȚIA INTERNAȚIONALĂ PENTRU INVERSIUNEA EXISTENȚIALĂ
Fondată: 22.07.2004
Site: assinvexis.org

ASSIPI – ASOCIAȚIA INTERNAȚIONALĂ PENTRU PARAPSIHISM INTERASISTENȚIAL
Fondată: 29.12.2011
Site: assipi.com

CEAEC – CENTRUL PENTRU ÎNALTE STUDII DE CONȘTIENTOLOGIE
Fondat: 15.07.1995
Site: campusceaec.org

COMUNICONS – ASOCIAȚIA INTERNAȚIONALĂ PENTRU COMUNICARE CONȘTIENȚIALĂ
Fondată: 24.07.2005
Site: comunicons.org.br

CONSCIUS – ASOCIAȚIA INTERNAȚIONALĂ PENTRU CONȘTIENTOMETROLOGIE INTERASISTENȚIALĂ
Fondată: 24.02.2006
Site: conscius.org.br

CONSECUTIVUS – ASOCIAȚIA INTERNAȚIONALĂ PENTRU CERCETARE HOLOBIOGRAFICĂ ȘI SERIEXOLOGICĂ
Fondată: 14.12.2014
Site: consecutivus.org

COSMOETHOS – ASOCIAȚIA INTERNAȚIONALĂ PENTRU COSMOETICOLOGIE
Fondată: 03.10.2015
Site: cosmoethos.org.br

ECTOLAB – ASOCIAȚIA INTERNAȚIONALĂ PENTRU CERCETAREA DE LABORATOR A ECTOPLASMEI ȘI PARAPCHIRURGIEI
Fondată: 14.07.2013
Site: ectolab.org

EDITARES – ASOCIAȚIA INTERNAȚIONALĂ EDITARES
Fondată: 23.10.2004
Site: editares.org.br

ENCYCLOSSAPIENS – ASOCIAȚIA INTERNAȚIONALĂ PENTRU ENCICLOPEDIOLOGIE CONȘTIENTOLOGICĂ
Fondată: 21.12.2013
Site: encyclossapiens.org

EVOLUCIN – ASOCIAȚIA INTERNAȚIONALĂ PENTRU CONȘTIENTOLOGIE ÎN COPILĂRIE
Fondată: 29.07.2006
Site: evolucin.org.br

IC TENEPES – ASOCIAȚIA INTERNAȚIONALĂ PENTRU PENTOLOGIE
Fondată: 11.06.2016
Site: ictenepes.org

IIPC – INSTITUTUL INTERNAȚIONAL PENTRU PROIECTOLOGIE ȘI CONȘTIENTOLOGIE
Fondat: 16.01.1988
Site: iipc.org.br

INTERCAMPI – ASOCIAȚIA INTERNAȚIONALĂ PENTRU CERCETAREA ZONELOR CONȘTIENTOLOGICE
Fondată: 23.07.2005
Site: intercampi.org

INTERPARES – ASOCIAȚIA INTERNAȚIONALĂ PENTRU SPRIJIN INTERASISTENȚIAL
Fondată: 15.05.2016
Site: interpares.org.br

JURISCONS – ASOCIAȚIA INTERNAȚIONALĂ PENTRU PARADREPTOLOGIE
Fondată: 25.04.2015
Site: juriscons.org

LIDERARE – ASOCIAȚIA INTERNAȚIONALĂ PENTRU LEADERSHIP INTERASISTENȚIAL
Fondată: 01.05.2021
Site: liderare.org

OIC – ORGANIZAȚIA INTERNAȚIONALĂ PENTRU CONȘTIENTOTERAPIE
Fondată: 06.09.2003
Site: oic.org.br

ORTHOCOGNITIVUS – ASOCIAȚIA INTERNAȚIONALĂ PENTRU IMPLANTAREA COGNOPOLISULUI SC
Fondată: 18.05.2018
Site: orthocognitivus.org

REAPRENDENTIA – ASOCIAȚIA INTERNAȚIONALĂ PENTRU PARAPEDAGOGIE ȘI REEDUCARE CONȘTIENȚIALĂ
Fondată: 21.10.2007
Site: reaprendentia.org

UNICIN – UNIUNEA INTERNAȚIONALĂ A INSTITUȚIILOR CONȘTIENTOCENTRICE
Fondată: 22.01.2005
Site: unicin.org

UNIESCON – UNIUNEA INTERNAȚIONALĂ DE CONȘTIENTOLOGIE
Fondată: 23.11.2008
Site: uniescon.org

TITLURI PUBLICATE DE EDITARES
TÍTULOS PUBLICADOS PELA EDITARES
BOOKS PUBLISHED BY EDITARES

LIMBA ROMÂNĂ	
AUTORI	**TITLURI**
Mabel Teles	ZEPHYRUS: PARAIDENTITATEA INTERMISIVĂA LUI WALDO VIEIRA
Waldo Vieira	MANUAL DE PENTA
	MANUAL DE PROEXIS
LIMBA PORTUGHEZĂ	
AUTORI	**TITLURI**
Adriana Kauati	SÍNDROME DO IMPOSTOR
	TECNICIDADE CONSCIENCIOLÓGICA
Adriana Kauati, Eliana Manfroi e Ninarosa Manfroi (Orgs.)	MANUAL DE LEITURA LÚCIDA
Adriana Lopes	SENSOS EVOLUTIVOS E CONTRASSENSOS REGRESSIVOS
Alessandra Nascimento e Felix Wong (Orgs.)	CONSCIENCIOLOGIA É NOTÍCIA: PROJECIOLOGIA
Alexandre Nonato	JK E OS BASTIDORES DA CONSTRUÇÃO DE BRASÍLIA
Alexandre Nonato et. al.	ACOPLAMENTO ENERGÉTICO
	INVERSÃO EXISTENCIAL
Aline Niemeyer	MEGAPENSENES TRIVOCABULARES DA INTERASSISTENCIALIDADE
	PENSATAS SOBRE RECICLAGENS INTRACONSCIENCIAIS
Aline Niemeyer e Lilian Zolet	TÉCNICAS BIOENERGÉTICAS PARA CRIANÇAS
Almir Justi, Amin Lascani e Dayane Rossa	COMPETÊNCIAS PARAPSÍQUICAS
Alzemiro Rufino de Matos	VIDA: OPORTUNIDADE DE APRENDER
Alzira Gesing	INTENÇÃO
Ana Claudia Prado, Elizabeth Rodrigues, Maria Izabel da Conceição, Rosemere Vitoriano (Orgs.)	ANTOLOGIA DE EXPERIMENTOS DA TÉCNICA DE MAIS 1 ANO DE VIDA INTRAFÍSICA
Ana Luiza Rezende et. al.	MANUAL DO ECP2
Ana Seno	COMUNICAÇÃO EVOLUTIVA
Ana Seno e Eliane Stédile (Orgs.)	SERENARIUM
Anália Rosário Lopes, Myriam Sanchez e Rita Sawaya	DICIONÁRIO DE TECAS DA HOLOTECOLOGIA
Antonio Fontenele	DECISÕES EVOLUTIVAS
Antonio Pitaguari e Marina Thomaz	REDAÇÃO E ESTILÍSTICA CONSCIENCIOLÓGICA
Arlindo Alcadipani	ITINERÁRIO EVOLUTIVO DE UM RECICLANTE
Bárbara Ceotto	DIÁRIO DE AUTOCURA
Beatriz Tenius e Tatiana Lopes	AUTOPESQUISA CONSCIENCIOLÓGICA
Caio Polizel (Org.)	DIRETRIZES DA AUTOGESTÃO EXISTENCIAL
Cesar Cordioli	CALEPINO CONSCIENCIOLÓGICO
	CONSCIENCIOLOGIA: BREVE INTRODUÇÃO À CIÊNCIA DA CONSCIÊNCIA
Cesar Machado	ANTIVITIMIZAÇÃO
	PROATIVIDADE EVOLUTIVA
Cesar Machado e Stéfani Sabetzki	HUMANIZAÇÃO PARAPSÍQUICA NA UTI
Christovão Peres	VOLICIOTERAPIA: VONTADE APLICADA À CONSCIENCIOTERAPIA
Cirleine Couto	CONTRAPONTOS DO PARAPSIQUISMO
	INTELIGÊNCIA EVOLUTIVA COTIDIANA
Clara Emilie Vieira	ESCOLHAS EVOLUTIVAS
Cristiane Gilaberte	COMUNIDADE CONSCIENCIOLÓGICA
Dalva Morem	SEMPRE É TEMPO
Dayane Rossa	MEGATRAFOR: ESTUDO DO MAIOR TALENTO CONSCIENCIAL SOB A ÓTICA DA MULTIEXISTENCIALIDADE
	OPORTUNIDADE DE VIVER
Débora Klippel	O PEQUENO PESQUISADOR: MEMÓRIAS E VIDAS PASSADAS
	O PEQUENO PESQUISADOR: MULTIDIMENSIONALIDADE

Autor	Título
Dulce Daou	AUTOCONSCIÊNCIA E MULTIDIMENSIONALIDADE
	VONTADE: CONSCIÊNCIA INTEIRA
Eduardo Martins	HIGIENE CONSCIENCIAL
Eliana Manfroi	ANTIDESPERDÍCIO CONSCIENCIAL
Ermânia Ribeiro	DIÁRIO DE EXPERIÊNCIAS COGNOPOLITANAS
Ernani Brito, Rosemary Salles e Sandra Tornieri	LIVRO DOS CREDORES GRUPOCÁRMICOS
Eucárdio de Rosso (Org.)	COSMOETICOLOGIA
Everaldo Bergonzini & Lilian Zolet	CONVIVIALIDADE SADIA
Fernando R. Sivelli e Marineide C. Gregório	AUTOEXPERIMENTOGRAFIA PROJECIOLÓGICA
Flávia Rogick	CONSCIÊNCIA CENTRADA NA ASSISTÊNCIA
	MUDAR OU MUDAR
Flávio Amado (Org.)	TEÁTICAS DA TENEPES
Flávio Buononato	ANUÁRIO DA CONSCIENCIOLOGIA 2012
	ANUÁRIO DA CONSCIENCIOLOGIA 2013
	ANUÁRIO DA CONSCIENCIOLOGIA 2014
	FATOS E PARAFATOS DA COGNÓPOLIS FOZ DO IGUAÇU
Flávio Monteiro e Pedro Marcelino	CONS – COMPREENDENDO NOSSA EVOLUÇÃO
Gabriel Lara Weigert	AUTOCONFIANÇA PARAPSÍQUICA
Giuliana Costa	AUTOBIOGRAFIA DE UMA PERSONALIDADE CONSECUTIVA
Graça Razera	HIPERATIVIDADE EFICAZ
Guilherme Kunz	MANUAL DO MATERPENSENE
Ione Rosa	ACERTOS GRUPOCÁRMICOS
Isabel Manfroi	O EMPREENDEDORISMO REURBANIZADOR DE HÉRCULES GALLÓ E WALDO VIEIRA
Jacinta Santos	RECICLAGEM CONSCIENCIAL
Jacqueline Nahas e Pedro Fernandes (Orgs.)	HOMO LEXICOGRAPHUS
Jayme Pereira	BÁRBARAH VAI À ESTRELA
	PRINCÍPIOS DO ESTADO MUNDIAL COSMOÉTICO
João Aurélio e Katia Arakaki	COGNÓPOLIS FOZ: UM LUGAR PARA SE VIVER
João Paulo Costa e Dayane Rossa	MANUAL DA CONSCIN-COBAIA
João Ricardo Schneider	HISTÓRIA DO PARAPSIQUISMO
Jovilde Montagna	VIVÊNCIAS PARAPSÍQUICAS DE UMA PEDIATRA
Julieta Mendonça	MANUAL DO TEXTO DISSERTATIVO
Julio Almeida	QUALIFICAÇÃO ASSISTENCIAL
	QUALIFICAÇÃO AUTORAL
	QUALIFICAÇÕES DA CONSCIÊNCIA
Juvenal da Silva	ALEIA DOS GÊNIOS DA HUMANIDADE
Kátia Arakaki	ANTIBAGULHISMO ENERGÉTICO
	OTIMIZAÇÕES PRÉ-TENEPES
	VIAGENS INTERNACIONAIS
Kátia Arakaki (Org.)	AUTOFIEX: TÉCNICA DO OFIEXISTA WALDO VIEIRA
Lane Galdino	MANUAL DE ASSESSORIA JURÍDICA EM INSTITUIÇÕES CONSCIENCIOCÊNTRICAS (ICs)
Lane Galdino(Org.)	MANUAL DE PUBLICAÇÕES DA EDITARES
Laura Sánchez	LASTANOSA: MEMÓRIA E HISTÓRIA DO INTELECTUAL E HOLOTECÁRIO DO SÉCULO XVII
Lilian Zolet	PARAPSIQUISMO NA INFÂNCIA
Lilian Zolet e Flávio Buononato	MANUAL DO ACOPLAMENTARIUM
Lilian Zolet e Guilherme Kunz	ACOPLAMENTARIUM: PRIMEIRA DÉCADA
Lourdes Pinheiro e Felipe Araújo	DICIONÁRIO DE VERBOS CONJUGADOS
Luciana Lavôr (Org.)	I NOITE DE GALA MNEMÔNICA - HISTÓRIA ILUSTRADA
Luciano Vicenzi	CORAGEM PARA EVOLUIR
Lucy Lutfi	VOLTEI PARA CONTAR
Luiz Bonassi	PARADOXOS
Mabel Teles	PROFILAXIA DAS MANIPULAÇÕES CONSCIENCIAIS
	ZÉFIRO – A PARAIDENTIDADE INTERMISSIVA DE WALDO VIEIRA
Málu Balona	AUTOCURA ATRAVÉS DA RECONCILIAÇÃO

	SÍNDROME DO ESTRANGEIRO
Marcelo da Luz	ONDE A RELIGIÃO TERMINA?
Marco Almeida; Maximiliano Haymann; Juliana Remedios (Orgs.)	DICIONÁRIO DE CONSCIENCIOTERAPEUTICOLOGIA
Maria Helena Lagrota	MINHAS QUATRO ESTAÇÕES
Maria Tereza Bolzan	ENERGIAS: VOCÊ PERCEBE, UTILIZA E DOA DE MODO EFICAZ?
Maria Thereza Lacerda	A PEDRA DO CAMINHO
Marilza de Andrade	PROJEÇÕES ASSISTENCIAIS
Marina Thomaz e Antonio Pitaguari (Orgs.)	TENEPES: ASSISTÊNCIA INTERDIMENSIONAL LÚCIDA
Marlene Koller	DA CONSCIÊNCIA REBELDE À HOLOCONVIVIALIDADE PACÍFICA
Marta Ramiro	MANUAL DA TÉCNICA DA RECEXIS
Maximiliano Haymann	PRESCRIÇÕES PARA O AUTODESASSÉDIO
	SÍNDROME DO OSTRACISMO
Milena Mascarenhas	FUNDAMENTOS DA PARA-HISTORIOGRAFOLOGIA
Miriam Kunz	ANTROPOZOOCONVIVIOLOGIA
Moacir Gonçalves e Rosemary Salles	DINÂMICAS PARAPSÍQUICAS
Neida Cardozo	SÍNDROME DA DISPERSÃO CONSCIENCIAL
Osmar Ramos Filho	CRISTO ESPERA POR TI (Edição Comentada)
Oswaldo Vernet	DESCRENCIOGRAMA
Paulo Mello	EVOLUTIVIDADE PLANEJADA
Pedro Fernandes	SERIEXOLOGIA: EVOLUÇÃO MULTIEXISTENCIAL LÚCIDA
Phelipe Mansur	EMPREENDEDORISMO EVOLUTIVO
Raquel Medeiros	EU SEI CRIAR... ESTRELAS: APRENDENDO O ESTADO VIBRACIONAL
Reinalda Fritzen	CAMINHOS DA AUTOSSUPERAÇÃO
Ricardo Rezende	LUCIDEZ CONSCIENCIAL
	VOLUNTARIADO CONSCIENCIOLÓGICO INTERASSISTENCIAL
Roberto Leimig	VIDAS DE NATURALISTA
Rodrigo Medeiros	CLARIVIDÊNCIA
Rosa Nader	AUTODESREPRESSÃO: REFLEXÕES CONSCIENCIOLÓGICAS
Rosa Nader (Org.)	MANUAL DE VERBETOGRAFIA
Roseli Oliveira	DICIONÁRIO DE EUFEMISMOS DA LÍNGUA PORTUGUESA
Rosemary Salles	CONSCIÊNCIA EM REVOLUÇÃO
Sandra Tornieri	MAPEAMENTO DA SINALÉTICA ENERGÉTICA PARAPSÍQUICA
Selma Prata	O CÉREBRO ENVELHECE E O PARACÉREBRO ENRIQUECE
Silda Dries	TEORIA E PRÁTICA DA EXPERIÊNCIA FORA DO CORPO
Silvia Facury	VIVA A VIDA: SUPERE SEUS MEDOS E ENTENDA A CONTINUIDADE EVOLUTIVA
Tathiana Mota	CURSO INTERMISSIVO
Tatiana Lopes	DESENVOLVIMENTO DA PROJETABILIDADE LÚCIDA
	DESENVOLVIMENTO CONSCIENCIOGRÁFICO
Tony Musskopf	AUTENTICIDADE CONSCIENCIAL
Ulisses Schlosser	DICIONÁRIO NEOLÓGICO DE PARAFENOMENOLOGIA
Vera Hoffmann	SEM MEDO DA MORTE
Vera Tanuri	PERDÃO: OPÇÃO COSMOÉTICA DE SEGUIR EM FRENTE
Victor Strate Bolfe	ESTADO VIBRACIONAL: VIVÊNCIA E AUTOQUALIFICAÇÃO
Wagner Alegretti	RETROCOGNIÇÕES: PESQUISA DA MEMÓRIA DE VIVÊNCIAS PASSADAS
Wagner Strachicini	CONSCIÊNCIA ANTIDOGMÁTICA
Waldo Vieira	100 TESTES DA CONSCIENCIOMETRIA
	200 TEÁTICAS DA CONSCIENCIOLOGIA
	500 VERBETÓGRAFOS DA ENCICLOPÉDIA DA CONSCIENCIOLOGIA
	700 EXPERIMENTOS DA CONSCIENCIOLOGIA
	A NATUREZA ENSINA
	CONSCIENCIOGRAMA
	CRISTO ESPERA POR TI (edição comentada)
	DICIONÁRIO DE ARGUMENTOS DA CONSCIENCIOLOGIA
	DICIONÁRIO DE NEOLOGISMOS DA CONSCIENCIOLOGIA
	HOMO SAPIENS PACIFICUS

		HOMO SAPIENS REURBANISATUS
		LÉXICO DE ORTOPENSATAS
		MANUAL DA DUPLA EVOLUTIVA
		MANUAL DA PROÉXIS
		MANUAL DA TENEPES
		MANUAL DE REDAÇÃO DA CONSCIENCIOLOGIA
		MANUAL DOS MEGAPENSENES TRIVOCABULARES
		MÁXIMAS DA CONSCIENCIOLOGIA
		MINIDEFINIÇÕES DA CONSCIENCIOLOGIA
		NOSSA EVOLUÇÃO
		O QUE É A CONSCIENCIOLOGIA
		PROJECIOLOGIA
		PROJEÇÕES DA CONSCIÊNCIA
		TEMAS DA CONSCIENCIOLOGIA
	Waldo Vieira et. al.	ENCICLOPÉDIA DA CONSCIENCIOLOGIA
	AUTORI	**TITLURI LIMBA ENGLEZĂ**
	Alessandra Nascimento / Felix Wong (Orgs.)	CONSCIENTIOLOGY IS NEWS: PROJECTIOLOGY
	Cesar Cordioli	CONSCIENTIOLOGY: A BRIEF INTRODUCTION TO THE SCIENCE OF CONSCIOUSNESS
	Cesar Machado	ANTIVICTIMIZATION
	Débora Klippel	THE LITTLE RESEARCHER
	Dulce Daou	Will: THE CONSCIOUSNESS ITSELF
	Eduardo Martins	CONSCIENTIAL HYGIENE
	Eliana Manfroi	CONSCIENTIAL ANTIWASTAGE
	Eliane Wojslaw et. al.	THE ENGLISH-PORTUGUESE GLOSSARY OF ESSENTIAL CONSCIENTIOLOGY TERMS
	Flávio Monteiro / Pedro Marcelino	CONS: UNDERSTANDING OUR EVOLUTION
	Giuliana Costa	AUTOBIOGRAPHY OF A CONSECUTIVE PERSONALITY: THROUGH THE LENS OF THE CONSCIENTIAL PARADIGM
	Jaime Pereira	BARBARAH VISITS A STARS
	Lilian Zolet	PARAPSYCHISM IN CHILDHOOD QUESTIONS AND ANSWERS
	Mabel Teles	ZEPHYRUS: THE INTERMISSIVE PARAIDENTITY OF WALDO VIEIRA
	Marcelo da Luz	WHERE DOES RELIGION END?
	Tathiana Mota	INTERMISSIVE COURSE: HAVE YOU PREPARED YOURSELF FOR THE CHALLENGES OF HUMAN LIFE?
		700 CONSCIENTIOLOGY EXPERIMENTS
		CONSCIENTIOGRAM
		OUR EVOLUTION
	Waldo Vieira	PENTA MANUAL
		PROEXIS MANUAL
		PROJECTIOLOGY – A PANORAMA OF EXPERIENCES OF THE CONSCIOUSNESS OUTSIDE THE HUMAN BODY
		PROJECTIONS OF THE CONSCIOUSNESS
	AUTORI	**TITLURI LIMBA SPANIOLĂ**
	Alessandra Nascimento / Felix Wong (Orgs.)	CONCIENCIOLOGÍA ES NOTICIA: UNA DÉCADA DE ENTREVISTAS EN LA RADIO TUPI, TEMA – PROYECCIOLOGÍA
	Ana Seno e Maria Cristina Nievas (Orgs.)	GLOSARIO ESPAÑOL-PORTUGUÉS DE TÉRMINOS ESENCIALES DE LA CONSCIENCIOLOGÍA
	Cesar Cordioli	CONCIENCIOLOGÍA: BREVE INTRODUCCIÓN A LA CIENCIA DE LA CONCIENCIA
	Glória Thiago	VIVIENDO EN MULTIPLES DIMENSIONES
	Luciano Vicenzi	CORAJE PARA EVOLUCIONAR
	Mabel Teles	ZÉFIRO: LA PARAIDENTIDAD INTERMISIVA DE WALDO VIEIRA
	Málu Balona	SÍNDROME DEL EXTRANJERO
	Maximiliano Haymann	SÍNDROME DEL OSTRACISMO
	Miguel Cirera	EVOLUCIÓN DE LA INTELIGENCIA PARAPSÍQUICA
	Rosemary Salles	CONCIENCIA EN REVOLUCIÓN
	Sandra Torniere	MAPEO DE LA SEÑALÉTICA ENERGÉTICA PARAPSÍQUICA
	Tathiana Mota	CURSO INTERMISIVO: ¿USTED SE PREPARÓ PARA LOS DESAFÍOS DE LA VIDA HUMANA?
	Waldo Vieira	CONSCIENCIOGRAMA

	NUESTRA EVOLUCIÓN
	MANUAL DE LA TENEPER
	MANUAL DE LA PROEXIS
	MANUAL DE LA PAREJA EVOLUTIVA
	PROYECCIONES DE LA CONCIENCIA
AUTORI	**TITLURI LIMBA GERMANĂ**
Jayme Pereira	BARBARAH FLIEGT ZUM STERN
EDITORI	**PERIODICE**
Alexandre Zaslavsky	INTERPARADIGMAS
Ana Seno	SCRIPTOR
Denise Paro e Nara Oliveira	HOLOTECOLOGIA
Fernanda Schroeder e Nilse Oliveira	CONSCIENTIA (Português)
Jacqueline Nahas	CONSCIENTIA (Francês)
João Paulo Pedote e Marco Nascimento	LIDEROLOGIA
Kátia Arakaki e Tony Musskopf	INTERCÂMBIO
Sissi Prado Lopes	CONSCIENTIOTHERAPIA

Site da Editora: **www.editares.org.br**

EDITARES

1. DOMENIUL DE CERCETARE:

ACEASTĂ CARTE STUDIAZĂ

COMUNICOLOGIA,

UN SUBDOMENIU AL CONȘTIENTOLOGIEI.

2. PRINCIPIUL NEÎNCREDERII:

NU CREDEȚI ÎN NIMIC, NICI MĂCAR ÎN INFORMAȚIILE PREZENTATE ÎN ACEASTĂ CARTE.

EXPERIMENTAȚI,

AVEȚI PROPRIILE VOASTRE EXPERIENȚE.

EDITARES®

Prima ediție în limba română [2023]

Această lucrare este realizată în format 15.6 x 23.4 cm.
Caracterele folosite în interior sunt Times New Roman 11.
Hârtia folosită în interior este Offset 80g/m²,
iar pentru copertă este Triplex 300 g/m².

Tipărit de Meta Brasil pentru Editura Editares.

editares.org/titluri-ro